2020 中国媒介素养研究报告

姚 争 主编

宋红岩 刘福州 副主编

中国广播影视出版社

图书在版编目（CIP）数据

2020中国媒介素养研究报告 / 姚争主编.--北京：中国广播影视出版社，2023.2
　　ISBN 978-7-5043-8620-5

Ⅰ.①2… Ⅱ.①姚… Ⅲ.①传播媒介－研究报告－中国－2020 Ⅳ.①G219.2

中国版本图书馆CIP数据核字（2021）第010918号

2020中国媒介素养研究报告
姚　争　主编
宋红岩　刘福州　副主编

责任编辑：	许珊珊　冯　岩
责任校对：	张　哲
封面设计：	贝壳学术

出版发行：	中国广播影视出版社
电　　话：	010-86093580　010-86093583
社　　址：	北京市西城区真武庙二条9号
邮　　编：	100045
网　　址：	www.crtp.com.cn
电子信箱：	crtp8@sina.com
经　　销：	全国各地新华书店
印　　刷：	天津和萱印刷有限公司
开　　本：	787毫米×1092毫米　1/16
字　　数：	532（千）字
印　　张：	21
版　　次：	2023年2月第1版　2023年2月第1次印刷
书　　号：	ISBN 978-7-5043-8620-5
定　　价：	98.00元

（版权所有　翻印必究·印装有误　负责调换）

目 录

序言 ·· 1

第一部分：媒介素养理论与范式

媒介素养理论的历史演进与设想 ·· 南 山 2
媒介环境权研究：背景、内容与意义 ·· 韩永青 10
中韩媒介素养比较研究 ·· 曾 昕 16
理解数字青年的媒介素养：一个社会性-科技性的视角 ···················· 王 喆 29
新媒介创新思维素养的内涵及培养路径 ·· 舒三友 39
关于媒介素养测评框架建构的探讨 ··································· 王姝莉 钟志贤 45
数字媒体时代下青少年媒介素养教育的内涵及策略研究 ················· 张 多 55
刍论新媒体环境下信息素养和传媒素养的定义 ······························ 贺舒佳 61

第二部分：媒介素养与社会担当

建设媒介和信息素养（MIL）城市 ··· 李月莲 68
提升市民媒介信息素养与推进智慧城市建设关系探微 ···················· 张 霆 76

新加坡网络舆情治理特色：重视提升民众的网络素养	耿益群	83
新形势下的网络意识形态：算法要注入新闻价值观	屠淑洁	90
新媒体如何通过制度创新来提高用户的媒介素养		
——以哔哩哔哩为例	孙凤娇 邱 琳	95
省级党报集团短视频传播路径探索		
——以浙视频为例	庄 潇 宋红岩	113
乡村振兴战略背景下关于农民媒介素养的几点思考	张 莹	121
移动互联网时代老年人网络素养研究与实践	刘茹霞	124
新媒介背景下群体剥夺对集体行动的影响研究	许志红 刘永贤	133
新冠肺炎疫情期间辟谣信息的传播特征和策略研究	郑一璐	147
从新冠疫情辟谣信息看新闻编辑的媒介素养培养		
——以武汉红十字会收取捐赠手续费为例	章丽婷 宋红岩	155
基于新冠肺炎信息疫情的政府网络公共空间治理研究	袁 蕾	161

第三部分：媒介素养教育与实践

我国媒介素养教育研究：现状、热点与发展	王姝莉 钟志贤	170
全媒体时代媒介素养教育在增强大学生文化认同中的作用分析	卢 锋	190
新时代高校道德教育的数字转向、误识与价值旨归	朱新江	199
2000—2019年我国大学生信息素养研究的知识图谱	梁 晨 耿益群	209
大数据时代大学生数据素养现状的调查与分析		
——以浙江科技学院为例	潘中祥	220
大学生媒介批判能力培养的教学实践探索	赵 丽 刘晓红 张舒予	229
高校学生媒介素养教育研究		
——以融媒体视域下高校师范生媒介素养培养为例	苏喜庆 杜 平	239
民族小学高段学生媒介素养对其学习动机的影响研究	廖 峰 陈焱艳	251
自媒体时代公众媒介素养教育探析	贺 琛 李 芊	258

基于高校通识课的媒介素养教育实证研究

  ——以江西为例 ································· 胡凌霞 267

推动媒介素养进入我国基础教育课程体系的

   实践探索 ··················· 张海波 杨晓红 方 明 谭颖臻 278

音频式自媒体品牌课：微课开发新选择

  ——以北大武志红的心理学课为例 ················· 张雪黎 肖亿甫 288

隔绝保护，还是引导赋能：一位高中生游戏主播对中国当代媒介素养教育的启示

  ··· 齐 燕 张 洁 298

视觉艺术通识课程中的媒介素养教育探索 ······················· 王志强 306

交互式纪实媒体对媒介素养教育效能应用研究

  ——以2019荷赛奖得主《The Last Generation》为例 ········· 姚姿如 313

序　言

　　时光的齿轮总是在静默中飞快转动着，仿佛上一次西湖之约没过多久，我们转眼又迎来了第八届西湖媒介素养高峰论坛。在过去的两年里，我国的媒介素养研究成果逐渐走向成熟，仅仅是 2019 年，我国媒介素养研究获国家社会科学基金的课题成果有 37 项，省级课题成果超 40 项。与此同时，《玩转媒介：青少年媒介素养教育》《与领导干部谈媒介素养》《自媒体时代中国高校网络舆论事件及大学生网络媒介素养研究》《媒介文化素养的多维视角》等超 50 余本专著也如雨后春笋一般。两年不见，媒介素养研究的田野上依旧绽放着勃勃生机。

　　媒介技术与传播形式的进步，使得媒介素养的内涵也逐渐在拓展延伸。詹姆斯·波特（James Potter，2001）认为：媒介素养是一种观察方法，需要通过知识结构去建构，我们的主动采用不仅是知晓信息的过程，还是与信息互动交流的过程；大卫·帕金翰（David Buckingham，2003）将媒介素养定义为使用和解读信息所需要的知识、技巧和能力；中国传媒大学的张开教授（2003）指出媒介素养是传统素养（听说读写）能力的延伸；张志安（2004）提出媒介素养是人们对媒介信息解读批判以反为个人生活、社会发展所用的能力；台湾政治大学媒体素养研究室将媒介素养定义为大众能解读媒体、思辨媒体、欣赏媒体进而利用媒体来发生、重新建立社区的媒体文化品位、了解公民的传播权利和责任（张彦，2014）。

　　5G 商用牌照正式发放之初，李炜炜、袁军（2019）曾梳理了 1G 时代到 5G 时代的媒介素养内涵变迁，他们认为：从 1G 到 5G 时代，人们的媒介素养从认知媒体逐渐转向利用媒体、批评媒体和提升媒体与自我提升，并强调在中国本土语境下，要坚持技术素养、符号素养和情感素养的"三位一体"融合模式。5G 时代来临后，高速率、高带宽及低时延等特点使我们的传播形式与环境发生了变化，这些变化对社会而言有其正面效应，但同时也可能带来社会恐慌、舆论混乱及形成新的信息茧房等负面影响。党洁（2019）认为：在这样一个机遇与挑战并存的环境下，媒介应该更加注意经济效益与社会效益之间的平衡，为用户提供"爱看"和"该看"的内容。大众传播史表明，媒介对私人生活的介入程度取决于相应的技术应用。周丽娜（2019）认为：在这样一个数据留痕、隐私协议以

"告知—许可"为主的信息时代，重视信息发布素养和再传播素养能使用户提高自身的把关性，减少侵权现象。近两年来与5G一同受到关注的还有短视频行业，通信技术的发展为短视频传播的兴起提供了基础。短视频的短小精悍、形象生动受到了广大用户的欢迎，短视频的兴起成为"轻传播纪元"来临的标志（林克勤，2019）。这样一个碎片化、娱乐化、微观范式的传播场域内，后真相、虚假新闻、新闻失范等负面效应也纷至沓来，大力开展媒介素养教育不仅是提高公民人文素养的重要途径，同时也是避免社会系统性风险的重要手段。除此之外，王志昭（2019）认为：个体的媒介素养教育是规避短视频对青少年负面影响的有效途径。

传媒业如何处理好与政府、人民、社会的关系，一直是学者们关注的话题。在新的媒介环境之下，媒体的公信力频频受到冲击，传媒行业的媒介素养问题也逐渐被重视。媒体应当重新审视传统的"政媒关系"，建立一种"合作伙伴关系"——为寻求共同利益而建立的合作关系，而这种关系的建立基础，就是政府官员的整体媒介素养提升（刘海旎，2019），杨萌芽等人也表示了相似观点。从业人员同样面临着新的素养要求，沈慧萍（2019）以上海地区的媒体从业者媒介素养现状进行了调研，总结出受访者在危机意识、敬业精神、职业操守、技术热情方面都有待加强；曹明倩（2019）认为：融媒体时代的传统编辑应当强化融媒体意识和宏观意识，成为联系受众、客户和媒介组织以及社会效应的组织者、提供者以及把关人。另外，为了迎合时代变化，还应该强化信息处理能力、新媒介操作素养以及市场分析能力、沟通能力。在媒介与社会的边界逐渐模糊的当下，媒介素养与社会治理也存在着紧密联系。近年来，由于网络舆论常常被组织化的网民"带歪画风"，郭芙蓉（2019）将"哄客"这一词汇重新带回2019年的媒介素养研究中，在网络中，有网络审丑的狂欢者、有协商民主的破坏者、有资本逻辑的追随者，还有网络民意的伪装者，这些"哄客"的存在不仅会降低青年文化的审美鉴别力，同时会影响社会氛围，使青少年产生认同障碍、滋生不良社会心态；要解决这样的问题，重要举措之一便是提高青年网民的选择能力、理解能力、质疑能力、评价能力、创造能力、思辨的反应能力和正确审美能力。

为提升我国的媒介素养教育水平，我国的学者也根据实际情况给出了自己的建议。比如建立完善以工作坊形式的师资培训为主（付玉，2019），以提升数字技能的网络课程为辅的媒介素养途径，其核心是将校园与多元的社会力量整合形成媒介教育共同体。王军（2019）注意到了美国、英国、德国等发达国家对媒介素养、阅读素养和信息素养的教育推广，认为这三种素养是层层递进、相互交融的关系，并提出了将三种素养融合推广的观点。这种融合推广不仅需要联合全国各地区的研究与领导机构，同时还需要加强国际交流，研制适合国情的教育推广方案和专业评估项目、方法。另外，梁捍东等人还提出了运用社交媒体、微课、学生参与教学案例更新等途径提升媒介素养教育水平的建设性观点。

在海外，媒介素养的研究同样如火如荼地进行着，且由于媒介教育逐渐成熟，其研究视角较之国内也更加具体。从概念上看，媒介素养的含义在逐渐扩宽，近年来，因为媒介和信息难以分割，联合国教科文组织（United Nations Educational, Scientific and Cultural Organization，以下简称UNESCO）提出了"媒介信息素养"（Media and Information Literacy，MIL）这一复合概念，表述其内涵为"能使用各种工具来获取、检索、理解、评估、使用、创造和共享所有载体形式的信息和媒介内容，以批判性的、合乎道德的、有效的方式，参与个人、职业和社会行动的能力（Huang Danyu，2016），突出了媒介素养的人文性、包容性和社会性（吴淑娟，2016），这一评估框架被我国研究学者普遍借鉴使用。除此之外，由于文化传统、经济发展水平等差异，各国媒介素养定义也有些许差异——欧洲媒介素养宪章中指出媒介素养的关键是有效利用媒介、访问并明智地选择媒介内容、理解媒介内容创作、分析媒介技术和信息、利用媒介进行交流、避免有害的媒介内容和服务、利用媒介促进民主权利和公民目的（Bachmair Ben，2007）；加拿大以培养学生的自我认同能力和公民意识为主；澳大利亚则注重培养媒介表达能力、分析能力、审美能力、理解能力、参与能力（谷生然，2019）；美国媒介素养研究中心将媒介素养分为媒介信息获取能力、分析能力、评价能力、创作能力、参与能力。

在教育实践方面，英美等发达国家为我们提供了丰富的经验。英国开了媒介素养教育实践的先河，实践成果较为成熟，通过电影教育等方法（姜淑慧，2012），媒介素养教育课程已是正式教育体系中的教学科目，拥有较成熟的评价体系，并贯穿小学至大学全过程（吴翠珍，2004）。在美国，青少年媒介素养教育被写入法律中，在一些州内，教师必须经过媒介素养教育认证培训才可上岗。澳大利亚开设了媒介素养教育学位以供教师进修。日本主要通过加强中小学的新闻教育和鼓励新闻媒体向大众传授新闻知识这两种途径来进行大众媒介素养教育，形成了较为全面的新闻教育体系。

由于新冠疫情的影响，第八届西湖媒介素养高峰论坛的组织与召开实属不易，但在全球疫情蔓延的背景下，我们仍受到了海内外学者的广泛关注并收到来稿。为方便读者阅读，我们将收录文献分为"海外专家""媒介素养与社会""新媒体素养""媒介素养教育"与"素养调查"五大版块。

香港浸会大学的李月莲教授是我国媒介素养研究的资深学者，也是西湖媒介素养高峰论坛的常客。今年，她带着两篇文章如约而至。香港是世界上数码化程度最高的城市之一，2017年香港特别行政区政府发布的《香港智慧城市蓝图》中提到培育"MIL公民"是发展之关键。李月莲教授的《建设媒介和信息素养（MIL）城市》，向我们介绍香港目前的MIL教育情况以及应对假消息、假新闻的评估框架恰好与张霆《提升市民媒介信息素养与推进智慧城市建设关系探微》一文形成了对比，读者可以从两篇文章中品味香港与内地在提升市民媒介信息素养过程中的差异与相似。香港特别行政区政府MIL教育项目中改善基础技术环境、编写咨询素养框架，用以提升使用者的媒介操作水平和信息分析能力，达到缩小数码鸿沟的目的；而社会民间组织则采用合作网络模式，通过讲座、工作坊、会议、比赛等形式进行MIL教育。在后真相时代背景之下，李月莲认为人们可以运用以下框架去评估所得新闻与信息。

一、新闻和信息评核技巧

（一）新闻和信息来源：接收任何信息，应该留意消息来源是否可靠。
（二）信息分享：在分享信息之前，必须查证，避免随意分享。
（三）检视内容及留意偏见：学习框架分析，了解新闻事件如何被"包装"。
（四）有图未必有真相，录像短片都可以造假，易容、易声在智能时代无难度，故此必须小心察看。

二、处理信息的心态模式

以"侦察兵"的心态处理信息，无须因为接受了跟自己立场不同的信息和观点而感到歉疚或不安，亦不要盲目接受己方阵营未经查证的信息和见解，更不要未弄清楚事实就批评别人。

陈欣子的《火星故事——朱顺慈的媒介素养探索》通过访谈的形式，为我们介绍了香港中文大学新闻与传播学院副教授朱顺慈的媒介素养实践故事。2011 年，朱顺慈与马杰伟教授共同创办了火星媒体（Mars Media）项目，以夏令营方式，面向香港中学生，推动以体验式学习为主的媒介素养暑期活动。其后，夏令营以自负盈亏方式，每年七月举行。2017 年，朱顺慈再度向香港中文大学知识转移处提出申请，获基金支持成立社会企业火星媒体，通过举办工作坊、短期课程和数码排毒营等活动，除了面向学校，亦在不同青年组织及企业机构推广媒介与信息素养。2018 年，火星媒体受香港智库委约制作纪录片，成果《你的样子如何》通过走访六所香港本地中学，剖析媒体对"美"的各种迷思，是火星媒体首个融入媒介素养主题的媒体作品。

2019 年 12 月 15 日，新华社授权播发了新修订的《中国新闻工作者职业道德准则》（后文简称《准则》），自 1991 年 1 月中华全国新闻工作者协会第四届理事会第一次全体会议通过了《准则》后，《准则》历经 1994 年 4 月、1997 年 1 月、2009 年 11 月三次修订。尹远认为此次修订有以下三个显著特征：政治站位高、内容更全面、条款更具体。这次修订，是为了适应更加复杂严峻的形势和经历变化的媒体格局与新闻队伍结构。媒介素养与我们的社会息息相关，它不仅影响着人们对社会的认知，同时影响着公民的社会参与行为，媒体如何进步，人民如何看待媒体，是一个国家建构和谐社会的重要问题。2020 年是我国全面建成小康社会的收官之年，也是脱贫攻坚的决胜之年，乡村振兴是脱贫攻坚、走向小康的重要一环。张莹《乡村振兴战略背景下关于农民媒介素养的几点思考》提出了农民媒介素养于乡村振兴战略之重要性。

要理解媒介素养的发展趋势，就必须要了解媒介素养的历史。南山的《媒介素养理论的历史演进与设想》梳理了从报刊广播时代至互联网时代的媒介理论的发展，关注互联网商业竞争规律对媒介、个人相关素养的影响，南山创造性地提出了摩尔定律、安迪—比尔定律和李嘉图定律是否是互联网时代媒介素养基础原理的问题。

媒介环境权是指法律关系主体在媒介环境中所享有的权利和承担的义务，意味着人类个体在媒介环境中实现各种传播权的同时，要切实履行对自己、他人、组织、媒介环境秩序的义务。韩永青通过《媒介环境权研究：背景、内容与意义》对媒介环境权进行了背景、历史的梳理。他认为：媒介环境权是媒介环境素养的核心，能够引领个人、个体媒介环境素养水平的高低，并提出媒介环境权应当在现有法律基础上深化此概念对个体的指引，从而形成良好的生存与发展氛围。

新加坡是世界上互联网最发达的国家之一，国际电信联盟2017年《全球网络安全指数》调查报告显示，新加坡在全球193个联盟成员国中排名第一。耿益群《新加坡网络舆情治理特色：重视提升民众的网络素养》为我们介绍了新加坡将提升民众的网络素养和网络安全意识纳入网络舆情治理体系之中，与政府实施的轻触式管理制度、行业自律等其他两个网络舆情治理维度互相支撑所形成的完备体系，对我国的舆情治理有着一定借鉴意义。

人工智能技术的兴起，使新闻生产逐渐走向人机协同合作，但基于大数据算法的智能新闻生产对媒体行业存在着一定隐患。屠淑洁在《新形势下的网络意识形态：算法要注入新闻价值观》一文中强调了人工监管审核、构建网络"人行道"等方法对于突破信息茧房、网络空间"巴尔干化"等现象的重要意义。

在新冠疫情背景下，谣言影响着社会秩序，且增加了辟谣成本。郑一璐《新冠肺炎疫情期间辟谣信息的传播特征和策略研究》通过分析疫情期间的四大辟谣平台——微博辟谣、丁香医生、全民较真、今日头条，总结出辟谣平台效果不佳主要因为辟谣信息相对滞后、低扩散性和辟谣话语的单一性。针对这一问题，郑一璐也提出了"培养对象意识，提高全社会的媒介素养"等四大辟谣策略。章丽婷、宋红岩《从新冠疫情辟谣信息看新闻编辑的媒介素养培养——以武汉红十字会收取捐赠手续费为例》指出当前网络新闻编辑采编新闻的专业能力、满足公众信息需求和运用新媒介的能力欠缺的问题。

数字技术与网络技术的发展促进着新媒体的发展，我们逐渐生活在一个新媒介环境中，这种"新"不仅体现在新的传播形式上，还体现在现实世界与虚拟世界的逐渐模糊（彭兰，2016）。

舒三友在《新媒介创新思维素养的内涵及培养路径》中写道："新媒介环境意味着人们生活于线上线下叠加、真实与虚拟共存、各类媒介复杂交错的信息环境中。新媒介几乎渗透了所有社会关系，媒介文化成为现代生活的重要表征。"并提出创新思维素养是新媒介素养研究发展到一定程度的产物，影响着人的自我认知和发展。

贺琛认为"当下的信息传播和消费场景充分验证了施拉姆、赫胥黎和波兹曼等人的观点：公众很懒很畏难，公众对于娱乐有着无尽的欲望，不愿意思考。"其来稿《自媒体时代公众媒介素养教育探析》中强调要有针对性地培养公众的媒介使用素养、资讯消费素养、资讯生产和分享素养、社会参与素养和监督素养。比如培养公众区分媒介信息环境和客观事实环境、根据可信度对新闻资讯平台进行排序等。

"弹幕"和"弹幕文化"都是近年来的新兴事物，如今几乎已成为在线视频网站的标配，许多视频网站采取了种种措施来规范用户的使用行为，维护"弹幕环境"。孙凤娇等人的《新媒体如何通过制度创新来提高用户的媒介素养——以哔哩哔哩为例》将"哔哩哔哩"视频网站作为个案分析进行小规模的问卷调查，结果发现存在着网络制度清晰，但社区环境堪忧、用户维护网站规则意识不强等问题，得出了"用户媒介素养意识不提高，只能治标不能治本"的结论。

张雪黎与肖亿甫认为高度信息化的社会为大学生网络媒介素养产生了积极和消极影响，在《信息化发展对大学生网络媒介素养的影响》中，提出要提高大学生公共素质、网络政治参与意识、正义精神等有助于大学生网络媒介素养培养的策略。王喆的《理解数字青年的媒介素养：一个社会性－科技性的视角》则聚焦于沉浸在网络社会的"数字青年"的媒介素养，梳理国内外关于青年网民及其技术化生活的文献资料的同时，讨论了"数字原住民"概念中所存在的争议性问题：数字原住民究竟是一代人还是一个群体？技术是否起着决定性作用？并从社会性－科技性的视角去理解数字青年的媒介素养——技术与生活文化相互联系。

老年人口如何利用媒介特别是网络媒介发展自身、融入社会、提升生活质量也成为"积极老龄化"的重要议题之一。然而，由于生理机能的衰退，老年人在新技术的接触和使用方面处于"技术弱势"地位。而且，面对良莠不齐的网络信息，老年人只能凭借历史生活经验进行判断，信息批判、解读能力较为缺乏。在这一背景下，提升老年人的网络素养刻不容缓。《移动互联网时代老年人网络素养研究与实践》向我们介绍了目前对老年人网络素养的研究与实践成果。

各种新媒体和社交平台已经成为青少年生活中不可或缺的一部分，青少年与媒介的距离如此之近，使得媒介素养教育也被赋予了更多的要求。于翠玲的《抗战时期的儿童读报教育——追溯中国媒介素养教育的起点》将目光投向民国时期，旨在以历史经验为现代的中小学时事教学、媒介教育提供参考价值。王姝莉、钟志贤的《我国媒介素养教育研究：现状、热点与发展》能够帮助读者了解2000年至2019年以来的媒介素养教育研究状况。

在我国经济较为发达的城市，少年儿童的媒介接触时间与其在校课程时间趋同，媒介成为他们获取新知、辅助学习、完成社会化的"第二课堂"已经是不争的事实。王晓卉《新时代义务教育阶段学生媒介信息素养的学校影响因素与发展策略研究——基于NVivo11的质性分析》基于扎根理论的研究方法，分析得出影响学校内部媒介信息素养教育的主要因素，并给予现状提出了发展策略。张多《数字媒体时代下青少年媒介素养教育的内涵及策略研究》强调了目前青少年的媒介素养教育可以集中在信息感知与辨别能力、传播与社交能力、对自身网络安全的保护能力。张洁、王雪君从 5G 智能传播时代的技术特征及 2017 版高中国家课程标准中获得启发，在《5G 智能传播时代媒介、媒介素养概念刍议》一文中对媒介、媒介素养概念的内涵进行了重新界定，将媒介素养定义为"媒介语言建构与运用""思维发展与提升""审美鉴赏与创造""文化传承与理解"。

媒介素养教育离不开媒介，新媒体颠覆着媒介素养教育，但也可以成为媒介素养教育的有力工具。张益的《短视频媒介素养课程指南》以《媒介素养资源指南》中电视媒介素养课程内容为基础进行了分析改编；张雪黎、肖亿甫的《音频式自媒体品牌课：微课开发新选择——以北大武志红的心理学课为例》找到了音频式自媒体与"微课"这一形式的契合，并对其实践操作提出了建议。交互式媒体技术以一种重塑的新闻传播样态，具有强烈参与感与互动感，给人更加直接、真实的感受。姚姿如以 2019 荷赛奖得主《最后一代》（The Last Generation）为例，提出交互式纪实媒体可以通过多媒体整合、互动性结构以及探索性叙事三种方式来提升媒介素养教育的媒介审美意向、媒介参与互动和媒介信息反思。

在教学实践中，人们也获得了丰富的经验。南京师范大学视觉文化研究所开展了以"符号三项式"作为理论工具培养大学生媒介批判能力的教学实践；南京工业大学则引入"泛在学习"模式；浙江省嘉兴市秀水高级中学开展了基于核心素养的语文阅读教学；广州市少年宫儿童媒介素养教育团队通过十年的实践，探索总结出了自己的课程体系。王晓艳、王志军通过北师大 cMOOC 课程发现信息技术逐渐改变了学习者的教育信息获取特征。这些实践经验非常值得身在一线的教育工作者借鉴、讨论。

概念需要从事实中提取，也需要被实践证实，过去的一年里，有许多调查为媒介素养的研究提供了宝贵的素材。

媒介素养教育一直是热门研究话题，成果也较多。廖峰、陈焱艳的《民族小学高段学生媒介素养对其学习动机的影响研究》对浙江景宁畲族自治县民族实验小学的 360 名小学生从六个维度进行调查分析，分析媒介素养和学习动机之间的相关性，数据表明，受调查学生的学习动机与媒介素养呈显著正相关。

齐燕、张洁《隔绝保护，还是引导赋能：一位高中生游戏主播对中国当代媒介素养教育的启示》通过对北京市东城区某重点中学一位自学成才的高中生游戏主播进行深入的个案研究，呈现了青少年在学校与家庭教育滞后时产生的迷茫与挣扎。

梁晨、耿益群《2000—2019 年我国大学生信息素养研究的知识图谱》选取 CNKI 作为数据库来源，利用 Citespace 软件对该领域中的 595 篇相关研究进行分析，梳理了目前国内的研究状况。

苏喜庆、杜平《高校学生媒介素养教育研究——以融媒体视域下高校师范生媒介素养培养为例》发放调查问卷 1000 份，分析高校师范生的融媒体接受能力、效度、信息内容接触等方面，并提出了相关建议。

潘中祥《大数据时代大学生数据素养现状的调查与分析——以浙江科技学院为例》，

从数据伦理、数据意识、数据采集、数据分析与处理、数据管理、数据使用六个维度进行评测，分析浙江科技学院学生数据素养现状，指出针对大学生开展数据素养教育的必要性，并提出相应的对策建议。

庄潇、宋红岩的《省级党报集团短视频传播路径探索：以浙视频为例》通过内容分析，展示了省级党报在抖音这一主流短视频平台上的内容发布和传播状况，研究结果对传统媒体的转型和发展有一定参考价值。

在测量工具方面，张翔、陈素霞、赵必华编制了高职学生积极心理健康量表。该量表由乐观开朗、积极乐学、意志品质、幸福体验、情绪状态和目标明确六个维度构成，总量表 Cronbach's α 系数为 0.88，信度良好。经过对 1260 名高职学生进行测试，结果表明：高职学生积极心理健康总体状况良好；赵必华、郭俊俏等人考察沃里克-爱丁堡积极心理健康量表（Warwick-Edinburgh Mental Well-being Scale, WEMWBS）中文版在中学生群体中的信效度。对安徽省某市 1228 名中学生进行测试，结果显示 WEMWBS 中文版具有较高的信效度，可作为测量与评估我国中学生积极心理健康状况的工具；王姝贤《关于媒介素养测评框架建构的探讨》对国内外媒介素养测评框架维度指标进行拆解、分析和比较，建构不同群体媒介素养测评框架。

由于篇幅原因，本书无法将近两年来关于媒介素养研究的所有丰硕成果完全呈现，本书收录的文章均为学术研究探讨中的个人观点，旨在抛砖引玉，若能为我国的媒介素养研究、教学实践等活动提供一丝启发或借鉴意义，则无愧于我们在此领域上的坚持与探索。汇编一本书需要大量的时间精力，本书的编辑工作或许存在不完美，敬请读者朋友们指正。

没有一个春天不会来临，也没有一个冬天不可被逾越，一场突如其来的疫情让世界随之摇晃，但相同的研究理想又让我们跨越国别、跨越时空连接在这同一场域中。在本书即将成书之际，我们要感谢所有作者的努力，没有你们在这片领域内的辛勤工作，就没有这本书的累累硕果；另外，我们还要感谢参与编辑审校的工作人员，让诸多观点能够结集成册。

让我们带着对下一个春天的期待，继续前行。

第一部分：
媒介素养理论与范式

媒介素养理论的历史演进与设想

南山

摘要：媒介传播的历史也是人们不断认识、解释媒介素养的历史。媒介的社会责任理论、尼尔·波兹曼的"娱乐至死"理论和马歇尔·麦克卢汉的"媒介就是人体的延伸"理论分别对报刊广播传媒时代、电视传媒时代的媒介素养进行了深刻剖析。当互联网时代的新媒介构成我们主要的社会生活时，互联网商业竞争的基本规律将会如何影响媒介以及个人的相关素养发生新的变化是需要关注的问题。

关键词：社会责任；媒介即信息；互联网定律

传统的传播学理论是以报纸、广播为特定的媒介研究对象，从而考察从媒介实体的功能和目标、媒介从业人员的职业素养到媒介受众的接受能力之间的联系链条。传播理论"芝加哥学派"的代表人物杜威解释了媒介功能的底层逻辑，即如果社会是一个由各部分组成的"共同体"，能够促使这个"共同体"有序运作的机制就只能是"传播"。杜威认为传播即分享，社会意识是在传播分享中得以产生、形成、增强和巩固的。这样的理论构架也得到人类学和历史学的支持，以色列历史学家尤瓦尔·赫拉利在《人类简史》中认为正是由于我们的祖先具备了分享、传播"八卦"也就是讲故事的能力，从而促使原始部落中的成员彼此产生信任感，部落规模也因此而迅速发展壮大，最终使我们的祖先"智人"在与尼安德特人的生存竞争中胜出。张光直先生从考古发现中也得出结论：是那些用于沟通的符号和道具，保持了人类古代文明发展的持续性。张光直先生注意到在中国古代遗址挖掘中，青铜一般不会制作成农具，而主要用于铸造祭祀仪式的用品，需要记录和传递的信息也是铸刻在青铜器上，如标志性的器物"鼎"则是代表着与上天沟通（"绝地天通"）的专属权，"问鼎"即为只有谋求到与上天、祖先、神灵沟通的信息解读权、发布权才能最终得到权力与财富。沿着这样的媒介传播发展路径，我们发现新闻理论的"后篱笆"概念，也就是靠在后院篱笆墙两旁一起分享生活趣闻的邻居相互描述着自己理解的世界，彼此之间的社会意识于是在这样相互"八卦"讲故事的过程中不经意所形成，只能出现在由"邓巴数额"限定的熟人社会的阶段，即有限的群体成员平等、平行的生活在有限的空间之内，是在由熟悉而产生的信任基础上展开自主交流过程和交流内容，其信息沟通不只限于得到事实真相，而主要在于彼此谋求信任。这时的"媒介素养"等同于分享共同生活中的共同经验的素养（诸如可以将狩猎时的经历转化为"八卦"的能力）。但是张光直先生的研究告诉我们，人类文明必然要经历村落社会、村群社会和国家社会的发展阶段。村落社会只是古代社会的基本单位，而村群社会就有了贫富分化，村群出现了统治者，专业巫师承担起信息发布的社会角色。复杂、固定的人群聚居网络由此形成，文明也因此而继续发展。所以尽管人类的传播史是从口口相传开始，但是当专有的传播媒介（如文字、青铜器特别是纸张、印刷术）出现后，很快就进入信息分层传播阶段，也就是信息受众的阶层化。新石器时代甲骨文中"册"的字形是类似竹简用两道绳编成，"典"的字形则是类似人举双手持"册"呈或宣读或祭祀状。历史学家认定，"学在官府""官师合一"的身份让史官成为中国历史上最早的官方知识创造和书写群体，也是最早的主流媒介传播群体。西方媒介发展历史也走过基本相同的路径，如中世纪的意大利，演讲的语言、语速、语调、语音都被赋予政治的神圣色彩，并规定只能使用拉丁语或意大利语进行公开演讲，以至于有些君王十分后悔自己年幼无知时不务学业，没有学好拉丁文，传播与传媒理所当然地成为专业人士、专业机构的特权。一直到古腾堡发明印刷术直接催生了文艺复兴和宗教改革，从而撼动了教皇和各级神职人员垄断、曲解信息的权力，推动欧洲走向理性时代。

媒介传播的历史也是人们不断认识、解释媒介素养的历史。媒介的社会责任理论、尼尔·波兹曼的"娱乐至死"理论和马歇尔·麦克卢汉的"媒介就是人体的延伸"理论分别对报刊广播传媒时代、电视传媒时代的媒介素养进行了深刻剖析。当互联网时代的新媒介构成我们主要的社会生活时，互联网商业竞争的基本规律将会如何影响媒介以及个人的相关素养发生新的变化，是需要关注的问题。互联网时代不同于报纸、广播和电视主导媒介的时代，媒介的商业功能和社会功能相互交融，呈现信息传播和生产、消费、社交等多重属性，人的需求超越任何时期成为媒介存在与发展的前提，有什么样的人和人的关系就会有什么样媒介与传播。因此有理由关注互联网IT产业发展的基本定律，可以解释互联网时代的媒介素养问题。

一、媒介的"社会责任理论"

媒介的社会责任理论基于以报刊为代表的公众通信工具产生于城市化中大规模群体各种类型信息沟通的需求，因为媒介必须依赖大量的资金投入，所以社会责任理论将媒介素养的研究目标主要集中于考察媒介的生存条件与运行指向的相互关系。因为"报纸总是带有它所属社会和政治结构的形式和色彩，特别是报纸反映一种调节个人与社会关系的社会控制的方式"。[1] 媒介的社会责任理论提出媒介自律的五项标准：一是媒介要

---

[1] 韦尔伯·斯拉姆：《报纸的四种理论》，新华出版社，1983，第1页。

准确报道事实,并且说明事实的意义,即媒介要将报道的事实(新闻)与发表的意见(评论)分别准确无误地告知公众,不能将二者混同;二是媒介应当成为交换评论的论坛,即不仅仅是表述媒介从业者的观点和意见,还应当反映公共意见;三是媒介应当正确地反映社会不同群体的"典型"形象,媒介有责任消除各种歧视和偏见;四是媒介要承担介绍和阐述社会目标和美德的任务;五是媒介要及时、准确地让公众了解最新发生的事件。

媒介社会责任理论的哲学依据是洛克的经验主义哲学。与理性主义的"我思故我在"不同,经验主义认为"我思故我在"的结果会变成"我等于思",然而人的心灵只是白纸,所有的观念都产生于经验。洛克论证了人的观念来自感觉,观念只能通过反省感觉内容而形成。所以媒介传播的信息是可以有效地影响人们的感觉,进而塑造人们的观念,如果媒介听任投资财团或广告商以其商业利益为出发点的选择性的传播经过加工的、有倾向性的信息,就有可能误导人们的感觉以致形成错误的观念。媒介社会责任理论关注的媒介素养,不仅是规定媒介必须承担引导个人塑造正确观念的责任,还要引导个人关注社会利益、承担社会义务。因此媒介社会责任理论要求将媒介素养列为对媒介和媒介从业者的基本要求,社会和政府应当监督媒介和媒介从业者提高职业素养,履行社会责任。媒介的社会责任理论一方面论述了媒介应当承担的社会功能:一是报道公共事物,开展相关讨论;二是启发公众形成公共意识;三是进行舆论监督;四是发挥广告载体功能,促进商品流通;五是满足公众的娱乐需求;六是实现财政平衡。另一方面则是主张积极推行媒介行业自律标准和加强社会、政府对媒介和媒介从业人员职业素养的监管。约瑟夫·普利策将其归纳为"只有最高的理想、兢兢业业的正当行为、对所涉及的问题具备正确知识以及真诚的道德责任感,才能使得报刊不屈从于商业利益,不寻求自私的目的,不反对公众的福利。"①

媒介社会责任理论的现实意义在于始终关注到媒介是需要大量资源投入、具有自我运行逻辑的实体,在社会网络中发挥着巨大的影响力。与赫克托·麦克唐纳的《后真相时代》一书相同,尤瓦尔·赫拉利悲观地认为人类其实一直生活在后真相时代,在信息不发达时代被蒙蔽,在信息爆炸的时代只相信符合自己价值观的事实。赫克托·麦克唐纳归纳了信息时代媒介运行的各种现象,告诫人们越是希望从媒介传递的信息中获取真相越是要了解"真相并不像看上去那么简单。讲述真相的方式有很多,我们可以选择鼓励人们行动的真相,也可以选择故意误导人们的真相。真相具有许多形式,有经验的沟通者可以利用这种多面性影响我们对现实的印象。"②在以虚拟社会为主要特征的网络社会,如何解决尤瓦尔·赫拉利和赫克托·麦克唐纳所说的"后真相"问题,围绕政府还能不能如社会责任理论述的那样行使社会监督的责任,形成了网络自由主义和网络管制主义两种理论模式。网络自由主义是认为网络社会的技术属性事实上生成了独特的"网络自身主权",因此政府的管制权也只能在此止步。而网络管制主义则认为网络社会的

---

① 韦尔伯·斯拉姆:《报纸的四种理论》,新华出版社,1983,第97页。
② 赫克托·麦克唐纳:《后真相时代》,民主与建设出版社,2019,第1页。

技术属性并未从根本上改变民族国家的主权模式，政府有充分的法理依据对网络社会进行严格监管，继续履行社会责任。网络管制主义认为，与报纸、广播、电视等媒介不同，网络媒介的自律机制大都是被动的，不可能完全依靠媒介自律机制来维护网络社会的秩序，政府的监管权不可缺位。网络社会、网络媒介运行和发展的前提是主权国家持续、大量的财政投入以进行网络基础设施建设，这也构成国家、政府监管网络社会、网络媒介的法理基础。媒介的社会责任理论对信息时代政府与媒介关系、政府对媒介的职业道德素养的介入仍然具有重要的意义。

二、尼尔·波兹曼对媒介社会责任理论的发展

尼尔·波兹曼在其代表作《娱乐至死》中深化了媒介对人们意识形态所产生影响的研究。媒介社会责任理论产生于报刊作为主要的传播媒介的年代，当时电视刚刚出现，其影响力还不明显。但是到了20世纪80年代，美国的电视产业进入高速发展、影响力越来越大的时期，出现了收看电视长大的一代人。当电视发挥全方位信息传播的功能时，要求报刊所承担的社会责任以及报刊从业人员的职业素养，能否同样适用于电视产业和电视从业者，是波兹曼研究的问题。波兹曼对当时美国电视产业深深涉入文化、教育、新闻、政治、商业、娱乐等各行各业进行深入考察，提出"娱乐至死"的概念。波兹曼认为电视是以图像为表述方式，必须具有特定播放场景和有限播放时间的信息传播载体，其技术特性不适应表达深奥的思想内容。这是因为首先电视的图像功能决定了人们不自觉地会将视觉舒适度放在接受信息的首要位置（电视主持人的学科分类被划定为表演艺术类）。识别图像只是人类辨认具体事物的原始能力（如看图识字），而文字才是人类具备抽象概念能力的工具，唯有阅读和写作才能推进人类文明和文化的不断进步。电视以图像方式传送的信息可以极大地满足人们情感、娱乐的需要，但是如果要引导人们进行深入思考，特别是运用抽象概念进行逻辑分析，就不是电视这种媒介可以完成的任务，也不应当让电视承担这样的责任。其次电视是以精确的时间段制作节目。电视只能在有限的时间内播放大众化的普及性对话节目以及政论节目，再考虑到收视率的经营问题，哪怕是严肃的思想类节目，从技术上也会以收视受众的平均水平作为节目内容与质量的控制标准，特别是观众转换电视节目的成本很低，节目内容稍有难度就可能造成收视率下降，所以电视不适合引导人们进行深度思考和充分讨论。除专业新闻电视台之外，大多数电视台都是综合性的电视机构。不同类型的节目在同一电视平台上轮换播出，自然会冲淡社会性新闻、政治性新闻的严肃性，如电视在新闻时段播出灾害的报道，紧接着进入一段商品广告，下一个时间段又是娱乐节目，视觉混搭必然降低人们本应重视的有关灾害信息的重要性。对当时美国教育界把课程做成娱乐节目的尝试，波兹曼明确持反对态度。他认为学习只能是不断提高思辨能力的艰苦过程，娱乐不符合教育的本质。

需要强调的是波兹曼并不歧视和反对电视媒介，他的研究结论是认为不同的媒介应当行使不同的社会功能、承担不同的社会责任。媒介相互之间是不能相互替代和转换的。电视应当主要满足人们情感、娱乐方面的信息需求，但是不能让电视承担其他类型媒介、特别是印刷品应当具备的社会功能和社会责任，人们对严肃信息的传播如果大量集中于电视媒介，就会出现过度娱乐化的问题，即"娱乐至死"。波兹曼警告我们，人们感到痛苦的不是他们用笑声代替了思考，而是他们不知道自己为什么笑以及为什么不思考。这也是波兹曼对媒介功能的分析而得出的媒介素养的深刻洞察。

三、回到麦克卢汉对媒介的重新定义

麦克卢汉的贡献在于走出了社会责任理论关注媒介传播内容的范畴，也不同于波兹曼着重区分不同类型媒介应当承担的社会功能和社会责任。麦克卢汉颠覆性地将媒介与人体功能联系了起来，从而重新发现了媒介的作用和价值。麦克卢汉的研究对象是作为传播工具的媒介本身，他的结论是媒介是人体功能的延伸，每一类型的媒介都具有人性化特征，人们会利用各种媒介以获得感官系统的平衡。

麦克卢汉在《理解媒介：论人的延伸》一书阐述观点是：我们得到的所有信息都是转瞬即逝，随时变化的，然而只有不断发展的媒介技术最终改变了我们接受信息的方式，对我们的思考方式和行为方式产生实质性影响，同时决定了我们对空间和时间的感受。所以与其强调人们应当如何提高识别信息内容的素养，不如让人们自觉认识到是日常生活中不同的媒介传播改变着我们的思维模式和行为方式。麦克卢汉认为在不同的媒介载体中信息会呈现不同的格式，如同水在不同容器中的形状各不相同，因此"媒介就是信息"，即媒介赋予的信息内涵。区别于研究人们如何接受信息、识别信息，而只把媒介视为传播的工具和渠道的理论（如对传播目的或传播制度的研究）。麦克卢汉强调任何媒介的出现和使用，都会对个人和社会产生深刻的影响，如语言的出现形成了村落社会，文字的出现形成了村群社会，秦始皇"书同文、车同轨"则创造出稳定的大一统的社会结构。麦克卢汉认为传播的具体内容其实并不重要，人们的思考方式和行为方式以及人们对空间、时间的感受实质上是由媒介传播方式塑造的。

麦克卢汉将媒介与人体的功能联系起来，论证媒介是人体功能的延伸。口语传播时代是人的听觉的延伸，文字和印刷传播时代是人的视觉的延伸，电子传播时代是人的听觉和视觉的双重延伸。如将广播与网络音频播放相比较，广播只能在特定的时间收听特定的节目，而网络音频播放则可以让人们随时用自己喜欢的方式消费信息；广播与听众的互动成本较高，网络音频可以随时统计收听流量，用大数据定制传播信息内容。这就减轻了人用于感知、综合分析信息的中枢神经系统的压力，成为人的中枢神经系统的延伸。麦克卢汉以世界上第一例广播现场报道为例，那是哥伦比亚广播公司的主持人爱德华·默罗在1940年第二次世界大战的英国伦敦开设的《这里是伦敦》节目。当时美国有3000万人坐在起居室的收音机旁，随着主持人的现场报道身临其境地和伦敦市民一起体验到希特勒发动的"闪电战"。麦克卢汉前瞻性地预见这样的媒介沟通方式，将会使世界重新成为一个部落大家庭，即今天的"地球村"概念。麦克卢汉甚至预测还会出现技术革命和人工智能使人体的功能继续延伸，从而发生革命性的变化。媒介对人体的延伸的第一个阶段是口语传播延伸听觉，印刷品传播延伸视觉；第二个阶段是电视机等电子传播同时延伸人的听觉和视觉；第三个阶段将是模拟人的意识，即我们今天面临的人工智能，媒介通过算法向我们传送定制的信息，使"机器更加懂我"。

麦克卢汉根据媒介在使用过程中的不同特点，将媒介划分为冷媒介和热媒介。他的解释是热媒介传递的信息比较清晰明确，接受者不需要消耗太多的生物能量（如思考分析）就能够理解。而冷媒介传递的信息比较模糊，相应的人们的理解成本较高，耗能较多。麦克卢汉区分媒介类型的重要意义在于，从媒介是人体的功能延伸的底层逻辑出发，分析不同属性的媒介会对个人、文化和社会带来不同的影响。媒介产业和媒介从业者应当据此定位受众群体，人们也应当善于调动自己的感官，有效地利用媒介。

四、互联网时代媒介素养的理论设想

当人们在讨论彼此的"素养"时，则是表明个人的行动需要并且必须能够被其他人有意义地解读出来。只有当个人的行为能够得到有预测性的认同时，才有可能不断扩大社会分工，这是社会集体行动的基础。人的"素养"标志着获得他人尊重与信任的程度，"素养"的概念与"能力"的概念不同，"能力"标志行动的可能性；"素养"代表行动的可接受性。"媒介素养"则是考察人们在媒介的影响和作用下，能否建立正向的人际关系和社会网络。传播学理论对媒介有三种解释：一是由电视台、报社、网站媒介实体组成的信息产业；二是传播信息的技术特性，如电视报道、网络信息等；三是媒介的信息影响，如电视报道的屏幕效应、网络信息的传播速度等。麦克卢汉给予我们的启示则是互联网时代的媒介素养，可能更应当考虑的是以上三个层面之外，在互联网媒介的影响下，人们的思维模式和行为模式可能会发生什么样的变化，我们是否能够引导这样的变化？

互联网时代IT产业的发展规律主要有摩尔定律、安迪—比尔定律和李嘉图定律。摩尔定律是指每18个月集成电路的集成度增加一倍，而它们价格也会降低一半；安迪-比尔定律是指软件功能的增加要吃掉硬件性能提升带来的好处，人们只有不断去购买新的硬件产品（安迪是原英特尔公司CEO安迪·格鲁夫，比尔就是微软公司创始人比尔·盖茨，即所谓比尔要拿走安迪所给予的）；李嘉图定律是"租金定律"，其表述为：土地租金是土地使用者所支付的价格，它是由垄断性（稀缺性）决定的，而不是取决于地主在上面做的投资和改良的成本，它的价格受限于租用者（农民）能够承担的价格。除去反映 IT 产业技术发展特征的摩尔定律，安迪—比尔定律和李嘉图定律是否也是互联网时代媒介素养的基础原理？

李嘉图定律证明不同土地的收入具有差额，对土地的估值还要和其他投资资本回报进行对比。李嘉图定律适用于对稀缺性质的经济要素分析，因此穆勒把李嘉图定律延伸到知识产权，将知识产权获得的利润也理解为租金。在互联网的信息时代，李嘉图定律的比较地租理论也有力地证明人的素养其实也是具有稀缺性的资源，因为互联网的信息时代，媒介创造了信息透明度非常高、流动性非常大的现实环境，越是具备为社会认可的高素养条件的社会成员的劳动会获得比同行更高的溢价，而靠各种"潜规则"获得社会地位和社会财富的可能性越来越低。吴军博士生动地举例说明，在电影和唱片出现之前，一流、二流和三流的艺术家和演员都有饭吃。一流艺术家的市场在宫廷和大都市的戏楼，二流的在达官贵人家唱堂会，三流的走街串巷搭台摆摊。但是等到电影和唱片这类媒介出现后，城市乡下都可以看到梅兰芳等艺术大家的演出作品，于是一流艺术家的溢价陡增，三流艺人自然被挤出市场。吴军博士的忠告是，生活在互联网的信息时代只要不能做到比周围的人明显高出一个数量级，那么其劳动都是免费的、不值钱的。这个由李嘉图定律证明的道理适用于生活在这个时代的个人与企业。李嘉图定律告诉我们，互联网信息时代的媒介素养不是解决人们与媒介的关系问题，而是人们能否在新媒介状态下重新定位自己在社会中的位置。

波兹曼在《娱乐至死》中担心电视被赋予过多的社会功能和社会责任，从而产生过度娱乐化的问题。然而在互联网的信息时代，电视与网络如麦克卢汉的论述，不断地延伸人体的功能，满足人们生产、学习、交易、消费、娱乐等各种需要。安迪—比尔定律之所以能够成立，让软件开发商有动力不断设计出功能更为强大的软件，硬件生产商冒着投资风险研发支持新软件运行的设备，从而形成互联网信息时代的现实生活环境，最终是人的行动公理发挥着推动作用。人的行动公理是，人总是会主动寻找行动的目的，即相对于人的无限欲望，手段永远是稀缺的，如果不稀缺，所有的欲望都可以得到满足，也就没有行动的必要了。互联网软件与硬件的不断创新，就是人的行动公理的不断延伸。与波兹曼的预期相反，今天的网络公开课、远程教育等新媒介方式重塑教育生态；网上购物不仅加速了商品交易，更重要的是建构了大规模的信用体系，"信用"成为每个人都高度重视的基本素养；"网红"带货不仅是商业模式的创新，也是社会关系网络的扩展。这一切都与麦克卢汉分析的"媒介改变人的思维和行为模式"相同，而在互联网时代，这种改变的主要动因是李嘉图定律证明的人们对稀缺的感知更为具体化，安迪—比尔定律则是用媒介平台鼓励人们有更多的选择不断地达成行动的目的。安迪—比尔定律促进的"万物互联"发展趋势，主导的是超大规模的互信互通的物理秩序和社会秩序，人们只有认可并且自觉遵从这样秩序，才能得到自身素养的溢价，或许这就是我们追求的"媒介素养"的真正意义。

参考文献

[1] 韦尔伯·斯拉姆.报纸的四种理论[M].北京：新华出版社，1983.
[2] 尼尔·波兹曼.娱乐至死[M].北京：中信出版社，2015.
[3] 麦克卢汉.理解媒介：论人的延伸[M].南京：译林出版社，2019.
[4] 吴军.浪潮之巅[M].北京：人民邮电出版社，2019.
[5] 赫克托·麦克唐纳.后真相时代[M].北京：民主与建设出版社，2019.

作者简介：四川省社会科学院研究员，硕士生导师，四川震灾研究中心首席专家，四川省减灾委专家委员会委员。

媒介环境权研究：背景、内容与意义

韩永青

摘要：基于网络媒介形成的全新媒介环境成为人类所置身环境体系的重要构成，媒介接近权理论赖以存在的逻辑前提被极大消解，由网络媒介引发的各种负面效应层出不穷，迫切需要学界重构人类在媒介环境中的权利概念。媒介环境权是指法律关系主体在媒介环境中所享有的权利和承担的义务，意味着人类个体在媒介环境中实现各种传播权的同时，要切实履行对自己、他人、组织、媒介环境秩序的义务。开展对媒介环境权的系统研究，在促进完善人权法律体系、净化媒介环境、实现自由全面发展等方面具有重要意义，指导人类个体在媒介环境中的具体实践，不断提升媒介环境素养水平，达成美好的生存与发展目标。

关键词：媒介环境素养；媒介环境权；媒介环境

随着信息与传播技术的急遽发展，网络媒介作为媒介家族的新成员已经逐渐渗透到人类日常生活的方方面面，人类对媒介的单一的、狭隘的认知开始上升到对各类媒介形态所构成媒介环境的综合的、宏观的认知。除了自然环境、社会环境外，媒介环境成为人类所置身环境体系的重要构成。在此背景下，以研究"人—媒"关系中人应该具有何种能力为圭臬的媒介素养理论遭遇重大挑战，出现"媒介素养的概念和理论无法完全适应当下媒介环境的问题"。为此，笔者在借鉴环境科学中环境素养的研究思路，提出了"媒介环境素养"概念，并进行了系统论述，以实现媒介素养研究路向的转换与升级。在形态丰富和信息复杂的媒介环境中，人类只有对自己置身媒介环境之中的权利有清晰的认知并体现在具体实践中，才能不断提升自己的媒介环境素养水平。

一、提出媒介环境权概念的背景

1967年，美国学者杰罗姆·巴隆（Jerome A.Barron）在《哈佛大学法学评论》上发表了《接近媒介：一项新的第一修正案权利》一文，提出了"媒介接近权"概念，基于若干判例进行了论证，但没有进行具体定义。根据他的论证，媒介接近权可以被理解为"一种法律上可强制执行的权利，一般私人可根据该权利，无条件地或在一定条件下，要求媒介提供版面或时间，允许私人免费使用或付费使用，借以表达其个人之意见。"1973年，他又出版了《为了谁的出版自由：论媒介接近权》一书，对这个概念进行了系统论述，形成了媒介接近权理论。巴隆认为：在传播媒介越来越集中于少数人手中、广大受众越来越被排斥在传播媒介之外的情况下，已经到了必须把第一修正案的权利归还给它的真正拥有者——读者和视听众的时候了。媒介接近权理论的提出在人类传播史上具有重要意义，集中反映了20世纪60年代报刊、广播、电视等具有单向传播属性的传统媒介，被享有优势政治、经济地位的传播者逐渐垄断的事实，以及给广大受众造成的话语权危机，为促进信息在传受双方间均衡流动和话语权重回受众奠定了理论基础。

人类进入了网络媒介时代以来，网络媒介天然具有的双向传播属性从技术层面弥补了传统媒介单向传播所造成的传受双方地位不对等格局，打破了传统媒介格局下的传播者话语垄断。也因此，媒介接近权理论赖以存在的逻辑前提被极大消解。据统计，截至2019年7月，全球网民数量已达44.22亿，普及率超过60%。电脑终端随处可见，智能手机逐步普及，人们可以随时随处上网，实现了即时即用的愿望，突破了传统媒介时代人们只能定点有限近用传播媒介的束缚。人们不再像面对传统媒介那样，静静地被动看或听来自某处的"上帝之声"，而是可以随时随地在各种网络社群中主动发声，充分实现自我表述的欲望；人们不再像面对传统媒介那样，即使偶然拥有读者来信、电话连线等少之又少的"反馈"机会，大多也只能谈论国计民生等严肃话题，内容表达受到极大限制，而是基于自己表达的需要，可以对国家大事发表意见，也可以讲述生活琐事。可以说，在网络媒介构造的全新媒介环境中，普通受众乃至弱势群体实现媒介接近权已然不是神话，而变成了真真切切的现实。

遗憾的是，媒介接近权在技术层面的实现，引发的并不全然是正面效应，由网络媒介引发的各种负面效应层出不穷，也引发学界强烈关注。由于传播机制中的"把关人"效应弱化，很多网络媒介社区逐渐沦为信息的"垃圾场"、谣言的"集散地"；虚假信息随处可见，色情信息屡禁不绝，恐怖消息时常出现；很多人认为法律要素不再在网络媒介中起作用，"人肉""恶搞""欺诈""谩骂"等恶性表达逐渐弥散开来；偏激的极不负责的言论充斥某些网络媒介社群中，理性的代表公共利益的言论往往被忽视或淹没；游离于正规网络媒介体系之外的"暗网"，充满毒品、杀人、欺诈、性犯罪、恐怖主义等信息。这些情况的出现和蔓延，给人们的现实生活造成越来越严重的后果，实际上反映了人类对传播媒介的认知还整体处于传统的"工具理性"观念之中，尚未体认到人类与作为一种环境的媒介之间的紧密生态学关系，即类似于人类在自然环境中不当近用或"滥权"近用自然环境资源，导致出现环境污染一样，人类对媒介环境中的权利缺乏限制性认知，不当近用或"滥权"近用媒介环境资源，导致出现"媒介环境污染"现象。

二、媒介环境权研究的基本内容

从传统社会到信息社会,人类所置身的环境体系由自然环境、社会环境的二维构成已演变为自然环境、社会环境、媒介环境的三维构成。关于人类在自然环境中权利的研究,起源于1969年美国学者约瑟夫·萨克斯(Joseph L.Las)提出的"环境权"概念;同年,美国最早公布《国家环境政策法》,明确规定公民享有环境权。关于人类在社会环境中权利的研究,起源于欧洲启蒙运动时期荷兰学者胡果·格劳秀斯(Hugo Grotius)等提出的"天赋人权"理论,最早呈现在1776年通过的美国《独立宣言》中,体现为"生命权、自由权以及追求幸福权"。关于人类在媒介环境中权利的研究,起源于1644年英国学者约翰·弥尔顿(John Milton)在《论出版自由》中提出的"出版自由"思想,最早体现于1791年通过的美国《宪法》第一修正案中,该法案设定禁止美国国会制订任何法律以"剥夺言论自由、侵犯新闻自由"。当前,基于网络媒介形成的全新媒介环境,已经越来越多地出现威胁人类生存和发展的种种问题,迫切需要学界在媒介接近权概念的基础上,重构人类在媒介环境中的权利概念。

媒介环境权是指法律关系主体在媒介环境中所享有的权利和承担的义务。从权利方面来说,"在法律允许的范围内,人类有权利将自己的思想意识、观念观点、心得体会等通过言行、文学、新闻、影视、书画、音乐、舞蹈等各种传播活动或艺术形式表现出来,通过一切方式、载体和渠道广泛传播。"因此,在符合法律规定的基础上,任何拥有合法权利主张的人类个体有权利浸入媒介环境,有权利在媒介环境中发布信息,有权利对媒介环境中的信息做出评价。另一方面,正如詹姆斯·波特(W.James M.Potter)所言:"我们全都浸泡在信息之中,而且每年媒介对我们注意力的侵略都会越来越强,要想跟得上所有信息的步伐几乎是不可能的,如今最大的挑战就是,当媒介为我们永无止境提供任何方面的信息时,我们应该如何做好选择。"因此,人类应该同时拥有不传播权,或者说,不传播权是一种更高层次、更加完整意义上的传播权。因此,在符合法律规定的基础上,任何拥有合法权利主张的人类个体也有不浸入媒介环境的权利,有权利不在媒介环境中发布信息,有权利不对媒介环境中的信息做出评价等。

权利和义务是法律关系的关键要素,体现了人类价值诉求的正义性。某一社会关系之所以是法律关系,就在于它是依法形成或法律机关确认的、以权利和义务的相互联系和相互制约为内容的社会关系。"一方面是一方的权利与对方的义务的关系,包括每个人与社会和他人的权利义务关系,以及人类与非人类存在物相互间的权利与义务的关系;另一方面则是每方自身的权利与义务的关系,包括一个人的权利与他自己的义务的关系、社会的权利与其自己的义务的关系,以及非人类存在物的权利与它自己的义务的关系。"

因此，在媒介环境权研究中，要高度重视人类个体在媒介环境中的义务指向。人类个体本身是主体与客体的辩证统一。因此，一方面，在符合法律规定的基础上，任何拥有合法权利主张的人类个体在浸入媒介环境时，有义务保障自己在媒介环境中的利益不受侵犯；另一方面，任何人类个体与外在环境也是主体与客体的辩证统一，有义务在媒介环境中不对他人和组织的利益构成侵犯，有义务维护健康、和谐、美好的媒介环境秩序。

三、研究媒介环境权的重要意义

人类作为自身的主体以及作为环境的主体，需要人类自身以及环境提供各种基本条件保障，才能正常生存和发展下去。各种基本条件保障通常以作为社会的人和作为物种的人的权利反映出来，也就有了人权理念的提出。人权理念起源于17、18世纪欧洲资产阶级反对封建专制斗争的过程中，从总体上看，呈现"代际发展"态势。第一代人权理念强调免于干涉的自由，第二代人权理念强调对社会弱者的保护，第三代人权理念强调人类的博爱。然而，从近代到现代的人权理论及其实践，在内容上呈现的规律是：从单一的人权内容发展到了多元的人权内容，已经呈现涵盖政治、经济、社会、文化和生态五大领域的整体人权观。随着网络媒介的发展，完整意义上的人类媒介环境正在形成。但是，基于传统媒介发展出来的知情权、表达权、监督权等，大多分散于各种部门法律法规中，比较松散，不成体系。因此，开展对媒介环境权的系统研究，有利于完整理解人类个体浸入媒介环境时的权利和义务，便于从更高层面总体把握人类在媒介环境中的主体理性，使得人权的内涵更加丰富多元，促进完善人权法律体系。

媒介环境质量与人类自身利益息息相关，从当前情势来看，人类在现实世界中人性"恶"的一面延伸到了媒介环境之中，发酵、升级之后叠加"反伤"人类在现实世界中的利益，需要外在力量依法强行遏制。以中国为例，《互联网信息服务管理办法》第十五条明确规定互联网信息服务提供者不得制作、复制、发布、传播含有下列内容的信息：反对宪法所确定的基本原则的；危害国家安全，泄露国家秘密，颠覆国家政权，破坏国家统一的；损害国家荣誉和利益的；煽动民族仇恨、民族歧视，破坏民族团结的；破坏国家宗教政策，宣扬邪教和封建迷信的；散布谣言，扰乱社会秩序，破坏社会稳定的；散布淫秽、色情、赌博、暴力、凶杀、恐怖或者教唆犯罪的；侮辱或者诽谤他人，侵害他人合法权益的；含有法律、行政法规禁止的其他内容的。鉴于此，中国各级政府执法部门不定期开展"净网"行动，打击各类网上违法犯罪活动。但是，此类行动往往被定义为"运动式"执法，甚至被歪曲为侵犯公民言论自由等。因此，开展对媒介环境权的系统研究，可以为各级政府执法部门不定期开展"净网"行动、净化媒介环境提供充足理论依据。

人类的生命存在不同于其他动物的生命存在，是在发展中追求价值和意义的生命存在。马克思主义理论认为，人类的发展是自由全面的发展，包括人的劳动活动以及需求和能力的自由全面的发展，人的社会关系自由全面的发展，人的素质全面提高和个性化的自由发展。但是，人类的发展需要人类自身以及环境提供不可缺少的基本条件，否则一切均是空想。正如自然环境为人类的发展提供了必需的自然资源、工作场所、基础设施等；社会环境为人类的发展提供了必需的人际交流、组织架构、制度保障等；媒介环境为人类的发展提供了必需的媒介终端、信息资讯、文化氛围等。因为自然环境、社会环境的时空局限性，现实中每个人对自然环境资源、社会环境资源的占有差异很大，进而导致每个人的发展条件千差万别。媒介环境所提供的媒介环境资源具有共享性和非损耗性，开展对媒介环境权的系统研究，可以让人类理知媒介环境资源的重要价值，在自然环境资源、社会环境资源占有处于劣势的情况下，能善用媒介环境资源，平衡资源不均衡造成的落差，为每个人实现自由全面的发展提供重要条件保障。

四、结语

媒介环境素养是指人类个体在媒介环境中为实现某种程度的生存与发展目标而形成某种层次的认知与行为能力。基于此，可以这样认为，人类个体要想在媒介环境中实现某种程度的生存与发展目标，基本前提是对自己的媒介环境权有清晰的认识；反过来说，只有在媒介环境中形成某种层次的正确认知与行为能力，才能更好地实现在媒介环境权的主张。因此，媒介环境权是媒介环境素养的核心，引领并决定人类个体媒介环境素养水平的高低。从立法角度来说，让媒介环境权进入国家法律体系，可能是一个漫长而曲折的过程。但是，若能开展对媒介环境权的系统研究，可以让人类在现有相关法律法规基础上，形成对"人—媒"法律关系的整体认知，指引人类个体在媒介环境中的具体实践，不断提升媒介环境素养水平，达成美好的生存与发展目标。

参考文献

[1]吴赟，潘一棵.困境与出路：媒介素养教育的多维理论反思[J].中国编辑，2020（1）：76.

[2]林子仪.言论自由与新闻自由[M].台北：元照出版公司，2002：232.

[3]郭庆光.传播学概论[M].北京：中国人民大学出版社，2011：160.

[4]韩永青.媒介接近权到媒介环境权——对大数据时代媒介环境素养的再认识[R].联合国教科文组织-联合国文明联盟媒介、信息素养与跨文化大会，2014：9.

[5]彭祝斌，李成家，朱金平.传播权溯源与再定义[J].湖南大学学报（社会科学

版），2019（1）：159.

［6］詹姆斯·波特.媒介素养（第4版）[M].北京：清华大学出版社，2012：6.

［7］王海明.论权利与义务的关系[J].伦理学研究，2005（6）：5.

［8］唐勇，陈思融.论人类命运共同体的人权观[J].浙江工商大学学报，2020（1）：54.

［9］易琳.浅析马克思人的自由全面发展思想[J].延边党校学报，2019（4）：30.

［10］韩永青.媒介环境素养研究：背景、内容、范式与价值[J].新闻爱好者，2018（7）：46.

作者简介：重庆文理学院文化与传媒学院教授，芬兰坦佩雷大学访问学者，联合国教科文组织—联合国文明联盟媒介、信息素养与跨文化对话教席—网络成员，中国广播电视社会组织联合会媒介素养研究基地学术指导委员会委员。

中韩媒介素养比较研究

曾昕

摘要： 网络技术的推陈出新带动了全媒体时代的蓬勃发展，伴随媒介出现的负面效应，媒介素养教育成为全世界关注的焦点。参照西方发达国家的经验，亚洲一些国家在媒介素养教育方面的研究与实践也取得了发展。我国与韩国同属亚洲国家，无论从青少年文化特点、教育发展动向，还是教育制度方面，都有一定相似之处。同时，尽管两国政府和教育部门对媒介素养都非常重视，但都没有在中小学内普遍推行媒介素养教育课程。研究通过中韩两国的媒体概况、推进实行的部门、教育政策定位等维度分析媒介素养教育内容变迁过程、实践可行性，为推进两国素养教育的相互借鉴和发展提供策略。

关键词： 韩国；媒介素养；素养教育

研究基于中国和韩国本具有差异性社会传播语境，从文化视角探讨青少年媒介使用方式的异同，对现有文献在文化研究角度有所拓展；从现实意义上而言，研究注重媒介素养教育的具体实施策略，以此探讨中国与韩国媒介素养教育的可借鉴方案，具有十分重要的现实意义和教育参考价值。

一、媒介素养的相关理论

（一）媒介素养的历史沿革

媒介素养始于20世纪30年代，初始推崇对文化的保护，把媒介视为一种疾病；随着传播多元化，高雅与通俗文化日益模糊，规避通俗文化的文化传播难以实现。伴随青少年的自主性与控制媒介能力增强，媒介素养研究的框架开始转型。[1] 功能主义侧重使用动机与需要，强调媒体的工具性；批判视角下的媒介素养，关注意义的生产方式和以媒介为中介的社会权利状况；[2] 而后则更多以文化研究的视角，分析受众从文本中如何

---

[1] 肖雪莲：《信息社会青少年媒体教育探微》，当代教育论坛，2005，第22期。

[2] Buckingham. D. *Media Education: Literacy, Learning and contemporary culture*[M]. Cambridge: Polity press. 2003.

制造意义,并拓展到赋权、公众参与等议题。

作为"帮助人们学会和掌握有效使用媒介表达自己思想的能力",媒介素养着力"培养更主动和更有批判性的媒介使用者"[①]。新媒体环境下,议程设置更加民间化;网络媒体生态由不同风格、视角的主体共同形塑,合力影响媒介事件的进程。由此,媒介素养教育更加注重参与能力;包括对数字内容的传播、再加工能力、服务于现实生活的能力等。[②]

有关西方青少年的网络素质运用,通常被纳为媒介素养教育中网络素养的部分。在许多发达国家,呈现出一定的相似性。由于青少年大多属于在校生,网络素养教育被认为是规避网络危害信息和防治网瘾的直接途径,因此许多国家将其纳入了课程体系。

此类网络教育一般分为两类:一类是以在校生为教育对象的媒体素养教育,一般是由政府、教育机构组织和实施;另一类是把青少年作为社会公众,以青少年和家长作为教育对象来实施的网络运用素质培养,通常有政府、媒体、社团等机构发起和组织实践。

青少年网络素养属于媒介素养进入新媒体时代后产生的重要分支,是针对网络运用产生的。西方早期媒介素养皆针对传统媒体的负面影响,比如媒体中的"暴力",并在早期已经纳入学校教育的课程体系。网络运用能力是网络素养中至关重要的组成部分,"网络素养"是媒介素养的子概念之一,主要指代有关提升网络用户网络使用能力的教育。媒介素养起步较晚的发达国家(比如新西兰、新加坡等),由于起步阶段新媒体已经成为青少年日常应用的主要媒体,其课程更偏向于网络运用素质的培养。

(二)新媒体与网络素养

网络素养是媒介素养教育在新媒体时代的发展,主要表现为对传统媒介理念的反思、超越,以及对个人与媒体、社会、文化之间关系的重新审视。在传统媒体时代,青少年的媒介使用依靠保护、甄别、批判等模式,而传统媒介监管的特征主要是审查、屏蔽、过滤等净化网络的强制性措施,以此保护青少年避免接受网络不良信息。[③]

但是,伴随新媒体传播的技术手段更新,一味采取保护措施已经不能满足对青少年网络使用素养在信息安全方面的诉求。因此,青少年网络素养开始突破传统的监管、过滤、屏蔽等强制性方式,而转向培养青少年提高网络使用素养。除了对互联网内容发布者的规制之外,把着力点转向了未成年网络消费者(consumer);这不仅是更为适应趋势、更为有效的措施,也是对青少年进行保护和培养的长久之计。

目前,英文文献中,网络素养的有关词语包括在线素养(online literacy)、赛博空间素养(cyber literacy)、互联网素养(internet literacy)、网络素养(network literacy)等。

帮助公民拥有民主社会所需的自表达能力和质疑的能力,是大众传播时代受众对信

---

① Andrew Hart. *Teaching the Media: International Perspectives*[M]. Lawrence Erlbaum Associates Publishers, 1998: 9.

② 张开:《媒介素养教育在信息时代》,现代传播,2003,第1期。

③ The advisory council on the impact of new media on society AIMS, Engaging in new media challenging old assumptions, http://app.mica.gov.sg/default.aspx.

息的反应机制。① Leary 指出，在网络媒体环境下，媒介素养需要与社交媒体相结合，考察其对青少年文化的影响；Jenkins 认为，网络媒体需要注重培养用户的新媒体交往能力、协同创新、多点认知、多元价值的能力。② 针对青少年网络保护方面，网络素质培养主要内容包括以下几方面：互联网上的信息分辨、信息使用者的自我控制和自我保护、恰当合理发布信息的媒介道德与社会责任感等。

美国学者霍华德·莱因戈尔德（Howard Rheingold）以"Net smart"一词定义网络素养，并在《网络素养——数字公民、集体智慧和联网的力量》一书中较为系统地阐述了网络素养的概念。他认为，在社交媒体时代，网络应用能力和素质与社交能力不可分割。不仅涉及负面信息的识别，同时还包括写作和参与，上述素养的协同能力给用户的思维和社会关系带来巨大影响，甚至具有改变世界的能量。这一概念从网民参与的角度，较为完整地表述了个体通过网络进行资源配置和协同合作的过程，被众多研究者沿用，成为至今较为通用的网络素养定义。③

宏观层面，网络素养还包括更广泛的内容。联合国教科文组织把"媒介信息素养"（media and information literacy，简称 MIL）总结为在媒介内容方面，不仅包括了传统媒介素养的内容获取、评估理解和新媒体素养的信息共享与创造能力，还涉及有效的终生学习、社会行动能力。

联合国教科文组织《媒介信息素养课程方案》把信息的自由使用和表达、对新闻信息的理解、对广告的理性认知、对网络的正确认知等议题归为 MIL 的核心模块，而全球化等属于非核心的模块。这一整合性概念超越了单一的内涵，在评估青少年网络认知和应用能力的过程中，融合了人文性和社会性内容，视角相对宏观，且和青少年的日常生活、社会生活相联系，兼顾了网络素养理论和实践双方的路径。

二、韩国推行媒介素养的环境

（一）韩国推行媒介素养的社会环境

从媒介素养推行的社会和教育环境而言，韩国人口较少，仅有 5000 万，而 25 岁以下的青少年占比 45.4%，是一个典型的年轻态社会，利于新技术的推广和新媒体的普及。同时，城镇人口占到 81%，无论从民众受教育的程度，还是教育体系的密度来看，都有利于国家快速实现高科技链接和媒介素养课程的推广。而我国在"先天条件"上有一些劣势，人口基数庞大且分布不均匀，同时，城乡差异、东西部经济差异、人均受教育程

---

① 周典芳、陈国明：《媒介素养概论》，吴南图书出版公司，2005，第 213 页。
② http://www.medialit.org/reading-room/voices-media-literacy-interview-renee-cherow-coleary
③ 喻国明、赵睿：《网络素养：概念演进、基本内涵及养成的操作性逻辑——试论习总书记关于"培育中国好网民"的理论基础》，新闻战线，2017，第 3 期，第 43—46 页。

度等方面有显著差异。因此要推行媒介素养教育，是一项庞大复杂的工程。

同时，韩国在媒介技术推广方面的另外一项优势是对高等教育的高昂投入。韩国社会的公共教育系统发达，19周岁以上成年人的受教育率高达98.3%，高等教育普及程度达到93%，而基础教育已经达到100%。韩国是世界上推行电子课本教学力度最大的国家，对全国在线教育有很大促进作用。[1]韩国教育理念和我国非常相似，家长舍得为孩子的教育进行投资。

此外，韩国政府对公共教育非常重视，无论政府对教育的经济投入，还是个体家庭对孩子的教育，花费都相当可观。2009年韩国用于公共教育的经费已经达到55万亿韩元，占到国内生产总值6%。与此同时，私人教育的支出超出了20万亿韩元，韩国在线教育发展较早，从2000年开始还每年保持10%的稳定增长率，市场规模目前已经达到3万亿韩元，约合180亿人民币。

广大的市场需求、IT技术的迅猛发展，加上政府和个体的支持，使得韩国在线教育迅速扩张：传统的教育机构已经发生了变化，许多大型的线下教育机构被线上教育机构取代。大量传统的教育机构已经不复存在，传统教育机构需要一定的网络生存能力才能持续。

尽管市场巨大，技术先进，媒介商业繁荣所带来的问题也随之出现。与中国不同，韩国的媒体相对独立，政府影响力相对有限。韩国企业集团主导国内市场，是庞大的广告商，媒体会受到国内大企业影响。韩国媒体结构源于日本的基础，朝鲜战争结束后，军政府用媒体进行宣传，压制新闻自由、监管财阀，比如全斗焕在20世纪80年代合并了报纸与广播电台，剪裁记者，整合主要媒体，限制新报纸登记，因此使得媒体权利向当时的《保守日报》集中，汇集到《中央日报》《东亚日报》和《朝鲜日报》，而当时的《中央日报》属于三星集团。以韩国报业协会为中心，形成了垄断集团，加上国营电视台的垄断，电视台主持人成为名人，记者大权在握。1987年，独裁政权衰落之后，韩国才允许新的媒体出现，保障新闻出版自由。寡头媒体垄断的情况淡化了媒体之间的竞争，由于媒体的稀缺性和权力，媒体公司偏向集权化。[2]曾经同行间的竞争趋于两巨头或者独自垄断。比如，三星与LG曾在3G领域竞争，但智能手机推出后，三星占据了主导。因此，政府对媒体没有足够的把控能力。

（二）韩国推行媒介素养的技术环境

韩国2006年实行3G商业化，2011年实行4G商业化，数据传输速度超过了日本与新加坡。韩国政府对新媒体的大力扶持起步较早，早在1998年，金大中政权就推出了IT强国政策，旨在将韩国IT的技术设施在全国范围内普及且提升到世界一流水平。这项政策持续了20年，政府与各大电信公司密切合作，在信息和通信部领导下，支持有线和无线通信的推广与扩展，并且在本土与外国公司的竞争中，为本国行业提供保护。

---

[1] https://baijiahao.baidu.com/s?id=1618816262631900000&wfr=spider&for=pc
[2] Odaily 星球日报 http://dy.163.com/v2/article/detail/DUAJIQHG0519X1O7.html

20世纪末，Naver、Daum、Nate门户网站成立，竞争激烈，网络广告随之增长。韩国的主要老牌网站Daum（http://www.daum.net）1997年上线时主要提供邮件服务，两年后开启了网络公共论坛。在论坛建立初期仅仅是一个虚拟社区，由一些网络爱好者参与，但很快发展为虚拟与现实链接的桥梁。Naver和Daum在新闻垄断方面竞争激烈，Naver提供了知识IN等创新服务，开始占据主导。随后，没有出版发行实体业务的网络媒体也逐渐兴起。

和中国市场、日本市场相似，因为语言、文化差异加之政府保护政策，韩国民众更倾向于使用本地媒体，Naver门户的搜索量远远大于谷歌。韩国有着成熟媒介的市场，作为互联网连接的世界领先者，韩国拥有最快的平均网络连接速度。长远来看，数字媒体和移动设备是韩国媒体环境中的主要影响因素。网络门户新闻的影响力正在极大地增长，社交媒体逐渐成为寻找、分享和阅读新闻的一种重要途径。

在韩国，Naver和Daum等门户网站是最受欢迎的数字新闻平台。70%的韩国民众使用智能手机应用和移动网络从新闻门户网站看新闻。在韩国最受欢迎的新闻网站是Naver，大多数韩国青少年通过其主页而不是独立的新闻网站阅读新闻。随着门户网站的新闻服务越来越具影响力，韩国新闻公司创造了一个新的生态系统，与大型门户网站合作被视为增加流量和创造收入最实际和最有效的方式。

（三）韩国民众媒体应用状况

与西方公民不同，韩国人交流多以正式、非直接的形式进行。这种文化态度体现在数字交流方面。韩国人在社交网络服务（SNS）上的人际关系数量可能较少，但更亲密，并采用了高情境文化中典型的间接交流方式。

韩国媒体的国际化链接程度较高。美通社通过与韩国国家通讯社韩联社（Yonhap）进行独家合作，在韩国覆盖有超过4000名记者和1000家媒体机构，包括超过200家商业与财经媒体、超过200家高科技媒体和超过140家体育媒体。覆盖超过90家网站，新闻数据源直接被推送至主流门户网站，如Naver、Daum、Nate等，其中Naver和Daum的网络覆盖率分别在90%和70%以上。[1]

根据韩国媒体基金的数据，韩国最常用的社交媒体是韩国第一大移动即时通信应用Kakao Talk旗下的Kakao Story。Kakao Talk拥有超过2.2亿注册用户和4900万每月活跃用户。约93%的韩国智能手机用户使用这个应用程序。此外，Meta、Naver和Instagram也是韩国非常受欢迎的社交媒体应用。[2] 此外，Twitter等国际化媒体平台在韩国也发展较快，特别是YOUTUBE，已经成为韩国下载最多的应用程序和视频内容最大的消费平台。[3]

韩国各地都有强大的网络基础设施，几乎所有室内都有Wi-Fi且大部分可以免费使

---

[1] https://new.qq.com/omn/20180313/20180313G1BTTD.html
[2] https://new.qq.com/omn/20180313/20180313G1BTTD.html
[3] https://www.wanlianzhijia.com/News/show/id/23775.html

用。根据皮尤调研中心（Pew Research Center）的数据，韩国互联网使用率在96%，手机普及率超过94%，社交媒体使用率超过83.8%。可以说，韩国人对IT的接受速度很快。韩国媒体中的领先企业很明显，Strategy Analytics 数据显示，三星在手机市场份额中占比65.3%；门户网站中，Naver 占比71.5%，Daum16.3%，谷歌只有8.3%。而通信软件中，Kakao Talk 以95%的压倒性优势领先。[①]

Naver 是大部分韩国消费者的导航主页，打开首先是新闻界面。Naver 与百度和谷歌不同，是搜索引擎的同时也突出新闻聚合器的功能，不仅提供电子邮件、网购等系列服务，还有强大的推荐功能，在同一个平台上提供综合性服务，以此影响消费者的阅读内容。此外，Naver 的新闻曝光方式值得借鉴，最新的新闻位列于搜索框下方，这意味着消费者打开 Naver 首先看到的就是新闻。这种做法也推进 Naver 与启发媒体的合作，由于和 Naver 合作的媒体在 Naver 页面上可以被搜索到，因此比起没有和"媒体巨头"合作的其他媒体，与 Naver 合作有极大的优势和曝光率。

和许多国家相似，尽管韩国传统媒体的效益大幅下滑，但互联网中的门户网站、社交媒体等却如日中天。在韩国，民众对新闻的信任度总体来说较低，但访问频率却居高不下。韩国的数字新闻消费明显高于其他国家：44%的韩国人每天阅读2次至5次数字新闻，17%韩国人每天阅读6次至10次，18%表示每天的阅读次数超过10次。[②]

三、韩国发展媒介素养的优势与问题

（一）韩国推行媒介素养教育的优势

根据上文的数据显示，韩国在信息普及程度、基础教育程度和网络技术方面，都处于比我国领先的位置。对韩国青少年而言，处于世界上网速最快的国度，见证了从韩国到"电子大韩"（Korea Transform Itself into Digital Korea）的历程。目前韩国网络社区在世界上去除绝对领先的位置，早期的先进技术使韩国青少年具备很高的媒介素养起点。[③]

尽管媒介素养课程没有普遍推行，但韩国对媒介素养的重视起步较早。韩国早在20世纪80年代就对媒介使用能力给出相当的关注（尽管当时对媒介使用能力的理解和今天意义上的媒介素养有较大区别）；而我国则是20世纪90年代才开始部分引进相关理论，起步落后于韩国。在韩国，对如何在公共教育中推行媒介素养也众说纷纭，而韩国ICT与通讯的快速发展又不断地推动着这个教育议题。

在高等教育普及和新媒体迅速发展的背景下，公共教育极大地推动了韩国媒介文化

---

① https://www.wanlianzhijia.com/News/show/id/23775.html
② 美通社：https://www.prnasia.com/blog/archives/20566
③ EJ Kang, EJ Hyun：*Development and effects of media literacy program for young children*，Korean Journal of Child Studies, 2004.

的繁荣。尽管西方许多国家也在同时期提出了媒介素养教育议题，但韩国的特殊性在于早先就在公共教育中强调 ICT 文化的社会政治意义，而不仅仅是技术，这就给媒介素养的系统化、机构化推行奠定了一定基础。

此外，韩国的媒介管理法规更加成熟完善。在 1997 年前后的国际金融危机之后，国家军事实力、经济实力和社会福祉（social wellare）共同成为国际潮流。在这种形势下，韩国政府开始从多元型切入媒介技术，注重媒介的文化效应。手机工业、游戏工业等创新型技术纷纷兴起，一方面打开了经济市场，同时也形塑着韩国民众，特别是年轻人的生活文化。不久，相应的媒介法规出台，"信息教育法"于 1997 年生效，至今还在沿用。这套包含多项内容的法规给韩国的媒介线上教育（E-Learning）提供了法律基础。

（二）韩国青少年媒介素养存在的问题

韩国本土对青少年媒介素养的研究切入点之一是网络个人主义（networked individualism），着重与研究新媒体如何使青少年超越原有的家庭、学校的框架，而通过网络接触更加广阔的外部社会。从韩国公共教育的角度，网络个人主义有许多"福祉性"，比如扩大社交范围，在信息和教育角度扩展公民权利，提供生活满足等。在青少年信息渠道越来越多元化的同时，也使青少年自身暴露于新的风险当中。这一点在西方和韩国本土都有所论述。[1]

首先，令教育者担忧的是青少年作为自制力相对薄弱的群体，个人使用媒介会导致网络沉溺。这和我国的"网瘾"问题有相似之处。脱离父母和教师的管束，手机的便携性和私人性给青少年不受控制的媒介使用带来风险。据韩国广播通信委员会数据显示，青少年使用智能手机接收负面信息呈现出较大的时间分布差异，主要"危险时间段"是周末的白天。因为手机媒体的个人性和私密性，手机是否接触有害信息，与青少年所处的空间、所交流的人群没有绝对联系，而影响因素最大的是青少年的休闲时间。[2]

其次，伴随社交媒体的普遍采用，韩国的假新闻社会问题也频频发生，是青少年媒介素养的一大隐患，引起了当局和教育者的关注。韩国每年因为假新闻而造成的经济损失已经达到 30 亿韩币。[3] 在韩国，电脑端口和移动端口出现了较大的假新闻接收率差异。根据韩国广播通信委员会统计，电脑中接受的假新闻约为 10%，而手机中接受假新闻的概率是电脑的三倍。

青少年广泛接触外界信息，不仅可能在鱼龙混杂的媒介环境中接触到暴力、黄色内容，还有违背社会价值观的言论。韩国与我国均属于受到儒家影响较深的东方文化，对青少年过早接触不良信息、违背普适价值的言论有所警惕。Meta 上网络欺凌或性骚扰等恶性案例也时有发生。因此，网络个人主义给青少年带来的媒介素养隐患不仅在虚拟世界，也非常可能涉及现实生活。网络中，隐私泄露、霸凌等现象，过去多存在与熟悉的

---

[1] 朴素英、赵承熙：《通过 SNS 建立的社会关系及青少年生活满足度》，数字融合研究，2015，第 13 期，第 371—379 页。

[2] 广播通信审议委员会：《青少年广播通信内容实际使用分析研究》，首尔：广播通信委员会，2015。

[3] 现代经济研究院：《假新闻的经济消费推理及其实》，韩国经济周评，2017，第 17 期，第 11 页。

社会环境之中,而网络的开放性也使这些隐患的风险和范围进一步扩大。而且,虽然父母和老师可以选择与青少年沟通或做出引导,但新媒体中风险范围广泛,没有绝对规律,因此给教育者的介入和防范造成了很大困扰。

传统媒体时期,类似的风险可以用规避青少年进入色情场所、避免接触媒体负面信息等媒介素养保护主义手段,而新媒体时期则不再适用。当下,许多韩国传统媒体为青少年创建了绿色平台,制定与其年龄相符的相关节目,但无法在新媒体上进行普及,韩国广播通信评审委员会等所制定的保护政策很难推广到新媒体平台。

韩国的媒介与企业有着广泛深远的联系,但就青少年媒介素养的角度,想要通过企业来改变青少年的媒介接触风险也有相当难度。新媒体平台为求发展,首先要扩大其用户量,而当下即使"脸书"这样知名化、国际化、开放时间较长、各方面运作机制较为完善的社交媒体平台,甚至设置了强大的个人信息保护功能,但使用效果上依然有漏洞,无法彻底保障青少年个人信息安全,更不必说新兴的非成熟性网络平台。

(三)韩国的应对措施

基于上述风险,而考虑到韩国并没有把媒介素养像西方许多国家一样作为一种普及性的学校课程,韩国教育界更多还是从公共教育的角度出发,举办各种活动。这些活动得到了国家和教育机构的支持,开展较为顺利。比如,在每月固定日期,会举办信息伦理教育,或者每次活动拟定不同的主题,每个主题都针对韩国青少年媒介素养的隐患做出指导和实践,如网络暴力、隐私信息泄露等,都先后成为这些公共活动的议题。由于学生课堂学习较为紧张,这些媒介素养活动通常穿插于自习时间开展,同时向家长建议对孩子进行指导,并开发出相关的媒介素养软件。然而,这些手段并没有实质性地解决青少年媒介素养问题,在后期对这些活动的有效性调查中,许多参与者在后期的评价中认为这些活动对青少年媒介素养的帮助十分有限。[①]

主要原因包括以下方面:首先,韩国公共教育中的媒介素养把重点置于预防,并没有超越媒介保护主义,对暴力、网瘾、色情信息等相关问题没有提出如何应对和阻止的有效对策,而一味强调其负面影响和危害性;其次,因为其无效性和无趣性,加上学生课业压力大,韩国公共教育方认为应该更加注重学业,而认为媒介素养教育对生活和学习都没有实质性的帮助,甚至与生活无关。

为了调整媒介素养的效果,韩国教育方开办了互联网振兴院,制定了一系列事项,把问题具体化,如"如何有效进行网络文明交流"、如何保护个人信息等,为下一步明确媒介教育方向和制定新政策做好相应准备。

尽管当下对许多网络论坛、博客等处于"监管死角"的空间,传播者消极内容且当局并没有太有效的监管机制,因此,韩国教育者认为,与其一味推行监管,不如从监管走向教育,以教育为主导的媒介素养政策将比以监管出发的政策更有效果。同时,与其

---

① Eun-Mee Kim、朴之贤、金义猷、崔波涛:《社交媒体与青少年:从政策与制度到媒介素养》,全球传媒学刊,2017,第4期,第32—46页。

限制青少年对社交媒体的使用、一味强调负面影响，不如明确其中的影响因素。相关研究表明，纯粹的使用频率不意味着媒介风险的正比递增，反而许多细节因素的疏漏才会导致青少年在媒介素养中的隐患，比如非匿名的网络聊天、公开个人信息、上传私照等。在视觉传播时代，青少年把个人形象的打造和发布视为身份认同、彰显自身魅力的重要手段，却潜藏着一定的网络风险。因此，学校和政策制定者与其在宏观上强调规避和管制，不如从现实细节入手，比如告知青少年怎样使用媒体可能导致怎样的风险和后果，与青少年一起探讨如何使用社交媒体打造自己同时避免安全漏洞，才是媒介素养教育的正确路径。

此外，韩国教育者认为，媒介素养教育应该从青少年的实际出发，让媒体使用成为他们日常学习、生活的有力助手，同时规训青少年作为使用者在网络中需要遵守的规范和义务。"网络原住民"有良好的媒介使用能力，这使家长和教育者容易忽视他们在网络认知中的概念偏差。互联网应用能力和网络风险并非反比的关系，相反，网络应用与风险之间的关系在更高网络技能的青少年身上，呈现出减弱的趋势，[①]因为社交媒体虚伪的信息反馈有可能导致更大的交往风险。

因此，社交媒体的有害性对青少年媒介素养的影响还要进一步细化，不仅与网络上呈现的有害内容有关，也和青少年如何去参与网络、应对网络信息的行为有关。很多广播通信委员会曾进行相关调研，发现很多媒介负面效应来自青少年对负面内容的好奇（73%），将不明网页收藏（34%），或转发、传达不确定的消息（36%）。[②]因此，媒介素养应当基于青少年媒介运用的实际问题和状况，进行针对性、系统性的指导。

四、我国媒介素养的发展现状

（一）我国青少年网民的媒介使用

从发展时间和网络普及率而言，韩国的互联网发展领先于我国。而我国近几年增速不断加快，2014年，中国手机网民数量有5.2亿，而到了2018年，中国手机网民数量就达到了7.8亿，整体网民数量突破8亿大关，互联网普及率为57.7%。8亿网民中，中国网民主要以青少年、青年和中年群体为主。中学生是网民数量最多的人群，占比为24.8%，排名第一。[③]

互联网、手机、微博、微信、抖音、快手以及各种社交类网站的开通和使用，一改以往由传统媒体构成的相对单纯的传播环境。我国参与主体即最活跃的力量是青少年。

[①] Lee, S.J., &Chae, Y.G. Balancing participation and risks in children's internet use:The role of internet literacy and parental mediation[J]. Cyber psychology, Behavior and social networking, (2012)15(5).

[②] 广播通信审议委员会：《青少年广播通信内容实际使用分析研究》，首尔：广播通信委员会，2015。

[③] https://baijiahao.baidu.com/s?id=1609378902272185078&wfr=spider&for=pc

早在 2013 年，中国互联网络信息发布的《中国互联网发展状况统计报告》中就显示：年龄在 10 到 19 岁的网民占 24%；20 到 29 岁的占 30.4%；学生这一职业群体网民占 25.1%。青少年网络消费形式多样，参与度高的网络游戏、网络文学、网络视频都不断增长。[1]

2017 年的北京网络素养座谈会上，我国发布了网络素养标准评价体系。包括网络基本知识能力、网络理解、网络安全意识、信息评价能力等标准和法规。[2] 我国《2017 青少年网络素养调查报告》中，青少年的网络素养主要包括以下维度："注意力管理""信息搜索利用""分析评价""网络印象管理""自我信息控制"。在 62 个操作化定义的测量中，青少年网络素养平均得分为 3.55 分（满分 5 分），总体得分不高，青少年对网络印象的得分仅为 3.31，而自我控制部分评分 3.64，是各维度中得分最高的一项。[3]

对上述现象，人民网指出，新媒体环境下，青少年的媒介素养问题主要由以下影响因素构成：首先，青少年媒介接触十分频繁，具有一定技术水平，但对媒体缺乏批判意识；参与性强，参与度高，但伴随着道德失范事件不时发生，如 2010 年世博会期间的 69 圣战、粉丝爆吧事件等；此外，新媒体改变了青少年的交往方式，但人际交往能力下降，进一步引发了孤独、焦虑等心理问题。[4] 在这种状况下，传统的媒介素养教育显然已经不再适用，需要调整其内容和方式，才能适用青少年的新媒体需求。

（二）我国媒介素养的发展状况

我国 20 世纪 90 年代后期，媒介素养才得到学者们关注。伴随"新千年时代"网络的逐渐普及、全球化冲击，以及中国申请加入 WTO 的经济背景，有学者指出，网络知识的普及是提高青少年网络素质的必备条件；新媒体环境下，要提高我国公民网络素质，需要从各类师范院校普及网络素养开始。此后，相关研究随即展开，针对各类人群，特别是青年学生网络使用危机及网络素养的问题逐渐热化。

随着相关研究的深入和社会化媒体的进一步发展普及，媒介素养开始其从技术问题和安全问题转而发展到网络使用多个层面的主体建构，已经拥有相应的权利保障。其中比较显著的方面包括媒体思想教育、网络心理研究、网络文化、安全意识和主体性等。[5]

在媒介素养的文化立场上，我国教育者秉持两种主要观点。第一种认为，媒介素养是媒介运用的核心要素，是保护主义理念在我国的延伸。我国尚处于精英文化主导的媒介环境，加之多年儒学等传统文化的熏陶渗透，青少年更适应"经典化人"的教育。而网络文化鱼龙混杂，应予以抵制。而第二类学者则更倾向于媒介素养的平民立场，超越经典文化–大众文化的二元对立，以介入式参与媒介，承认其合理性。[6]

---

[1] 中国互联网络信息中心网：http://www.cnnic.cn.
[2] 新华：http://city.zgswcn.com/chengshixinwen/6180.html
[3] http://news.163.com/17/0628/09/CO0QND7700018AOQ.html
[4] 人民网：http://media.people.com.cn/n/2013/0516/c364022-21506578.html
[5] 耿益群、阮艳：《我国网络素养研究现状及其特点分析》，现代传播，2013，第 1 期。
[6] 赵立兵：《试析我国媒介素养研究的主题与趋势》，新闻研究导刊，2017，第 8 期，第 28、30 页。

研究方面，我国媒介素养大部分从宏观角度出发，探讨媒介素养的立场、内容等。尽管我国的媒介素养教育在群体上有比较细致、深入的划分，比如针对大学生的媒介素养、针对记者的媒介素养、针对党政干部的媒介素养等；但在青少年面对与韩国相似的网络应用问题时，我国也更多采用保护主义，尚未形成以实际问题出发的、针对有害行为应对方案的媒介素养。

纵观我国近年来针对新媒体素养的研究，网络现象和网络事件往往成为话题和学术议题的引爆点。从最初的青少年网瘾问题，到网络恶搞、网络水军、网红打赏，对网络的正确认知和理性应用、网民网络使用素养的提升途径，伴随着新媒体发展的不同阶段和层出不穷的网络现象，始终是国家政府和教育界关注的焦点。而网络参政议政、网络反腐等议题的出现，也使得青少年的网络使用能力和素养与更宏观的社会议题相连接，构建积极的线上空间的重要意义开始显现。①

而教育部门支持方面，尽管课程尚未普及，但北京市互联网信息办公室、首都互联网协会等协同千龙网创办和实施了"网络素养教育七进工程"，作为网络素养标准评价体系实践化的重要途径，这项工程将结合各区现有教育资源，通过专家宣讲、互动交流的形式开展，有相关商业网站和媒体共同参加。网络素养教育将以北京市第十八中学等为起点，未来将在各中小学展开。②

五、韩国媒介素养与我国的异同与启示

联合国教科文组织报告指出，理想条件下，媒介素养不仅包括 ICT 从简单到复杂的各种技能和理念，并且针对发达国家和发展中国家、高收入和低收入群体做出细化区分，同时根据人口数量发展针对边缘和小众群体的网络素养进行区分。然而，这些正是网络素养全球普及的难点所在。③ 由于社会、文化、经济等诸多差异，东方国家的网络素养教育需要因地制宜地发展自己的理念和实践方法，西方的框架虽然相对成熟完善，只能在一定程度上参考借鉴。

（一）中韩媒介素养教育的相似问题

在中韩两国，由于媒介素养没有普遍的推向学校教育，媒介素养研究泛化现象严重，表现在概念泛化、对象泛化、内容泛化和功能泛化等多方面。要推进青少年的网络教育，需要概念的普及化和实践的落地化。

尽管韩国的受教育率和高等教育普及程度大于中国，两国依然存在诸多相似问题，比如"主业课程"对媒介素养课程的挤压。中韩两国的青少年仍然生活在以考试成绩作

---

① 耿益群、阮艳：《我国网络素养研究现状及其特点分析》，现代传播，2013，第 1 期。
② http://news.sina.com.cn/gov/2018-06-06/doc-ihcqccip4518600.shtml
③ http://unesdoc.unesco.org/images/0024/002455/245577e.pdf

为衡量教育的标准的教育体制下，导致了大量学生课业压力过大，补习班和家教辅导盛行，因此学生在公共教育之外，依然花费大量时间进行个人教育。根据当地研究报告，韩国学生的课余时间有57.9%花费在课后辅导中。

首先，媒介素养在理念层面需要进一步推广。从普及性层面，无论中国还是韩国，和欧美发达国家还有较大差距。无论从民间发展到国家政府或者公益组织的支持，我们都尚有欠缺。1999年，美国已经有48个州的中小学课程包含有媒介素养的教育内容。[①]中国媒介素养虽然已经被纳入中小学课程，但仍然处在边缘位置，很多人对此领域依然陌生，在韩国也没有普遍纳入教学体系，以公共教育主打的媒介素养效果也差强人意。媒介素养依然被理解为简单技术的掌握，而不是网络传播能力、创造信息、评价信息的能力，被过分简单化。

其次，媒介不是单纯的概念研究，需要落实到具体的实施方案和评估模块。仅就"识读能力""批判性"等概念展开，与青少年的日常媒介应用有较大距离。无论在中国还是韩国，媒介素养都缺乏一个系统性的评价体系。但相比之下，由于民族、人口、受教育程度等原因，我国推行标准化媒介素养的难度要远远大于韩国。

此外，中韩两国媒介素养教育与其他领域的相关性被淡化了。在媒介素养研究中，对青少年媒介素养的成功发展起决定性作用的因素包括基层运作、资料供给、学校和教育部门支持等。尽管韩国政府大力推动公共教育，中国政府也在政策上给予相应的支持，但总体而言，缺乏政府、学校、社区、媒体、商业、NGO等机构的联手合作。相比之下，现代西方国家对青少年网络素养的理解更强调价值性和社会性，例如批判性思考、创新精神、语言表达能力以及合作能力等素质。而东方国家媒介教育的核心更偏重信息安全有效的获取、评价和使用等，对于评估、传播、创造信息等方面的关注度尚不足。青少年更多时候被视为网络信息的使用个体，没有被作为一种社会化的、参与性和传播性的社会视角来看待。而社会和集体协作的社会层面分析的视角是网络素养在新的社会化媒体环境中的意义和目标所在。

（二）韩国媒介素养对我国的参考作用

第一，在提高青少年的网络运用素质的推进和实施层面，政府支持是一个重要因素。在西方一些国家，青少年网络信息运用素养教育不仅被纳入了义务教育，而且也被加入了媒介、社会公益项目、政府相关部门的职责。政府投入是影响教育普及的重要因素，特别是在大力推广青少年媒介素养这样大规模的教育项目中，我国政府对青少年网络素质的关注和政策支持仍有待加强。从师资角度，如果政策上没有给予充足的资金支持和持续保障，老师们只能疲于奔命，没有不断发展、日臻完善课程体系的机会；而在学生层面，只有政府加大投入力度和政策支持，才能保证教育的普及性和公平性。

第二，对改变青少年在网络应用中的负面现象，具有针对性的媒介素养不可或缺。韩国因为人口较少、城市发展集中，政府对公共教育和高等教育的高昂投入使得韩国青

---

① 陈国明：《美国媒介素养教育》，中国传媒报告，2008，第9期。

少年在整体媒介素养上有一定优势。在这种情况下，即使韩国政府对媒体的控制力不强，使得商业性对媒体有一定侵蚀，但没有造成大规模的"网络水军"等现象，因此更多是集中在针对网络个人主义（networked individualism）的现实关切。事实上，中国青少年出现的因为网络而影响现实社交、孤独焦虑等心理问题，以及在"粉丝爆吧"等事件中的极端反应，是网络使用异化的一种表象。而在应对这些问题型媒介现象当中，韩国从具体问题切入媒介素养，就具体问题提出解决方案的针对性训练对我国推行个体化、个性化和区域化的媒介素养有一定借鉴意义。

第三，韩国引擎融媒体平台意识更强，媒介素养中的新闻素养是不可忽视的因素。作为搜索引擎的同时也突出新闻聚合器的功能，不仅提供电子邮件、网购等系列服务，还有强大的推荐功能。韩国的Naver等平台，通常在同一个平台上提供综合性服务，以此影响消费者的阅读内容。综合性服务一方面使得用户的媒介使用更加便捷，另一方面也利于平台管理和发现问题。新闻是青少年社会政治化进程中吸收外界信息的重要入口，新闻来源的重要性不言而喻。相比韩国，我国青少年的新闻来源比较分散，缺乏集中性和权威性，消息源来自微博、微信、头条、抖音等多个社交媒体而非新闻频道，为提高青少年对严肃议题的认知能力和深度解读能力埋下了一定的隐患。

最后，政府需要促进不同机构的合作，大力扶持公共教育，共同提升青少年媒介素养。教育部和政府相关部门应提出更强有力的支持，以及更加精准的计划，比如如何建立资源数据库，包括什么样的内容，师资的指导和分配，以及如何确保课程设计兼顾本土文化且与国际接轨。韩国把媒介素养包含在公共教育之中，虽然没有推行普及型的课程，但公共教育方便联合社会各界组织的力量，才能取得长期效果并且兼顾与其他相关内容的融合发展。媒介教育不能局限在教育部门，主体还应该包括媒体、图书馆、信息技术企业、博物馆以及相关研究机构和高校。而目前国内媒介素养还没有加入公共教育中，需要政府机构牵头推广，确立国家层面的网络素养教育法规和政策，把媒介素养当成一种社会素养与公共服务，提高社会对媒介素养的全面认知度，才能实现社会各界力量的合力推进。

作者简介： 中国社会科学院新闻与传播研究所助理研究员，多媒体新闻学博士。

理解数字青年的媒介素养：一个社会性-科技性的视角[①]

王喆

摘要：本文聚焦于沉浸在网络社会的"数字青年"的媒介素养，以求更好地洞察网络社会的发展，并更切实地把握人与技术的多维关系。在梳理国内外关于青年网民及其技术化生活的文献资料的同时，本文重点讨论了"数字原住民"概念中所存在的争议性问题，并在此基础上结合技术现象学提出一个理解媒介素养新的理论取径：社会性-科技性的视角。本文认为，从社会性-科技性的视角去理解数字青年的媒介素养，是在以出生年代和年龄为基础的同群分析基础上，进一步关注技术在社会动态进程中如何被数字青年使用，以及他们如何通过不同的技术使用实践活动建构出主体认同的想象，这一视角能让研究者们更好地捕捉在人与人、技术与技术、人与技术的联结中意义生成的动态过程。

关键词：技术现象学；青少年；世代；数字原住民；网络社会。

当今青少年的生活已被电脑、电游、智能手机及其他电子设备所环绕。"数字青年"（digital youth）的提出正是为了将研究对象聚焦于这群沉浸在数字世界的年轻人。无论是从数量还是从行为上来看，数字青年在网络社会已成为一种网民典型。

据第三十九次《中国互联网络发展状况统计报告》称，青少年越来越多地使用互联网，同时也在总人口中占比较高。"截至2016年12月，中国网民规模达7.31亿，互联网普及率达到53.2%"。其中，"20—29岁年龄段的网民占比最高，达30.3%"，而"10—19岁群体占比也达到了20.2%"。尤其值得注意的是，"新增网民年龄呈两极化趋势，19岁以下、40岁以上人群占比分别为45.8%和40.5%，互联网向低龄、高龄人群渗透明显"。

在日常生活中人们可以直观地感受到，青少年确实是积极接触最新的互联网科技产品的群体，同时也浸身于互联网文化之中，技术物是他们赖以感知、认识自身环境的基础。他们积极地通过互联网来构建自己的生活世界，非常在意自己的网络形象展演，也"反哺式"地向年长世代推介有趣的网络技术。

越来越多的研究者们已对数字青年投以关注，而对他们的理解可以让我们更好地洞察网络社会的发展，并更切实地把握人与技术的多维关系。由于网络技术的加入，数字

[①] 本文是中国广播电影电视社会组织联合会2019年媒介素养专项研究项目"社交媒体环境中青年网民媒介素养对社会议题传播的影响研究"（项目编号：2019ZGL002）的结题成果。

青年比以往的青少年研究更需要丰富多元的研究视角。本文将通过梳理国内外关于青年网民及其技术化生活的文献资料，讨论其中存在的争议性问题，在此基础上结合技术现象学提出一个新的理论取径：若将数字青年视为兼具"社会性－科技性"的一代，便能更好地理解他们的技术化生活。

一、世代、媒介素养与媒介发展

世代在社会学中是一个颇为重要的概念，对于理解成人和青少年之间的相互关联是非常重要的。一般而言，世代是社会的结构性特征，和社会中的性别、阶层或族裔这些宏观结构组成元素一样。在 Mannheim 的世代概念中，一个人隶属于一个世代，虽然可能会随着年龄增长而有所改变，但基本上世代的特质会贯穿他的整个生命史。更重要的是，Mannheim 认为基于年龄的世代同群会享有一段共同的历史，继而发展出一种集体感。由于生活在同一历史、政治和文化时期，同群世代发展出相似的态度，这会转化为一种共有认知，促成了社会的转型。这便意味着，一个世代中的个体会积极地反思他们的共有经验，并用他们共存的空间来制造改变，或者至少基于他们的共有经验来有意识地洞悉和质问之前世代所创造和传承的知识或观念。

媒介则是让个人与自身、与他人以及与环境的关系生成秩序的装置。媒介在人类的生活世界中扮演越来越重要的角色，已有学者大量讨论媒介创新如何在社会中的传播并改变了过往的传统规则和互动模式，而对青少年而言，媒介的影响力和同龄人、家庭及学校一样重要。研究者们也越来越倾向于将媒介技术的发展与世代结合起来，以描述人群的特殊性和时代的变迁。比如，LaFrance 提出，在 20 世纪 60 年代的儿童可称为电视世代、70 年代的儿童称为电游世代、80 年代的儿童称为任天堂世代，而 90 年代的则称为互联网世代。确实，从世代分化来看，可以看到不同世代之间由于成长的媒体环境不同，而造成了世代差异。就成长于网络社会中的一代人而言，他们的媒体使用、传播空间的策略使用和集体记忆分享都有很大的不同，共享某一技术的经验成为世代变迁的基础。

媒介素养概念及内涵一直随着科技、社会思潮及传播理论的演变而改变。媒介素养教育于 20 世纪 30 年代在英国和美国逐渐兴起，强调如何提升公众对不良大众媒体的免疫力，以及在接触媒体时能去其糟粕取其精华，分辨不同媒介内容的品质品位，并根据自身需要进行选择。在 20 世纪 80 年代，媒介素养强调的是对文本的批判性解读，但近年来学者们发现这是一个远比基本的文本理解力和领悟力复杂得多的概念，它包含了参与媒介的反思和行动能力。Hobbs 将媒介素养定义为"使用、批判性分析媒介信息和运用媒介工具创造信息的过程。媒介素养的目标在于通过分析、推理、传播和自我表达技能的发展来提升自主权（autonomy）"，这一定义更为强调受众参与式的行动。对新媒介素养，Jenkins 认为应该视其为一项社会技能，是在一个较大社群中的互动方式，而不应被简单看作是个人表达的技巧。他将青年应该具备的新媒介素养总结为 11 大核心技能，即游戏能力、模拟能力、展演能力、挪用能力、多任务处理能力、分布认知能力、集体智慧能力、判断能力、跨媒介导航能力、网络能力和协商能力。

二、数字原住民：一个争议性的概念

某个社会若要称之为"网络社会"，必有两个基本特征：第一是有成熟的网络通信科技以及信息管理/流通科技来构成基础建设（infrastructure）；第二是网络社会有再生产和体制化的特色，遍及不同社会网络之内或之间，作为建构人类组织及社会关系的基本形式。在这样的"网络社会"中，人们拥有的是一种"技术化的生活形式"（technological forms of life），人们需要通过各式各样的技术互动接口来让日常生活的运作变得可能。

如何理解数字青年的技术化生活，学界最主要的尝试是提出了"数字原住民"的概念，用以描述极具数字智能与技艺的青年群体。具体而言，"数字原住民"是指出生于 1980 年之后的那群用已成形的数字网络技术的群体，他们拥有了运用这些技术的技能。虽然数字原住民往往容易被视为一个世代的统称，在学术研究和商业报告中有时会等同出生在某一年份后的青少年，如"90 后""00 后""千禧一代"，刻板化地强调其与前代不同的世界观和沟通行为；有时又会强调其网络媒体使用的沉迷状态，如"拇指姑娘""网瘾青年""App 一代"等。在国外针对数字原住民的主流研究中，往往从教育和引导青少年的目的出发，将个体视为拥有单一特征，将整体以数字落差划分，探讨个体对身份和隐私的忧虑，较少从不同网络技术平台的具体使用者来探讨技术化生活的复杂性。而在商业经济的讨论中，则往往视这一代为未来消费主力（"年轻用户"），讨论他们的数字生活中所体现出来的消费兴趣和经济投入，并在此洞察的基础上如何为商业发展"带来好生意"。

"数字原住民"这一术语的出现具有时代特征，指向的是大多数成年人（或老年人）对新生一代的希望与恐惧。在 Boyd 和 Jenkins 的讨论中，"数字原住民"的论述强调世代差异，世代差异既赞美青年又将青年病态化，在人类历史上，原住民常常会被强大的"移民"（如殖民者）所奴役、杀害或"和谐"，这种具有丰富内涵的象征往往伴随着被边缘化的历史和不平等的权利分配。如何能抛开概念表层的对错二元，而潜入这一代人微妙的现实中去，是多数研究者希冀做到但难以做到的一次尝试，其中很多争议性的议题仍有待探讨。

（一）争议一：一个世代还是若干群体？

到底数字原住民是一代人还是若干群体，一度是相关研究中争论的焦点。正如前文所述，世代本来是一种从生物性划代而来的概念，因而研究者最初关注到数字原住民时，会直接将数字原住民视为出生在 1980 年到 1994 年的一代美国精英，而这一代人又和"互联网一代"及"千禧一代"有所重叠，这几个术语中都同时强调技术如何紧密融入这群人的日常生活之中。Prensky 用"数字原住民"概念指涉两代人在对待计算机和互联网时的代沟，将数字原住民和数字移民进行了比较，认为他们之间的差异就如同说母语和带口音的移民语言一样，这成为一种有效的隐喻，以区分年轻和年长一代。新的一代人不再记得写信、印刷的前世界，基本完全依赖在线生活，不再区别在线和线下，每天 24 小时、每周 7 天永久在线。而这足以引起全部人——父母、教师、领导、法律制定者——的重视，让他们急于管理这一全球性的急剧变化。

将数字青年视为一个整齐划一的世代，其中的预设是使用相似媒介的青年人是同一类青年人，有着相似的态度、价值观与行为。这便模糊了青少年实践中可能存在的细微差别，但是，从前文对世代的讨论我们可以看到，世代从生物性质决定（比如出生年份）越来越变成是由社会状况来决定，世代的诞生往往回应了时代中的主导事件，比如军事（战后婴儿潮）、政治、经济（大萧条）或文化（垮掉的一代）等。那么，在数字原住民的讨论中，世代不仅可以由主导性的技术来标示，同时发生改变的还有心智、行为、文化及其与他人关系中的种种习惯。

近距离研究数字青年，会发现他们并非同质性的原住民，有些人对网络的使用仅仅是日常学习生活的延展，与年长世代使用电话或电视等媒体所获得的意义并无太大差异，而有些人则会对互联网进行创造性的使用。比如，Tapscott 进行了一项由大公司资助的四百万美元的研究，在其项目成果 Grown Up Digital（2009）一书中曾说道，数位原住民将政治行为带入了生活，这比前几代人的程度要更加深入，更有力更多样的社会行动。但 Banaji 在他的欧盟公民网络计划中，通过经验研究挑战了这一"认为所有年轻人都对新技术亲近"的假设，以及"新的技术可以形塑和改造公民政治行动"的假设，发现一半的受访者表示他们对娱乐（音乐、电影、八卦和购物）网站更感兴趣，而对明显的公民网站没有多大兴趣，对于竞选政治则最不感兴趣。与此同时，只有 10%—20% 的受访者表示出对于环境议题、新社会运动和精神道德相关网站的兴趣。他的研究发现，那些能打造政治和科技之间的游戏性、创造性互动的青年群体毕竟是少数，更多人对娱乐、游戏更感兴趣。针对我国的数字青年，朱丽丽提出了文化研究的视角，考察的是数字空间的青年群体日常世界与生活方式，强调的是数字青年的多元态势，尝试用个案来拼贴出当下数字青年总体性的日常生活文化图景，认为新的技术样态与青年群体日常生活是相互渗透与相互构建的。可见，数字青年并非整齐划一的一代人，依据网络平台的不同、媒介素养的不同、学习生活环境的不同，网络世代发展出了不同的青年群体。

（二）争议二：决定性的技术

在数字原住民的研究中，大部分研究会过于聚焦作为主体的人，而使得网络技术仅变成了他们进行文化再生产的载体、工具或平台，而缺乏充分探讨这些网络技术的内在逻辑，难以回答网络社会的技术逻辑和网络技术的能供性如何与青少年们的实践能力形成了关系性的联结。

然而，当技术这一端得到强调时，比如在传统的媒介效果研究范式之下，研究者们会主要探讨社交网站、手机应用程序、即时通信、网络游戏对成长中的青少年的认知发展造成了何种影响，这些网络媒介的使用被视为自变量，他们所带来的潜在影响或好或坏，而青少年则被视为被动的受影响者。而在针对网络社会所进行的批判性讨论中，研究者也会倾向于预设技术决定了使用者的行为与文化。比如，在 Virilio 看来，传播的革命造成了接收者及发送者的一种行为惰性，受着惰性控制的互动双方，将自己的运动和位移的能力转交给了机器，自愿地限制着他身体的动作和冲动，由可动的（mobile）人，变为自动的（automobile）人，并最终变为机械的（mechanical）人，成为机器所奴役的一个存在物。

很多学者都认同这一预设前提，认为数字原住民思维方式和技能的不同（比如超文本的使用、通过实时信息来进行判断等）纯粹来自个体暴露在科技环境中。这或多或少在数字原住民的研究中形成了一脉"技术决定论"的研究趋势。与社会性和文化性相比，这类研究会更倾向于讨论技术对数字原住民的技能和心智所造成的影响，并将技术所带来的变化视为一种时代的范式转移——虽然每一次变动都是由于新技术的诞生。

在现象层面上，大多数研究都会强调数字原住民在心理认知上的差异性。比如，Dingli 与 Seychelld 认为数字原住民是那些并不觉得数字时代和技术持续升级有任何问题的一代，周身的环境是自然的存在。数位原住民中每个群体都有一套新的技能，这些技能在当下的进程中会得到最优化的使用。在这些先前的研究中，Piaget 的认知发展阶段和数字原住民的科技化生活之间的联结关系是主要脉络，他们认为数字原住民理解和利用技术的方式源自成长阶段把玩的各种设备——桌上计算机、笔记本计算机，以及游戏掌机等。使用技术是一种学习过程，从学习风格、偏好到学习策略和学习的重新概念化，这反映了深层的认知结构，包括个人的能力模式。在类似的研究中，认知被视为一种内部的表征（representation），是由环境所提供之刺激而形成的：环境客观地独立于个体之外，不会因个人的行动而有所改变。借用比喻的话，数字原住民的认知有如反映外部环境的一面镜子。

然而，随着数字技术越来越普及，社会开始被这一新的现实所影响，社会性的维度无法再被忽视。Palfrey 与 Gasser 认为与数字宇宙平行共存的，是数字原住民已嵌入进地域性和本土性的习俗、习惯和价值网之中。这些因素和其他的社会、经济情境一同塑造了数字原住民使用数字技术的方式，还影响了他们如何让机会变成现实，如何迎接新的挑战。总的来说，技术的特质与潜能一旦面临不同的人群、不同的社会情境中，将会以不同的方式实现，或者无法实现。

三、社会性-技术性的视角

鉴于青少年们的主观能动性已经越来越受限，成年人没有意识到青少年是如何使用技术来进行联系、学习并实现公共参与的，当把所有群体的年轻人都混为一谈，并将科技视为一种必然趋势时，人们会忽略正在成长起来的青少年在实践中的多元性，以及网络技术在具体的使用中所展示出来的不同潜力。可以说，技术性与文化性成为研究数字青年的关键词，二者之间似有因果。然而，其中因果关系是否如此线性相关？这些研究是否真能描绘出一代青少年共享的科技—社会—文化情境的复杂性？在技术决定论、社会建构论之间，更应提倡的应是社会—技术相互建构论，"将技术与社会之间单向的'是……还是……'的争论变成'既是……又是……'的双向辩证关系"。类似的，在提出"数字青年"的概念时，Subrahmanyam 与 Smahel 用了相互建构模型（the co-construction model），他们发现虽然网络技术的设计者提供了平台或工具，但在实际使用中，使用者会共同建构他们使用工具的方式，而这种方式是设计者始料未及的。因而，数字青年应被视为和其他使用者一同创造数字世界的主动用户，他们被这一共同创造的网络文化影响的同时又影响着网络文化的发展。

年轻世代如何主动地选择是否及如何使用新媒介技术，其实是一整个由主体长期参与的社会过程。Prensky 近年也再次强调，数字原住民的本质不限于将他们的一切视为所具备的数字能力或知识，而更可能是一种文化，一种对数字技术感觉到舒适的信念，认为技术是日常生活中有趣的小伙伴。数字原住民的区别最终体现在两点上：一是他们将数字的增强性视为人类生存不可分割的事实；二是他们拥有数字智能，体现在他们透过数字增强的能力来实现自身的能力，以及做出更聪明的决策，这是一种拓展的智能（extended cognition）。同时，数字青年也会通过多元而丰富的行动，调整、修正和创造情境。这呼应了 Sterelpy 在生物进化中发现的认知工程（epistemic engineering），认为人类往往会积极地通过以下几个途径改变环境、创造利基：（1）改变物质环境，如筑巢或搭建类似的居所；（2）建立社会组织，如设置分工制度，使得有些资源比较容易取得；（3）改变认知环境（epistemic environment）。

在对环境进行重新设计时，Norman 强调以人为中心、方便适用的产品设计理念，也将能供性的概念纳入论述之中，认为事物的性质和使用者的能力之间的关系决定了事物可能会被如何使用。若要发挥作用，能供性和反能供性（anti-affordances）必须被发现、被察觉，即使能供性未被觉察，它也仍然存在。不过对设计师而言，为能供性提供明显的线索才能让事物更好地被操弄。类似的，在技术现象学中也有一个与"能供性"很相近的概念——多重稳定性（multistability），意思是任何技术都有多种目的，会通过不同的方式对不同的使用者产生不同的意义。技术既有"稳定性"，又有"变异性"，"技术不是'整体'（one thing），也不可能从多种多样的情境中割裂开"。

在技术现象学这一重新思考技术与群体之关系的脉络之中，一方面是不将数字青年视为一个整体，另一方面技术也不再被视为一个具有决定性作用的元素。Idhe 的"人—技术—世界"框架强调互动行动中对个体和技术的挖掘和展现。在这一框架内，Idhe 提出人的实践行动总是发生在技术的结构作用所构成的脉络之中，而技术的结构性作用也总是在人的协同实践中不断持续确认、完成，才得以浮现与维系。这意味着，数字技术是具有多重可能性的，但同时也增加了很多限制（换句话说，也就是具有"能供性"）——它们不会自己去制造社会改变。年轻人使用数字技术是非常日常的，而不是一种奇观；不是以戏剧性的创新操弄为特色，而是以惯常的沟通形式和信息交换。人们如何开始将自己界定为一个世代中的成员，是在微观的日常互动中建构起来的。

在这一框架下，有一些以社会性—科技性的视角来理解数字青年的具体研究可供研究者参考。boyd 以社交媒体为例，发现社交媒体的能供性成为数字青年与之行动相关的情境，同时，这一情境所提供的能供性又促成了他们网络行动的生成。基于长期的研究观察，boyd 发现数字青年的线上参与行为并不乖戾（eccentric），反而是非常正常的，甚至是可以预期的。为了更好地深入复杂的事实之中，boyd 将她关于数字青年研究的书名定为了《这很复杂》(It's Complicated)，在书中探讨社交媒体作为一个文化现象，如何重塑了信息和沟通的环境系统。这一主题存在着可供讨论的维度：网络化的公众是由网络技术重构的公众，既是通过网络技术构建的空间，又是经由使用者、技术和具体实践而交织起来而浮现的结果——想象的社群。在 boyd 看来，要理解何者为新、何者非新，重要的是理解技术如何引介了新的社会可能性，而它们又如何挑战了人们关于日常互动的种种假设。鉴于此，boyd 提出了社交媒体能供性中所带来的四个机会和挑战：（1）持久性，在线表达和内容是否长久存在；（2）可见性，受众是否可以目睹一切的潜在可能；（3）扩展性，内容是否极易被分享；（4）可搜寻性，是否易于找到内容的可能性。社交媒体的这些能力其实并不新，但"新"的是社交媒体通过提供得以嵌入人们既有实践中的技术功能而改变和放大了社会情境。也就是说，如何使用科技，而非科技本身，改变了社会进程。在与技术互动的过程中，对技术能供性的强调使得数字青年扮演了积极主动的角色，他们会选择性地、依照不同情境来启动（enact）技术的能供性。

类似的，Gardner 与 Davis 聚焦于手机客户端（App），也并非泛泛地去讨论数字技术。在他们的 The App Generation 一书中，强调客户端不仅仅是种技术，还是新人类的心理症候，而进一步探讨客户端的可得性、增长和力量如何让新一代变得具有差异性和特殊性，特别是他们的认知如何沉浸在三个主题之中：个人认同感、和他人的亲密关系、如何施展创造性和想象性的力量。在教育、政治、工作、个人道德等领域都产生了类似这三者的变化趋势。Gardner 与 Davis 尝试将思考和行动都统称为"人类心理"（human psychology），认为其包括了感知、分类、决策、行动以及其他心理过程。因而，App 一代是伴随着 App 客户端成长起来，他们觉得世界是客户端的集合，他们的生活由客户端有序地串联起来。与 boyd 的研究相比，这两位作者尝试进行一个更清晰的划分，认为客户端一方面会鼓励人们追求新的可能性，这是客户端能动性（app-enabling），而同时，使用者又让客户端约束或决定了自己的选择和目标，产生了客户端依赖性（app-dependent）。因而，从科技的观点来看，可以将客户端分为两类，一类是管控人的行动过程，因此驯化了依赖性；另一类是开拓情境，打开了人可能的行动过程，因而对用户进行赋权。从人类心理来看，也可以分为两类：一类是个人愿意或者强烈希望依附科技；还有一类是唾弃这种技术习惯，寻找着科技其他可能的情境。可以说，Gardner 与 Davis

尝试重新去讨论数字青年研究中的因果关系，并看到了科技和主体均持有的能动性，但是清楚对立的分类界线却不禁仍让人产生质疑。

四、结语

综上所述，数字青年的研究中必然应将其身处的社会性和作为基础建设的科技性纳入考虑，这也就是说，研究者应该不能只看到"数字"，也不应只看到普遍性的"青年"，而应将网络科技的青年使用者视为科技性—社会性的世代（techno-social generation）。在 Mannheim 的世代理论基础之上，若进一步强调社会性—科技性的视角，则得以在研究中看到不同的人群以不一样的方式经历着技术化生活：经历了同一变革时间点的人群会共享体验，必须特别重视作为世代区隔标志的网络和实践，亦即年轻世代如何主动地选择是否及如何使用新媒介技术，这一整个长期参与的社会过程形塑了一代人。

正如 Earl 与 Kimport 所说："人们对技术的使用有时很日常，而有时非常具有创造性，才导致了（各种各样的）社会和政治变化。"从社会性—科技性的视角去理解数字青年，是在以出生年代和年龄为基础的同群分析基础上，进一步关注技术在社会动态进程中如何被数字青年使用，以及他们如何通过不同的技术使用实践活动建构出主体认同的想象，以更好地捕捉在人与人、技术与技术、人与技术的联结中意义生成的动态过程。

参考文献

[1] CNNCI.中国互联网络发展状况统计报告[EB/OL].http://www.cnnic.net.cn/hlwfzyj/hlwxzbg/hlwtjbg/201701/P020170123364672657408.pdf.

[2] Mayall B.. *A History of the Sociology of Childhood* [M]. London: Institute of Education Press, 2013.

[3] Mannheim K.. *Essays on the Sociology of Knowledge* [M]. London: Routledge, 1952.

[4] Narvanen A., Nasman, E.. *Childhood as Generation or Life Phase?* [J]. Young, 2004(1): 71-91.

[5] Peters, J. D.. *The marvelous clouds: Toward a philosophy of elemental media* [M]. Chicago, US: The University of Chicago Press, 2015.

[6] LaFrance, J. P.. *Games and players in the electronic age: Tools for analyzing the use of video games by adults and children* [J]. The French Journal of Communication, 1996(2): 101-132.

[7] Napoli, A.. *Social media use and generational identity: Issues and consequences on

peer-to-peer and cross-generational relationships: An empirical study [J]. Journal of Audience and Reception Studies, 2014(2): 182–206.

[8] Buckingham, D. (1998). *Media education in the UK: Moving beyond protectionism*[J]. Journal of Communication, 1998(48), 33–43.

[9] Hobbs, R.. *The seven great debates in the media literacy movement* [J]. Journal of Communication, 1998(48): 16–31.

[10] 亨利·詹金斯, 伊藤瑞子, 丹娜·博伊德.参与的胜利：网络世代的参与文化[M].高芳芳译.杭州：浙江大学出版社, 2017.

[11] 巴尔尼.网络社会的概念：科技、经济、政治与认同[M].黄守义译.台北：韦伯, 2012.

[12] Lash, S. *Critique of information* [M]. Thousand Oaks, Calif.: SAGE, 2002.

[13] Palfrey, J., & Gasser, U. *Born digital: Understanding the first generation of digital natives* [M]. New York, NY: Basic Books, 2008.

[14] Prensky, M.. *Digital game-based learning*[M]. New York, NY: McGraw-Hill, 2000.

[15] Tapscott, D.. *Grown up digital: How the net generation is changing your world* [M]. New York, NY: McGraw-Hill, 2009.

[16] Banaji, S. *Disempowering by assumptions: "Digital natives" and the EU Civic Web Project. In M. Thomas (Ed.), Deconstructing digital natives: Young people, technology and the new literacies*[M]. New York, NY: Routledge, 2001, 49–66.

[17] 朱丽丽.数字青年：一种文化研究的新视角[M].南京：江苏人民出版社, 2018.

[18] Blair, L. B., Claster, P. N., Claster, S. M.. *Technology and youth: Growing up in a digital world* [M]. Bingley: Emerald Group Publishing Limited, 2015.

[19] 保罗·维利里奥.解放的速度[M].陆元昶译.南京：江苏人民出版社, 2004.

[20] Dingli, A., Seychell, D.. *The new digital natives: Cutting the chord*[M]. Heidelberg, Berlin: Springer, 2015.

[21] Palfrey, J., & Gasser, U. . *Born digital: Understanding the first generation of digital natives* [M]. New York, NY: Basic Books, 2008.

[22] Subrahmanyam, K., Smahel, D.. *digital youth: the role of media in development* [M]. Berlin: Springer, 2011.

[23] Prensky, M.. *Digital wisdom and homo sapiens digital. In M. Thomas (Ed.), Deconstructing digital natives: Young people, technology and the new literacies* [M]. New York, NY: Routledge, 2011, 49–66.

[24] 钟蔚文.从行动到技能：迈向身体感.余舜德编, 身体感的转向[M].台北：台湾大学出版中心, 2015, 37—62.

[25] Norman, D. A.. *The design of everyday things* [M]. London, UK: MIT, 1988.

[26] Ihde, D. *Technology and the lifeworld: From garden to earth* [M]. Bloomington:

Indiana University Press, 1990.

[27] Boyd, D.. *It's complicated: The social lives of networked teens*[M]. New Haven, Conneti.: Yale University Press, 2014.

[28] Gardner, H., & Davis, K.. *The App generation: How today's youth navigate identity, intimacy, and imagination in a digital world* [M]. New Haven, Conneti.: Yale University Press, 2013.

[29] Hart-Brinson, P., Yang, G., & Aroldi, P.. *Techno-social generations and communication research. In Nussbaum J. F. (Ed.), Communication across the life span* [M]. New York, NY: Peter Lang, 2016, 91-106.

[30] Earl, J., & Kimport, K.. *Digitally enabled social change: Activism in the Internet age* [M]. Cambridge, Mass.: The MIT Press, 2011.

作者简介：浙江传媒学院媒体创作与应用系讲师，台湾政治大学传播学院博士候选人。

新媒介创新思维素养的内涵及培养路径

舒三友

摘要：本文探讨了新媒介创新思维素养的内涵、价值，并结合案例分析提出与新媒介创新思维素养培养密切相关的三大思维能力：批判思维、形象思维和结构思维。试图构建一个相对完整的新媒介创新思维素养的培养体系，深化和拓展现有的新媒介素养理论。

关键词：新媒介环境；新媒介素养；思维素养；创新思维

随着数字技术与网络技术的发展，新的媒介形态不断涌现形成新媒介环境。媒介素养的研究范围从研究人与媒介的关系及如何利用媒介处理信息拓展至综合考虑人如何在媒介环境中更好的生存。美国新媒介联合会（new media consortium）在2005年发布的《全球性趋势：21世纪素养峰会报告》将新媒介素养定义为："由听觉、视觉以及数字素养相互重叠共同构成的一整套能力与技巧，包括对视觉、听觉力量的理解能力，对这种力量的识别与使用能力，对数字媒介的控制与转换能力，对数字内容的普遍性传播能力，以及轻易对数字内容进行再加工的能力。"[1] 新媒介素养的能力框架涉及新媒介使用、信息消费、信息生产、社会参与的一系列能力要素的集合。本文以创新思维为视角，以新媒介素养教育的核心理念和基本理论框架为基础，提出新媒介创新思维素养的概念，聚焦新媒介环境下，人的创新思维素质与修养的培养。新媒介创新思维素养要解决的问题是：如何在浩瀚的信息洪流构建个性化的知识体系；如何在人工智能时代具备知识迁移的能力；如何拥有更切合新媒介环境的自如表达。

普通心理学把思维当作与感知、注意、学习、记忆、语言、情绪等相并列的认知活动。思维是人脑借助中介获得对客观事物的间接反映，体现了对事物内在规律和本质特征的认识，它表征人的智慧及创新能力。思维过程涉及思维主体、思维方法、思维对象三个要素。思维主体是思维执行者，思维方法是达成思维目标的桥梁或手段。思维对象是思维主体要处理的客体。思维主体的思维素养决定着思维要素的组合和发挥作用的方式。新媒介创新思维素养关系到思维主体提升信息鉴别和知识管理能力，也关系到人在新媒介环境中获取资源，实现自我发展、自我教育、自我完善的可能。以下提出三种核心思

---

[1] New Media Consortium (2005), *A Global Imperative: The Report of the 21st Century Literacy Summit*[EB/OL].[2013-03-22].www.nmc.org/publications/global-imperative.pdf.

维能力，希望以此为路径，提升新媒介创新思维素养。

一、批判思维与新媒介创新思维素养

批判思维是关于头脑运作的认知，是自我觉查、自我引导、自我矫正的思维工具。批判思维属于新媒介思维素养的基础环节。批判思维的基本技能与原则是保持质疑态度，追求思维公正。批判思维的英文"critical thinking""critical"（批判的）源于希腊语"kriticos"，指理解、分析和洞察事物的能力。从词源上讲，"critical"暗含依据一定的标准行事之意，这一标准的特征是清晰、准确、可靠、公正。中国古代经典《礼记·中庸》中说："博学之，审问之，慎思之，明辨之，笃行之。"强调的正是批判思维的能力。批判思维需要运用分析和推理判断结论，审视评估思维过程。

创新思维是新颖、独到、有价值的劳动过程。它不仅需要依赖灵感、直觉与想象等思维活动，还要借助理性与批判思维。这是因为创新思维不仅具有一般思维活动的特点，还要求充分运用新方法、新材料、新角度、新组合，透过表象洞察、归纳与分析深层信息。批判思维与新媒介创新思维素养的关系主要体现在以下两个方面。

（一）挑战已有认知模式的勇气与弘扬科学精神

挑战已有认知模式可以从两个层面来理解。首先，是具备认知自身偏向的勇气。人的大脑具有二元性：一方面，本能趋向非理性，以自我为中心，并非平等关心他人的权利与需求；另一方面，人脑具备理性的潜能，可以有意识地自我训导，矫正行为，从而公平面对其他思想、信仰或观点。批判思维帮助思维主体突破思维定式的局限，以更公正的态度进行思考。若将批判思维用于新媒介内容创新，可以发现更加广阔的蓝海。比如，2019年7月，抖音发布了自己的公益战略报告《成长的百科全书——短视频社交与青少年教育研究报告》，与中国教育电视台合作推出青少年教育的"青椒计划"，通过短视频形式为科学、人文传播投入力量。这次合作，可以理解为短视频行业经历了一轮"野蛮竞争"后的自我革新，通过提高附加值寻求更有宽度与高度的发展方向，试图引领品位而非迎合低俗。

其次，批判思维中对科学精神追求让思维主体在新媒介环境下学会以辩证的态度对待数据。警惕数据与算法带来新的问题与风险，算法偏差可能造成客观性数据的假象。思维主体应对数据与算法的风险保持理性判断。数据可以描述客观事实，揭示本质。但是数据操作应该遵循一套严谨的规范，否则数据与算法不会带来更多的真相。个性化算法以方便的名义迎合人的惰性，具有让个体逐渐失去自主判断与选择能力的风险。批判思维有利于唤醒思维主体随时行使选择权。

（二）灵活辨识思维对象

尼采在《超善恶》的序言中写道："视角（perspective）是所有生活的基本条件。"

又在《札记》中断言"没有事实,只有阐释"。他认为"视角制造事实"。事实依据"恰当证据"的标准来裁判。[①]因此,事实的形成与看问题角度有关。美国学者桑斯坦基于传播学中的选择性心理,提出"信息茧房"的概念,即人们只听愿意听的和取悦自己的内容。在算法时代,社会化媒介及传统媒介在影响人们看什么方面显得越来越弱。个性化信息服务强化信息偏好,反而造成社会成员心理区隔。共同视角的缺乏影响人们对公共事件的看法。对组织和个人来讲提升思维灵活性、多角度探索问题,才能突破固有思维模式的局限。以新媒介环境下的新闻传播为例,在传统的媒介环境中,媒体遵循采访、成文、单向传播的线性流程。在新媒介环境下,议题设置和内容呈现需顺应互联网的多维度传播特性,因此有必要进一步考虑是否将内容做成直播或者做成若干短视频与受众形成互动。澎湃新闻长篇互动连环画H5《天渠:遵义老村支书黄大发36年引水修渠记》(2018年中国新闻奖融媒介页面类一等奖作品)便是将传统报道题材多维表达的代表作品。该报道用下拉式长幅连环画、渐进式动画、360度全景照片、图集、音频、视频、交互式体验等手段,讲述了当地村支书黄大发坚持36年引水修渠的故事。这则典型人物报道并未墨守成规,体现"从0到1"的创新思维素养,值得借鉴。

二、形象思维与新媒介创新思维素养

形象思维的概念由俄国著名文艺理论家、批评家别林斯基提出,用以区别科学理论中的抽象思维。我国著名学者钱学森在现代思维科学体系的创建过程中明确提出,形象思维是思维科学的突破口。[②]从脑科学角度讲,形象思维主要是右脑思维,具有形象性、概括性、情感性、整体性等基本特征。形象思维是人与生俱来的思维能力,其特点是通过表象产生思维,表象与想象、联想、意象生成密切相关。在新媒介创新思维素养中形象思维的重要性体现在两个方面。

(一)提升新媒介环境下的形象感知能力

形象性是形象思维区别于其他思维的根本特点。表达工具为感官所能感知的图形、图式、节奏、旋律等。形象思维利用具体形象进行思考时,就像无字幕的电影,在头脑中声画自放映。

新媒介时空以互联网技术、信息通信技术为依托,吸纳了以往所有的媒介时空形式,如口头传播的即时时空、人际互动的亲密时空、印刷媒介的抽象时空、音视频的直感时空。并且,流动的信息时空与日常生活的时空交织。因此,新媒介环境是具有更大包容性的复合立体时空环境。媒介使用者对新媒介时空的感知不应停留在线性思维或平面思维阶段,而是适应整体性、形象性的感知。

[①] 弗德里希·尼采著,张念东、凌素心译:《超善恶:未来哲学序曲》,中央编译出版社,2005。
[②] 钱学森:《关于思维科学》,上海人民出版社,1986。

此外，形象思维并非停留在感性认识阶段，而是贯穿思维主体认识事物、理解分析事物、创造事物的全过程。艺术家约翰尼斯·开普勒（Johannes Kepler）在《对维泰洛的补充》（Ad Vitellionem Paralipoena）中区分了像（picture）与视像（imago）。像是呈现于媒介之上的图像，是物的再现，再现与对象间有可能不完全一致。视像是不具备物理测量性的图像，更贴近虚拟的原初意义，即"不借助物质性介质而关联、指涉或占有某种实际上在运作的能量"①。当下，信息载体增多，对象的呈现更为主观。当"像"走向轻盈和不确定，对"视像"运用变得更为重要。形象思维有助于视像的呈现，使思维主体超越物质层面的视觉感知，"看"到问题的本质。

（二）运用比喻增加沟通，讲述故事促进理解

比喻被认知科学家界定为"富于想象的理性"，本质上是将彼事物的内在结构借鉴到此事物，并依托彼事物丰富的信息含量来理解此事物，其原理是让抽象的内容变得具体可感。将理念具体化，减少对观念的不同诠释，有助于增进交流。比如读书类App"樊登读书会"将企业发展愿景凝练为"读书点亮生活，樊登读书会帮助3亿国人养成阅读习惯"，这句话包括两个部分："读书点亮生活"谈的是产品对用户的价值，"点亮"一词有情境感，唤起书桌前开灯的联想；"帮助3亿国人养成阅读习惯"是企业最终的奋斗目标，"3亿"这个数据很具体，让愿景的规模、实践的结果清晰可见。

此外，故事讲述中融入情感成为常见的新媒介讲述方式。直接给出论点，往往招来严苛的审视。有创意的故事，尤其是故事中具有让人感同身受的困境，能充分调动受众的好奇心与行动力。人们读故事时，会被拉入作者的世界去感受，脑海中产生画面和场景。故事唤醒心理模拟，思维在模拟的时空中游弋，戏剧化的发展会让受众产生真实的生理响应。将知识、动机放入一个故事的框架里，产生上下文背景，需要传递的想法便有了附着点，诱发情感才成为可能。情感的因素，是通过提升信息感染力引发共鸣。例如，利用网络流行语拉近关系、利用名人故事或热点事件产生信息黏性、利用戏剧手段增强吸引力等。国产动画片《哪吒之魔童降世》为2019年票房口碑双丰收的现象级影片，各类原创文章纷纷以它为由头讲起，以求拉近与用户的距离。《看〈哪吒〉也可以看得很学术》（公众号"学术志"2019年7月31日）在舆论热点中抽取关键词纳入行业逻辑进行了深度利用。原文以"哪吒"为文化现象分析了以中国神话英雄创建类似"漫威宇宙"的"封神宇宙"之可能性。又以"哪吒"为关键词，示范中国知网上进行关键词搜索文献信息获取相关数据统计的方法，总结了人物研究文献搜索的技巧。这一系列的操作，让枯燥的数据库查询技巧变得充满趣味性。

---

① 王文菲：《视觉与观看》，载"单读"APP，2017年9月20日，http://static.owspace.com/wap/293422.html。

三、结构思维与新媒介创新思维素养

历史上，关于结构的讨论围绕两大议题：实在结构与形式结构。实在结构指构造的原料组合成实体结构。形式结构指结构的模型、构造方式。结构思维是指综合运用秩序、组合、系统的思维方式将相关思维材料最大化利用，最终完成有机整体的构建。结构思维的内容包括三个方面：一是模式识别，即人们从感觉与经验的普遍规律中提取模式，用于预测相似情境及结果；二是深刻理解事物间的关联，结构思维不仅观照既有的模式，还包含寻找碎片间的关联，以全景的方式解决问题；三是灵活组合，通过找寻部分之间的关系进行组合设计，产生"1+1 大于 2"的效果。因此，结构思维是应对新媒介环境下信息碎片化和信息非线性传播的有效手段。在结构思维的过程中，思维主体深刻意识到事物是分层次与分维度的，他们的思维焦点能在细节与整体间自由转换。

（一）利用结构思维建立个性化的信息搜索系统

当新媒介的使用者在网络空间中漫游，在真实与虚拟间切换，信息的浪潮可能将人带至极深远幽僻的地方，甚至会让人在信息延展的过程中遗失最初的目标。面对无边无际的信息，利用结构思维构建专属的个性化的信息获取体系必不可少。新媒介环境下的创新行为与亨利·詹金斯所提出的"融合文化"概念（2006）相对应。消费者从各种渠道获取新信息，并与旧有信息相结合产生新含义。或是将分散的碎片信息相融合，构建个人体系，理解日常生活通过把握概念网络、识别关键词对信息进行有效的搜寻、控制与管理。

新媒介环境下的信息传播以非线性的方式存在。在非线性系统中每一个细节都不可替代，一个小小的变更因素就可能对整个系统造成巨大的影响。5G 时代，信息传递的速度、形式将发生进一步改变。5G 网络支持的连接密度为每平方公里 100 万设备，大大提升了信息交互的可能性，加上日臻完善的传感器运用和大数据分析技术，使得信息的搜集、传播更为充裕。碎片化信息不断聚合、迭代、消散，像空气一样弥漫于人们身边。如果大脑用固定的概念形式预测要发生的联结，往往会"差之毫厘，谬以千里"。通过对信息结构或新异元素的非线性把握及多层叠加方能实现新媒介的创新性利用。

（二）基于已有作品的二次创编

基于已有作品的二次创编本质上是利用结构思维完成组合创新。比如互联网环境下的混剪作品创作（mush video），体现了创作者对原文本的理解和阐释。混剪作品的创新性在于依靠高度杂糅手法转变原有作品的视听风格，将观众引入一种精神状态或心理情境中，借此表现作者个性化的观念。混剪成败源于创作者主观建构的准确性和混剪结构产生的情绪感染力，因此，结构思维在混剪创作中发挥了核心作用。同样基于组合式创新的还有网络创意配音，准确的内容定位、惟妙惟肖的声音模仿、匹配的场景设计，创造出新的意义框架。创意混剪与创意配音都表明，新媒介环境下的创新活动不会囿于某个圈层，而是多元混杂状态。随着媒介技术更迭，更加个性化、互动性的创新形态将诞生。这些新形态在表现形式上可以天马行空，但内核上总要有明确的指向或相对明确的文化内涵，因而，更依赖于创作者新旧元素的组合能力，以及在组合过程中关于元素、秩序、结构的深度思考。

总之，新媒介环境意味着人们生活于线上线下叠加、真实与虚拟共存、各类媒介复杂交错的信息环境中。新媒介几乎渗透了所有社会关系，媒介文化成为现代生活的重要表征，对新媒介的认识与利用影响人的生存方式和生活理念。在此背景下谈新媒介创新思维素养具有现实意义，新媒介创新思维素养的研究可视为新媒介素养研究发展到一定阶段的产物。它从思维科学中吸取养分，它属于新媒介思维素养教育的一部分，影响着人的自我认知与发展。本文仅抛砖引玉，希望新媒介创新思维素养的相关研究能结合不同的教育对象进行深入拓展。

作者简介：四川大学文学与新闻学院博士研究生。

关于媒介素养测评框架建构的探讨

王姝莉　钟志贤

摘要：媒介素养通常被定义为个体获取、分析、评估、创造的能力，[①]这一看似直截了当的定义实则缺乏操作性的统一判断标准，在媒介素养测评方面提出了挑战。研究主要通过文献研究、比较分析，对国内外媒介素养测评框架为度量指标进行拆解、分析和比较，试图通过萃取国内外学者所制框架的重要内涵，并以媒介素养研究领域的"求同存异"之共识找到他们的"最小公约数"，形成体系的媒介素养测评框架建构思路，以为建构不同群体媒介素养测评框架以及提供针对性的媒介素养教育提供理论依据和指导方向。

关键词：媒介素养；测评框架；媒介素养教育；媒介素养测评

国际媒介素养研究之始可以追溯到1933年，英国学者李维斯首次提出了"媒介素养"的概念，建议将媒介素养教育引入学校课堂。国内相关研究则是起始于1994年，夏商周首次引入"媒介教育"这一概念，[②]随后在1997年，卜卫发表了第一篇系统论述媒介素养教育的文章，[③]标志着国内媒介素养研究的正式起步与发展。到如今，媒介素养虽早已不是什么新鲜概念，但由于媒介素养受制于文化传承、社会背景、媒体环境等多种因素，国际上在媒介素养的议题上始终没有达成共识。

媒介素养具有时代、技术、社会、政治和个人发展等方面的诉求，而如何根据时代、社会和个人发展的需求探讨公民媒介素养测评框架，是为有针对性开展媒介素养教育、评价媒介素养教育效果的必要依据，是指导媒介素养课程开发、过程指导、效果评价，提升公民媒介素养水平的重要前提。UNESCO于2013年发布《全球媒介与信息素养评估框架：国家战备与胜任力》，为各国媒介素养测评相关政策制定与发展提供理论参照和方法指导，同时向各国传递媒介素养教育之重要性。[④]对我国而言，开展系统的媒介素养教育，培养公民媒介素养、构建和谐媒介环境，首要之责应是认识媒介素养的实质，

[①] Aufderheide, P. (Ed.). (1993). *Media literacy: A report of the National Leadership Conference on Media Literacy*. Aspen, CO: Aspen Institute.

[②] 夏商周：《我国需要"媒介扫盲"》，新闻记者，1994，第1期，第9—10页。

[③] 卜卫：《论媒介教育的意义、内容和方法》，现代传播（北京广播学院学报），1997，第1期，第29—33页。

[④] *UNESCO Global Media and Information Literacy Assessment Framework: Country Readiness and Competencies*[R]. Paris: UNESCO, 2013.

构建本土化的媒介素养测评框架。

一、媒介素养测评研究现状

（一）媒介素养测评相关研究的兴起

近年来，媒介素养及其测评成为世界各国研究者与机构的研究热点，得到了充分的关注，产生了一些经过实证检验的测评框架和评价指标。

国外影响较大的媒介素养测评框架如：Tom Hallaq 的"道德意识（ethical awareness）、媒介获取（media access）、媒介意识（media awareness）、媒介评估（media evaluation）、媒介生产（media production）"五因素核心结构；[1]Antonio Calvani 等学者的"技术（technological）、认知（cognitive）、道德（ethical）"三维度框架[2]；Tzu-Bin Lin 等学者基于 Chen 等学者的功能性消费、批判型消费、功能型产消、批判型产消四维框架，[3]构建的"消费技能（consuming skills）、理解（understanding）、分析（analysis）、综合（synthesis）、评价（evaluation）、产消技能（prosuming skills）、分配（distribution）、生产（production）、参与（participation）、创建（creation）"10 个能力要素；[4]欧盟的包括"使用技能、批判性理解、交流与沟通能力"在内的 3 个一级指标、9 个二级指标和 38 个具体指标。[5]

国内影响较大的测评框架有：李金城的"获取、评估、创建（合成、参与、交流）"；路鹏程的"媒介接触、媒介认知、媒介参与"；郭中实的"政治认知成熟度、媒介使用习惯、媒介规范性功能认知、媒介实际表现形象、媒介素养能力、媒介知识、人际沟通形态"；刘佳的"知晓了解、接触消费、理解领会、分析解读、质疑批判、评估判断、应用制作"由低到高 7 个层面；王堃的包括"媒介知识、媒介意识、媒介能力、媒介道德"在内的 4 个一级指标和 11 个二级指标。

然而整体来看，目前大部分有关衡量媒介素养的文献，尤其是国内文献，从概念上来看，具有广泛的"包容性"，鲜少严格定义媒介素养，存在边界模糊、内容过载的问题；从逻辑上来看，其指标通常是根据相关研究延展而来，或是根据易于收集的数据来定义

---

[1] Hallaq T. *Evaluating Online Media Literacy in Higher Education: Validity and Reliability of the Digital Online Media Literacy Assessment (DOMLA)*[J]. Journal of Media Literacy Education, 2016, 8(1): 62—84.

[2] Calvani A, Cartelli A, Fini A, et al. *Models and instruments for assessing digital competence at school*[J]. Journal of E-learning and Knowledge Society, 2008, 4(3): 183—193.

[3] Chen D T, Wu J, Wang Y M. *Unpacking new media literacy*[J]. 2011.

[4] Lin T B, Li J Y, Deng F, et al. *Understanding new media literacy: An explorative theoretical framework*[J]. Journal of Educational Technology & Society, 2013, 16(4): 160—170.

[5] Danish Technological institute (2011) Testing and Refining Criteria to Assess Media Literacy Levels in Europe. Brussels: European Commission.

的，而不是通过实证研究选择构建更强有力的指标。许多研究者的最初目的是为了了解媒介素养现状，因此多为直接借鉴较具影响力的框架来推定编制调查问卷，如此调查数据能呈现的信息极其有限，对指导媒介素养教育实践实则毫无意义。如今的媒介素养测评早已不应停留在简单了解公民媒介使用情况、测量大众媒介素养能力这一层次，更重要的是分析影响公众媒介素养水平的因素，不能仅依赖对国内外机构与学者所提出的媒介素养的构成要素的演绎，更要深刻理解测评框架的内涵与隐喻、本土化环境的特点与影响，如政治认知、人际交往、媒介生活等，以及通过严格的实证研究，检验测评框架的可靠性与实用性，最后方能落脚到对媒介素养教育提出的针对性建议。

（二）国内外研究综述

关于媒介素养测评框架的文献是一个庞大而复杂的思想拼凑体，不同学者在对媒介素养的定义方式上表现出较大的多样性，在指标内容上表现出一定的互补性。

许多研究者将媒介素养看作是一类能力和品格的集合，基于媒介素养的内涵与外延来推论媒介素养应涵盖的各种能力，学者鲁宾将其分为三个层次：能力模式、知识模式、理解模式。[1] 从媒介素养的能力出发，认为媒介素养是人们面对媒介信息时表现出的选择能力、理解能力、质疑能力、评估能力、创造和生成能力以及思辨的反应能力；[2] 从媒介素养的本质出发，认为媒介素养是公众具备的对大众媒体的本质特征、大众媒体所使用的技术和这些技术产生影响的一种明智的、批判性的理解力以及创造媒介产品的能力；从媒介素养教育的目标出发，认为媒介素养是为赋权民众，让大家共同参与公共事务、履行社会责任，[3] 因此媒介素养应包括媒介基础知识、媒介信息、媒介基本技术和媒介伦理道德。再者，由于媒介教育领域实证研究的兴起，一些研究者为了解某一群体的媒介使用现状，开始围绕特定群体接触、面对媒介的过程性行为构建媒介素养测评框架，主要涵盖媒介环境、媒介认识、媒介使用等方面。

上述媒介素养的界定显然都主要基于个体的媒介素养实践的衡量，但要认识到媒介素养的实质，就不能将媒介素养局限为一般的媒介使用水平，更要发展到个体对"媒介、社会、个人发展"的综合理解与善用，即在认识、利用媒介的基础上更高水平地延伸。[4] 由此出发，具备媒介素养的公民应能够批判性解读和欣赏媒介信息与作品，并利用多种媒介手段获得自身发展。[5]

综上，我们将国内外有关媒介素养测评的框架分为3个类别，共6种类型，如表1所示。

---

[1] Rubin, A. M. *Media Literacy*[J]. Journal of Communication, 1998, 48(1):3.
[2] 张玲:《媒介素养教育——一个亟待研究与发展的领域》，现代传播, 2004, 第4期, 第101—102页。
[3] 张开:《从草根运动到政策推动——全球媒介素养教育正走向理性化的发展道路》，现代远距离教育, 2012, 第4期, 第38—46页。
[4] 张冠文、于健:《浅论媒介素养教育》，中国远程教育, 2003, 第13期, 第69—71页。
[5] 白龙飞:《十年：追寻媒介素养教育本土化的轨迹》，电化教育研究, 2006, 第2期, 第24—29页。

表1 媒介素养测评框架种类划分[①]

类别	类型	描述	代表框架
能力导向	实用性能力测评框架	个体在接触、利用、分析和评价大众媒介等方面的能力和品质	使用能力、评价能力、分析能力[②]
能力导向	整合性能力测评框架	个体在媒介社会中交互、生存与发展所必备的品质,即包含个体促进自身发展的必备能力,也包含个体推动构建社会、产生影响的能力	媒介使用素养、信息消费素养、信息生产素养、社会参与素养[③]
过程导向	消费与生产测评框架	个体在接触、应用媒介的过程(消费、生产)中所表现出的基本能力	功能性消费、批判型消费、功能型产消、批判型产消[④]
过程导向	能力与态度测评框架	个体在与媒介交互的过程中表现出的知识结构、自我意识等	媒介使用行为、媒介使用动机、媒介使用态度[⑤]
过程导向	综合性测评框架	综合消费与生产、能力与态度两类框架,涵盖技能、知识、态度、行为等多方面的指标	认知和理解、批判性评价、创造和交流
目标导向	目标导向测评框架	强调个体如何有效将媒介素养技能应用于媒介接触过程,即个体对自我媒介素养与同社会间关系的认知和理解	作者和受众、信息和意义、表达和现实、自我感知媒介素养、媒介素养价值[⑥]

整体来看,以能力为主线和以信息处理流程为基础的测评框架在所涉及的维度和具体指标上大同小异,大有彼此借鉴、相互交融的趋势。进一步分析我们可以发现,不管是以能力为主线,还是以信息处理流程为基础,体现的其实是研究者对媒介素养作用机制的不同解读,前者更为注重能力的掌握,而后者更为注重应用的过程。但不可否认的是,这两种类型的媒介素养框架往往注重对素养实践的表面衡量,尽管无可争辩地囊括了媒介素养的多个维度,但却没有体现出媒介素养处于社会情境的特征。而兼顾能力和过程的目标导向媒介素养测评框架更为全面地展现出媒介素养的多个侧面,不仅是对前两者测评框架的整合,还在具体维度上体现出个体、媒介与社会的动态关系,揭示了媒介素养在全媒体时代作为公民素养的必要性。

二、媒介素养测评框架维度指标

有学者指出,评估和衡量媒介素养仍是一个充满不确定性的问题,其根本原因是媒

---

① 钟志贤、王姝莉、易凯谕:《论公民媒介素养测评框架建构》,电化教育研究,2020,第1期,第1—11页。https://doi.org/10.13811/j.cnki.eer.2020.01.003.

② 刘鸣筝、陈雪薇:《基于使用、评价和分析能力的我国公众媒介素养现状》,现代传播(中国传媒大学学报),2017,第39期,第153—157页。

③ 崔梦珊:《信息过载背景下大学生新媒介素养提升研究》,郑州大学,2017。

④ Lin T B, Li J Y, Deng F, et al. *Understanding new media literacy: An explorative theoretical framework*[J]. Journal of Educational Technology & Society, 2013, 16(4): 160—170.

⑤ 葛娴娴:《使用与满足理论视角下的大学生媒介素养调查研究》,苏州大学,2014。

⑥ Vraga E K, Tully M, Kotcher J E, et al. *A multi-dimensional approach to measuring news media literacy*[J]. Journal of media literacy education, 2015, 7(3): 41—53.

介素养概念的内在复杂性和共识的缺乏。[1]因此在构建媒介素养测评框架前,对媒介素养形成体系的概念和定义尤为重要。

在研读了国内外大量有关媒介素养测评与调查的文献后,笔者发现不同学者对媒介素养测评框架内相关同一概念名词的解读与定义均存在较大差异,如对"理解(understanding)"一词,Chen和Wu[2]仅在文本层面定义"理解",即指对文字意思的知晓,而Ofcom[3]却认为"理解"不仅限于个人对文本的了解,还涉及对文本内容的批判性立场。因此,本部分将先通过对不同学者所述概念进行再编码,找到其含义最接近的"阈值概念",汇总出国内外学者媒介素养测评框架所包含的全部指标,建立"获取、理解、判断、运用、意识"五个基本维度,其中每个指标指代的内容均具备较高的临界性。

(一)获取(access)

1. 倾向(inclination):媒介接触的类型、时间和内容;
2. 动机(motivation):接触媒介的个人动机或社会功利动机等;
3. 技能(skills):技术操作技能,包含媒介使用能力、媒介操作技能等;
4. 搜索(search):使用媒介进行信息检索的能力,即能够定义需求,有效使用媒介发现并获取所需信息。

(二)认知(decode)

1. 认知(knowledge):对媒介本身的多层面认识,包含对媒介功能、媒介属性、媒介文化背景、媒介传播过程、媒介法规、媒介与人的关系等的认知;
2. 理解(understanding):理解媒介文本内容,能够在字面意思上掌握媒介内容含义,捕捉他人想法,解释文本符号的含义,处理各种模式的信息流;
3. 合成/解读(synthesis/interpret):能够解释和表示信息,对媒介信息进行收集、表述、生成、管理的能力。

(三)判断(judge)

1. 筛选(filter):对媒介信息真伪的鉴别与过滤能力,和对不良媒介信息的抵抗能力;
2. 分析/辨析(analysis):对媒介信息的符号学"文本分析"(Share,2002:144),即解构与再建构媒介信息,包含欣赏潜在意义、分析作者意图、判别遗漏观点、判断传播影响等;
3. 批判性(criticalness):批判性的思维方式,即个人能够批判性地进行认知、理解、评价、处理等一系列媒介行为;
4. 技术(technology):认识(媒介生产)技术在媒介传播中的作用和意义,具备判

---

[1] Livingstone, S., & Haddon, L. (Eds.). (2009). *Kids online: Opportunities and risks for children*. Policy press.

[2] Chen X, Sin S C J, Theng Y L, et al. *Why students share misinformation on social media: Motivation, gender, and study-level differences*[J]. The Journal of Academic Librarianship, 2015, 41(5): 583—592.

[3] Bulger M E. *Measuring media literacy in a national context: Challenges of definition, method and implementation*[J]. Medijske studije, 2012, 3(6): 83—104.

别和使用特定技术的自我意识；

5. 评估（evaluation）：能够对媒介和信息进行评估，包括过程、质量、相关性、有用性等，从而进行对比、意义判断、价值判断。

（四）运用（employ）

1. 问题解决（problem solving）：利用媒介进行问题解决和决策；

2. 表达/分享（distribution/share）：个人传播手头信息的能力，是个人信息、观点、态度等的共享过程；

3. 参与（participation）：利用媒介参与公共话语空间、文化生活等；

4. 交流/交互（communication/integration）：个体与个体/环境之间的双向互动，即个体与媒介环境的交互、与媒介交流信息的能力；

5. 协作（collaboration）：利用媒介环境进行团队合作，包含社区协作、远距离工作等；

6. 创造/创新（creativity/innovation）：创作或生产内容的能力，通常是指个人自发性的创建，有时也强调创造性的能力。

（五）意识（awareness）

1. 安全（security）：媒介安全意识，包含安全使用、自我保护、规避风险等；

2. 法律（law）：法律意识，包含尊重隐私权、版权、杜绝黑客行为等；

3. 道德（ethic）：道德意识，包含避免偏激、相互尊重、网络礼仪等；

4. 责任（responsibility）：责任意识，即指负责任的媒介行为，也指能够通过终身学习、社区参与等体现的社会责任感；

5. 自我管理（self-management）：行为控制，包括控制时间和内容、免受负面影响、健康使用媒介；

6. 价值观/意识形态（values/ideology）：通过知识和经验形成一套内部连贯的价值观，并在继续使用媒介的过程中不断扬弃；

7. 元素养（meta-literacy）：个人对媒体消费及媒体对个人影响的意识，并相信自己有能力控制媒体信息[①]，清楚自己需要提升哪方面的媒介素养；

8. 发展（development）：利用媒介自我发展的意识和能力；

9. 教育（education）：对媒介素养教育的参与性和接受程度。

依据以上划分标准，我们提炼统计了国内外媒介素养测评框架在各维度中各指标的相对频次，制表如下：

---

① Potter W J. *Theory of media literacy: A cognitive approach*[M]. Sage Publications, 2004.

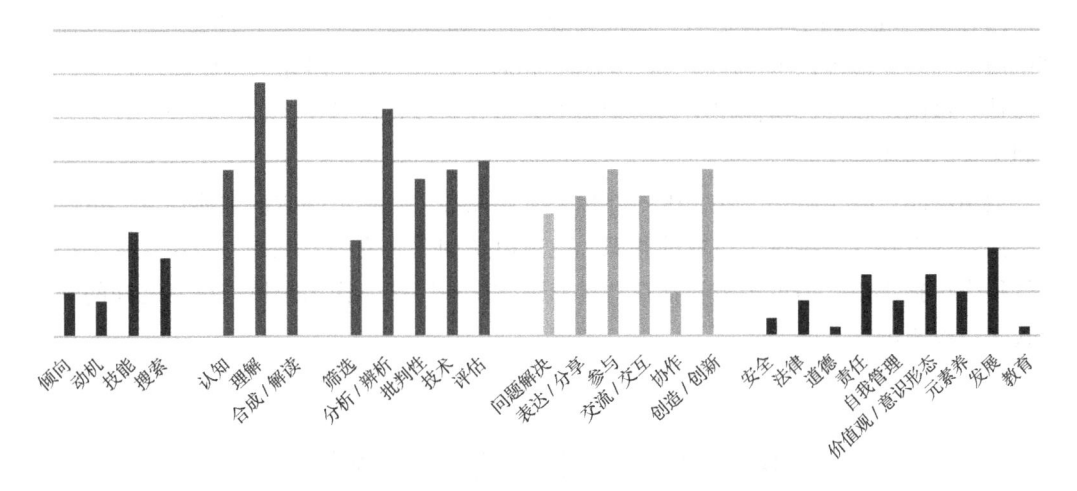

图1　国外媒介素养测评研究中指标相对频次

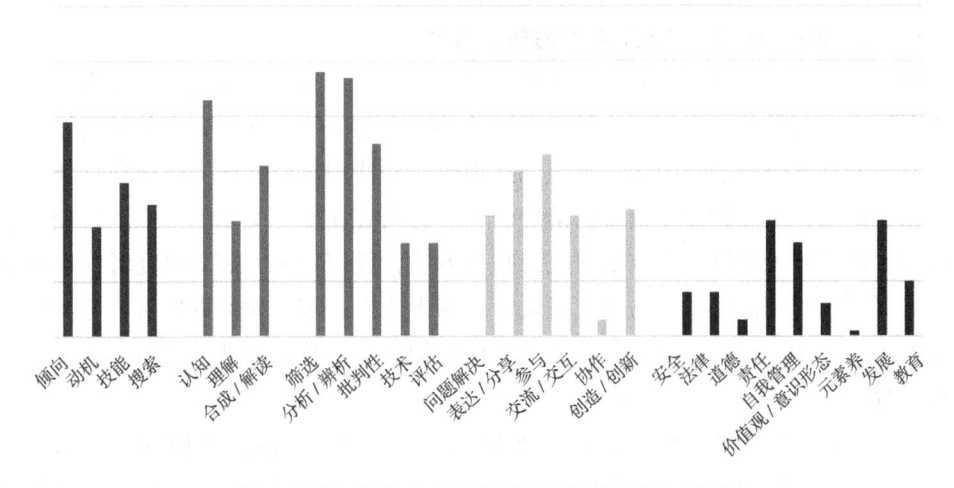

图2　国内媒介素养测评研究中指标相对频次

由此观之，我们可以总结出国内外研究在指标选取上的如下特点。

获取层面：国内相关研究不管是对媒介接触、技能的关注都远超国外相关研究，然而这并不代表着国外相关研究并不注重对媒介技能的测评，在国外媒介素养测评研究中，有关媒介（使用）能力的测评更多体现在"判断"维度下的"技术"这一指标上，将"使用媒介的能力"与环境、意识融合，而非仅测评媒介的"使用能力"。

理解层面：国外相关研究不仅注重对媒介的解读，更加强调对媒介本身的认识，即媒介知识，而国内相关研究虽在媒介知识这一指标的使用频次稍显逊色，但对理解、解读两个指标的重视，也凸显出国内媒介研究的特点。

判断层面：国外相关研究在各指标的侧重都较为平均，多数研究将"筛选"这一指标融入"分析/辨析"，其中具有代表性的观点来自Pungente，他强调个人不应仅仅将媒体内容视为现实的中立传达者，而应将媒体信息的构建视为主观和社会过程，[1]而这其中便不可避免地包含了"筛选"这一过程；相对的，国内相关研究中稍显匮乏的"技术""评估"这两个指标，恰体现出国内相关测评研究中往往割裂了个体、媒介、社会三者之间关系的问题。

运用层面：除"协作"外，国内外相关研究在各个指标上的频次大体均等，可以见得国内外学者在这一维度上达成的共识。也可以从相关研究中发现，"协作"这一指标虽然很少单独出现，但也多被囊括在"参与""交流"中，作为个体与媒介之间的互动形式之一被测量。

三、关于媒介素养测评框架建构的思考与建议

（一）框架内涵：明确媒介素养的核心要素

不断丰富的媒介素养内涵使得测评维度与指标更加多元化、复杂化、多维化，研究细度逐渐加强，而随着新媒介环境的发展，移动互联环境下公众媒介素养的新能力逐渐成为媒介素养测评研究的新内容，从强调认识媒介和使用媒介转向关注媒介社会与个体之间的相互作用，从强调媒介信息的消费与生产转向关注媒介文化的形成和影响。通过考察国内大量媒介素养测评研究的研究思路与方法，我们发现大部分研究者并没有对媒介素养的深刻内涵、作用机制与时代意义等作深入研究，宽泛而模糊地借鉴容易使得媒介素养的理论意义泛化，影响媒介素养测评框架的针对性和有效性，进而影响媒介素养测评框架对媒介素养教育的指导作用。

基于此，素养框架的建构可以引入阈值概念和素养框架理论。阈值概念（Threshold Concepts）本是教育学概念，指能引领学生进入学科大门，促使学术观和学习观彻底转变的关键性概念，[2]而素养框架则应该是一套相互关联的阈值概念的集合，这些阈值概念作为维度或要素是不分主次、相互影响的，它不是一套标准，也不是一些既定能力的列举，[3]而是一个有机整体，即框架。如ACRL于2015年以"素养框架"取代"能力标准"发布的《高等教育信息素养框架》，便包含6个要素（阈值），以知识技能和行为方式两方面来描述与要素（阈值）相关的重要学习目标，阐明了信息素养的核心概念。[4]

明确媒介素养概念框架下的核心要素，凸显媒介素养关键内容的同时，纳入个体与

---

[1] Lin T B, Li J Y, Deng F, et al. Understanding new media literacy: An explorative theoretical framework[J]. Journal of Educational Technology & Society, 2013, 16(4): 160—170.

[2] MEYER J, LAND R. Threshold concepts and troublesome knowledge: linkages to ways of thinking and practicing within the disciplines [M]. Edinburgh: University of Edinburgh, 2003.

[3] 韩丽风、王茜、李津、管翠中、郭兰芳、王媛：《高等教育信息素养框架》，大学图书馆学报，2015，第33期，第118—126页。

[4] 杨鹤林：《美国〈高等教育信息素养框架〉分析与思考》，图书情报工作，2015，第59期，第141—146页。

社会的相互促进发展,这与以媒介素养测评促进媒介素养教育的主要目标也是相通的。

(二)指标选择:遵循科学性和目的性原则

框架的形成是一种建构活动,一种设计、构思、阐释和表达的心智活动。① 因此,构建媒介素养框架的目标在于指导媒介素养教育而不是媒介素养能力调查,而媒介素养测评框架的构建也需要以媒介素养教育为逻辑起点。

目标导向媒介素养测评框架便很好地契合了这一理念。媒介素养教育作为公民终身教育,其测评框架和标准不仅需要随技术发展而做出调整,还需要能够适应新媒介文化下的理念与范式,即强调对"人"的关注,从透视、防御媒介转变为充分利用享受媒介,从强调认识媒介环境转变为关注媒介与社会对个体发展的作用,从消费与生产媒介信息转变为关注媒介文化的生产与影响。②

鉴于此,在开发我国媒介素养测评框架时,就需要遵循科学性和目的性的原则。国外对媒介素养的调研通常不仅停留在测量大众媒介素养能力水平这一层次,而是进一步分析影响大众媒介素养的因素,包含政治认知、媒介的充分利用、人媒关系的思考等,最后才能针对媒介素养教育提出针对新的建议。因此,我国的媒介素养测评框架亦需要重新考量媒介素养测评的理论意义,考虑新媒介背景、社会文化下的新媒介生态带来的影响,明确媒介素养测评框架建构的理论模型,重视维度的划分与论证。

同时,为获得更精准的调查数据,研究者可以尝试结合多种方法。其一,灵活使用多种测量方式。媒介使用态度这类有关信念、自我效能的指标,本就源于个体对事物的认识,③ 可以通过自填式问卷进行测量;而相对的,由于个体对自我能力的认识与现实的误差本就难以确定,在填答时更是由于题目与题项的限制,难以切实代表填答者的实际情况,因此,能力、思维等维度更适宜通过客观测量的方式进行调查。如 Hobbs 于 1998 年便在调查中引入了测量试卷,基于学生对半封闭性问题的回答质量,以能力考核的形式对学生媒介素养的媒介使用能力方面进行了考核,得到了较为客观的考察结果。④

其二,应用质性研究的方法测查媒介素养,如媒介使用自我报告、数字生活日志等,既能够有效避免自填式问卷的误差,也能够有效收集研究对象的自身观点和体验。如英国通信办公室(Office of Communications,简称 Ofcom)曾开展一项为期 13 年的民族志视频研究,追踪成年人与数字媒介关系的演变——媒介如何融入它们的生活,如何促使他们采用新技术、激发学习新技能的动机,他们的媒介使用习惯、理解水平、问题和关注媒体。该研究对每个参与者都进行了长时间的访谈,不仅全面探索了相关问题,还通过

---

① 钟志贤:《面向知识时代的教学设计框架》,华东师范大学,2004.
② 王耀龙:《融媒体时代媒介素养教育理念的重构》,新闻知识,2017,第 4 期,第 54—56 页。
③ Grossman P L, Richert A E. *Unacknowledged knowledge growth: A re-examination of the effects of teacher education*[J]. Teaching and teacher Education, 1988, 4(1): 53—62.
④ Hobbs R, Frost R. *Instructional practices in media literacy education and their impact on students' learning*[J]. Atlantic Journal of Communication, 1998, 6(2): 123—148.

现场演示、观察媒介使用等方式观察研究对象的变化。虽然该研究在研究对象数量、结构性上稍显不足，但其结论仍被认为具有说明性和启发性，为大规模定量调查与其他研究提供了丰富的视野和实践方向。[1] 同时，Ofcom 每年都会收集成人和儿童的数字生活日志，通过报告中有关儿童媒介使用、态度和理解等的详细信息和父母对子女媒介使用的看法、态度等，追踪公民的媒介素养情况。[2]

（三）本土探索：探索符合本土文化的媒介素养测评框架

媒介素养理论与实践受文化传承、媒体环境、面向受众等多因素的影响，具有较强的文化、地域、群体差异性，诚如大卫·帕金翰之言，"不同国家需要发展不同的媒介素养教育"，UNESCO 也鼓励各个国家建立自己的媒介素养测评框架。如前文所述，我国媒介素养研究起步较晚，媒介素养测评研究至今仍基本处于模仿和借鉴国外研究成果的阶段，并未形成我国媒介素养测评的本土框架。有学者指出，虽然我国媒介素养运动较西方晚了60余年，但在新媒介素养的研究和实践上已基本与国际并行，[3] 全球化背景下的媒介文化正走向共通共融，不同地区的媒介素养研究依旧带着浓重的文化气息，而我国正需要在"全球化"（globalization）和"本土性"（localization）研究之间寻求融合与平衡，在双重视域中探索一种"合成"（glocalization）的媒介素养研究文化。

国内已有部分学者对此展开了积极探索，如张萌以国内外具有影响力的媒介素养理论为基础，结合我国"中国媒体国际船舶能力建设战略研究"课题所提及的"政府传播能力"，尝试挖掘中国政治体制下公务员的媒介素养，构建了政府工作人员分别作为组织和个人的媒介素养评价框架。[4] 这类研究恰展现了不同群体的媒介素养在各自所处情境中所体现的差异。不论是我国特色文化，还是社会发展对个体的现实需求，都必然会对公民媒介素养产生深刻的影响，因而构建我国媒介素养测评的本土框架势在必行。

作者简介：王姝莉，江西师范大学新闻与传播学院学生；钟志贤，江西师范大学，教育高等研究院/新闻与传播学院教授、博士。

---

[1] Ofcom. *Adults' Media Lives 2018: A qualitative study*[R]. UK: Ofcom, 2018.
[2] Ofcom. *Children and parents: Media use and attitudes report 2018*[R]. UK: Ofcom, 2019.
[3] 廖峰：《制衡视角下媒介素养赋权范式的新诠释》，中国广播电视学刊，2015，第2期，第78—81页。
[4] 张萌：《传播能力视角下基层政府媒介素养评价体系研究》，兰州大学，2015。

数字媒体时代下青少年媒介素养教育的内涵及策略研究

张 多

摘要：随着数字技术和数字媒体的蓬勃发展，各种各样的新媒体已经成为青少年日常生活中不可或缺的一部分。基于数字媒体时代已经悄然来临的社会现实，对青少年的媒介素养提出了新的挑战和要求，媒介素养教育也被赋予了新的时代内涵和意义。从数字媒体时代下媒介素养的内涵出发，探究青少年群体媒介素养教育所面临的挑战，以便对我国媒介素养教育的理论和实践提供思考和启迪。

关键词：数字媒体；青少年；媒介素养教育；互联网

伴随着信息技术和智能技术的迅猛发展，人类进入了全新的数字化媒体时代，各种各样的数字化媒体遍布在生活的各个角落，人们生存的世界也逐渐变得数字化、虚拟化。在数字媒体时代的大背景之下，大众媒体也愈发开始彰显其重要地位并成为人们日常生活中不可或缺的一部分。同时，大数据、人工智能、5G等新的媒介技术和传播方式也在重构着人们的生活方式乃至思维习惯。而作为数字原住民的青少年群体，他们思维活跃、富有好奇心、喜欢接触新鲜的事物，对媒介的使用也更多，则更容易受到媒介的影响。一些对青少年的研究指出，大众媒体及时和全面地向青少年传递社会事件、社会变革信息，为青少年成长提供了行为规范、价值规范和生活态度规范等，是青少年社会化过程中非常重要的角色之一。[①]当青少年被数字化媒体包围时，一些问题也随之显现出来。例如，越来越多的青少年习惯于在虚拟的数字化世界中寻求认同感，他们过度依赖媒介，沉浸在虚无缥缈的网络游戏和社交媒体中。还有一些青少年无法适应这种变化，他们不善于利用网络媒介，不知道网络安全常识，在数字化世界中显得迷茫而又局促不安。因此，在新形势下如何提升青少年的媒介素养值得我们思考。

---

① 唐美玲、尉建文：《我国"青少年与媒体"研究述评》，青年研究，2002，第7期，第22—28页。

一、数字媒体时代媒介素养的内涵

近年来数字媒体的出现和媒介形态的快速更替,类似"信息与媒介素养""新媒介素养""数字媒介素养"等概念被学界相继提出,丰富了媒介素养教育的内涵和外延。媒介素养这一概念最早是在20世纪30年代由英国学者李维斯和汤普森提出,当时是针对大众媒介对青少年产生的负面影响而提出的。这一阶段的媒介素养聚焦于甄别媒介信息的虚假程度和批判媒介的负面影响。[1] 后来美国媒介素养研究中心将媒介素养定义为"人们面对媒体各种信息时的选择能力(ability to choose)、理解能力(ability to understand)、质疑能力(ability to question)、评估能力(ability to evaluate)、创作和生产能力(ability to create and produce)以及思辨的反应能力(ability to respond thoughtfully)"[2]。而这一定义适用于大众媒体时代的单向且线性的传播模式,它将受众看作是单纯且被动的信息接受者。进入数字媒体时代,这一定义显然不能再涵盖媒介素养所有的内涵意义。新时代的传播模式颠覆了受众作为被动的接受者和单向的线性传播模式等特点,而是以一种更加包容、开放、互动的交互式环形传播的形式而存在。例如微博、微信等社交媒体平台能够给用户带来话语平权,让用户可以随时随地发表自己的意见和看法,这不仅使传受关系模糊,也让媒介素养的外延不断拓展。因此,新的媒介素养对青少年提出了更高的要求,即对媒介的综合使用能力、数字思考能力和对媒介化社会的适应能力等。随着数字媒体的发展,与之相对应的数字媒介素养也应运而生。2010年,瑞尼·霍布斯在《数字媒介素养:行动计划》中提出数字媒介素养的5种能力:创造、反思、行动、使用、分析与评价。[3] 国内学者张敬辉提出,数字媒介素养是指在数字时代下现代社会为了自身更好、和谐的发展,而要求现代公民在掌握和使用数字媒体过程中所应持有的一种正确的态度或人生观。[4] 相比于传统的媒介素养,数字媒介素养更加强调批判和反思,它要求青少年能够在海量的数据中甄别虚假信息,免于在"后真相时代"受到假新闻和虚假信息的误导。同时,有学者指出,数据素质也是新时代媒介素养中的核心。数据素质是指大数据时代公民需要具备的数据敏感性与大数据思维,并且能够运用数据去处理和利用所需信息的能力。[5] 在数字媒体时代,我们应该摒弃以

---

[1] 李炜炜、袁军:《融合视角下媒介素养演进研究:从1G到5G》,现代传播(中国传媒大学学报),2019,第41期,第161—165页。

[2] 张开:《媒体素养教育在信息时代》,现代传播,2003,第1期,第116—118页。

[3] Hobbs·R. Digital and Media Literacy:A Plan of Action[J].2010:1—67.

[4] 张敬辉:《数字时代的大众素养:数字媒介素养》,学理论,2014,第18期,第137—138,144页。

[5] 殷俊、魏敏:《数据素质:融媒体时代媒介素养的核心维度》,中国编辑,2019,第8期,第4—9页。

往对青少年进行的单一化媒介素养教育,不仅是停留在对青少年媒介使用和行为习惯上,更应该从技术、能力、情感等层面多位一体的提升青少年的媒介素养。针对青少年的教育特点和年龄阶段,数字媒体时代的青少年媒介素养教育,可以集中在以下几个层面。

(一)青少年对信息的感知和辨别能力

互联网给人们带来了海量的多样化信息资源的同时,也带来了信息爆炸和信息迷雾,人们无时无刻不在接受着信息的刺激,但不可能处理所有的信息内容,这就需要提升网民对信息的感知和选择能力。一方面,在数字时代下成长的青少年由于尚未完成社会化,对信息的感知能力还欠缺,他们在如此庞杂的信息海洋中容易被大量冗余且无效的信息蒙蔽双眼,使他们难以感知到对自己有用和高质量的信息。同时,青少年的学习场景高度媒介化与课堂的数字化,教师在课堂中作为引导者应当培养学生对数字化平台的使用能力进而更高效地解决问题。另一方面,后真相时代下虚假信息充斥着网络空间,青少年应当提升对信息的辨别能力和批判性思考。

(二)青少年的传播能力和社交能力

新媒体环境下所形成的交互式环形传播带来了话语平权,每个人既可以是受传者也可以是传播者,形成了独特的"参与式文化"。这激发了青少年在互联网络上表达自己的观点并与他人进行互动的乐趣,但是由于部分青少年缺乏媒介素养而发布或转发虚假信息,部分青少年"饭圈群体"会丧失理性并辱骂他人。因此,应当提升青少年作为传播者的媒介素养。同时,线上学习和移动学习的发展使青少年群体更多地通过网络与老师、同学进行交流,这就需要青少年能够积极主动地参与到学习过程中,勇于表达和传播自己对学习和社会事物的看法。

(三)青少年对自身网络安全的保护能力

网络安全是指在使用媒介时能保证自身的生命财产和隐私安全,能够保证自己不受有害信息的影响。《2018年网民网络安全感满意度调查报告》显示,超过50%的网民遭遇过网络诈骗、网络暴力和网络谣言等问题,其中三分之一的网民遭遇过网络传销、信息泄露和沉迷游戏等。[1]这就警醒我们需要着重关注青少年在应对这些问题的能力和素养的提升。要让青少年了解相关法律法规,学会保护个人隐私、警惕网络诈骗和网络传销、避免沉迷网络游戏、沉着应对各种网络环境中的各种潜在危害,提高自身的批判意识和反思精神。

---

[1] 董小玉、金圣尧:《青少年媒介素养的内涵与培育——基于新媒体时代的讨论》,青年记者,2019,第25期,第20—21页。

二、数字媒体时代青少年媒介素养教育面临的挑战

随着大数据、人工智能、物联网和 5G 等新技术的日新月异，传统的媒介素养教育正面临着多重挑战。而青少年在数据化时代背景下暴露的多重问题也警醒我们媒介素养教育的改革和创新刻不容缓。

（一）媒介技术和媒介形态的变革带来的挑战

这是一个数字化的时代，随着大数据算法技术、智能移动终端等新技术的不断涌现，我们赖以生存的世界已经变成了相互链接、共同分享的"地球村"，数字化生存成为这个时代显著的特点。这也是一个智能化时代，大数据算法技术和精准推送能够快速定位目标受众，让每个人都能根据自己兴趣偏好享受到独一无二的个性化内容。与此同时，也"绑架"了青少年的独立思考，每个人沉浸在"信息茧房"中接受同质化的观点，被情绪化的场景和非理性的发言所"挟持"。数字时代并没有让青少年变得更加理性和批判性思考，而是让更多人迷失在虚拟社会中。媒介素养作为保护青少年免受其害的重要手段，在面对纷繁复杂的数字媒体时代，在虚拟与现实交融的"第三现实"媒介世界中，与传统媒体相匹配的媒介素养教育似乎已经难以有效解决所出现的种种问题。[1]

（二）"新数字鸿沟"的挑战

"新数字鸿沟"指青少年学生在校内外的数字媒介使用上所存在的差异。[2] 伴随着数字化的快速发展，我国的教育技术水平不断升级，大量新的教育教学技术投入学校的日常教学过程中，例如智能移动终端、校园数字化网络、在线教育等设备开始投入课堂教学中，而这些数字化媒介的投入和运用是为了辅助青少年进行更好的学习。但是这也与青少年学生群体在校外的媒介使用习惯形成了鲜明的对比。《2018 中国青少年互联网使用及网络安全情况调研报告》显示有一半左右的青少年表示每天上网超过两小时，而超过 70% 的青少年表示喜欢影视和音乐方面的内容，有 60% 的青少年长期关注游戏和动漫，接近 20% 的青少年经常观看网络直播和短视频。[3] 由此可见，青少年学生群体在课外时间的媒介使用偏向娱乐化，与校内以学习为主的模式截然不同，"新数字鸿沟"显现出来。主要表现在以下几个方面：时间上看，校外媒介接触时长高于校内；内容上看，校内媒介使用主要以学习内容为主，校外以休闲娱乐为主；态度上看，校外媒介使用呈现积极主动的态度，而校内则是消极被动。"新数字鸿沟"的出现给媒介素养教育提出

---

[1]《美国：数字媒介素养教育迎接后真相时代挑战》，中小学德育，2019，第 10 期，第 77 页。

[2] 李德刚：《数字素养：新数字鸿沟背景下的媒介素养教育新走向》，思想理论教育，2012，第 18 期，第 9—13 页。

[3]《2018 中国青少年互联网使用及网络安全情况调研报告》，中国信息安全，2018，第 6 期。

了新的挑战。

三、数字媒体时代青少年媒介素养教育的策略

（一）着重培养青少年的数字媒介素养

我国的媒介素养教育还处于学术研究阶段，并未真正落到实处，对我国大部分地区来说，媒介素养这一概念还鲜为人知。面对各种数字化技术的冲击，媒介素养教育不能仅仅停留在与大众媒体时代相匹配的能力，而是应该与时俱进，把数字媒介素养纳入其中。首先，学校应当构筑起数字媒介资源体系，帮助青少年学会合理使用数字化媒体。随着各种精品网络课程、视频公开课、微课、慕课等优质教学资源的兴起，推动了我国校园数字化建设的进程。课堂已经离不开智能手机、iPad、互联网的参与，各种网络学习平台也成了学生学习和交流问题的主要场所。因此，要让青少年对媒介有正确的认识，能够正确处理人、社会、媒介三者之间的关系。尤其是要理解各种数字化媒体给人们带来的积极与消极影响，合理地使用媒介来解决各种实际问题，成为媒介的"主人"。其次，要培养青少年的数字媒介思维，数字媒介带来的高效性和便捷性已经毋庸置疑，然而它也潜移默化地在影响青少年思考和处理问题的方式。智能化媒体要求青少年具有批判性思维和去伪存真的能力，在假新闻泛滥、媒介泛娱乐化、虚拟与真实交融的时代下，青少年更要提升数字媒体素养，免疫网络给自身造成的不良影响。

（二）运用新媒体对学生进行参与式和启发式教学

数字时代下的新媒体相较传统媒体更加具有交互性，受众能够积极参与其中。国家倡导引导学生进行参与式、启发式和探究式的教学模式，让学生学会自主学习和主动学习。参与式教学指的是将参与式教学方法运用到课堂教学中，注重学生的主体性和自主性，让学生在参与课堂讨论中不断产生新的思想和认识，在互动中习得教师的知识和经验。[1] 因此，在对青少年进行媒介素养教育过程中，也应当积极利用新媒体的参与性和互动性来提高学生的学习效果。例如，可以让学生自己亲自动手制作媒体信息，直观感受信息制作、发布并最终传播开来的全过程，让学生在参与式学习中对媒介素养产生更深层次的认识。在具体的媒介素养教育过程中，教师可以针对青少年的问题借助新媒体平台灵活地使用情景模拟、个案分析等方式充分调动学生的积极性，与老师、同学在线上或线下的交流互动中探讨相关问题，启发学生在探索和交流的过程中对媒介内容进行批判性地思考并学会使用新媒体技术。在这个过程中，教师是一个引导者和启发者，学生才是学习的主体，摒弃传统的师生之间单向的传授关系对于打破"新数字鸿沟"和提高学生学习的积极性有着重要意义。

---

[1] 张聪：《师范生参与式教学模式探讨》，黑龙江高教研究，2018，第3期，第74—78页。

（三）加强主流媒体对青少年审美和价值观的引导

数字时代的开放性和包容性给青少年群体提供了创造、传播自身文化的平台，青少年可以在这些平台中寻求身份认同并构筑新的社交和趣缘部落。当下青少年群体中比较流行的文化有"粉丝文化""二次元文化""网红文化"等。在这种青少年亚文化繁荣的景象之下，主流媒体应当积极引导青少年，弘扬积极向上的正能量价值观。审美教育能够陶冶人的情操、启发人的智力以及培养人的理性思维，它能够促使受教育者能够理性地辨别现实中的真与假、善与恶，从而提升受教育者内在的精神世界。作为数字原住民的青少年群体，他们强调媒介的交互性和参与性，希望能够在传播过程中发挥自身的主体性。因此主流媒体首先应当对传播模式进行创新，构建互动平台让青少年有更多与主流媒体交流的机会，形成良性的互动机制。其次，要对传播内容上进行创新，挖掘内容上的深度并提升对青少年群体的教育功能，制作出更加优质和精良的媒介内容。例如，央视近几年播出的文化类综艺节目《中国诗词大会》就是通过比赛竞技的方式来普及中国古诗词，让青少年在娱乐休闲的过程中也能感受到中国传统文化的博大精深。最后，我们也要克服"保护主义"倾向，不是一味地限制青少年使用各种媒介的频率、时长和观看的内容，而是帮助青少年有一个正确的媒介观，理性对待媒介才是媒介素养教育的核心。

结语

随着互联网和数字媒体的发展，带来丰富的信息资源的同时也带来了信息爆炸和网络风险，青少年的生活也与媒体息息相关。与此同时，青少年也缺乏与高速发展的媒体技术相对应的媒介素养，媒介素养教育需要进一步改进和提升。目前青少年存在自我认知能力缺失、面临复杂的网络环境以及缺乏媒介素养教育等问题。因此，青少年媒介素养教育需要社会、学校、媒体、家庭等多方面的配合，同时也要完善教育教学体系和相关法律法规政策，给媒介素养教育提供良好的环境并给青少年营造风清气朗的网络环境，这样才能从根本上提升青少年的媒介素养教育。

作者简介：中国传媒大学传播研究院2019级硕士研究生。

刍论新媒体环境下信息素养和传媒素养的定义

贺舒佳

摘要： 互联网的迅速发展，以及各种电子设备的普遍运用，促进了媒体文本的类型和传播方式不断发展，在人们不断与这些新媒体内容打交道的时候，媒介素养逐渐成为学术研究、教学实践和教育政策制定中不可忽视的一个重要概念。在日新月异的新媒体发展趋势中，定义具有普适价值的媒介素养概念，成为当下传媒教育研究的重点；如何将媒介素养解构为具体的知识体系和相关能力，也成为亟待解决的问题。本文将分析中外对媒介素养的不同定义，通过评估和对比不同学术观点对信息素养（information literacy）和传媒素养（media literacy）的内容、能力、成果测评等方面的定义及其深层学术论证，着重探讨在媒体不断发展的互联网时代，结合中国的媒介素养教育和学术研究现状，应如何构建媒介素养概念的基础核心。

关键词： 新媒体；信息素养；传媒素养

在国内，目前具有代表性的媒介素养定义是指人们对信息的批判性解读，以及运用媒介和信息的能力。这个表述从宏观层面明确了"素养"的具体内容，由此定义衍生出许多不同角度的概念，中国人民大学教授陈力丹老师提出："媒介素养分为两个层次：一是公众对媒介的认识和关于媒介的知识，另一个是传媒工作者对职业的认识和职业精神。"通过明确媒介素养涉及的主体，陈教授进一步将媒介素养和必要的环节关联，提出作为"第二媒介时代"的公民，既是受众，也可能是传者，"现在社会的每一个个体成员都是媒介公民，因此作为现代社会的媒介公民，也应从这两个角度提高自身的媒介素养"。媒介素养领军学者卜卫在《论媒介教育的意义、内容和方法》中，也提到了媒介素养不是可以教出来的，它一定要有公民的参与，一定要有实践。与陈力丹教授不同的是，卜卫侧重个体的主动权和自主性，她提出"媒介素养教育的目的是让我们对解读信息拥有更多的控制权，对利用媒介发出自己的声音有更多的控制权"。不仅对个体能力提出了更高的要求，对传媒教育的要求也更为严格。

近年来，新媒体的蓬勃发展带来了媒介领域的一系列变革，传播形式不断更新，自媒体、UGC（user generated content：用户原创内容）、PGC（professional generated content：专业化内容生产）的兴起，传媒从平台到内容的融合渐成气候。传统的传播模式、受众与媒介的交互,从实践和理论上都受到了冲击,在新的媒介环境中,媒介素养的概念和定义需要重构。

目前中国媒介素养的概念和国外主流的媒介素养的概念,在广义的定义上有一个非常严重的混淆概念,即媒介素养的主要内容是信息素养(information literacy)还是传媒素养(media literacy)?由于media的中文直译是"传媒、媒体",信息传播是其最为主要的功能,因此,国内大部分与之相关的媒介素养定义,都与信息的理解和传播有密切关系。北京师范大学于翠玲教授曾对信息素养和媒介素养的定义进行过详尽的对比,她认为信息素养与媒介素养是相互联系的。信息素养包括信息意识、信息知识、信息能力和信息伦理道德。信息意识,表现在对信息的"敢用"与"想用"两个方面;信息知识,指有关信息的本质、特性、信息运动的规律、信息系统的构成与原则、信息技术与信息方法等方面的知识;信息能力,主要是对信息获取、输出、加工及创新等能力;信息伦理道德,是指人们在信息活动中应遵循的道德规范,如保护知识产权、尊重个人隐私、抵制不良信息。媒介素养强调对大众媒介所发布的信息及制造的产品的批判性解读能力,信息素养更注重对文献信息及知识信息的检索与利用能力。但是结合具体的传媒,比如报纸、电视新闻、社交媒体、视频平台等,再看信息素养和媒介素养的应用和理解,很难绝对划分二者的异同。

在新媒体蓬勃发展的当下,媒介素养已经不单是对信息的接收和处理,而是对多媒体文本的综合处理。这个新的变化包括两个主要方面:一是文本的内容和形式,从单一的文本信息到音频、图像、互动链接等多种元素的综合性文本;二是受众和多媒体文本之间的互动,从单向的信息传输变为发散性的交互。以自媒体创作为代表的创新型互动,是拓展媒介素养新定义的一个非常重要的现象。信息素养和传媒素养是从不同的角度看待个体与传媒的互动,通过探究二者的理论基础、适用范围,可为定义媒介素养提出新的方向。

广义的媒介素养的定义其实涵盖了传媒素养,也包括信息素养,但是结合媒体文本和受众关系而言,二者在本质上其实有非常大的区别。如于翠玲的研究指出的,信息素养是通过媒介传递的内容,核心是个体对信息的处理,强调对信息的评估、论证甚至是再创造的能力。但是传媒素养的涉及范围远大于信息素养,传媒是信息传递的载体,但是包含很多种形式:报纸、电影、社交媒体、视频平台,及多种文本类型:图片、视频、文字、音乐等。此外,不同载体、文本的排列组合也可以传递不同的信息:如何理解图片传播的内容与音乐传播内容的不同;或者如何用视频表达个体意愿;如何在社交平台上群体互动等问题,这些都是传媒素养需要解决的。由此,传媒素养不仅要求个体能够接收、处理信息,同时也要求个体掌握关于不同传播媒介的特征。信息处理能力存在于个体和媒介的互动中,但是除此之外,还有图像编辑、评论互动等,这些需要更为广阔的知识和能力支撑,也就是媒介素养的用武之地。

信息素养的概念从提出到现在并没有很长的历史,但是却有非常多的学者进行与之相关的讨论。Christine Bruce 和她的同事[1]在 20 世纪 70 年代，基于对信息技术发展的研究提出了一个概念，他们认为信息素养的核心与信息传播技术最新水平的亦步亦趋，是具有即时性的一种素养。1989 年，美国国家信息素养论坛[2]提出信息素养在个人能力层面的定义："个体具有信息素养，是指人能够综合分析信息创造和传播的原因，并且合理有效地接收、评估、定位信息，最后加以运用。"2003 年在信息社会峰会[3]上，信息素养的定义从其涉及的主要内容的范围进行了归类，基于符号、代码、模型、语言、算法、虚拟图像等文化内容，都需要信息素养辅助解读。这些定义都从信息素养的产生和利用价值层面，进一步确定信息素养直接相关的内容和主体，但是信息素养到底是什么、它在个体和文本交流过程中扮演什么角色？在信息素养前期研究中，并没有形成一个共性的结论，这也成为接下来的学术研究重点。

西方学术界目前定义信息素养主要有两个讨论角度：一是从其涉及的文本内容和形式，探讨其具体的应用范围；二是从个体与信息的交互过程中，试图进一步确定信息素养相关的具体能力。

信息有多元的载体和传播渠道，比如电视和社交平台传播信息的内容从创作、传递和处理方面，存在非常大的差异，自然，与之相关的信息素养也不能一概而论。将信息和不同的文本类型结合起来，从这个角度定义信息素养，通过纵向分析文本的特征：信息是如何通过不同的符号和表达方式创造出来的，进一步推导解析这些文本需要的素养。由于文本的多样性，这种观点可以引申出非常多的二级概念：电子技术素养（digital literacy）、计算机素养（computer literacy）、视觉素养（visual literacy）等。但是这种定义思路有一个明显的弊端，随着技术的发展，媒体形式和内容会不断丰富，通过深入分析具体文本内容提供的定义和概念，缺少共性的参考价值。因此，第二种定义思路应运而生，从信息传递的另一个终端——人，来探寻信息素养和人的关系。

Carol Collier Kuhlthau[4]在 1987 年将信息素养和学习过程联系起来，将定义的视角从文本转向了人，并由此提出信息素养是一种强调技能的素养。她认为可以通过细化人接受信息的不同过程，而进一步归纳出与之相关的技能，她的这一理念也被媒介素养研究学者广泛接受。基于这一观点，信息素养被定义为一种自主习得的能力，该能力包括但不限于：能够熟练运用不同信息资源、对信息有专业的认知、能够判断并内化与信息相关的价值观。但是也有学者提出，将信息素养固化成一种能力过于狭隘，定义该概念需

---

[1] Bruce, C. et al. *Diversifying information literacy research: an informed learning perspective.* In: Bruce et al. (Eds) *Information experience: approaches to theory and practice.* London: Emerald, 2014, pp. 169—189.

[2] Association of College and Research Libraries. Framework for Information Literacy for Higher Education 2015 http://www.ala.org/acrl/standards/ilframework [accessed 13.03.2020]

[3] American Library Association. Information Literacy Competency Standards for Higher Education http://www.ala.org/acrl/standards/informationlitera-cycompetency [accessed 13.03.2020].

[4] Kuhlthau, C. C. (1987). Information Skills for an Information Society: A Review of Research. An ERIC Information Analysis Product. Information Resources Publications, 030 Huntington Hall, Syracuse University, Syracuse, NY 13244—2340

要结合具体的范围。

结合以上两种不同的角度,西方学术界在定义信息素养形成了一种共识:信息素养与复杂的信息环境、数字技术、多元的文化产品密切相关。在个体与信息的交互过程中,信息素养囊括了解读信息涉及的认知能力及相关知识、技能,但是不能将其固化为特定的学科。在此基础上,信息素养的定义重点放在了泛化个体对相关能力的运用上:信息素养是一种基于批判性思维,而获取、理解和认知信息的综合能力,具体表现为能够分析、评估信息的产生、传递和应用,并且能够运用相关的知识生产信息,理性地参与公共讨论。

随着科技和互联网的不断发展,与信息素养一起发展的传媒素养也在逐步完善其定义。美国传媒教育学者James Potter[1]提出传媒素养的定义是人理解传媒文本中的符号所承载、传达的含义(meaning)时需要的能力。个体在接受和处理信息之外,能够创造和传递含义。James的定义中强调了"含义"在传媒素养中的核心地位,不管传播媒介怎么变化,在人和信息之间,需要通过"含义"的传递和评估。解读信息背后的含义,是人理解信息的价值,这也对人在和传媒交互时需要的能力提出了更高的要求。

美国媒介素养知名学者Rene Hobbs[2]基于James的定义,进一步提出了传媒素养在信息时代的新概念:个人在与传媒文本(media text)交互时,需要具备认知能力(cognitive competencies)、共情能力(emotional competencies)、社交能力(social competencies),以及理解及运用传媒文本、工具和技术的能力,这些同时也构成了评估传媒素养的基本框架。此外,批判性思维和创造力也是传媒素养不可或缺的能力。Hobbs的定义强调个体在实际操作中对知识和技能的调动和应用,将个体与媒介文本的交互内化为对含义的加工,在接收信息的基础上,延长个体处理信息的过程,并且将个体在理解含义之后的结果作为传媒素养评估的一个标准。

比较信息素养和传媒素养,可以看出二者在对个体能力的认知上有一定的重叠,但是,在划定个体与媒介的交互过程上,有很大的区别。信息素养着重表达内容,将个体是否能够接受信息,作为能力认定的重要指标。但是,传媒素养泛化了媒介的概念,将个体与传播工具、平台、文本等的交互,都认定为涉及传媒素养的活动。同时,在多样化的传媒交互中,强调批判理解信息背后含义的重要性。不管是信息素养还是传媒素养,二者都是从个体与媒介交互的不同角度定义的,并且,两个定义对个体能力的共性要求,反映了在互联网发展迅猛的当下,能力培养是核心。

将批判性的媒介素养能力作为传媒教育的支柱,引导学生做负责任、有传媒意识的个体,是发展媒介素养最重要的价值体现。完善媒介素养活动涉及的能力、知识体系,是保障公民在传媒活动中的基本权利。同时,也会在解决社交媒体中出现的不正当信息使用、违反道德和法律的"人肉搜索""人身攻击"等问题,将会起到关键的作用。媒

---

[1] Potter, W. J. Media Literacy, pp. 13—19.

[2] Hobbs, R., Digital and Media Literacy: A Plan of Action. p. 17

介素养作为日渐兴起的学术课题，在探讨具体定义的时候，需要考虑国家技术发展现状和国民与媒介交互的特殊性，结合国家整体教育环境的具体情况，宏观考量传媒教育的必要性和可行性，将微观的学术研究作为切入点，反观传媒教育课程设置、能力评估、内容组合等操作问题。

媒介素养是对不断发展和日益复杂的传媒格局的必要回应，同时，它也是丰富公民基本权利内容的一个重要因素。传媒知识的构建和应用、信息获取和运用、批判性思维的培养，与个体的日常生活、政治意识、正向的公民身份、工作和学习中等方面密切相关。但是在中国目前媒体和互联网发展迅猛，技术更新换代、目不暇接的情况下，媒介素养的发展却不尽如人意，从学术理论构建到教学课程的设计等多方面俱显乏力，甚至有的定义是空白。如何在适应中国传媒发展速度的情况下，探索出与之相呼应并且行之有效的传媒教育，是媒介素养研究需要着力发展的重点。

参考文献

［1］Bruce C S, Somerville M M, Stoodley I D, et al. *Diversifying information literacy research: An informed learning perspective*[J]. Developing people's information capabilities: Fostering information literacy in educational, workplace and community contexts, 2013: 223—240.

［2］Hobbs R. *Digital and media literacy: Connecting culture and classroom*[M]. Corwin Press, 2011.

［3］Potter W J. *Media literacy*[M]. Sage Publications, 2018.

［4］Kuhlthau C C. *Information Skills for an Information Society: A Review of Research. An ERIC Information Analysis Product*[M]. Information Resources Publications, 030 Huntington Hall, Syracuse University, Syracuse, NY 13244—2340 (IR-74; $5.00 plus $1.50 shipping and handling). 1987.

［5］Association of College, Research Libraries, American Library Association. *Information literacy competency standards for higher education*[M]. ACRL, 2000.

［6］Bruce C S, Somerville M M, Stoodley I D, et al. *Diversifying information literacy research: An informed learning perspective*[J]. Developing people's information capabilities: Fostering information literacy in educational, workplace and community contexts, 2013: 223—240.

［7］于翠玲，刘斌.大学生媒介素养概论[J].2010.

［8］陈力丹.大众传播理论如何面对网络传播[J].国际新闻界，1998，5（6）：83—89.

［9］卜卫.论媒介教育的意义，内容和方法[D].，1997.

［10］卜卫.互联网络对大众传播的影响（上）[D].，1998.

［11］卜卫.媒介教育与网络素养教育[J].家庭教育，2002，11：16—17.

［12］彭少健，王天德.中国媒介素养研究报告[J].北京：中国广播电视出版社，2008.

［13］王天德.大学生媒介素养教育的基本内容和方法[J].中国广播电视学刊，2011，6（5）．

［14］王天德.新媒介素养的目标追求能力研究[J].中国广播电视学刊，2011，2：35–37.

［15］Cheung C K. *Media literacy education in China*[M]. Springer Singapore, 2016.

［16］Buckingham D. *Media education: Literacy, learning and contemporary culture*[M]. John Wiley & Sons, 2013.

［17］Burn A, Durran J. *Media literacy in schools: Practice, production and progression*[M]. Sage, 2007.

作者简介：伦敦大学学院学生。

第二部分：

媒介素养与社会担当

建设媒介和信息素养（MIL）城市

李月莲

摘要： 数码革命使世界各大城市的科技快速发展，许多亚洲大都市提出了智慧城市倡议，"香港智慧城市蓝图"就是其中之一。与此同时，世界亦同时踏入后真相时代，假消息及假新闻大行其道。

香港是科技发达的城市，近年亦出现假新闻到处流通的现象，引起了教育工作者、社工、媒体人、文化工作者和专业人士的关注。为了发挥科技潜力提升市民生活素质，以及遏止假消息流行，智慧城市需要培养智慧市民，故此建设智慧城市的同时亦需要将香港发展为"媒介和信息素养城市"（MIL 城市）。香港已经启动了许多媒介和信息素养（简称为 MIL）计划。本文探讨香港政府教育局和香港公民社会中的组织如何努力培养 MIL 公民，并提出应对假新闻的一个分析框架。

关键词： 信息素养；智慧城市；香港

一、建设媒介和信息素养（MIL）城市

数码科技和人工智能（artificial intelligence）在过去二十多年高速发展，世界上许多城市受益于数码革命，闻始启动了智慧城市（smart city）计划。香港特别行政区政府于 2017 年发布了《香港智慧城市蓝图》。

香港政府和民间社会领袖意识到，必须透过信息和数码技能力教育，培养智慧公民（smart citizens），才能建设可持续发展的智慧城市。因此，香港特别行政区政府教育局采取了一系列措施，提高学生的信息及传播科技能力（ICT skill）和资讯素养。在民间社会中，非政府组织亦推行各个项目，培训教师、学生和家长成为具备"媒介和信息素养"的公民。

正当各国过渡到高科技知识社会（knowledge society）和积极建设智慧城市之际，世界却踏入"后真相时代"（post-truth era），假消息、仇恨语言（hate speech）、隐藏商业宣传等广泛传播，令媒介和信息素养教育更有迫切需要。

这篇论文探讨在环球后真相时代背景下,香港如何发展 MIL 城市,旨在:(1)介绍教育当局如何克服数码鸿沟和"数码使用鸿沟"的挑战,为年轻人进入智能城市做好准备;(2)研究民间社会机构如何采用"合作网络模式",推广媒介和信息素养;(3)提出应对假信息的分析框架。

二、筹划智慧城市

香港是世界上数码化程度最高的城市之一。它的家庭宽带普及率为 93.2%,而手机的渗透率为 280.5%。据估计,香港的 Meta 用户数量为 440 万,占地区人口的 50% 以上。5G 和下一代无线网络将很快上马。香港正迈入"全互联网世界"。像其他年轻的新一代一样,香港的年轻人都过着数码化生活。故此,政府亦及时推出《香港智慧城市蓝图》报告书。

在《香港智慧城市蓝图》中,培育智慧公民被认为是发展的关键领域之一。为了建设一个智慧城市,公民必须具备在先进的网络社会中工作和生活必需的能力。了解 AI 和先进的 ICT 技能对知识社会也至关重要。联合国教科文组织要求:真正实现可持续发展,智慧城市必须是 MIL 城市。

"媒介和信息素养"是指一组处理信息的能力,它包括了媒介素养、信息素养及信息和传播科技技巧,是传媒教育的进阶。一位具备"媒介和信息素养"的公民,应该有能力处理来自不同信息源的讯息,这些信息源包括大众传媒、互联网、图书馆、数据库、博物馆等(Lee, 2013)。联合国教科文组织指出,媒介和信息素养是高科技社会里不可或缺的环球技能(global competence),而一个城市必须有具备媒介和信息素养的公民,才能顺利成功建立智慧城市。换言之 MIL 公民是发展智慧城市的先决条件。

三、后真相时代

牛津词典把"后真相"(post-truth)列为 2016 年的国际年度词语,标示人类社会迈进"后真相时代"。牛津词典形容"后真相"的情况即"诉诸情感及个人信念,较陈述客观事实更能影响舆论"。"真相"一般被理解为事实,它以实证为依据、客观为标准,而且强调准确。"后真相"则由非客观的信念和情感建构,很多时候从政治和社会纷争中衍生,由于它以主观判断为依据,故会出现偏差、夸大等情况。在后真相时代,信息泛滥,假消息和假新闻四处散播。

假新闻、谣言、仇恨语言和隐藏广告,其实并非新生事物,千百年前已经存在。中国有句俗语:以讹传讹,反映在社会里一直有假消息流传。引人关注的在于现今假新闻流传的数量、规模及速度，前所未见，而且破坏力惊人。

假新闻的兴起及流通，归因于传媒信息环境的改变。在数码时代，现时每个人都既是媒体消费者又是传媒制作人（prosumer），他们发放及上载互联网的信息，并未经过把关人审阅及过滤。智能手机的普及，令人人都是摄影师及录像者，他们方便地随便拍摄，往往不经验证及深究，就把影像放上网。而社交媒体的快速传播性能，令消息瞬间跨地域实时广传。社交平台的回音室效应（echo chamber effect）令同温层内很多人轻易地相信谣言。

数码科技的发达，促使假消息传得更快和更远。智能科技及聊天机器人（chat bots）助长了"点击农场"（click farm）及"内容农场"（content farm）散播不实信息。而修图技巧的改良，深层造假（deep fake）技术的渐趋成熟，令伪造声音及影像没有难度。

在这个信息环境下，香港教育当局和民间社会均意识到，培养大众市民尤其是年轻人的媒介和信息素养十分重要。多年来，许多传媒教育计划均已展开。在香港发展智慧城市的过程中，很多精力开始投放在 MIL 教育项目上，这些项目在正式和非正式的教育环境中一并进行。

四、政府政策

为了建设智能化的智慧城市，首先是制定了克服数码鸿沟（digital divide）和数码使用鸿沟（digital use divide）的策略（Peter & Valkenburg，2002）。正如联合国教科文组织的 MIL 政策和策略指南所强调的那样，建设 MIL 城市既需要开发 ICT 基础设施，又需要进行 MIL 培训（Grizzle & Calvo，2013）。

在香港，2015 年教育局启动了《第四个信息科技教育策略》（ITE4）。ITE4 的一项行动是增强学校的 IT 基础架构。自 2014—2015 学年起，教育局为所有公立学校建立了 Wi-Fi 校园。截至 2019 年，几乎所有公立学校现时均有 Wi-Fi 覆盖。该计划更为弱势中小学生提供购买平板计算机设备的补贴，以促进电子学习的实践。同时积极发展网上学习（E-learning），鼓励采用电子教科书及网上教材，引进"翻转教室"教学法。自 2017 年以来，教育局推广计算机编程（coding）方面的教与学。计算机编程被广泛认为是不久将来的"第三"语言（除了中文和英文的官方语言外），所以鼓励小学四年级学生参加编程课程。大多数小学已经认识到编程的重要性，其中许多正在启动有关课程。

关于发展 MIL 城市，最重要的是制定和推出资讯素养框架（information literacy framework）。当香港朝着智能化的智慧城市建设时，资讯素养教育得到进一步加强，并在《中学课程指南》（SECG）中作为学习目标得到了推介。2018 年香港教育局发布了题为《香港学生资讯素养》的新文件。香港教育局参考了联合国教科文组织的 MIL 框架，将资讯素养纳入课程。尽管该框架使用了"资讯素养"一词，但实际上它涵盖了所有媒体和信息平台。建议学生作为负责任的公民和终身学习者，以道德和有效的方式使用媒体和信息技能，并提升辨识信息真伪的能力。

家长是促进 MIL 的重要持份者。教育局组织了由教育、卫生和育儿专家组成的家长讲习班，增强家长的数码安全意识，并提高他们对未来社会发展的认识。这些讲习班提醒家长注意不断变化的媒体和信息环境，指导孩子避免上网成瘾，避免盲目相信假消息，进行电子学习和关注在线风险的需要。

如上所示，香港教育局采取了一系列措施，促进智能改变（smart change），提高教师、学生和家长的 MIL 素养。而且制作"聪明 e 主人"电子学习资源套。近年更特别举办多场工作坊，解构假新闻。

五、公民社会的耕耘

过去二十年，各方关注媒体和信息对年轻人的影响，做了很多教育工作，香港的媒介素养得到了很好的发展。各个民间组织以"草根型"自下而上的模式推广传媒教育。各民间机构组织互相合作，共享资源、人才和知识，形成一个网络模型。随着通讯和数码技术的进步，媒介素养教育的重点已从大众传媒扩展到所有媒体和信息平台。在民间社会中，许多媒介素养教育的倡导者都想到了为香港建设一个 MIL 城市。这些团体包括大学、宗教机构、专业协会、文化机构（博物馆）和媒体组织。

在大专界，香港大学成立"亚洲新闻素养"计划；中文大学推出了"火星媒体"（mars media）媒介和信息素养社企；香港浸会大学则设立"变迁社会中的媒体研究"通识课程。在社福界，香港青年协会得到政府优质教育基金资助，发展新媒体素养课程"Be NetWise 新媒体素养教育计划"；家福会跟教育局合作，举办很多健康上网支援项目。办学团体仁爱堂，在辖下学校推出"开机有益"的 MIL 讲座。宗教机构明光社在网站上介绍很多媒介分析文章。专业团体如儿科基金大力推广 MIL 教育，并积极进行社交网站如何影响青少年情绪健康的研究。媒体机构如明报，设有传媒教育教案的专题。

这些机构互相联系，形成一个网络。这个合作网络有几个特点：（1）它是一个没有领导组织的自下而上自愿参加的网络；（2）这些组织的联系和合作基本上是非正式的；（3）它包括公共和私营部门的持份者，教育局与社区中的组织合作；（4）在民间社会中的 MIL 组织，来自各行各业，包括学校、非政府组织、宗教团体、专业协会、文化机构（博物馆）、媒体组织和家长团体；（5）这些热诚的组织经常充当枢纽，为对 MIL 感兴趣的个别学校、家长团体和老师提供支持；（6）在正式和非正式教学环境中进行 MIL 教育项目；（7）MIL 教育计划的内容多样化，包括讲座、工作坊、演讲、国际会议、视频制作、各式比赛、研究和创意活动。

六、应对假消息及假新闻

在发展 MIL 城市的过程中,培养公民辨识信息真伪的能力,是近年一个重点项目,因为在后真相时代,全球正蔓延一个信任危机,打击假新闻,重建公众信任,至为重要。

信任危机的出现跟科技发展息息相关。数码科技和人工智能高速发展,非常有利于收集大数据。互联网普及加上智能电话流行,人人都可以是信息搜集者及发放者。社会上流通的信息愈来愈多,矛盾更易浮现,如政客及大商家的谎言被揭破,一些新闻媒体的偏颇报道也轻易被人察觉。在这种情况下,阴谋论容易被广传,公众的怀疑态度与日俱增,他们开始不信任政府,认为政客有不可告人的图谋,也不信任传媒,觉得它们有预设立场。公众甚至不信任专业人士,担心他们被商家收买,发表失实研究报告,大众又会指责一些学者偏帮政权。大家最终只相信自己凭经验而得的直觉,或亲朋好友的所谓"一手资料"。外国有父母不信任麻疹疫苗,造成公共卫生危机,便是其中的典型例子。上述的信任危机令许多公民在面对海量信息时,变得立场先行,盲目拒绝相信一切不合乎自己预存立场的信息,却在社交网站"同温层"中接收和传递单方面的消息。

数码科技重塑了传媒和信息环境,颠覆人们的传播关系。对于接收信息,很多专家和学者提出了分析信息及查察假信息的技巧。其实在后真相时代,大家除了要加强分析信息的能力,更重要的是具备正确及开明的心态处理信息。所以本文结合新闻分析技巧和信息心理学,提出一个两层框架来应对假消息。

(一)新闻和信息评核技巧

MIL 教育着力培养人们辨识信息的技巧,包括留意消息来源、谨慎分享、小心检视信息内容的论据、厘清事实与意见、认清图像和进行事实查证(fact check)。

1. 新闻和消息来源

接收任何信息,应该留意消息来源是否可靠。对匿名消息来源,或声称"可靠消息来源"和"政府消息"等,要特别提防。认识传媒机构的背景,有助判断消息的可信度。选择有良好信誉的媒体去接收新闻,收到假消息的机会较低。社交网站及实时通信软件被认为传递最多假消息。

2. 信息分享

在分享信息之前,必须查证,避免随意分享。人们有时收到一些讯息,声称"已经查证,请广传",那么必须检视查证的证据。有些声称"某新闻媒体已有报道",如果事关重要,最佳方法是到该新闻机构的官方网站求证。还需注意,不是那些很多人分享的疯传消息就一定真实。

3. 检视内容及留意偏见

学习框架分析（frame analysis），了解新闻事件如何被"包装"。比较不同媒体的报道角度，分辨事实与意见，查察是否有偏见及断章取义，还应分析理据，判断"谁的观点？"。还有标题是否夸张渲染？新闻是故意开玩笑？

4. 有图有真相

由于改图技术普及，上文亦提到"深层造假"的流行，有图未必有真相，录像短片都可以造假，易容、易声在智能时代无难度，故此必须小心察看。有些网上工具可以帮忙，例如 TinEye（https://www.tineye.com）及 Google Search by Image。至于近年流行的网上直播（live streaming），也不能单纯地认为它揭示全部真相，因为直播镜头的布置，摄影师选择的拍摄对象，都会影响客观性。

现时在网上及一些新闻机构，均设有一些"事实求证"（fact check）部门，例如香港就有一个志愿小团体"求验传媒"，侦查假新闻。

（二）处理信息的心态模式

应对假消息除了要具备分析技巧之外，还需要兼备正确的处理信息心态（mindset）。

美国应用理性中心（Center for Applied Rationality）联合创办人 Julia Galef 以"战斗兵"（soldier）和"侦察兵"（scout）来解释处理信息时，两种截然不同的心态，正好对应时下大众面对不同信息时的态度（Galef，2017）。

"战斗兵"敌我分明，条件反射式地防卫己方和击退敌人——在求胜欲望和恐惧的潜意识驱使下阐释信息，对己方有利的信息全力捍卫，对敌方有利的信息奋力抨击。

"侦察兵"就不同了，他们的任务不是防卫及攻击，而是不偏不倚地了解事实，如视察地理环境、探测障碍物及分析布阵——诚实及准确地勘察，就算遇上不称心的情况或不利己方的信息，也得排除自己的偏见，尽量客观地接收和搜集证据。他们不会认为接受不符合自己预存立场的信息就是弱者的表现，其自我价值不会和信息的某一方拉上关系，故没有信息立场赢输的考虑。

从 MIL 的角度，当然建议大家以侦察兵的心态处理信息，无须因为接受了跟自己立场不同的信息和观点而感到歉疚或不安，亦不要盲目接受己方阵营未经查证的信息和见解，更不要未弄清楚事实就批评别人。

大家要细心思考，在信息爆炸的国度里，我们面对各样纷乱的信息是只想维护自己的价值观，还是希望了解事件真相，从而看清楚这个世界？

结　语

这篇文章探究了香港教育局通过改善技术基础设施及编写资讯素养框架，缩小数码鸿沟及推广 MIL。民间社会团体通过采用合作网络模式，进行 MIL 研究、课程设计以及视频和网站制作等来推广MIL，目标是发展一个MIL城市，让智慧城市的建设更有持续性，并使大众市民能够在后真相时代避免被假新闻困惑。而香港MIL教育在应对假新闻时提出的分析框架，结合了"分析技巧"及"信息处理心态"两个维度，让大众面对信息时不会立场先行，既不会盲目拒绝相信一切有害自己的信息，亦不会盲目接受有利自己的讯息。

参考文献

［1］Education Bureau (2018a). Information literacy framework for Hong Kong students. Edb.gov.hk. Retrieved from https://www.edb.gov.hk/attachment/en/edu-system/primary-secondary/applicable-to-primary-secondary/it-in-edu/Information-Literacy/IL20180516E.pdf.

［2］Education Bureau (2018b). Surfing safely online parent talk. Edb.gov.hk. Retrieved from https://www.hkedcity.net/parent/learning/ict/page_5a2e43719034434d17000000.

［3］Education Bureau (2018c). Smart-e-Master. Edb.gov.hk. Retrieved from https://www.edb.gov.hk/attachment/en/edu-system/primary-secondary/applicable-to-primary-secondary/it-in-edu/Information-Literacy/Seminar-201812/il-seminar-201812-ite-tc.pdf.

［4］Galef, J. (2017). Why you think you are right, even when you arre wrong. Ideas.ted.com. Retrieved from https://ideas.ted.com/why-you-think-youre-right-even-when-youre-wrong/.

［5］Grizzle, A., & Calvo, M. C. T. (Eds.) (2013). Media and information literacy: Policy and strategy Guidelines. Paris: UNESCO.

［6］Hong Kong Federation of Youth Groups (HKFYG) (2017). Be NetWise: The new ML education kit. Hong Kong: HKFYG.

［7］Innovation and Technology Bureau (2017). Hong Kong smart city blueprint. Hong Kong: Office of the Government Chief Information Officer.

［8］JMSC (2019). Combatting fake news in Asia: JMSC's news literacy. Jmsc.hku.hk. Retrieved from：https://jmsc.hku.hk/news-literacy-in-asia/.

［9］Kauyim Media (2019). About. Facebook.com. Retrieved from https://www.facebook.com/kauyim/.

［10］Lee, A. Y. L. (2013). Promoting media and information literacy in Hong Kong: A network model strategy. In E. Kuzmin & A. Parshakova (Eds.), Media and information literacy for knowledge societies (pp. 254-20). Moscow: Interregional Library Cooperation Centre.

［11］Mars Media Academy (2019). Programs. Marsmediaacademy.com. Retrieved from：https://www.marsmediaacademy.com/.

［12］Office of the Communications Authority (2019). Key Communication Statistics. Office of the Communications Authortiy. Gov.hk. Retrieved from: https://www.ofca.gov.hk/en/data_

statistics/data_statistics/key_stat/.

[13] Peter, J. & Valkenburg, P. M. (2006). Adolescents' internet us: Testing the 'disappearing digital divide' versus the 'emerging digital differentiation' approach. Poetics, 34, 293–305.

作者简介：香港浸会大学传理学院新闻系教授。

提升市民媒介信息素养与推进智慧城市建设关系探微[①]

张霆

智慧城市的发展愿景,自2008年正式提出以来,10余年间世界范围内已经有数百个城市投入具体的建设实践之中,并取得了一定成效。目前,全球已启动或在建的智慧城市有1000多个,中国在建的达500个。智慧城市是以物联网、云计算、宽带网络等信息通信技术为支撑,通过信息感知、信息传递及信息利用,实现城市信息基础设施和系统间的信息共享和业务协同,提高市民生活水平和质量,提升城市运行管理效率和公共服务水平,增强经济发展质量和产业竞争能力,实现科学发展与可持续发展的信息化城市。不过,智慧城市建设不仅要赋予城市中的物以"智慧",也要注意提升城市中的人的素养,必须采取适当措施同步推进城市中的人的适时"进化",以适应智慧城市建设的要求。否则,难以建成真正意义上的智慧城市。智慧城市建设高度依赖现代信息技术、数字媒介。这使得提升市民媒介信息素养成为智慧城市建设进程中必须认真推进的一项重要工作。市民媒介信息素养,即市民利用媒介平台、信息工具及其相应的信息源解决问题的素质和技能,包括对各种媒介平台、信息工具及其信息内容的获取、分析、评估和传播的能力以及利用媒介信息实现自我发展和促进社会进步的能力。系统地看,提升市民媒介信息素养,是智慧城市主体"智慧人群"形成的支点,是智慧城市建设开辟新型就业岗位的依托,是智慧城市建设引领普惠幸福生活的基石,亦是智慧城市建设诉诸人本价值的保障。实践表明,作为城市主人及服务对象的市民,其媒介信息素养状况直接决定他们利用城市智慧设施及服务系统更好地生存与发展的能力,也能动地影响智慧城市建设的水平与层级。

[①] 本文系中国广播电影电视社会组织联合会2018年媒介素养研究重点项目"城市居民媒介信息素养对我国智慧城市建设的影响研究"(项目编号:2018ZGL001)和2019年度重庆交通大学教育教学改革研究项目'课程思政'语境下高校新闻传播类实务课程教学改革研究"(编号:1903010),以及重庆交通大学2019年度高校党建与思想政治教育工作专题科研项目"'课程思政'理念融入高校新闻传播类课程教学可行路径研究"(编号:djsz201921)的阶段性成果。

一、提升市民媒介信息素养
——智慧城市主体"智慧人群"形成的支点

　　根据国内外智慧城市建设的大体情况来看，智慧城市通常是建立在由智慧基础设施、智慧政务、智慧经济、智慧环境和智慧民生等要素所构成的系统架构之上的。而智慧城市系统架构各组成要素的形成、发展及其正常运行，离不开人的参与，需要依托城市居民智慧化的表达手段和行动方式来实现。这就要求市民必须转变为智慧人群——能够以自身的素养和技能助力智慧城市建设并且能够有效利用智慧城市的相关设施、资源让自己生活得更幸福的居民群体。要完成这种转变，显然需要通过提升市民媒介信息素养来实现。"根据智慧人群在智慧城市建设和发展过程中的角色和功能分析，判断一个城市的人群是否智慧化的衡量标准主要有两个方面，即城市居民的素养和专业化人才的水平。"其中，专业化人才及其水平殊异，而作为生活于智慧城市中的普通市民所应具备的素养特别是媒介素养却必须共同满足基本的底线标准——具备利用智慧城市所提供的各种智慧设施和服务系统维持和保障自己日常工作、生活、学习以及社会交往活动等的正常进行，并且能够在此前提下利用自己的知识和技能助力智慧城市建设。

　　一方面，提升市民媒介信息素养，是保障他们能够在智慧城市中正常生活下去之所必需。普通市民要能够适应智慧城市生存要求，就必须懂得利用媒介信息技术手段获取相关知识、信息、数据，不断增进自身的社会见识、文化素养和生活技能，进而助力自己的事业发展。同时，智慧城市建设的目标，不仅仅是为公众提供良好就业机会和舒适生活环境，更在于培养高素质的市民。因此，智慧城市建设必然要求公众具有较高的运用信息技术的能力，要有全面的科学文化素养，并且能够感知、体验新一代信息技术带来的城市生活幸福感。"'人'是智慧城市的建设者、参与者、享用者，只有'人'的参与及'人'的素养提高才能体现和分享智慧城市的智慧性。"在智慧城市中，市民许多日常活动都是以刷卡、验证（身份证、工作证等）、输入相关操作指令和密码等方式，以数字信息的形式经由各种公共智慧服务系统来办理或完成的。"智慧城市是一个数据驱动的时代，市场上流通的不仅是实体产品，还包括一系列承载的大量关联数据的数据包。"因此，市民必须具备相应的媒介信息素养，在接触和使用各种常用的城市公共智慧服务设施时，才能拥有基本的终端安全意识，懂得维护自身的人身、财产、隐私安全和发展利益，避免不当留痕、不合规范地将个人私密信息提供给他人或暴露在网络空间。

　　另一方面，提升市民媒介信息素养，是促使他们能够在智慧城市建设中正常发挥专长、贡献个人智慧和力量之所必需。智慧城市需要通过建设泛在的移动通信网络、宽带多媒体信息网络、地理信息系统等基础设施平台，整合城市信息资源，建立智慧政务、智慧企业、智慧校园、智慧医保等智慧系统,逐步实现城市经济社会和居民日常生活的高度信息化、数字化,并能够积极运用信息和通信技术手段感测、分析、整合城市运行系统的各项关键信息、数据,从而对包括民生、环保、公共安全、城市服务、工商业活动在内的各种需求做出智能响应。在智慧城市中,不论是物理基础设施还是信息基础设施,也不管是社会基础设施还是商业基础设施,都可以被有效感知,并实现智能化的互相连接。可见,智慧城市高度依赖信息技术。在国外,智慧城市建设成效比较突出的地区也都是高度信息化的地区,相关的智慧城市建设规划通常也都是以信息化建设为重要抓手。智慧城市涉及智能交通、智慧医疗、智能环保、智慧政务、智慧工商、智慧景区、智慧校园、智能家居等诸多领域。处身于智慧城市中的普通市民不管在其中哪个领域工作、服务,都要能够以"智慧(信息)设施+本人专长(技能)"的形式为城市建设贡献个人价值。这就必然要涉及提升媒介信息素养。"提高城市市民的素质,造就创新城市建设和管理人才是'智慧城市'的灵魂。"这要求能够适应智慧城市建设要求,通过切实、可行的方式,稳步提升市民的媒介信息素养,进而更有效地发挥市民个人专长助力智慧城市建设的不断推进。

二、提升市民媒介信息素养
——智慧城市建设开辟新型就业岗位的依托

智慧城市是充分利用信息技术手段,全面感知、传送、整合和分析人、物、城市功能系统之间的各项关键信息,从而对民生、环保、公共安全、城市服务、商务活动等多种城市需求做出智能响应,构建城市发展智慧环境,形成高效、便捷、安全、绿色的城市形态。智慧城市建设催生了数字经济、共享经济、智能制造、智慧社区、智慧家居等新的经济形态和行业业态,创造了许多新的工作岗位和职业类型,带来了城市居民生活与工作样态的新变化。不过,这一切都需要以提升市民媒介信息素养为依托,两者之间存在着密切的相辅相成关系。

一方面,智慧城市新行业新业态的产生通常都是以"智慧+"的形式出现的。比如,智慧政务、智慧金融、智慧医疗、智慧安保、智慧养老、智慧物流、智能家居等新行业新业态的推出都是依托城市智慧化的基础设施和信息服务系统,以工作人员(市民的一分子)具备"专业技能+媒介信息素养"的素质为基点的。其中,许多新行业新业态都是传统行业中的管理人员、工作人员依靠相应的媒介信息素养借助一系列智慧应用系统开发、催生出来的。而市民也必须具备相应的媒介信息素养,才能对这些新行业新业态做出智能响应,进而为它们的正常运行和构建从资源投入到价值回馈的合理闭环系统提供相应的要素支持。

另一方面,市民在城市日益增多的各类智慧型新行业新业态领域中求职、就业,也必须以具有良好的媒介信息素养为前提。如前所述，智慧型新行业新业态都是依托现代化的信息技术手段催生、形成的，市民除了具有相关专业知识和业务能力外，还必须具备相应的媒介信息素养，才能够胜任其工作。"在商店里卖东西的技能和维护线上零售网站的技能有很大的差别。"倘若不具备相应的素养，则需要想办法进行培育和提升。否则，就算开辟再多的就业岗位，也不能保障市民充分就业。所以，智慧城市建设为市民创造了更广泛的就业范畴和更多样的职业选择，但在此过程中必须同步推进提升市民媒介信息素养相关工作。

三、提升市民媒介信息素养
——智慧城市建设引领普惠幸福生活的基石

"从智慧城市规划的视角来看待城市并非是要建造或是扩张现实中的城市，而是要通过技术与创新的渗透，使得现有的城市更加高效、更具竞争力、更节约、更安全。"毫无疑问，推进智慧城市建设的目的旨在为城市各项基础设施、基本公共服务系统及诸多行业企业植入现代信息技术元素（物联网、云计算、大数据、人工智能技术等），最大限度地解决或缓解各类城市发展问题，如人口膨胀、交通拥挤、环境恶化、资源消耗大、生产生活效率低下等，消弭各种"城市病"，让居民在城市生活得更舒适更幸福。显而易见，智慧城市建设所要实现的"让城市生活更美好"的愿景是普惠性的，即是面向城市各个阶层、群体的。不过，应当注意，智慧城市建设引领普惠幸福生活前景的实现，必须以提升市民媒介信息素养为基石。

首先，提升市民媒介信息素养，才能让他们充分享用到智慧城市所提供的普惠性公共服务。智慧城市依靠其核心法则"智慧+"，构建城市智慧型基础设施、服务系统，使城市经济社会领域的生产、流通、分配、消费及管理诸环节都变得异常高效和便捷，这其中所产生的社会福利是普惠性的，惠及城市各个阶层和群体。在智慧城市建设中，建设者和管理者根据城市各个行业的特点，并结合相应社会需求，创造和推出智慧化的专业服务平台或终端设备，直接服务于普通市民用户，如智慧政务、智慧医疗、智慧教育、智慧金融、智慧社区、智能家居等。但是，市民必须提升媒介信息素养才能充分享用这些服务、福利。现阶段，城市中大部分大专以下文化层次的 60 岁以上老年人绝大多数都要在家人、亲友的陪护下及相关工作人员的指导、帮助下，才能使用智慧政务、智慧医疗、智慧金融等智慧型公共服务系统，否则，很容易出现办理不了甚至发生财产受损（遭遇电信诈骗、理财骗局）等情况。这很大程度上就是因为他们的媒介信息素养达不到相应要求之故。

其次，提升市民媒介信息素养，才能让他们有效利用智慧城市相关设施与资源，合理规划和安排自己的学习、工作、生活事宜。智慧城市涉及智慧校园、智慧办公、智能交通、智慧医疗、智能环保等诸多方面，具体囊括了城市生命线管理、食品药品管理、票证管理、居民康养、家庭理财等众多事务。在智慧城市中，基于数字化、信息化、智慧化的大量城市资源包括水、电、油、气、交通、食品供应、文娱设施、公共资讯、政务服务等，都是经由各种程控指令与操作符码连接进泛在的城市公共服务系统和服务平台，服务市民的日常工作、生活，并使其工作、生活变得极其便捷化。"城市应该是人的城市，而且城市中的人要有尊严地享受自己的幸福生活。"今后，泛在的信息连接与服务共享平台，把城市居民日常生活深度融入全城信息系统，必将成为智慧城市发展的普遍趋势。城市居民凭借城市一卡通、校园一卡通、手机 App 等，就可以享受到各种泛在化的智慧型城市公共服务，"智能化"地支配自己的日常生活、学习、工作以及衣食住用行等。不过，这一切显然必须植根于市民具有良好的媒介信息素养基础之上。

再次，提升市民媒介信息素养，才能让他们切实感受到智慧城市的便利、舒适、高效，更有获得感。对于身处于智慧型城市的市民个体而言，具备利用媒介信息技术、通过城市相关智慧设施和智慧服务系统、服务平台有效获取自己所需要的各种基本生活资料、物品、公共服务、有价商品等的能力和素养，才能切实感受到智慧城市的便利、舒适、高效，享受到更多实实在在的获得感。比如，要懂得使用手机进入各种智慧查询系统获取所需信息、数据，具备网上"下单"、办业务等基本技能；要懂得利用数字媒介、信息技术维持与他人的社会联系、信息交流和情感沟通。这对数字原住民（即从出生那一刻起就身处于数字环境、网络环境进而熟悉数字媒介技术、网络媒介技术的社会群体）来说，相对容易学习和掌握，但对于数字移民（因出生年代较早起初并不熟悉数字科技、数字传播媒介而需要经过不太顺畅的专门学习和训练才能适应后来的数字化社会的社会群体）而言，则存在着或多或少的困难，尤其是那些受教育层次相对较低、年龄较大的市民，就更是如此。因此，有针对性地采取措施提升这部分人群的媒介信息素养，是智慧建设进程中需要着力解决好的一大问题。

四、提升市民媒介信息素养
——智慧城市建设诉诸人本价值的保障

智慧城市建设是一项宏大的系统工程，也是一场关乎城市建设与发展的深层次变革，对市民的工作、学习、生活等各方面都会产生深刻的影响。不过，不管智慧城市建设最终将以什么样式的完成形态呈现在人们面前，实现城市以人为本的发展理念，让市民生活得更舒适、更美好是其最根本的价值诉求。而这一愿景的达成，显然离不开市民媒介信息素养的提升。

一方面，提升市民媒介信息素养，可以增进市民的"城市主人"意识，释放其主观能动性，进而推动智慧城市建设成为市民自我发展的意识自觉。当前，许多市民对智慧城市了解不多，对自己在智慧城市建设进程中应当扮演什么角色、承担何种责任也缺乏相应的认知和感受，不能做出清晰的判断。这种局面加重了智慧城市建设所要承受的社会压力。大体而言，普通市民介入智慧城市建设，会有两种情境状态：一种是主动参与，另一种是被动卷入。两种不同状态，影响着城市提供相关智慧服务的效率和效果。通常情况下，市民媒介信息素养较高，选择智慧生活方式的意愿强，主动参与智慧城市建设的积极性就越高；相反，市民媒介信息素养较低，融入智慧城市新生活的意愿就会较弱，一般就会被动"卷入"智慧城市建设进程，其主体自觉意识不强，贡献自己智慧和力量的积极性也不高。近年来，在上海等地，城市垃圾分类智慧处理系统的推广使用受到了来自普通市民方面的较大阻力，就跟这种情形有关。智慧城市建设既要处理好城市中的"物"方面的问题，也要解决好城市中的"人"方面的问题。否则，智慧城市建设必将难以推进。所以，归根到底这类问题的解决，必须依靠提升市民媒介信息素养来实现。这样，才能充分唤起市民介入智慧城市建设的意愿，有效释放其主观能动性，进而使人始终成为智慧城市建设的核心。

另一方面，提升市民媒介信息素养，在一定程度上有助于弥合智慧城市建设进程中出现的价值分歧，整合城市各方力量，共商共建共享智慧、开放、和谐、绿色、美丽而宜居宜业的人本城市。"智慧城市是一个建立在信息基础之上的数字化、网络化、智能化城市，信息基础设施和集成共享是城市智慧化发展的基础前提和价值所在。"然而，遗憾的是，在庞大的市民群体中，信息鸿沟、数字鸿沟、利益分化、价值分歧的广泛存在，往往妨碍着人们对智慧城市建设"建什么""如何建"的认知和接受，阻碍着共识的达成和受益的普泛。城市终究是人的城市，是服务于人的。如果智慧城市相关智慧设施、服务系统的建设、使用之普及与推广，不能以惠及全体市民为价值归宿，不能令绝大多数市民切实感受到便利、舒适、拥有更多获得感，而只让少数人从中获益，那么即使城市设施"智慧"含量再高，也称不上真正意义的智慧城市。所以，有必要打破城市信息系统条块分割和部门分治的局面，通过连点成面的方式对市政、公安、教育、医疗、金融、环保、交通、企业、社区等部门或系统的数据资料库进行标准化整合，促进信息集成共享与互联互通。同时，采取适当措施，从整体上提升市民的媒介信息素养，确保生活于城市中的每一位普通市民都能公平地、不受歧视地参与到智慧城市建设之中，并享用到城市各类智慧设施、智能服务系统与服务平台提供的便利服务。由此，基于共商共建共享的智慧、开放、和谐、绿色、美丽而宜居宜业的人本城市发展愿景，才能早日化为现实。

综上所述，城市是人类文明与智慧的美好结晶，是人类的重要家园。但多年来随着城市建设进程的不断推进，人口膨胀、交通拥挤、环境污染、失业增多、生态恶化、资源供应紧张、能源不足、文化遗存损毁等一系列问题给城市发展带来了极大困扰，并在相当程度上影响到了城市的进一步发展。在此背景下，国内外都在探索运用现代信息技术手段为城市减负，提高城市发展活力，改善城市发展质量，打造智慧型城市，从而解决城市发展难题、实现城市可持续发展。这无疑会给人类城市发展带来更美好的前景。不过，这一前景的实现，显然必须以大力提升城市居民媒介信息素养为基本要素。提升市民媒介信息素养可以有效调动和激活市民介入智慧城市建设的意愿，释放他们使用各种数字化、智能化服务设施与服务系统的活力，推动他们利用自己的才能、采取切实行动助力智慧城市建设进程，并在此过程中能够有效享用到智慧化的城市生活所带来的种种便利。简言之，提升市民媒介信息素养与智慧城市建设具有内在的耦合关系。这既是值得人们珍视的，也是人们可以善加利用的。

参考文献

［1］《我国智慧城市建设若干关键问题研究》课题组.走向智慧城市[M].北京：科学出版社，2014：98.

［2］《我国智慧城市建设若干关键问题研究》课题组.走向智慧城市[M].北京：科学出版社，2014：105.

［3］曹树金，王志红，古婷骅.智慧城市环境下个人信息安全保护问题分析及立法建议[J].图书情报知识，2015（3）：35—45.

［4］朱桂龙，樊霞.智慧城市建设理论与实践[M].北京：科学出版社，2015：65.

［5］（美）杰瑞·卡普兰.人工智能时代[M].李盼，译.杭州：浙江人民出版社，2016：137.

［6］（希腊）尼克斯·可姆尼诺斯.智慧城市：智能环境与全方位创新策略[M].夏天，译.北京：机械工业出版社，2016：27.

［7］李新社.整体性：一种看待智慧城市发展的新视角[J].智慧中国，2015（4）：68—72.

［8］辜胜阻，王敏.智慧城市建设的理论思考与战略选择[J].中国人口·资源与环境，2012（5）：74—80.

作者简介：重庆交通大学人文学院副教授。

新加坡网络舆情治理特色：重视提升民众的网络素养[①]

耿益群

摘要： 新加坡是世界上互联网最发达的国家之一，其网络舆情治理体系发展已经非常完善，形成了政府、企业和民众三方共同治理的完备体系。其中，加强对民众的网络素养教育，提升其网络安全意识，是国家网络舆情治理体系中不可或缺的组成部分，与政府实施的轻触式管理制度、行业自律等其他几个网络舆情治理维度互相支撑，互为依托，发挥着润物细无声、点点滴滴入人心的作用，成为新加坡网络舆情治理的重要一维。新加坡政府重视提升民众网络素养和网络安全意识的网络舆情治理途径，对我国网络舆情治理具有借鉴作用。

关键词： 网络舆情治理；体系；网络素养；网络安全意识；新加坡

新加坡是世界上最早对互联网实施管理的国家之一，在网络舆情治理方面具有丰富的经验，形成了政府实施轻触式管理制度、行业自律、加强民众网络素养和网络安全意识等"三管齐下"的网络舆情治理模式。新加坡网络舆情治理与社会治理相结合，在政府进行治理和行业自律的同时，通过推进在共同价值观引导之下的各种教育措施，建立和完善互联网公共教育制度，提升民众的网络素养和网络安全意识。为了保证现有网络舆情治理模式的良性运转，新加坡政府在立法和监管方面进行了一系列改革，通过制度保证和协调各方力量，发挥政府在网络舆情治理中的作用，积极鼓励行业自律，调动各方力量，致力于提升民众的网络素养和网络安全意识，这构成了新加坡网络舆情治理的重要特色。

一、以"共同价值观"为教育原则

新加坡在国家发展进程中始终强调国家认同，强调各种族都能够接受的核心价值观。

[①] 本文系国家社科基金教育学重点课题《互联网背景下教育舆情研究》（课题编号：AFA170005）研究成果之一。

新加坡政府为了促进国家认同的形成，1991年1月，国会通过了《共同价值白皮书》，确定了由五个方面组成的"共同价值观"（shared values）。这五个方面包括：国家至上，社会为先；家庭为根，社会为本；关怀扶持，同舟共济；求同存异，协商共识；种族和谐，宗教宽容。①这一核心价值观贯穿于新加坡学校教育之中，成为新加坡教育的根本原则，也是新加坡网络舆情治理的重要基础。正是循着这样理念，新加坡网络舆情治理将政府监管、行业自律和个体发展联系在一起，注重协调各方在网络舆情治理中的作用，注重通过提升民众网络素养，培养民众批判性思维能力和网络安全意识，创建网络舆情治理的新境界。

二、重视青少年网络素养教育

截至2019年1月，新加坡互联网用户约达492万，预计到2023年，新加坡社交网络用户将达到470万，②其中青少年所占比例较高。为此，政府从两个维度着手加强青少年相关的网络舆情治理。一方面，政府通过立法对网络内容进行严格审查和监管，从保护青少年的角度出发，努力净化网络环境，使青少年避免接触不健康甚至有害的网络信息；另一方面，政府通过各种有效途径，鼓励政府部门、传媒企业以及社会公益组织等开展各类针对青少年的网络素养教育活动和培训项目，提升青少年网络素养和网络安全意识。

（一）政府依据相关法律法规，严格审查网络内容

从2004至2005年，新加坡政府利用网过滤技术，封锁了8个涉及网络色情、违禁药品和狂热教徒的网站，并将网络健康和网络安全密切联系在一起。针对青少年的信息审查严格程度远远超过针对成年人相关信息的审查。同时，政府强调公民进行自我规范，培养自律、勤奋、有道德、有技术、有政治自觉的文明公民。③为此，新加坡政府建立专门的机构，负责网络素养教育方面的具体事宜。1996年，新加坡成立了国家网络咨询委员会（National Internet Advisory Committee），向新加坡媒体发展管理局（Media Development Authority）的前身新加坡广播局（Singapore Broadcasting Authority）提供网络问题咨询，负责网络舆情治理。1999年，国家网络咨询委员会促成了父母网络顾问组（Parents Advisory Group for the Internet）的建立，这是一个由政府资助的公益组织，负责网络健康和网络素养方面的教育。2007年，新加坡建立网络和媒体咨询委员会（The

---

① 李静、王晓燕：《新加坡网络内容管理的经验及启示》，东南亚研究，2014，第5期，第27—34页。
② Statista. Social Media in Singapore-Statistics & Facts[EB/OL]. [2020-01-29].https://www.statista.com/topics/5815/social-media-in-singapore/
③ Lee, T. Internet Control and Auto-regulation in Singapre[EB/OL].[2020-01-28] https://researchrepository.murdoch.edu.au/id/eprint/10054/1/internet_control.pdf

Internet and Media Advisory Committee），进一步加强民众网络素养教育。2012 年成立的媒介素养委员会（Media Literacy Council，MLC），专门负责全国性的民众媒介素养教育和网络健康方面的工作，提供各种咨询、教育培训项目的实施等，以提升民众的媒介素养和网络素养。2016 年，新加坡的媒体发展管理局和资讯通信发展管理局合并为资讯通信媒体发展管理局（Info-communications Media Development Authority，IMDA）。媒介素养委员会也就归属于 IMDA。2009 年，新加坡成立网络健康指导委员会（The Inter-Ministry Cyber Wellness Steering Committee），与多个部门具有密切联系，负责网络素养教育项目和实践。

（二）企业自律与积极参与提升青少年网络素养活动相结合

企业根据政府的相关规定，开展行业自律，积极参与到提升青少年网络素养行动之中，促进网络舆情治理相关工作的展开。2000 年以来，新加坡传媒业发展迅速，成为新加坡经济增长的引擎之一。政府在主要传媒公司中都直接占有股份，比如，MediaCorp 传媒公司的 100% 的股份由政府占有，SingTel 公司的 56% 股份由政府的投资部门 Temasek Holdings 占有。StarHub 的四个主要股份持有者中一个是 MediaCorp，一个是 Asia Mobile Holdings，而后者是由新加坡电子媒介技术公司（Singapore Technologies Telemedia）资助，该公司为 Temasek Holdings 所有。[1] 由此可见，新加坡主要传媒企业都与政府有着较为密切的关系。根据新加坡政府的规定，到 2012 年 6 月 30 日，新加坡国内三大网络服务提供商 SingTel、StarHubt 和 M1，在用户预订网络介入服务或续期时，必须向用户提供可供选择的网络内容过滤服务。[2] 根据这项需要，网络服务提供商为父母提供网络内容过滤服务，供家长选择。从网络舆情治理角度来看，新加坡传媒企业遵守政府的相关法规，履行相关义务，也相应地在提升青少年网络素养方面发挥其应有的作用。此外，新加坡国家图书馆在提升青少年网络素养方面也发挥着主导作用，并成立了教育培训公司（The One Learning Place，NOLP），负责网络素养教育工作。教育培训公司通过培训志愿者，为青少年提供网络教育，教授相关的网络知识和技能，培养青少年网络素养和网络安全意识，使他们能够正确获得和使用网络信息，创造良好的网络环境。此外，国家图书馆还通过建设相应的网络平台，为父母与孩子之间提供有效的沟通平台，为父母提供专门的培训，编写网络安全方面的教材，这极大地促进青少年网络素养的提升，以及网络安全意识的养成。

（三）教育部门通过课程改革，开展青少年网络素养教育

为了加强网络素养教育，发挥其在新加坡网络舆情治理方面的作用，新加坡教育部进行一系列的课程改革，在中小学设置了媒介素养课程。通过这些课程，培养学生网络信息获取、甄别和制作传播等方面的技能和能力，提高网络素养和网络安全意识。新加

---

[1] Lim, S. Media Education in Singapore: New media, new literacies?[EB/OL].[2020-01-28]. https://www.researchgate.net/publication/225317382_Media_Education_in_Singapore_-_New_Media_New_Literacies

[2] 李静、王晓燕：《新加坡网络内容管理的经验及启示》，东南亚研究，2014，第 5 期，第 27—34 页。

坡教育部将教材开发、课程实施、教育评价和教育实践等工作交由各学校、相关教育机构和公益组织等实施，赋予学校、教师很大自主权，也通过法规和激励机制，鼓励相关机构和公益组织参与网络素养教育工作，真正实现了共同参与的网络舆情治理模式。目前，网络素养和网络安全意识教育已经成为新加坡国民教育的重要内容。为了进一步促进网络素养教育，提升民众的网络素养，新加坡政府还将民众的网络素养提升路径与相应的网络素养评估相联系。2014年，Foo等人建构了五个维度的新加坡中学生信息素养评估指标，成为民众网络素养评价的重要指南。这五各维度包括：（1）定义信息任务和分析信息缺失；（2）选择信息来源；（3）寻找和评价信息：（4）分析与使用信息；（5）评价信息过程与结果等。[①]

三、面对老龄化现状，关注老年人网络素养提升

2014年，新加坡政府提出了建设"智慧国家"的倡议，计划用10年时间实现这一目标。面对新加坡社会日益老龄化的现状，新加坡政府十分关注老年群体网络素养的提升，制定相关政策，实施各种具体项目，提升老年人网络素养，实现了在网络舆情治理过程中不同人群全覆盖的目标。具体来看，新加坡这方面主要做了以下工作。

（一）制定相关目标，推进老年人网络素养教育进程

2004年，为了应对社会老龄化问题，新加坡成立了老龄化问题委员会（Committee on Ageing Issues，CAI），目的是要实现"新加坡成功老龄化"（Successful Ageing for Singapore）的目标，并提出了39条建议。[②]其中，强调大学和多科技术学院应为年长者提供更多的学习机会和学习便利，并以积极的态度充分发挥其优势和能力，为家庭、社区和社会做出贡献。在这一前提下，新加坡政府通过建立各种组织、提供相应的培训等，提高老年群体的网络素养。

（二）组建和赋权相关组织机构，专门负责老年群体网络素养教育工作

2007年，在新加坡卫生部支持下成立了乐龄理事会（The Council for Third Age，C3A），[③]作为一个独立的政府机构，该机构为老年人提供网络素养教育，在推动积极老龄社会建设中发挥着重要作用。信息通信媒体发展局强调向老年群体提供相关帮助，赋予老年群体参与互联网生活的技能和能力，实现包容性社会的建设目标。2012年8月成立的媒介素养委员会由来自不同行业的人员组成，负责向政府提供相关媒体和互联网研究报告，制定提升公民媒介素养计划，开展各类旨在提升公民媒介素养的教育活动。

[①] 明桦、林众、罗蕾、黄四林：《信息素养内涵与结构的国际比较》，2019，第2期，第59—65页。
[②] 王冰：《新加坡乐龄教育探析》，长春：东北师范大学，2012，第19页。
[③] 闫玉荣：《新加坡提升老年群体媒介素养的启示》，青年记者，2019，第4期，第86—87页。

（三）开展丰富多彩的实践活动，提升老年群体网络素养

首先，建设相关网站，帮助老年人掌握网络技术。2017年新加坡信息通信媒体发展局建设了IM银网站（IM Silver），教授老年人学习网络技术。自1999年以来，儿童和青少年服务部（Ministry of Children and Youth Services，MCYS）全年提供致力于积极老龄社会建设的各种公共教育项目，其中有很多关于老年群体网络素养教育项目和相关课程。其次，组织开展志愿者服务活动，促进代际交流，让更多的年轻人加入提升老年人群体网络素养的活动中，帮助老年人学习网络技术，使用网络手段参与社会生活。新加坡的各类公益组织在提升老年群体网络素养中发挥着重要作用，被誉为网络素养教育领域的"无冕导师"。比如，新加坡老年人行动组（the Singapore Action Group of Elders，SAGE）和老年志愿项目（RSVP）等积极参与此类活动，致力于形成积极老年观。[1] 再次，通过各种社会机制，鼓励老年人使用网络技术，并为老年人使用网络技术、融入当今的网络社会生活，提供各种便利。比如，新加坡年度老龄公民奖（Senior Citizens Award）每年都会为社区中的模范老年人颁奖，以鼓励其他老年人积极上进，乐观生活。最后，将提升老龄群体网络素养与终身教育计划密切联系起来，构成新加坡终身教育体系的必要组成部分。通过这些措施，提高了老年人的网络素养水平，激发了老年人的生活热情，使老年人能够融入网络生活之中。实现了网络舆情治理惠及老年群体，有利于社会的稳定与和谐发展，成为新加坡社会治理现代化的特色之一。

四、发挥各类民间组织的作用，提升民众网络素养

在政府的积极鼓励下，新加坡很多公益组织都参与到民众网络素养提升活动之中，形成了政府、市场和民间组织共同参与网络舆情治理的局面，逐渐形成了善治的网络舆情治理模式。父母网络顾问组负责培训家长如何安全使用网络，如何与孩子沟通，营造良好的网络环境。作为一个公益组织，父母网络顾问组还与国家网络咨询委员会联合举办网络安全方面的国际会议，呼应政府重视网络素养教育，号召民众关注网络素养对个体发展的重要性，并倡导开展全国范围的网络素养教育。针对这次国际会议提出的关于网络素养的议题和倡议，政府做出了积极回应。这次国际会议之后，政府着手开展与网络素养教育相关的工作，并开始大力支持网络素养教育，为提高民众的网络素养提供政策和资金等方面的支持。2001年成立的触爱社区服务（TOUCH Community Services），是一个与学校、家长和教育者密切联系的公益组织，该机构增设一个专门从事网络健康教育的中心——触爱网络健康中心（Touch Cyber Wellness，TCW），负责提供高质量的

---

[1] MCYS. Report on the Ageing Population Five-Year Masterplan (2006) [EB/OL]. [2020-01-26]. https://www.moh.gov.sg/docs/librariesprovider5/resources-statistics/reports/committee-on-ageing-issues-report-on-ageing-population.pdf.

校本课程和社区教育项目，与新加坡学校建立了广泛的联系。目前，中心已经与新加坡90%的中小学建立了很好的合作关系，帮助学校开发网络素养方面的课程，编写网络素养方面的教材。同时，还根据网络技术发展现状和社会发展需要，开发针对家长和教育者的课程、在线辅导和咨询服务。[①]这些社会公益组织在新加坡网络舆情治理体系中发挥着特有的作用，既获得来自政府的政策和资金支持，又独立于追逐市场利润的传媒和网络企业，同时还联结从幼儿园教育、青少年教育到老年群体教育不同阶段的教育，具有较大的针对性和灵活性，在政府和市场之间寻求其发展空间，成为新加坡网络舆情治理体系中必不可少的一股力量。

结 语

国际电信联盟2017年《全球网络安全指数》调查报告显示，新加坡在全球193个联盟成员国中排名第一。这在很大程度上得益于新加坡完善的网络舆情治理体系，其最突出的特色是将提升民众的网络素养和网络安全意识纳入网络舆情治理体系之中，成为新加坡三管齐下的网络舆情治理体系中的重要一维，与其他两个维度相互支持，共同作用。我国地域广阔，是一个多民族的人口大国。随着互联网覆盖面的不断扩大，以及网络环境的日益复杂化，网络舆情治理的难度日益增加。针对我国网络舆情治理现状，党的十九大报告强调，要建立网络综合治理体系，营造清朗的网络空间。为此，我们应以社会主义核心价值观为指导原则，重视民众的网络素养和网络安全意识教育，将提升民众的网络素养作为网络舆情治理现代化的一个重要维度，从根本上改变目前网络素养教育缺乏制度化和系统性的局面，将网络素养教育纳入我国中小学教育体系，成为我国基础教育课程体系的必要组成部分，成为中小学课程体系中的必修课。同时，在政府主导下，积极动员社会各方的力量，切实使传媒业参与到民众网络素养提升的行动之中，发挥传媒业专业性强、技术完备、覆盖面广、时效性强等优势，多渠道提供网络素养教育方面的资源，开展各种网络素养教育活动和项目，成为网络素养教育的一个重要场域。此外，政府还应大力扶持各类社会公益组织参与到民众网络素养教育之中。新加坡的公益组织在新加坡网络素养教育中发挥重要作用，通过汇集社会人力资源，提供网络素养培训课程，培养了大量能够胜任媒介素养教育的师资。与此同时，触爱网络健康中心等公益组织还编写网络素养教育教材和指导手册，为开展网络素养教育提供了大量的学习资源。这些公益组织还负责为学校编写网络素养方面的教材，直接服务于新加坡国民教育体系开展网络素养教育。我国社会公益组织数量不断增长，各类社会公益组织各具特色，对社会问题和人群有不同的关注点，在社会生活中发挥着重要作用。因此，应充分发挥社

---

① TOUCH Cyber Wellness. About Touch[EB/OL]. [2020-01-27]. https://www.touch.org.sg/about-touch/our-services/touch-cyber-wellness-homepage.

会公益组织在促进网络素养教育活动中的作用，利用其所拥有的各种资源，为我国网络舆情治理提供现代化服务。目前，我国已经有一些公益组织开展了相关网络和信息技术方面的活动和培训项目，例如，帮助老年群体面对网络信息社会，学习相关网络信息知识和技能，享受新科技进步带来的生活便捷，体验网络和网络沟通带来的新的生活体验。一些公益组织开展了各种网络素养教育活动和课程，与学校密切联系，帮助青少年学习和体验网络技术和互联网所带来的社会生活变革的同时，也能够成为网络的驾驭者，利用网络开展创造性活动。

作者简介：中国传媒大学新闻传播学部传播研究院传媒研究中心教授、博士生导师。

新形势下的网络意识形态：算法要注入新闻价值观

屠淑洁

摘要：在新一代新闻生产模式中，算法新闻正加速新闻业生态格局的重构。人工智能驱动下的算法分发模式，正逐渐成为数字媒体的主要模式。算法用数据技术，高效地筛选出用户感兴趣的信息，这种变革推动了新闻业向自动化、智能化升级。Web3.0带来的信息消费个性化问题，使用户无法冲破"信息茧房"的樊篱。算法主导的信息分发模式，需要人工监管审核，更需要注入新闻价值观。

关键词：算法；价值观；信息茧房；网络意识形态

一、算法正在重塑新闻业的生态系统

在新一代新闻生产中，算法已成主流趋势，腾讯与今日头条有显著优势。传统新闻生产模式转变为聚合资讯类新闻生产方式，人机协同完成新闻生产。①

图1 单向型新闻生产模式

传统媒体生产方式就是单向型新闻生产模式（见图1）。算法可基于用户的兴趣推送相关新闻，形成用户的"私人订制"版媒介环境，用户打开App，进行点击、阅读、评论等的一系列用户行为数据又反馈给算法，算法利用用户行为数据进行更新，可精准地推荐用户感兴趣的内容。这种基于用户行为分析的推荐算法处于动态的变化之中，算

---

① 王佳航：《数据与算法驱动下的欧美新闻生产变革》，新闻与写作，2016，第12期。

法自身也在不断更新，形成"信息闭环"，聚合资讯的新闻生产模式为闭环式新闻生产模式（见图2）。

图2 闭环式新闻生产模式

新一代新闻生产模式的来临，算法技术已颠覆新闻内容的采编、分发模式、用户信息反馈等环节，促进新闻行业全方位升级。今日头条否认自己有媒体属性，并强调"算法无价值观"。平台把算法的精准性服务理念诠释至深，让各类服务变为内容的一部分，但此平台有强大的媒体特征。

在移动互联网时代之后将是人工智能，新闻生产开始了人机协同合作。美联社虚拟机器人 Wordsmith 每季度可写 3000 篇文稿，它解放了众多记者，使记者们集中精力去报道有深度的新闻。《纽约时报》的头条主编 Blossom 竟是一个智能机器人，它能够分析、预测出具有社交推广效应的内容，撰写爆款社交媒体文章，使《纽约时报》的流量涨了 38 倍，减轻了编辑的工作负担。[1]

在快速迭代的智媒环境中，媒体的新战略是研发 Messenger 聊天机器人。网友无须自己看新闻，机器人像用户与朋友聊天一般的方式，辅助用户解读新闻。

麦克卢汉认为，所有媒介（技术）都是人的延伸，包括时间和空间的延伸、心理和物理的延伸。[2] 媒介是如何在时间序列上延伸人，进而在空间范畴上延伸人？媒介的形态如何影响受众的心理，进而影响物质化环境和社会化生存？

---

[1] 环球网：《新闻不用看的用聊的？Quartz 机器人就能和你聊》，2016 年 9 月 12 日，http://smart.huanqiu.com/roll/2016-09/9472530.html.

[2] （美）凯斯·桑斯坦：《信息乌托邦——众人如何产生知识》，法律出版社，2008。

二、数据与算法给新闻业带来冲击

穿透广袤的时空环境，保留影像是媒介时间的延伸，传播信息和思想是媒介空间的延伸。古登堡的印刷术推动媒介空间传播的发展，之后的报纸、广播、电视、网络等都是媒介空间领域的延伸。[①]媒介的形态对社会物质化环境和社会心理产生了深远意义。

算法对传统媒体行业的法律规范、生产方式、分发渠道、内容消费等构成了冲击。算法聚合下的内容生产平台与传统媒体的对弈反映在版权上，这实质上也反映出技术型平台对内容资源的迫切需求。伴随着传统媒体的逐渐衰落，数字媒体的发展，算法技术对新闻业的巨大挑战，传统媒体早已无力制约。

第一，算法淡化媒体审核员角色，将"把关权"交给机器。传统的新闻内容审核需编辑把关。可算法改变了这一模式，内容未经过人工审核，通过算法直接推荐到用户的客户端。在这一过程中，用户成了真正审核人，因为算法新闻是基于用户行为的数据积累而筛选出来的。算法新闻颠覆了媒体和受众的角色关系，信息的选择权、主导权基本由受众决定。[②]可是算法推荐的新闻资讯出现大量假消息，谁来辨别这类假新闻，谁来建立算法辟谣机制呢？

当用户点击浏览一篇文章，算法会快速聚集类似新闻，不容用户拒绝。算法分发模式是人工智能吗？人工智能到现在还无法实现非线性思维。[③]用户选读一篇文章，大多出于新奇而感兴趣，可这是本能不是智能。

第二，算法解构了传统新闻选择的价值观。算法若是基于社交和用户点击量来推荐内容，是没有价值观导向的，仅仅是迎合用户的兴趣，培养的是"吃瓜群众"。算法的新闻选择标准是基于人想要的东西，而非人需要的东西。这就造成刺激用户感官、猎奇用户心理、"标题党"掩盖下的假新闻盛行。算法需要价值观，人工智能需承担更多的社会责任。

平台越大，责任越大。以算法为核心的网络平台，正掏空受众的时间，青少年群体长时间刷手机现象严重。如果青少年点开一个不良短视频，平台就不断推送相似内容，这严重影响青少年的健康成长。

算法有多了解受众呢？曾有研究者根据5.8万名志愿者在Meta上的点"赞"，推测出了一系列高度隐私的个人特质，包括性别角色、个性特征、教育水平、快乐程度、审

[①] 方师师：《算法机制背后的新闻价值观——围绕"Facebook偏见门"事件的研究》，新闻记者，2016，第9期。
[②] 姜红、鲁曼：《重塑"媒介"：行动者网络中的新闻"算法"》，新闻记者，2017，第4期。
[③] 方师师：《算法机制背后的新闻价值观——围绕"Facebook偏见门"事件的研究》，新闻记者，2016，第9期。

美趣味、智力情况、伦理倾向等。物联网数据交换使得算法更智能，可谁来约束算法？①

第三，算法剖析了新闻业的公共特点。新闻业分精英阶层和大众阶层两类。迈克尔·舒德森提出"故事"和"信息"两种新闻模式。②一般而言，工人阶级与故事取向相关，大众和故事模式的代言者是《世界报》。受过良好教育的中产阶级同信息取向相关联，代表精英及信息模式的则是《纽约时报》。精英传统视公共服务、公共利益为最高追求，孜孜守护公共利益，具有理性、独立的特点，追求高效率，实现自我价值。可大部分人是需要一些事物沉迷，大众化的价值取向往往被诟病为"低俗"，例如，今日头条不认为自己是"生产新闻"，"算法无价值观"之论恰巧正本溯源了其注重大众群体诉求的"价值观"，是想刻意避开"媒体精英"。③

第四，算法加重了"信息茧房"问题。桑斯坦认为公众的信息需求并非是全方位的，人们往往只选择自己感兴趣的领域。④"信息偏食"使得用户盲目自信，先入之见将逐渐根深蒂固。这就形成一个顽固循环，阻碍人的全面发展，导致其现实世界的认识失真，使每个人都成了一座信息孤岛。

三、算法要注入新闻价值观，迫切需要人工监管审核

算法聚合下的新一代新闻生产模式引起业界广泛关注，主要围绕算法到底是否技术中立和有无价值观两个问题进行争论。扎克伯格否认 Meta 是一家媒体公司，更否认 Meta 在美国大选中对民众舆论进行干扰，但事实证明 Meta 的假新闻影响了总统选举。一家数据平台窃取 Meta 用户数据信息，分析用户的政治倾向，通过算法精准推送新闻，达到对用户洗脑的目的。⑤

业界认为，算法将是新一代的新闻生产模式，编辑将从信息生产的负荷中解放出来。新闻业需要产生算法审查机制、信息控制平台、价值观导向，间接影响用户的信息消费行为。若完全依靠算法生产新闻，会导致人性扭曲、精神异化。算法新闻需要人工监管审核，更需要正确价值观的引导。

2009 年，英国学者意识到算法的应用已渗透到用户的日常生活里，形成了技术的无意识性。来自阿姆斯特丹大学的 Natali Helberger 发现算法介入分发系统，新闻媒体的角色从公共信息的中介已经转到为"私人定制"服务。她提出"公共媒体实践"的理念：

---

① 丁慎毅：《算法再高明也不能目中无法》，法制日报，2018 年 4 月 12 日。
② （美）迈克尔·舒德森.发掘新闻：《美国报业的社会史》，北京大学出版社，2009。
③ 搜狐网：《看不看今日头条，取决于你属于哪个阶层 | 冰川时评》，2016 年 12 月 29 日，http://m.hnr.cn/article/finance/20161229_358237_0.html.
④ 范荣：《新媒体应如何赋予算法价值观》，北京日报，2018 年 7 月 6 日。
⑤ 搜狐网：《Facebook 5000 万用户信息遭泄露，用户数据安全如何防护？》，2018 年 3 月 23 日，http://www.sohu.com/a/226053168_99979179.

应该树立价值观和原则来引导媒体和用户之间的关系，规范算法对新闻内容的呈现。加拿大学者认为算法挑战了传统的公共理论，因为算法的技术操作不能提示形成公众所必需的反思和意识。

社会的进步离不开先进技术的开拓者，更离不开基本价值的守望者。[1]算法时代要坚持人文精神的回归。目前，今日头条大量培育审核员来完善内容的审核机制，同时对算法本身进行优化。美国实用主义哲学家杜威提出的"有机知识"新闻观值得借鉴，这里的"有机"是对其功能或影响的期许。真正有"分量"的新闻从没放弃去思考、酝酿并推动社会的变革。杜威强调了新闻生产要对启蒙民主教育、探索科学精神、回应现实矛盾、推动社会变革具有积极意义。

综上所述，算法聚合下的新一代新闻生产模式对行业格局的重构产生了重要变革。"算法"利用数据技术，精准推送用户感兴趣的内容，提升了新闻的分发效率，可高效打造"私人订制"。可"算法"也带来"信息消费的个性化"问题，网民容易迷失在繁杂冗乱的信息大爆炸中，"算法新闻"需要人工监管审核，要冲破"信息窄化"效应，更要传播正确价值观，注入"有机知识"新闻观。应对网络空间"巴尔干化"现象（指网络分裂成不同利益群体，一个子群的成员利用网络传播吸引本子群的其他成员），新闻平台要建构网络"人行道"模式，增加信息偶遇的机会，塑造认知广角。应对意见"回音室"现象，媒体要合理把关言论，遏制舆论暴力的发生，还应提高用户媒介素养，增强网民的判断力。为避免信息流瀑中的"回音室"效应带来的狭窄视域，媒体要坚持人文精神的回归，做到以主流文化引导人、多元文化塑造人。[2]

作者简介：浙江温州广播电视台编辑。

---

[1] 靖鸣、王瑞：《舆论监督历史演进的技术逻辑及其展望（上）》，新闻爱好者，2015，第11期。
[2] 杨慧：《微博的"信息茧房"效应研究》，湖南师范大学，2014。

新媒体如何通过制度创新来提高用户的媒介素养

——以哔哩哔哩为例

孙凤娇　邱琳

摘要： 随着在线视频业的繁荣发展以及移动网络的普及，用户已经不再满足于在线观看视频或直播的简单功能，反而更加注重参与感与体验感，"弹幕"网站也应运而生。但随着网站用户数量的增加，网站内容与弹幕环境的管理压力日益增大。因此许多视频网站采取了种种措施来规范用户的使用行为，维护"弹幕环境"。本文选取哔哩哔哩网站为研究对象，采用内容分析法及问卷调查法对哔哩哔哩网站的用户使用规则进行了深入研究。通过对哔哩哔哩网站这一个案分析，本文希望探究在新媒体时代，平台网站如何能通过制度创新来规范用户的使用行为，提高用户的媒介素养。

关键词： 哔哩哔哩；制度创新；用户；媒介素养

一、视频网站及用户管理制度的蓬勃发展

据中国互联网络信息中心（CNNIC）发布的第44次《中国互联网发展状况统计报告》显示，截至2019年6月，我国网络视频用户规模达7.59亿，占网民总数的88.8%，其中青少年用户所占比例较大。[1] 网络视频业的蓬勃发展，一方面丰富青少年的精神生活，另一方面也引发了青少年沉迷，青少年浏览不良内容等种种问题。因此，在2019年5月28日，互联网信息办公室（简称：网信办）微信公众号发文称，国家网信办统筹指导西瓜视频、好看视频、全民小视频、哔哩哔哩（下文统称B站）、秒拍、波波视频、看了吗、微视、A站、美拍、小影、梨视频、第一视频、微博等14家短视频平台，以及腾讯视频、爱奇艺、优酷、PP视频等4家网络视频平台，在"六一"儿童节到来之前，

---

[1] 引自中国互联网络信息中心.第44次中国互联网络发展状况统计报告[R].北京：中国互联网络信息中心，2019年8月.

统一上线"青少年防沉迷系统"。加上此前试点的抖音、快手、火山小视频平台，国内已有21家主要网络视频平台上线了"青少年防沉迷系统"。[①]

"青少年防沉迷系统"内置于短视频应用中，用户每日首次启动应用时，系统将进行弹窗提示，引导家长及青少年选择"青少年模式"，使用更加方便。进入"青少年模式"后，用户使用时段受限、服务功能受限、在线时长受限，且只能访问青少年专属内容池。系统还将试点通过地理位置判定、用户行为分析等技术手段筛选甄别农村地区留守儿童用户，并自动切换到"青少年模式"。[②]

这是国内网络视频领域保护青少年用户的首次尝试，但经过问卷调查发现此举措由于并没有强制性，所以效果有限，因此本文对此不详加讨论。除此之外，各平台也为了净化本平台的"使用环境"出台了一些规则，但是出于各方面因素的考虑，B站作为国内首批"弹幕网站"，相比于其他后来"中弹"的视频网站，经验丰富，特色鲜明，其所设计的网站使用规范的全面性、复杂性以及严格性都远远超越其他平台，其中"正式会员100题考试"更是成了特有的网站文化。因此本文将运用媒介素养的相关理论，对B站"全站使用说明"进行内容分析，同时采用"问卷调查法"，了解B站用户对制度的反馈意见，来理解新媒体时代网络视频平台通过制度创新来提高用户媒介素养的可行性和局限性。

此外，本研究希望通过对平台制度的深度挖掘，帮助"弹幕视频"的受众与潜在受众全面理解这些规范出台的目的以及作用，促进平台与用户之间的相互理解，同时给业界其他平台提供参考。

二、已有研究对本文的重要启示

对B站等弹幕视频网站的研究，目前国内已有研究主要呈现三种思路。

一是从传播学的角度出发，针对弹幕的传播特点、传播效果与传播主体进行研究，[③]例如李雅恬、汪奇兵（2019）概括总结了弹幕网站"高互动性"与"社交性"的传播特点，能够满足用户"渴望交流"与"宣泄情感"的需求，但对这种传播的消极方面并未做深入的阐释；[④]王佳华（2019）在概括总结了弹幕为受众提供的积极效果的同时，也指出了使用过程中带来的各种消极问题，并在此基础上肯定加强"弹幕礼仪"的重要性。[⑤]最后，针对传播主体——弹幕视频使用者的研究，则大多从受众的心理角度出发，例如

---

① 网信办：21家网络视频平台上线"青少年防沉迷系统".新浪 [引用日期 2019-05-28]
② 国家网信办组织网络短视频平台试点青少年防沉迷工作.人民网 [引用日期 2019-03-28]
③ 孙玮洁：《弹幕视频中的互动仪式链模型研究及情感能量模型探究》，厦门大学，2018。
④ 李雅恬、汪奇兵：《从弹幕网站看新媒体用户的受众参与心理及行为》，传媒论坛，2019，第2期，第94—95页。
⑤ 王佳华：《新媒体背景下的"弹幕文化"与"弹幕礼仪"探析》，新闻研究导刊，2019，第10期，第41—42页。

付思航运用"身份认同"理论,对弹幕族"身份认同"现象的原因进行了剖析,指出B站为代表的弹幕视频网站的受众具有高强度的"自我认同感"与"群体认同感",分析指出这种认同感所带来的积极与消极影响;[①] 而赵雪芹与刘雅宁(2018)则另辟蹊径,从受众拒绝发弹幕,甚至不愿开启弹幕的消极行为出发,运用"期望不一致"理论,在技术接受模型的指导下,分析用户对"弹幕"消极影响的不满意是产生消极行为的主要原因,并针对此问题提出了相应的建议。[②]

二是跨学科研究,在此视角下的研究,主要是从经济学、文化研究等视角入手,分析其经营成功原因与新文化产生原因。例如张雪婷从用户洞察、生态建构、策略落地、资源整合和商业运营五个层面归纳出B站与其他视频网站相比的三个本质特点:重视对原创内容的支持,弹幕即内容与品牌的接触点,打通人与人、人与内容的链接;[③] 也有从收费制度入手,比如常凤雏对比分析主流网站与B站在会员模式设置上的优劣,指出B站的会员设置更能够增强用户的忠诚度,相比于其他付费模式,更加稳健。[④] 另外邱祥骏则从文化视角出发,分析研究了B站的"鬼畜文化"的特征以及成因,认为其作为网络亚文化的一种,应该以包容的心态接受新文化的诞生,但同时也要有适当的调整与引导,使其不至于跌入深渊。[⑤]2018年3月22日,国家广电总局发布《关于进一步规范网络视听节目传播秩序的通知》,坚决禁止非法抓取、剪拼、改编视听节目的行为。

此外,还有少部分学者关注"弹幕礼仪"基础上的网络媒介素养研究。例如武业真(2018)详细地介绍了弹幕礼仪的形成原因与具体内容,探讨其对于提高用户网络媒介素养的影响,认为"弹幕礼仪"的出台可以证明:网络犹可育人,娱乐犹可明理。[⑥]

通过对已有研究的梳理,我们发现对B站的研究大部分研究都是沿着"传播学"和"跨学科"两个传统角度进行的,对"媒介素养"角度虽然已有学者注意到了平台制度对于提高用户媒介素养的作用,但也仅仅只限于弹幕这一点,对B站"全站使用说明"的详细研究仍然处于空白状态。而本文的创新之处在于,从B站所发布的"全站使用说明"整体入手,运用媒介素养的相关理论,进一步解释为何"网络犹可育人,娱乐犹可明理"。

[①] 付思航:《弹幕文化及其受众"身份认同"现象的研究》,南昌大学,2018。
[②] 赵雪芹、刘雅宁:《在线视频用户关闭弹幕的影响因素研究》,新闻与传播评论,2018,第71期,第16—26页。
[③] 张雪婷:《在线视频平台内容营销模式研究——以B站弹幕网为例》,新闻论坛,2019,第4期,第101—104页。
[④] 常凤雏:《主流视频网站与哔哩哔哩的会员用户模式设置优劣分析》,电视指南,2017,第15期,第214—215页。
[⑤] 邱祥骏:《哔哩哔哩弹幕网鬼畜文化探究》,新媒体研究,2019,第5期,第77—79页。
[⑥] 武业真:《新媒体环境下基于弹幕礼仪的网络媒介素养分析》,新闻研究导刊,2018,第9期,第53—54页。

三、关键概念界定及研究方法

本研究认为媒介，即人用以自身思考、对外交际的工具，包括符号、载体、组织三个层面，兼具工具性与人文性。2020年，张洁团队将符号定义为，社会约定俗成的、具有表意作用的、与思维密切联系的符号系统。而载体指所有承载表意符号的事物，载体与符号往往相互制约，相互影响，使不同的表意系统具有鲜明的特性。随着技术发展及社会分工，逐渐出现的专门进行媒介内容生产与传播的组织机构，构成了媒介的第三层内涵——组织。以本文所研究的视频网站B站为例，视频成为其独特的符号系统，网络虚拟平台则是视频的载体，二者相互制约，却又相辅相成。通过B站，个人享有了向大众广泛传播自制内容的权利，成为依托于视频网站的一种新型的媒介组织。除个人，传统的媒介组织如报社、杂志社、出版社等在B站也充分享有传播视频的权利。因此，基于B站的媒介组织是复杂又多样化的。

素养通常含有两层含义：一指经常修习涵养，二指平素所素养。[①] 基于媒介与素养的定义，对媒介素养定义为——人在长期的媒介实践活动中积累与构建起来，并在真实的媒介运用情境中表现出来的媒介运用能力及其品质；是人在媒介实践中获得的媒介知识与媒介运用能力，思维方法与思维品质，情感、态度与价值观的综合体现。主要包括媒介使用、媒介组织、媒介与受众关系、媒介健康和媒介礼仪与伦理五部分。

为全面系统地解读B站的制度，本研究选取B站"全站使用说明"所列出的所有内容作为研究对象。"全站使用说明"共有300多条规定，其中大多相互关联，隶属于某个模块的，共有40个相互独立的模块，譬如"账号相关""节操相关"等。每个单独模块中的内容互相联系，在分析时应视为一体。

针对研究对象，本研究采用内容分析法对B站制度内容进行研究分析，以每一个独立模块作为分析单元进行编码归类，旨在明晰B站在哪些方面为提升用户媒介素养做出了引导。而内容分析法的实质就是对文献内容所含信息量及其变化的分析，其研究目的是根据数据对内容进行可再现的、有效的推断。[②] 无疑，内容分析法与本研究相契合。

依据媒介素养的定义与B站的特性，本文将从五个维度制作分析框架，对40类使用说明进行编码归类，这5个维度分别是"媒介使用""媒介组织""媒介与受众的关系""媒介健康"和"媒介礼仪与伦理"。其中"媒介使用"维度下又包含5个一级子维度，分别是"信息获取""信息分析""信息评价""媒介作品制作"和"媒

---

① 《辞海》1999年版缩印本，上海辞书出版社，2002年，第1606页。
② 邱均平、邹菲：《关于内容分析法的研究》，中国图书馆学报，2004，第2期，第14—19页。

介作品传播"。5大维度下的每个一级子维度都含有3个二级子维度。（研究框架详见附录一）

在通过内容分析法了解与明晰了"全站使用说明"是如何体现媒介素养理念之后，为验证B站"使用说明"对于提高用户媒介素养的效果，本次研究进行了小规模的问卷调查，以了解B站用户对B站的"社区公约"的感知与评价。本次问卷共收到了来自广东、山东、河北、安徽、贵州、山西、河南7个省共69位用户的回答。此次问卷主要涉及3个维度，分别是"对B站使用说明的了解程度""B站规则的执行效果"以及"对B站规则的建议"。（问卷详情请见附录二）

总的来说，这是一个针对B站的个案研究，本研究的结果并不具有普遍性，并不代表目前所有视频网站的情况，但我们希望通过"B站"这一典型案例，看到为何"网络犹可育人"。通过对B站使用规则的相关分析，除了可以给其他平台提供一个参考，同时还有助于消除受众或者潜在受众对媒介平台的负面刻板印象，促进相互理解，共同维护网络环境的和谐清明。

四、对B站"全站使用说明"的内容分析结果

由于B站详细规则数目较多，约有300条，分布在40个大类之中，经过讨论决定，依据上述类目系统，以"类"为单位，对B站"全站使用说明"的40个大类进行内容分析。经过两位编码员的讨论之后，结果如表1所示。

媒介素养在40个大类中都有体现，其中"媒介使用"维度有25类，"媒介组织"维度有6类，"媒介与受众关系"维度有5类，"媒介健康"维度有1类以及"媒介礼仪与伦理"有3类。

（一）整体上涉及范围比较全面，但内容占比并不均衡

分析结果显示虽然B站目前所设计的规则在"媒介使用""媒介组织""媒介与受众的关系""媒介健康"以及"媒介礼仪与伦理"这5个维度中都有涉及，但主要集中在"媒介使用"这一维度上，占比高达62.5%（如表1），而"媒介健康"方面只有一项涉及，即青少年模式。但这一模式并没有强制性，笔者通过对身边的青少年进行调查发现，许多人并没有开启过该模式，因此该模式的效果十分有限。该结果说明B站作为一个平台，对于引导用户如何快速使用B站，熟悉使用环境方面做了充分的准备，无论是"弹幕考核"还是"视频编辑器"以及各种人性化的快捷方式都是来提高用户的使用舒适度，实现扩大用户规模和提高用户忠诚度的目的。但同时由于商业因素以及技术因素等条件限制，对用户的使用时间和观看内容的限制并不强制，使"媒介健康"这一维度表现较差。

在"媒介组织"维度上，B站设立了"课堂相关"模块，目前B站的"课程"模块

还没有运行，"课堂相关"模块主要是为了向用户告知未来计划以及帮助用户理解设立目的；除此之外，B站还设计了"客服系统使用指南"帮助用户解决使用过程中遇到的一系列问题。"创作激励计划""悬赏计划"则是B站为激发up主（视频创作者）的创作积极性而设，目的是为了能够有高品质的作品产出，增强up主的忠诚度以及用户黏度。

关于"媒介与受众的关系"维度，为了维护社区清明，B站颁布了"创作公约"，从封面设计、标签到创作内容都作出了严格规定，要求用户明白自己的传播责任，合理使用传播权利，对受众负责。同时，为了加强up主与普通观众之间的联系与交流，还设计了"应援团""粉丝勋章""充电计划"等，用up主来管理粉丝，用粉丝来监督up主，依次减少B站的管理压力。

最后在"媒介礼仪与伦理"方面，B站规定了版权要求，要求在转载、搬用作品时要注明来源，禁止盗图、盗视频等行为。同时为了提高用户的使用素质，设计了"节操值"，观看视频的不良行为会使"节操值降低"，从而无法使用一些功能。比如发送的弹幕涉及广告、色情等都会扣除10节操值，如果节操值小于30，则无法发送弹幕、评论、私信等。至于什么样的弹幕内容不能发，则在"弹幕相关"模块中的"弹幕礼仪"里做了更加详细的说明。

从结果来看，"B站全站说明"虽然有对用户媒介使用礼仪与规范的规定，但是这部分占比仅为7.5%，该使用说明的重点仍然在于教会受众如何使用该媒媒介，即媒介使用技能的培训，并且这一部分在网站页面里排在前列，便于用户阅读，而弹幕礼仪等规范则排在后方，对于没有耐心的用户来说很难发现这些内容。

表1 "B站全站使用说明"所涉及的媒介素养内容分析结果

维度	一级指标	操作化定义	分析单元	条数	合计
M1媒介使用	M1.1 信息获取	M1.1.A		0	25
		M1.1.B	弹幕考核相关（为什么要考）	1	
		M1.1.C	播放器使用指南、玩转哔哩哔哩、账号相关、大会员FAQ、会员等级相关、支付相关、钱包相关、硬币相关、成就勋章、商业推广内容相关	10	
	M1.2 信息分析	M1.2.A		0	
		M1.2.B		0	
		M1.2.C		0	
	M1.3 信息评价	M1.3.A		0	
		M1.3.B		0	
		M1.3.C	外挂字幕相关、弹幕举报与屏蔽、点评相关	3	

续表

维度	一级指标	操作化定义	分析单元	条数	合计
M1媒介使用	M1.4 媒介作品制作	M1.4.A		0	25
		M1.4.B		0	
		M1.4.C	手机投稿编辑功能、创作中心、哔哩哔哩视频编辑器、互动视频制作、直播相关、专栏相关、音频投稿相关	7	
	M1.5 媒介作品传播	M1.5.A		0	
		M1.5.B		0	
		M1.5.C	标签相关、投稿分区规则、动态相关、分享与互动	4	
M2媒介组织	了解媒介组织、与媒介组织共处	M2.1.A		0	6
		M2.1.B	课堂相关	1	
		M2.1.C	客服系统使用指南、官方认证、创作激励计划、悬赏计划、其他问题	5	
M3媒介与受众的关系	了解受众的概念；了解受众的责任与权力，能合理使用传播权利对自己的	M3.1.A		0	5
		M3.1.B		0	
		M3.1.C	创作公约、应援团、粉丝勋章、充电计划、禁言与误封	5	
M4媒介健康	人们使用媒介时，注意保护自己的身心健康	M4.1.A		0	1
		M4.1.B		0	
		M4.1.C	青少年模式	1	
M5媒介礼仪与伦理	尊重相关的法律法规、培养负责任的媒介使用行为等内容	M5.1.A	版权相关	1	3
		M5.1.B		0	
		M5.1.C	节操相关、弹幕礼仪	2	

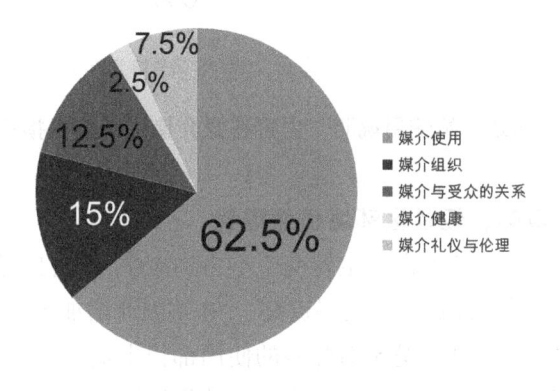

图1 "B站全站使用说明"在媒介素养5个维度中的占比

（二）单一维度内涵及内容占比依旧不平衡

在占比最多的"媒介使用"维度的 5 个指标中，"信息获取"和"媒介产品制作"占比较大（如图 2），分别为 40% 与 28%，而"信息分析"占比则为 0。同时在各种指标内部，绝大多数规则都属于"使用"层面，而非"理解"。这也符合 B 站作为一个商业视频平台的立场，其主要目的是为了提高站内作品产出质量，扩大用户规模，维护站内环境，增强粉丝黏性，提高市场竞争力，从而达到商业利益最大化。因此，告诉用户"如何使用"是其根本任务，而让用户学会"理解"则并不是其主要目的。当然，在这一过程中越来越多的用户学会了搜索信息、制作视频、发布和分享传播视频也是无形地提高了用户的"媒介素养"。

B 站作为"弹幕视频网站"的一大特色就是——相比其他"弹幕网站"，B 站的弹幕环境和弹幕质量更优。一方面是为了让用户理解网站的性质，B 站用户需要经历较为严格的考试才能成为"正式会员"，正式会员拥有更高的发弹幕权限，而"弹幕礼仪"属于必考内容，共 20 题，全部答对，才能继续，这就使得大部分正式会员在入站之初就了解弹幕礼仪内容；另一方面，针对信息评价指标，B 站设立了"弹幕举报与屏蔽"政策，配合"风纪委员会"活动，鼓励用户主动举报不良弹幕，维护社区环境，"人人参与"进一步加强了"用户"自觉管理弹幕的积极性，同时也有助于增加对 B 站的归属感。

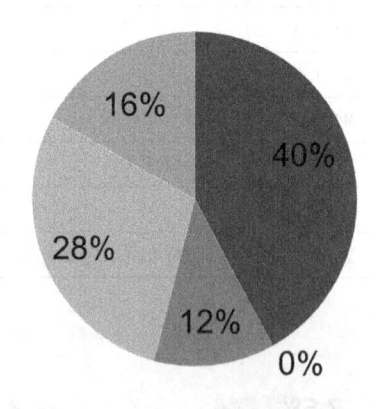

图2 "B站全站使用说明"内容在媒介使用维度各指标占比

（三）网站制度清晰，但社区环境仍然堪忧

2015 年前后，B 站的运营方向发生转变，不再拘泥于自娱自乐的宅人小群体，而是将 B 站引向大众化的、排他性更弱的发展道路。[1] B 站因此增加了大批的新兴用户，然而这些新用户对 B 站的了解不够，甚至对弹幕的使用都很生疏，造成了各种不当行为的出现。因此，B 站不再满足于用户之间自发的相互科普与教育，决定官方干预，确立了相

---

[1] 武业真：《新媒体环境下基于弹幕礼仪的网络媒介素养分析》，新闻研究导刊，2018，第 9 期，第 53—54 页。

关弹幕准则，设计了惩罚措施，指导新入站的用户熟悉使用规则。正所谓"无心插柳柳成荫"，无论 B 站是出于什么样的目的来引导用户遵守规则，最终结果是——用户即使并不明晰何为"媒介素养"，但却掌握了"弹幕礼仪"——B 站的相关规则规范确实提高了用户的"媒介素养"。

即使 B 站做了较为详尽的规则，但是社区环境仍然存在问题：一方面是由于用户数量增加造成管理压力增大；另一方面是因为举报手续繁杂以及违规成本过低。例如，发一条弹幕只需要十几秒，删一条弹幕却需要至少 3 步：被看到—被举报—管理员或者 up 主删除。因为管理员人力有限，无法做到常态化巡逻，所以低质量弹幕只能依靠用户自行举报解决。较长的处理步骤无疑增加了管理弹幕的时间和难度。而且处理结果也并不尽如人意，除了情节十分严重者会被管理员封号，其他触罚措施仅仅是被删评论。其他非官方应对方式也只有反驳或者拉黑。除了封号，其他结果都对评论者本身无甚影响。

最后 B 站作为一个商业平台，追求商业利益仍然是其第一行为准则。2019 年 6 月 26 日，在 B 站 10 周年活动上，B 站宣布已有 4930 万人通过 100 题入站考试成为 B 站正式会员。对 B 站决策者而言，扩大会员规模比增加用户"媒介素养"是一件更实在也更符合其利益的事情。为了增加用户，目前"会员转正 100 题"的难度已经降低，而未来"考试"制度是否仍会保留，还是一个未知数。

五、用户反馈分析

在本次问卷调查中，按地理位置来看，广东省用户占比最多，高达 52%；按年龄来看，20 到 25 岁的用户占比高达 61%，其次是 15 到 20 岁用户占比达 32%，说明，在调查者中年轻人居多，这也符合 B 站 24 岁以下用户占比最多（如图 3），以及广东省作为 B 站主要使用者聚集地之一，在全国占比中处于首位的现状（如图 4）。因此，这些调查者符合目前 B 站的主要使用人群特征。

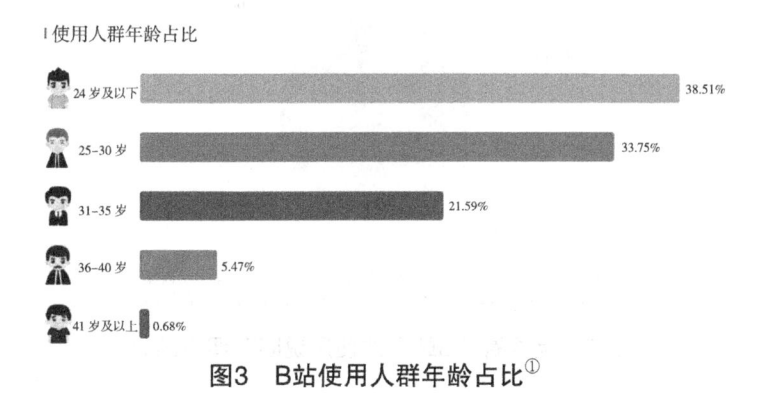

使用人群年龄占比

年龄段	占比
24 岁及以下	38.51%
25—30 岁	33.75%
31—35 岁	21.59%
36—40 岁	5.47%
41 岁及以上	0.68%

图3　B站使用人群年龄占比[1]

---

[1] 来源：《B 站产品分析报告！》（2019）| 青瓜传媒 http://www.opp2.com/123589.html。

图4 B站使用区域占比[1]

在69位被调查者中有43位是B站的正式会员（即通过了B站的会员考试），享有上传视频和发送高级弹幕的权利，另外在这43位正式会员中有29人表示靠自己通过了考试，有12人则借助了网络查询，还有2位是通过好友邀请和淘宝购买服务成为正式会员，这说明至少有41名用户对B站的入站考试的弹幕礼仪规范内容是熟知的。

（一）规则内容主要靠被动获得，而非主动学习

在关于是否看过B站的"全站使用说明"问题上，绝大多数用户对这些"使用规范"的了解是不足的，如图5所示，只有约29%的用户了解的内容比较多，说明B站的用户在使用B站时很少会去主动阅读相关指南，很多知识或者"规范"都是在日常的使用中由于审核不通过，被举报或者被其他用户告知等途径获得的，而非使用前就完全了解。同时面对低素质弹幕，约54%的人会选择举报，而剩下的人大部分选择漠视，说明B站要想单纯靠用户举报来维护弹幕环境的难度是非常大的，很多用户并没有这种维护弹幕环境的意识。

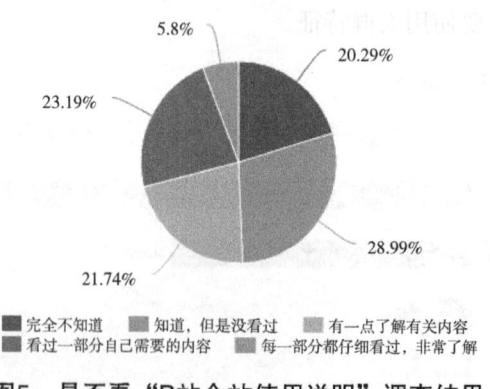

图5 是否看"B站全站使用说明"调查结果

---

[1] 来源：《B站产品分析报告！》（2019）| 青瓜传媒 http://www.opp2.com/123589.html。

（二）"规则"行之有效但力度仍然不够

调查显示，该 69 位用户对 B 站目前的弹幕环境，表示"一般"（即不好不坏）的人数约占 59%，表示满意的占比约为 37%，明确表示不满意的为 4%，说明 B 站目前的弹幕环境虽然仍存在问题，但总体上令人满意。

关于对 B 站目前设立的一系列使用规范和对违规行为的处罚措施，如图 6 所示，表示满意的用户偏多，说明 B 站目前所设计的规则规范还是比较实用的。

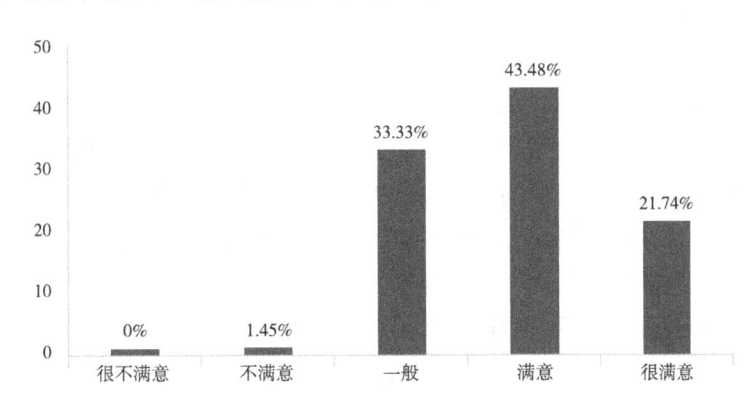

图6　对B站使用规范和惩罚措施的满意度

如图 7 所示有 48% 的用户表示无建议，这可能有两种情况：一是认为 B 站目前网站环境很好；二是并没有对 B 站"网站环境"的维护意识。由于前文显示对 B 站目前"弹幕环境"表示满意的用户只有约 37%，选择"一般"的约 59%，说明第一种情况成立的可能性不大，第二种情况的可能性比较大，即用户主动维护"弹幕环境"的意识薄弱。

另外，还有 30% 的人希望加强惩罚力度，14% 的人希望加强弹幕礼仪教育，4% 的人希望可以上线自动检测或者屏蔽不良行为的系统，说明目前 B 站对违规行为的惩罚力度仍然需要加强，弹幕质量下滑的威胁仍然存在。

以上结果说明，即使官方出台相应规范，但是用户的"媒介素养"意识不提高，只能治标不能治本，长此以往必然会出现问题。因此，从思想上提高受众的媒介素养意识迫在眉睫。

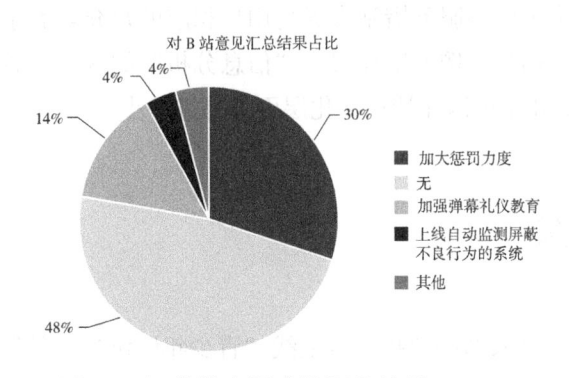

图7　对B站的意见建议汇总结果

六、反思与总结

如前文所述，B站在规章设计时主要集中于"媒介使用"这一维度，侧重的是用户的使用能力而非理解能力。在"媒介健康"与"媒介与受众的关系"这两个维度中表现不佳。这反映出B站的关注点主要集中于技术层面，忽视了用户精神层面的引导。

从数据可知，B站用户主要是青少年。引导青少年保护自己的身心健康，合理使用网站，是B站作为受青少年信赖的企业应承担的社会责任。仅有的宽松的"青少年模式"是不足以满足这一需求的。除了继续推行扩大青少年模式外，B站可以在"大会员"考核中增加关于"媒介健康"的内容，重视这一维度。

从用户反馈的调查结果看，被调查者大多不具备主动维护弹幕环境的意识，这与前文所分析的B站在"媒介与受众的关系"这一维度引导不足的事实相符合。如果用户不了解受众的责任与权利，那么他们当然不会承担起举报不良弹幕的责任，而是保持着"漠视者"的形象，任由这些弹幕继续存在。因此，B站如果想要保持着一个优良的弹幕环境，缺少相应的制度引导，仅靠用户自觉举报是不够的。加强用户该维度的媒介素养，首先可以使更多的up主对自己的传播视频负责；其次可以使受众更谨慎地发表言论，从根源上减少不良弹幕的产生；最后还可以使更多人主动举报不良弹幕，减少管理员的任务。

B站由于其独特的网站文化，在"媒介礼仪"维度表现出色。虽然该维度模块亦不多，但由于是通过考核的强制手段，在普及性上优于其他维度。而关于"媒介组织"的几大模块，B站通过放置于首页以及发送通知至私人的模式，使用户得以充分接触，表现亦不俗。"媒介使用"是B站相关制度占比最高的一维度，但也呈现出不均衡的现象，在"信息分析"上缺乏相应引导。

通过研究分析，本文建议B站在"媒介健康"与"媒介与受众的关系"两个维度上加大引导力度，推出更多服务措施来提高用户相应的媒介素养水平。在其余三维度可以保持现状，做适当调整，例如增加关于"信息分析"的内容。总体而言，在实现了技术层面上的引导后，B站可以在精神文化层面上更进一步。

参考文献

[1] 网信办：21家网络视频平台上线"青少年防沉迷系统"．新浪[引用日期2019-05-28]

［2］国家网信办组织网络短视频平台试点青少年防沉迷工作.人民网[引用日期2019-03-28]

［3］孙玮洁.弹幕视频中的互动仪式链模型研究及情感能量模型探究[D].厦门大学，2018.

［4］李雅恬，汪奇兵.从弹幕网站看新媒体用户的受众参与心理及行为[J].传媒论坛，2019，2（18）：94—95.

［5］王佳华.新媒体背景下的"弹幕文化"与"弹幕礼仪"探析[J].新闻研究导刊，2019，10（18）：41—42.

［6］付思航.弹幕文化及其受众"身份认同"现象的研究[D].南昌大学，2018.

［7］赵雪芹，刘雅宁.在线视频用户关闭弹幕的影响因素研究[J].新闻与传播评论，2018，71（05）：16—26.

［8］张雪婷.在线视频平台内容营销模式研究——以B站弹幕网为例[J].新闻论坛，2019.（4）：101—104.

［9］常凤雏.主流视频网站与哔哩哔哩的会员用户模式设置优劣分析[J].电视指南，2017（15）：214—215.

［10］邱祥骏.哔哩哔哩弹幕网鬼畜文化探究[J].新媒体研究，2019，5（14）：77—79.

［11］武业真.新媒体环境下基于弹幕礼仪的网络媒介素养分析[J].新闻研究导刊，2018，9（16）：53—54.

［12］邱均平，邹菲.关于内容分析法的研究[J].中国图书馆学报，2004（02）：14—19.

［13］哔哩哔哩-创作公约http://member.B站.com/studio/creative-treaty/q3

全站使用说明-哔哩哔哩弹幕视频网-（°-°）つ口乾杯~-B站

https://www.B站.com/blackboard/help.html#%E9%A6%96%E9%A1%B5?id=5368e921a61142c38284fed131ae64d7

作者简介：孙凤娇，中国传媒大学传播研究院传媒教育研究中心传播学专业媒介素养方向2019级硕士研究生；邱琳，中国传媒大学传播研究院传媒教育研究中心传播学专业媒介素养方向2019级硕士研究生。

附录一

维度简称	名称	定义	子维度	知识类型
M1	媒介使用	"媒介使用"涵盖两层内容。第一层是使用已存在的媒介信息，包括获取、分析、评价信息等内容；第二层是利用媒介传播自制的信息，包括制作媒介作品和传播等	M1.1信息获取	M1.1.A 了解信息获取的基本知识，如信息类型、获取渠道、获取步骤等方面的知识
				M1.1.B 能够理解信息获取的基本知识，如信息分类的依据和结果之间的联系，获取信息渠道的异同等
				M1.1.C 能够有效获取信息
			M1.2信息分析	M1.2.A 了解信息分析的基本知识，如分析方法、分析维度、分析步骤等方面的知识
				M1.2.B 能够理解信息分析的基本知识，如信息中不同符号的意义，信息的表面和深层含义等
				M1.2.C 能够分析信息，并在多条信息中，挑选出最适用的信息
			M1.3信息评价	M1.3.A 了解信息评价的基本知识，如知道真实信息、虚假信息的含义、特点等
				M1.3.B 能够理解信息评价的基本知识，如理解辨别信息真伪的方法等
				M1.3.C 能够判断信息的真伪并说明原因
			M1.4媒介作品制作	M1.4.A 了解媒介作品制作的基本知识，如了解制作工具、制作流程、注意事项等方面的知识
				M1.4.B 能够理解媒介作品制作的基本知识，如不同类型的媒介渠道和符号的关系等
				M1.4.C 能够制作媒介作品
			M1.5媒介作品传播	M1.5.A 了解媒介作品传播的基本知识，如传播方式、传播渠道、传播效果等方面的知识
				M1.5.B 理解媒介作品传播的基本知识，如不同传播方式、传播渠道对传播效果的影响等
				M1.5.C 能够发布自制的媒介作品
M2	媒介组织	了解媒介组织，能与媒介组织共处		M2.1.A 了解媒介组织的基本知识，如媒介组织的概念、发展历程、现状等方面的知识
				M2.1.B 能够理解媒介组织的基本知识，如不同媒介组织的属性、特征等
				M2.1.C 能够和媒介组织共处、交流，反馈自己的意见
M3	媒介与受众关系	了解受众的概念，了解受众的责权利，能合理使用传播权利并对自己的传播行为负责		M3.1.A 了解受众的基本知识，如受众的定义、较为流行的受众理论等
				M3.1.B 能够理解受众的基本知识，如受众的类型、责权利等
				M3.1.C 能够勇于使用传播权利、维护自身权益、承担自己的传播责任
M4	媒介健康	人们使用媒介时，注意保护自己的身心健康		M4.1.A 了解媒介健康的基本知识，如了解媒介的工具属性，知道媒介是把双刃剑，若使用不当会对自身身心发展（育）形成危害
				M4.1.B 能够理解媒介健康的基本知识，如正确的媒介使用方法、使用时长等
				M4.1.C 能够合理使用媒介，免受身心危害

续表

维度简称	名称	定义	子维度	知识类型
M5	媒介礼仪与伦理	包括尊重相关法律法规、培养负责任的媒介使用行为等内容		M5.1.A 了解媒介礼仪与伦理的基本知识，如相关法律法规（版权、著作权、知识产权、隐私权、肖像权等）、伦理道德（如使用文明用语等）
				M5.1.B 能够理解媒介礼仪与伦理的基本知识，如法律法规、伦理道德的适用场合和范围等
				M5.1.C 能够遵守相关的媒介法律法规，负责任的使用媒介并对已经发生的媒介行为负责

附录二
B站用户对B站社区规则的评价调查

亲爱的用户，你好！这是一份关于B站用户对B站所设置的各种用户使用说明以及使用规范的评价调查。调查结果仅为科学研究之用，答案无对错好坏之分，谢谢您的配合！

1. 您的年龄 [单选题]*

○ 10 岁以下

○ 10 到 15 岁

○ 15 到 20 岁

○ 20 岁到 25 岁

○ 25 到 30 岁

○ 30 岁以上

2. 您的性别 [单选题]*

○女

○男

3. 你是 B 站的正式会员吗？（通过了 B 站的 100 道题考试）[单选题]*

○是

○否（请跳至第 5 题）

4. 您是如何成为正式会员的？[单选题]*

○通过考试，大部分题目是自己单独作答

○通过考试，大部分题目是在网上搜索答案

○没有考试，通过好友邀请码成为大会员

○没有考试，在淘宝上购买邀请码

○在淘宝上购买代答题服务

5. 您观看视频时开启弹幕的频率是 [单选题]*

○从不开启

○偶尔（看 10 个视频开一两次弹幕）

○有时（看 10 个视频开四五次弹幕）

○经常（看 10 个视频开七八次弹幕）

6. 您观看视频时会发弹幕吗？[单选题]*

○从不

○很少
○有时
○经常
○每次都发

7. 在观看哪种类型的视频时你会关闭弹幕？[单选题]*
○动漫类
○音乐舞蹈类
○影视类
○生活科技类
○其他

8. 你认为有必要设立考试制度、审查制度以及举报制度吗？[单选题]*
○没有用，多此一举
○没有必要
○一般
○很有必要
○非常必要

9. 你认为有必要成为正式会员吗？[单选题]*
○没有用，不需要
○没有必要
○一般
○有必要
○必须成为

10. 如何评价 B 站目前的弹幕环境？[单选题]*
○很不满意
○不满意
○一般
○满意
○很满意

11. 如何评价 B 站目前所设立的一系列弹幕礼仪规范、作品创作规范等社区规范条例？[单选题]*
○很不满意
○不满意
○一般
○满意
○很满意

12. 你对 B 站的违规行为处罚措施满意吗？[单选题]*
○很不满意
○不满意
○一般
○满意
○很满意

13. 您看过 B 站的使用指南吗？（例如投稿指南，弹幕礼仪、节操值、举报相关等等）[单选题]*
○完全不知道
○知道，但是没看过
○有一点了解有关内容
○看过一部分自己需要的内容
○每一部分都仔细看过，非常了解

14. 面对低素质弹幕、评论和视频，你会如何做？[单选题]*
○不管
○举报
○发一条弹幕怼回去
○屏蔽、拉黑或者退出视频

15. 您被举报过，或者因为违反规范被处罚过吗？[单选题]*
○从来没有（请跳至第 17 题）
○偶尔（请跳至第 16 题）
○经常（请跳至第 16 题）

16. 您认为您被举报的理由合理吗？您是否认同处罚结果 [单选题]*
○不认同
○认同

17. 您认为 B 站的用户礼仪规范还有哪些改进空间？（比如弹幕礼仪，处罚措施，执行力度等）[填空题]*

省级党报集团短视频传播路径探索
——以浙视频为例①

庄潇　宋红岩

摘要： 本文旨在探索省级党报集团短视频传播路径，以浙视频抖音号为例进行内容分析。得出传播效果与视频议题、配文配乐等变量无显著相关性，而与情感倾向、强度以及其他视频因素呈显著相关性的结果。

关键词： 省级党报；短视频；抖音；浙视频；内容分析

一、研究背景

短视频时代背景下，各大省级党报集团媒介在各大社交平台中建立官方账号，扩大影响力。但笔者发现，部分省级党报集团的短视频产品即便品质精良，但在社交平台中的传播效果却较差。以浙江日报集团为例，"浙视频"抖音账号（以下简称浙视频）分属浙江日报集团新媒体产品矩阵中的"协同圈"，发挥着引导舆论，为浙江日报集团核心产品导流。浙视频的团队专业，系列短视频产品《一句话，让山水美如诗》曾在发布3日内总网播放量达1526万，但在抖音，浙视频"转评赞"起伏比较大，截至目前拥有粉丝超5万的浙视频多数视频获赞不到100，评论数及转发量不足10条。因此，笔者通过内容分析研究法，以浙视频为分析案例，希望能为省级党报短视频发展提供参考。

---

① 本文系浙江传媒学院2019年度新闻传播研究院指导专项课题阶段成果，项目编号：XCZD1905

二、研究回顾

（一）媒体融合背景下的党报短视频研究

国内此类型的研究发端于2016年，对"短视频""党报"与"媒体融合"综合交叉搜索，得到77条相关文献，研究角度如下。

1. 党报媒体融合研究

由于早期媒体融合成果有限，大部分学者主要探讨媒介融合的内涵以及主流媒体在新闻编发、平台建设方面的融合策略，其中蔡雯等人的观点被广泛引用。在融合成果初步显现后，严三九对中国传统媒体与新兴媒体产业融合的发展状况进行了量化研究并分析，从运营思维、内容IP、垂直产业细分等方面阐述了党报媒体等主流媒体的融合发展方向，影响较大。也有学者看到技术的重要性，提出利用大数据等新技术建设多元融合渠道；朱鸿军、曾培伦、李明海等人分别对不同案例做了相关融合策略的思辨分析，结论较为类似。随着近年来党报在媒体融合的实践成果逐渐丰富，学者们对多个省级个案进行了实证调查：《山西日报》，闽南日报社，上海报业集团、南方报业传媒集团、浙江日报报业集团；还有大型的实证调查，较完整地阐述了目前省级党报融合现状、整体布局及盈利模式。

2. 党报短视频发展研究

短视频崛起后，逐渐成为党报集团融合进程中的一部分。在宏观层面上，2017年，张庆总结出传统电视媒体在短视频领域的误区及着力点，为党报短视频的运营提供了经验。随后徐莹莹、王佳航等人以抖音、快手等短视频平台为例，探讨了党报在融合中的传播策略、把关叙事、国家形象建构等问题。在微观层面上，刘柳借鉴国外优秀案例，探讨短视频新闻在移动社交背景下的传播策略；张梓轩和梁君健等人，则借助"两会"等重大事件报道，对党报的短视频视听语言、报道特征等问题进行了分析。

（二）"浙视频"研究

浙视频是浙江日报报业集团"新闻视频化、视频专业化"三端融合核心战略的主打产品，其团队由《浙江日报》、浙江在线全媒体视频影部人员组成，具有采访、编辑、直播、技术的内部框架，于2017年上线。部分学者将浙视频作为引用案例辅证其观点，张志安在2018年论述新闻短视频逐渐成为主流报道形态时，归纳了3种生产与传播短视频的媒体，他将浙视频归纳为新闻媒体原创视频产品，而张启会以浙视频作为研究对象，分析了其短视频新闻传播特色。笔者在中国知网、万方数据知识服务平台以"浙视频""媒体融合"等进行关键词检索，获得相关研究文献18篇，现有检索文献结果中，绝大多数作者为浙江日报集团，他们根据内部实践成果对"浙视频"的发展模式进行总结分析。

徐斌、肖国强以"浙视频"从纸媒摄影部到《浙江日报》"三端融合"产品的发展历程为主线，总结了"浙视频"成果的原因；周莎莎与钱璐斌、周旭辉、彭鹏分析了"浙视频"在移动直播领域的实践经验；方力与李震宇、周旭辉等人探讨了"浙视频"作为地方党报短视频产品的可借鉴之处。根据前期调查，笔者将浙视频传播效果作为因变量，自变量分为4类：新闻议题类、视频类、文字类、音乐类。研究假设详见表1。

表1 "浙视频"抖音各类节目传播效果分类表

类型	自变量名称	假设
新闻议题	H1	新闻类型与传播效果有相关性
	H2	议题类型与传播效果有相关性
	H3	情感倾向与传播效果有相关性
视频	H4	画面质量与传播效果有相关性
	H5	视频时长与传播效果有相关性
	H6	精细程度与传播效果有相关性
	H7	表现形式与传播效果有相关性
	H8	情感强度与传播效果有相关性
	H9	情感类型与传播效果有相关性
	H10	视频来源与传播效果有相关性
文字	H11	文字长短与传播效果有相关性
	H12	情感氛围与传播效果有相关性
	H13	写作风格与传播效果有相关性
	H14	话语类型与传播效果有相关性
音乐	H15	有无音乐与传播效果有相关性
	H16	音乐类型与传播效果有相关性
	H17	情感氛围与传播效果有相关性
	H18	音乐来源与传播效果有相关性

三、研究方法

（一）研究样本

截至笔者开始统计（2019年11月12日）时，浙视频共发布239条视频，鉴于其样本量，笔者采用了整体抽样方法以保证样本代表性。

（二）研究步骤

在分析前，笔者先对 239 个短视频进行观察并转换成文本，结合文献进行评估，随后导入 Excel 进行词频统计，确定本次分析中的自变量与因变量。

在因变量设置方面，笔者将点赞数、评论数和分享数综合相加后形成传播效果系数。由于样本点赞数极差较大，而评论数、分享数极差小，使用连续变量不能准确代表样本，因此笔者对不同量级的点赞数、评论数、分享数根据账号观察进行编码后相加，形成 5 个分类变量，即，非常差 =1、较差 =2、一般 =3、较好 =4、非常好 =5，具体自变量设置如表 1 所示。需补充的是，视频、文字及音乐类的具体情感类型均按照从正向到客观再到负向的情感变化顺序设置了 9 个具体题项，并作李克特五级矩阵表方便编码员评分，在录入时，仍视作连续变量处理，情感强度、语言风格也做类似处理。除此之外，其余变量均为分类变量。

分析中期，笔者设计相应的编码表，除去编号登记项后编码表共 49 个编码单位。招募 2 名笔者所在学校的新闻传播学专业硕士为编码员，关于编码事项进行两次培训，培训后，从总体样本中抽取 24 个视频（占总样本 10%），运用霍斯提信度检验公式计算编码信度，首次信度为 0.78，经过再次培训后，信度为 0.92（m=2176、m1+m2=2352），编码结果可信。分析后期，笔者将编码结果录入 spss 19.0 分析软件，对连续变量进行线性回归分析，对分类变量进行卡方检验，并针对分析结果进行个案分析和理论分析。

四、数据分析结果

（一）总体描述

本文首先进行了频数和均值统计，结果显示，在新闻议题方面，浙视频主要以网络热门新闻（40.2%）和浙江民生新闻（37.7%）为主；暖心事迹（21.3%）、本地民生（13.0%）、生活娱乐及其他（12.1%）类议题占主要地位；议题情感倾向以正面倾向为主（69.5%）。

在视频方面，多为一般画质（51.0%）、简单剪辑（68.6%）、表现形式主要是视频加文字（66.9%），最强烈的 3 种情感类型是"客观乃至弱感性"（M=3.55）、"未压抑情感而理性的"（M=3.43）、"和谐乃至轻松"（M=2.89），视频时长集中在 30 秒（46.9%）和 1 分钟（41.0%），绝大部分为浙视频原创制作（90.4%）。

在文字方面，文字长度主要集中在 16 至 31 字（72.0%），最强烈的 3 种文字情感氛围是兴奋赞颂（M=3.52）、朴实自然（M=3.50）、积极向上（M=3.21），而语言风格主要以简练精准（M=3.78）和亲切活泼（M=3.56）为主，与多采用口语化（42.3%）和新闻式（49.8%）的话语表达具有一致性。

在音乐方面，绝大部分视频具备配乐（89.1%），使用最多的3种音乐类型是轻音乐（49.0%）、流行乐（23.0%）和电子音乐（8.8%），最强烈的3种音乐情感氛围是轻松愉快的（M=2.82）、动感激烈的（M=2.48）、温暖抚慰的（M=2.41），但超六成配乐是已知非原创（60.7%）。

此外，在传播效果方面，处于"比较差"等级的视频占64.0%，"一般"占24.7%，"比较好"占8.4%，"非常差"占2.1%，"非常好"仅占0.8%。总体看来，浙视频在抖音内的传播效果还有待提高。

（二）卡方检验

笔者对分类变量进行卡方检验，结果显示，其中新闻类型与议题情感倾向与传播效果没有显著相关性，因此，研究假设H1、H3不成立。议题类型与传播效果有显著相关性（x^2=62.870，df=40，p=0.012**），可见研究假设H2成立。画面质量、视频表现形式与传播效果没有显著相关性，说明研究假设H4、H7不成立。视频时长（x^2=38.827，df=8，p=0***）、视频精细程度（x^2=16.869，df=8，p=0***）与传播效果有显著相关性，所以，研究假设H5、H6成立。视频来源（x^2=9.645，df=4，p=0.047*）与传播效果有弱相关性，故研究假设H10成立。文字长短、话语类型与传播效果没有显著相关性，说明研究假设H11、H14不成立。有无音乐与传播效果没有显著相关性，可见研究假设H15不成立。但音乐类型（x^2=42.267，df=24，p=0.011*）、音乐来源（x^2=25.999，df=4，p=0***）与传播效果有显著相关性，因此研究假设H16、H18成立。

（三）线性回归分析

笔者对连续变量进行线性回归分析，在情感强度、视频情感类型与传播的多元回归分析中，Anova方差检验p值分别为0.007***和0.021*，表示这两个回归方程（包含3个情感强度和9个具体情感类型）整体上能显著预测传播效果，H8、H9假设成立。其中，正面情感和负面情感与传播效果显著正相关（β=0.148，t=2.415，p=0.016**；β=0.204，t=3.312，p=0.001**）、而客观中立的情感倾向与传播效果无显著相关性；"强烈痛苦乃至令人流泪"是所有被调查的预测变量中唯一与传播效果显著正相关的自变量（β=0.199，t=2.219，p=0.027**），其余被调查变量与传播效果均无显著相关性。在文字情感氛围、写作风格及音乐情感氛围与传播效果的多元回归分析中，Anova方差检验结果p值分别为0.155、0.111和0.168，表示3个回归方程都不能显著预测传播效果，即这3个自变量与传播效果没有相关性，因此，研究假设H12、H13、H17均不成立。

五、总结与讨论

总体看来，新闻议题与文字等题材对浙视频的传播效果影响不大，视频与音乐类等内容对浙视频传播效果的影响较大。有观点认为抖音是个"狂欢"平台，用户更愿意寻求休闲娱乐、宣泄情感，而非获取来自现实世界的新闻，抖音用户的使用数据也证明了这一观点，[①]在视频新闻属性被轻视的情况下，视频与音乐内容显然更能满足用户的需求。另外，因为抖音界面中，文字被限制在50字以内，在界面的最底部且面积小，容易从视觉上被忽略，笔者猜测这是文字内容被用户忽略的原因之一。

有研究以《人民日报》抖音账号为例，证明人情味因素与用户时政类短视频参与度具有正相关性。笔者认为，浙视频推送的"暖新闻"和本地优质新闻人情味十足，可以在人情味基础上根据其集团资源优势提升传播效果。但囿于篇幅限制，未能在本文中展开讨论，为了更加了解此类短视频账号的用户行为，笔者应运用访谈法、观察法等质性研究方法进行后续研究。

参考文献

[1] 张笛.媒体融合：传统报业之新媒体转型——以浙江日报报业集团为例[J].新闻世界，2015（7）．

[2] 方力.地方党报主题报道视频产品如何唱响全网——以"浙视频"为例[J].传媒评论，2018，（8）：67—70.

[3] 蔡雯，王学文.角度·视野·轨迹——试析有关"媒介融合"的研究[J].国际新闻界，2009（11）：87—91.

[4] 严三九.中国传统媒体与新兴媒体渠道融合发展研究[J].现代传播（中国传媒大学学报），2016，38（07）：1—8.

[5] 郭全中.传统媒体转型的"一个中心"与"四个基本点"[J].现代传播（中国传媒大学学报），2015，37（12）：104—110.

[6] 传媒生态视角下的《山西日报》"两微一端"格局[J].东南传播，2017（11）：20—23.

[7] "互联网+"背景下地市党报融合发展之路探析——以闽南日报社媒体融合为例[J].东南传播，2018（01）：21—24.

[8] 王学成、刘天乐.我国报业集团叠圈融合模式比较研究——以上海报业集团、南方报业传媒集团、浙江日报报业集团为例[J].新闻大学，2019（02）：64—85+119—120.

[9] 中国传媒大学党报党刊研究中心课题组.我国省级党报融合发展整体布局及盈利模式研究[J].现代传播（中国传媒大学学报），2018，40（12）：1—6+13.

[10] 向安玲、沈阳、罗茜.媒体两微一端融合策略研究——基于国内110家主流媒

[①] 第一财经商业数据中心.2019抖音数据报告.http://www.cbndata.com/report/2168/detail?isReading=report&page=12&readway=stand.2019.01.06.

体的调查分析[J].现代传播（中国传媒大学学报），2016，38（04）：64—69.

［11］张庆.传统电视媒体进军短视频的误区与着力点[J].现代传播（中国传媒大学学报），2017，39（12）：158—159.

［12］徐莹莹.传统媒体的短视频传播策略探析——以抖音短视频为例[J].东南传播，2019（08）：38—40.

［13］王佳航.新型把关模式下新闻客体的翻转叙事——以快手平台用户短视频为例[J].当代传播，2019（04）：59—62.

［14］董媛媛，田晨.社交媒体时代短视频传播与国家形象建构[J].当代传播，2018（03）：28—30.

［15］刘柳.移动社交背景下的短视频新闻跨平台传播策略探析——以美国NOW THIS为例[J].东南传播，2016（12）：12—14.

［16］张梓轩，梁君健.因袭与重塑：移动传播时代的新闻视听语言特征研究——以三大央媒两会短视频报道为例[J].新闻大学，2017（05）：52—60+148.

［17］张雪.创新扩散视角下主流媒体短视频的发展现状——基于人民视频2019两会报道的观察[J].东南传播，2019（03）：14—16.

［18］徐斌.下水方知深与浅——浙报三端融合背景下浙视频试水半年报[J].传媒评论，2017，08：58—60.

［19］张志安，李霭莹.变迁与挑战：媒体平台化与平台媒体化——2018中国新闻业年度观察报告[J].新闻界，2019，01：4—13.

［20］张啟会.浙报集团"浙视频"短视频新闻传播特色研究[D].兰州大学，2019.

［21］肖国强、徐斌.党报视频化的探索与思考——浙江日报报业集团"浙视频"成长记[J].新闻战线，2018，11：65—67.

［22］徐斌.下水方知深与浅——浙报三端融合背景下浙视频试水半年报[J].传媒评论，2017，08：58—60.

［23］徐斌.从1.0到3.0，纸媒摄影部是如何进化的[J].传媒评论，2017，04：9—13.

［24］钱璐斌、周莎莎.主流媒体移动直播的实践与思考——以"浙视频"为例[J].传媒评论，2019，07：81—82.

［25］钱璐斌、周莎莎.从"浙视频"看媒体视频直播的"圈粉"实践[J].中国记者，2018，09：123—125.

［26］周旭辉、彭鹏、周莎莎."能直播的一定直播"——从"7·5"普吉沉船事故报道看浙视频如何C位出道[J].传媒评论，2018，08：30—32.

［27］方力.地方党报主题报道视频产品如何唱响全网——以"浙视频"为例[J].传媒评论，2018，08：67—70.

［28］方力.从"浙视频"看地方党报如何深耕视频产品[J].中国记者，2018，08：86—88.

［29］李震宇、方力.从浙视频看纸媒新闻视频化的探索与实践[J].传媒评论，2019，

03：38—40．

［30］方力，周旭辉.主流媒体如何打造视频产品——以"浙视频"为例[J].新闻与写作，2018，11：93—96．

［31］黄婷婷.基于"狂欢"理论的"抖音热"现象探究[J].新闻研究导刊，2018，9（10）：24+26．

［32］杨凤娇、孙雨婷.主流媒体抖音号短视频用户参与度研究——基于《人民日报》抖音号的实证分析.[J].现代传播，2019（05）：42—46．

作者简介：庄潇，浙江传媒学院，硕士在读；宋红岩，浙江传媒学院教授，中国广播电视社会组织联合会媒介素养学术研究基地秘书长。

乡村振兴战略背景下关于农民媒介素养的几点思考

张莹

摘要： 任何一个产业的振兴，关键首先在于"人"，只有"人"的升级才能带动产业的真正升级。没有农民的积极参与，乡村振兴就会流于形式主义，就会不是真的乡村振兴。随着互联网的普及与媒介的飞速发展，提高农民媒介素养尤其是网络素养有利于强化其获取信息、理解信息与应用信息的能力，能充分发挥出农民在乡村振兴中的主体性。本文主要阐述乡村振兴战略背景下农民媒介素养的具体内容和培养路径，希望能够为乡村振兴人才建设提供理论借鉴。

关键词： 乡村振兴战略；农民；媒介素养

媒介素养，指的是人们面对传媒的各种信息时的选择能力、理解能力、质疑能力、评估能力、创造能力以及思辨性回应能力。我国农民媒介素养普遍较差，有学者提出媒介素养低下是农民致富的"软肋"。乡村振兴战略背景下，若想实现农村全面发展进步，必须以提高农民媒介素养为抓手，培养和提升农民正确地、建设性地享用大众传播资源的能力，保证其能够合理充分利用媒介资源完善自我，参与社会进步，更加积极地投身农村建设的工作。

一、乡村振兴战略下提高农民媒介素养的积极意义

（一）有利于加强乡风文明建设、传承优秀传统文化

素养，是指一个人的修养，与素质同义。实施乡村振兴战略，不仅要让农民的物质富起来，也要让农民的精神"富起来"。媒介素养是现代公民的必备素养。提高农民媒介素养，有助于提高农民思想道德水准和科学文化等各方面的素质，有效改善农民的精神面貌，营造优良的农村文化环境，促进乡风文明建设。另外，农民是农村的"主人"，他们更了解农村文化，也更愿意传播农村文化，乡村振兴战略背景下提高农民利用媒介的能力，有利于提高农民传播优秀传统文化积极性。

（二）提高农民媒介素养有助于增强自助能力

尽管网络媒体因信息技术普及范围较大而进入快速发展时期，但极少有农民会利用网络媒体主动获取农业相关信息，据相关调查研究显示，针对网络媒体，农民的主要关注内容为社交、娱乐和网购。随着"互联网+"助力乡村振兴战略的实施，互联网技术加速向农业农村延伸和渗透，提升农民媒介素养已经成为刻不容缓的事情。提升农民的媒介素养，培养农民的互联网意识，使其掌握网络知识，具备开展网络电子商务的技术及能力，对农业现代化、农民增收都有极大的促进作用。

二、乡村振兴战略背景下农民媒介素养教育的内容

乡村振兴战略背景下提升农民的媒介素质的唯一路径就是"教育"。

（一）媒介知识

乡村振兴战略背景下提升农民媒介素养的关键是培养和提高农民的媒介知识。具体内容包括：信息传播的基本流程和要点、传播的心理学特征、媒介的社会功能及其对个人和社会的影响、媒介与政府的关系和政府对媒介的管理与控制、广告的基本原理和特征、电子商务基础等。对农民进行媒介相关知识的教育是提高农民媒介素养助力乡村振兴实施的基础。

（二）媒介技能

乡村振兴战略背景下提升农民媒介素养的核心是使农民熟练掌握媒介技能，学会利用媒介为乡村振兴服务，为个人生活和学习服务。具体内容包括：摄影摄像、图像处理、音频和视频编辑制作、文案写作、线上线下活动策划等。教授农民如何开通微店、如何通过短视频和直播实现创业、如何开展直播、农产品如何做微营销等技能，使农民充分利用新媒介技术的力量，实现脱贫致富。

（三）媒介评价

媒介是人们获取信息的重要渠道，中国受众是很好的媒介信息的接受者，却不是很好的分析者和批判者，尤其是中国农民对媒介的批评能力更弱。乡村振兴战略要全面提升农民综合素养，还要重视对农民媒介评价能力的培养，即使农民学会理性地评价媒介信息、批判性地看待媒介的信息传播行为，具体内容包括：首先使农民明白媒介所构建的"媒介真实"不完全是客观世界的真实拷贝，而是经过刻意筛选的；其次要学会理性地辨别信息真伪，不盲目相信媒介所报道的信息；最后，明白媒介的负面作用，如"麻醉作用""刻板印象"等，接触有价值的信息远离色情、暴力、垃圾信息。

（四）媒介参与

随着互联网在农村的普及，农民参与互联网的积极性在提高，但从相关调查来看，农民对互联网的使用主要在于日常娱乐和生活购物，对借助网络表达立场、参与建设、

传播乡村文化等活动的积极性依然很低。乡村振兴战略下要树立农民参与媒介的意识，学会通过媒介表达和传播自己的声音，提高农民的影响力。具体内容包括如何借助媒体为农民发声、如何在网络社区参与讨论、如何借助网络实现乡村精神文明建设、如何借助媒体传播优秀乡村文化等。

三、乡村振兴战略背景下开展农民媒介素养教育的路径

教育扶贫比经济扶贫更重要，因此，乡村振兴战略的重中之重是优质教育资源向农村转移。一方面要积极利用各种线上资源，或者农业科教云平台对农民进行媒介素养教育；另一方面鼓励各地传媒院校"送课"进农村，助力农民媒介素养的提升。

农村政府也要对本村居民进行媒介素养教育，举办各种形式线下媒介相关活动，通过激发农民的参与兴趣来促使其在活动中学到有用媒介知识，从而有效提高农民的媒介素养。

结束语

综上所述，我国正处于高速发展的信息时代，想要促进农村经济、教育等全面进步，必须提高农民认识传媒、使用传媒与批判信息的能力。农民是乡村振兴的主体，提升农民整体素质尤其是农民媒介素养是乡村振兴的关键，农民兴则乡村兴。

参考文献

[1] 刘行芳, 刘修兵.论新型城镇化背景下农民媒介素养的提升[J].现代传播, 2015 (12): 65—69。

[2] 王啸、王平.农民媒介素养在乡村振兴过程中作用的研究——基于徐州马庄村村支书的深度访谈[J].今传媒, 2019, 27 (01): 66—68。

[3] 孙桂杰.扶贫工作中农民媒介素养的提升研究——移动互联网技术在扶贫中的应用[J].河南农业, 2017 (26): 7—8。

作者简介：西安外事学院副教授。

移动互联网时代老年人网络素养研究与实践

刘茹霞

摘要： 随着网络技术的飞速发展，网络已经渗透到人们工作和生活的方方面面。老年人口如何利用媒介特别是网络媒介发展自身、融入社会、提升生活质量也成为"积极老龄化"的重要议题之一。然而，由于生理机能的衰退，老年人在新技术的接触和使用方面处于"技术弱势"地位。而且，面对良莠不齐的网络信息，老年人只能凭借生活经验进行判断，信息批判解读能力较为缺乏。在这一背景下，提升老年人的网络素养刻不容缓。

因此，我们有必要通过梳理老年人网络素养理论与课程实践研究的现状，探索老年人网络素养课程的前进方向，帮助这一特殊群体融入信息社会、实现自我发展，促进"积极老龄化"社会的构建。

关键词： 老年人；网络媒介素养；移动互联网

一、网络素养的概念研究

网络素养与网络媒介素养两个概念经常交替使用，它们均由"媒介素养"概念发展而来，特指在网络时代的媒介素养。[1] 媒介素养起源于20世纪30年代，英国文化研究学者利维斯和汤普森在《文化与环境：培养批判的意识》一书中率先提出并倡导媒介素养教育。[2] 各国对媒介素养的界定不一，加拿大数字与媒介素养中心认为媒介素养包括近用媒介、批判分析媒介、评估媒介、最终创造媒介的能力。[3] 英国学者利文·斯通综述了成人媒介素养的相关研究指出，以近用为前提，媒介素养具有技术能力、批判接受

---

[1] 耿益群、阮艳：《我国网络素养研究现状及特点分析》，现代传播，2013，第35期，第122—126页。

[2] 袁军：《媒介素养教育论》，中国传媒大学出版社，2010。

[3] Canada's center for digital and media literacy. What is media literacy [EB/OL]. http://mediasmarts.ca/digital-media-literacy/general-information/digital-media-literacy-fundamentals/media-literacy-fundamentals.

能力和内容生产能力三个层级。[1]1992年，美国召开了一次媒介素养的全国会议，会上学者们将媒介素养定义为"受众接触、分析、创造媒介信息的能力。"[2]张开指出，媒介素养是公众面对媒体和讯息的选择能力、理解能力、质疑能力、评估能力、表达能力、创造和使用能力，以及思辨的反应能力。[3]联合国教科文组织发布的《全球媒介与信息素养评估框架》从获取与检索、理解与评估、创造与使用三个维度界定了媒介与信息素养能力矩阵，分别对应能够识别需求，检索和近用信息和媒体内容的能力；能够理解、评估及评价信息和媒介内容的能力；能够对信息和媒介内容进行创新、利用和监督的能力。[4]

从以上诸多定义可以看出，虽然国际上对媒介素养的认识并无统一确定的界定，但对媒介素养所包含核心要素的理解上差异不大，都包括近用媒介的机会、使用媒介的能力、理性评估媒介信息的能力和创造媒介信息的能力。

对网络素养的内涵，洪海雄认为网络素养指具备有效操作网络的知识与技能，并能正确评估网络信息的价值与使用网络沟通的正确态度。[5]卜卫在研究儿童网络素养教育时提出，网络素养不仅包括了解计算机和网络的基础知识，还包括善于创造和传播信息的能力。[6]李宝敏从词源上考察"网络素养"，指出儿童网络素养在广义上是儿童在多元网络文化实践中不断提高的修养以及儿童在网络空间的自我发展能力。它包括多元网络文化实践中的文化解读能力与鉴别能力、批判性思维能力与决策能力、在网络探究中的学习能力与问题解决能力、在网络空间的交往能力与创造能力等。[7]耿益群等梳理了网络素养的内涵演进过程，提出"网络素养是指人们依据当前自身和社会发展的需要在网络上获取特定的信息并加以处理、评估、利用、创造以协助个体解决相关问题和提升人类生活品质的能力"[8]。黄永宜认为网络素养还包括对网络信息价值的认知能力、判断能力和筛选能力；对各种网络信息的解构能力；对网络世界虚幻性的认知能力；建立网络伦理观念的能力；网络交往的能力和认识网络双重性影响的能力等。[9]

---

[1] Livingstone S, Thumim N. *Assessing the media literacy of UK adults: a review of the academic literature*[J]. Broadcasting Standards Commission,2003:1—22.

[2] Art Silverblatt, Donald C Miller, Julie Smith, Nikole Brown.*Media literacy: Keys to interpreting media messages*[D].An Imprint of ABC-CLIO,LLC,2014:4.

[3] 张开：《媒介素养概论》，中国传媒大学出版社，2006：99.

[4] UNESCO. Global Media and Information Literacy Assessment Framework:Country Readiness and Competencies[EB/OL]http://www.unesco.org/new/en/communication-and-information/resources/publications-and-communication-materials/publications/full-list/global-media-and-information-literacy-assessment-framework/.2016-08-11/2018-12-03.

[5] 洪海雄：《家庭因素、网络使用状况对国中生网络素养之相关性研究》，网络社会学通讯，2004，第11期，第2页。

[6] 卜卫：《媒介教育与网络素养教育》，家庭教育，2002，第11期，第16—17页。

[7] 李宝敏：《儿童网络素养研究》，华东师范大学，2012。

[8] 耿益群、阮艳：《我国网络素养研究现状及特点分析》，现代传播，2013，第35期，第122—126页。

[9] 黄永宜：《浅论大学生的网络素养教育》，新闻界，2007，第3期，第38—39页。

在内涵的基础上,国内学者界定了网络素养的要素。刘旭东提出网络素养的五个要素:网络基本技能素养、网络媒介利用素养、网络媒介参与素养、网络媒介认知素养、网络道德法律素养。这五个要素既相互独立又相互交织。[①]除此之外,政府相关部门的重视也推动了网络素养内涵的进一步发展。2017年12月,在北京市互联网信息办公室和首都互联网协会指导下,千龙网发布了网络素养标准评价体系。其发布的网络素养的十条标准包括:认识网络——网络基本知识能力、理解网络——网络的特征和功能、安全触网——高度网络安全意识、善用网络——网络信息获取能力、从容对网——网络信息识别能力、理性上网——网络信息评价能力、高效用网——网络信息传播能力、智慧融网——创造性地使用网络、阳光用网——坚守网络道德底线、依法用网——熟悉常规网络法规。[②]这一标准相对具体地明确了网民网络素养测评及提升的基础方法。

针对网民网络素养的内涵和标准,目前尚无统一定论。综合已有研究对网络素养要素的界定不难发现,网络素养的基本内涵依旧包含在媒介素养的研究框架下。以千龙网发布的"网络素养标准评价体系"为例,"认识网络""理解网络""善用网络"属于技术能力的范畴;"安全触网""从容对网""理性上网""阳光用网""依法用网"属于批判接受的实践;"高效用网""智慧融网"属于内容生产范畴。但是,与传统的媒介素养不同,由于互联网本身双向传播、把关弱化等特点,网络素养不仅关注网民对信息的近用能力、选择能力、分析能力、评估能力,更强调网络时代下网民的网络安全和网络道德意识与合理高效利用网络服务个人发展的能力。如"网络素养标准评价体系"中强调"坚守网络道德底线"和"熟悉常规的法律法规"。

综合以上研究发现,虽然不同学者对网络素养内涵的界定存在差异,但都强调了利用网络获取信息、正确解读网络信息、参与网络信息创造的能力。另外,由于互联网在带来巨大生活便利的同时也蕴含潜在风险,网络素养的概念更强调个体对网络信息的批判认知、网络安全的警惕意识及网络行为的道德约束等。

二、移动互联网时代老年人网络素养研究现状

(一)国外老年人网络素养相关研究

在对网络素养内涵进行文献梳理时,笔者发现"网络素养"与"数字素养""新媒介素养"等概念存在交叉,但各有侧重。因此英文文献搜索时适度放宽了检索范围。笔者以"media literacy""Internet literacy""digital literacy""new media literacy"与"older people""the elderly"为关键词进行组合,在Google学术、EBSCO数据库、SAGE数据

[①] 刘旭东:《城市中年群体网络素养现状研究》,东北师范大学,2017。
[②] 新华网:《网络素养标准评价体系正式发布[EB/OL].http://m.xinhuanet.com/bj/2017-12/09/c_1122085409.htm.2017-12-09/2018-05-27。

库中检索，发现并无明确研究老年人网络素养的文献，只有少量研究在关注老年人媒介素养状况时涉及网络素养的相关内涵，如英国电信监管机构（Ofcom）在 2006 年对英国老人媒介素养状况的调查。

Ofcom 的研究不仅关注老年人不同媒介的使用情况、批判解读能力以及态度与偏好，更通过与英国成人群体比较，直观地展现老年人的媒介素养情况。互联网是 Ofcom 重点研究的媒介之一。研究结果显示，65 岁及以上的互联网用户中有三分之二（68%）用于沟通交流，仅略低于英国所有成年互联网用户（72%）。三分之一的老年用户每周都使用互联网进行交易（例如银行业务或购物）。然而，总体使用范围比所有成年用户要窄。在老年群体的互联网认知方面，互联网在老年人中的渗透率较低。十分之一的老年人知道搜索引擎网站的资金来源，而所有成年人的比例为 25%。近一半的老年互联网使用者表示他们对防止病毒和垃圾邮件充满信心，而所有互联网成年用户的比例为 58%。[1] 从 Ofcom 的研究中，我们看到英国媒介素养研究中涉及老人网络素养的部分既包括网络使用基本技能，也涵盖网络认知层面的素养内容。

就老年人网络及新媒体产品的使用，研究者认为，老年群体已经意识到互联网、新技术的使用对其生活状态的积极影响。即使年龄更大的老年群体较少接触互联网，但并不妨碍其肯定互联网使用的重要性。[2] 然而实际应用中，冈萨雷斯等人在对英国、法国、西班牙 3 国老年群体的新技术使用和消费习惯进行比较分析后发现，由于缺乏必要的信息与通信技术（Information and Communication Technology，简称 ICT）教育和训练，西班牙老人群体即使拥有必要的新媒介接触设备，也无法充分利用其满足生活需要。[3] 还有研究发现，大多数老年群体不倾向于在线接受健康服务。身体越羸弱的老人越无法接受在线获得健康信息和援助。[4] 另外，老年群体互联网使用率随年龄递减，年龄越高的群体，互联网的使用率越低，90 岁以上老人群体的使用率最低。[5] 由此可见，老年人依旧是新媒体技术的消极使用者，在互联网的接触和利用方面依旧无法满足需要。

因此，也有研究关注老年人新媒介技术使用影响因素及面临障碍。"互联网 +" 环境下新媒体的接触和使用在很多方面为老年群体的生活提供方便，如健康、银行、兴趣

---

[1] Ofcom. Media Literacy Audit: Report on media literacy amongst older people. [EB/OL] https://www.ofcom.org.uk/research-and-data/media-literacy-research/adults/older.2008-04-03/2018—05—22.

[2] Morris A, Goodman J, Brading H. *Internet use and non-use: views of older users*[J]. Universal Access in the Information Society, 2007,6(1):43—57.

[3] Gonzálezoñate C, Fanjulpeyró C, Cabezuelolorenzo F. *Use, Consumption and Knowledge of New Technologies by Elderly People in France, United Kingdom and Spain* [J]. Comunicar, 2015, 23(45):19—28.

[4] Sourbati M. *'It could be useful, but not for me at the moment': Older people, internet access and e-public service provision*[J].New Media & Society, 2009,11(7):1083—1100.

[5] Choi N G, Dinitto D M. *The Digital Divide Among Low-Income Homebound Older Adults: Internet Use Patterns, eHealth Literacy, and Attitudes Toward Computer/Internet Use*[J]. Journal of Medical Internet Research, 2013,15(5):93.

等信息的接触、与家人朋友的沟通以及社会生活的参与。①老年人使用互联网的动机包括：保持生活的积极与独立；与孙辈或者远方亲属联系；保持精神状态的警觉、富有挑战以及"年轻态"；寻求信息，尤其是新闻和健康方面的知识进行学习。②③塔特纳尔等人的研究指出，与技术本身的特点和功能相比，影响老人互联网使用的关键因素在于社会互动和人际网络的更新与维护。④莱斯卡诺等人通过实证研究2004年至2012年间老年群体互联网使用频率、动机、需求与性别、生活质量的关系，建议未来研究可依托老年人对互联网的感知作为改进社会参与工具。⑤杜格雷尔等人分析了老年群体的技术恐惧、自我效能、过往经验、技术专长等因素与互联网使用的关系，研究发现感知易用性和有用性影响老年人对新媒体的接受度。⑥

然而，由于面临使用电脑的恐惧、学习支持的缺乏、ICT培训的获得和质量、培训和技术使用的成本、记忆问题和技术障碍等，有学者发现老年人的互联网使用程度并不高。⑦奥尔菲特等人通过对英国200名50至85岁老人的问卷调查，发现很多老年人不使用网络的原因并不在于能力的缺乏，而是出于保存传统交流方式的价值以及避免互联网使用风险的理智考虑。在一定程度上，这与老年群体缺乏基本的互联网信息和知识有关。研究指出这些认识的误区包括：互联网是什么以及能干什么？如何使用互联网设备？接触和使用互联网的付出是什么？怎样学习和使用互联网？以及媒体有关互联网的消极报道可能过夸大人们对互联网的恐慌。⑧

通过梳理已有研究可以发现，国外有关老年人网络素养及其提升的研究主要关注以下几方面：老年人的网络使用技能、老年人网络使用的动机与阻碍以及老年人网络技能培训的方法。这与"网络素养"中关注网络使用技能相一致，但也缺少内涵中对网络认知素养、网络参与素养、网络道德素养的强调，这也是今后老年人网络素养进一步研究的方向。

---

① Olphert C W, Damodaran L, May A J. *Towards digital inclusion–engaging older people in the 'digital world'*[C].Accessible design in the digital world conference. 2005, 2.

② Loges, W ,Joo-Young, J. *Exploring the digital divide: Internet connectedness and age*[J].Communication Research,2002,28(4):536—562.

③ Trocchia P J, Janda S.*A phenomenological investigation of Internet usage among older individuals*[J].Journal of Consumer Marketing,2000, 17(7): 605—616.

④ Tatnall A, Lepa J. *The internet, E-commerce and older people: an actor-network approach to researching reasons for adoption and use*[J]. Logistics Information Management, 2003, 16(1):56—63.

⑤ Lezcano F, Casado-Muñoz R, Rodriguez-Conde M J. *Active Ageing and Access to Technology: An Evolving Empirical Study*[J]. Comunicar, 2015, 45(1).

⑥ Dogruel L, Joeckel S, Bowman N D. *The use and acceptance of new media entertainment technology by elderly users: Development of an expanded technology acceptance model*[J]. Behaviour & information technology, 2015, 34(11): 1052—1063.

⑦ Sandhu J, Damodaran L, Ramondt L. *ICT Skills Acquisition by Older People: Motivations for learning and barriers to progression*[J]. International Journal of Education and Ageing, 2013, 3(1): 25—42.

⑧ Olphert C W, Damodaran L, May A J. *Towards digital inclusion–engaging older people in the 'digital world'*[C].Accessible design in the digital world conference. 2005, 2.

（二）国内老年人网络素养相关研究

笔者以"老年人媒介素养""老年人网络素养""老年人网络素养"为"主题"在"中国知网""万方数据知识服务平台"进行检索，相关文章有仅有16篇。其中，4篇明确研究老年人"网络素养"，8篇研究老年人"媒介素养"状况，3篇研究"新媒介素养"，1篇研究"媒介信息素养"；通常是在老年人媒介素养的研究中涉及网络素养的相关内容。根据本研究对网络素养的界定，因此也将网络环境下老年人媒介素养的研究纳入网络素养相关研究。这类研究主要分为网络素养现状与提升研究和网络素养的影响因素研究两类。

对老年人网络素养现状的调查与研究涵盖老年人互联网使用频率、偏好、动机、批判意识等方面。陈月华等人研究老年群体的新媒体接触动机既出于物质生活需要，更是精神生活的需要。她将其新媒体意愿概括为自动放弃型、心动手不动型、门外徘徊型和热情高涨型，并指出老年群体的新媒介批判意识主要包括高度信任型、半信半疑型、全盘否定型这3种类型。[①] 季尚尚采用问卷调查法实证研究了北京老年大学及部分社区的互联网老年用户的个人特点、上网行为、习惯、网络广告批判意识，发现老年网民主要集中在高学历、高收入、高技术的"三高"人群，更多关注新闻时事以及健康保健类信息。[②] 就健康信息的获取而言，网络获取信息频率与老年人年龄、职业、无慢性疾病呈正相关，说明老年网民的信息接触行为存在显著个人差异。[③] 赵爽从媒介使用、媒介认知、媒介评价和媒介参与4个维度深入研究准老年群体新媒体媒介素养现状，发现准老年群体对新媒介的使用不均衡、评价矛盾等特点。[④] 基于城市老年群体的媒介素养实证调查，张建芳指出老年人新旧媒介使用失衡、过度依赖旧媒介、信息批判能力薄弱、参与意愿较低的特点，并从宏观、中观、微观层面分别提出媒介素养提升策略。[⑤]

随着智能手机在日常工作和生活的普及，老人对手机移动互联网的接触和使用广受研究者关注。丁卓菁分别从人际交往、网络数据、休闲娱乐、网络参与、电子金融等方面探究了老人手机移动互联网和电脑互联网的使用差异，发现上海城市老人的电脑互联网使用时长和频次都要高于移动互联网，但具体使用行为并无明显不同。[⑥] 另外，手机对老年群体在提供信息窗口、丰富闲暇生活、健康再发现方面的正功能和造成自我迷失、

[①] 陈月华、陈荟竹：《老龄社会背景下提升我国老年群体媒介素养的若干思考》，中国高等院校电影电视学会、西北大学.新世纪新十年：中国影视文化的形势、格局与趋势——中国高等院校影视学会第十三届年会暨第六届中国影视高层论坛论文集》，中国高等院校电影电视学会、西北大学，2010。

[②] 季尚尚：《北京地区老年网民网络媒体接触研究》，广告大观（理论版）2009，第3期，第76—90页。

[③] 佟秋雯：《河北省城市老年人健康信息获取行为研究》，河北大学，2016。

[④] 赵爽：《中国城市"准老年群体"新媒体媒介素养提升研究——基于河南省郑州、洛阳两市的调查》，郑州大学，2015。

[⑤] 张建芳：《城市老年人媒介素养现状调查与提升策略研究》，山东师范大学，2017。

[⑥] 丁卓菁：《上海城市老人互联网使用形态分析——基于电脑与手机终端的比较分析》，中国网络传播研究，2014，第1期，第224—234页。

代沟显现、话语丧失等方面的负功能也是研究者关注的重点。①同时，研究也涵盖微信等具体应用的采纳和使用、智能手机 App 交互界面设计以及农村老年群体的手机使用行为。②

老年人网络素养的影响因素也是这类研究的重要方面。首先，有研究者认为，阻碍老年群体网络素养提升的因素包括既有个人因素，也包括社会因素。老年群体自身的心理障碍、身体情况、经济条件，家庭、社会对老年群体的忽视或者支持不够都不利于网络素养的提升和积极老年生活的构建。③另外，老年人自身对衰老的态度、创新性和个人性格也是其新媒体使用的影响因素。需要指出的是，不同因素对老年人网络素养的作用大小与可改进程度存在差异。张硕指出年龄、教育水平、存款、硬件设备和视力对老年的网络接触影响显著。但年龄、教育、视力都属于不可变因素，只有存款和硬件设备两项具有改进的余地。因此经济状况的改善对老年群体新媒体的采纳和网络素养的提升具有最直接推动作用。④

其次，现有研究发现新媒体对老年群体生活质量的影响也是研究关注的对象之一。新媒介日益嵌入老年群体的日常生活之中，在健康素养、功能性自理、生活质量、社会连接等方面极大影响了老年人的生活质量。互联网在帮助老人广泛接触健康知识、完成在线购物订餐、获得娱乐放松、减少社会隔离等方面作用巨大。⑤丁卓菁指出新媒体的智能化、人性化和个性化功能对老年人深化自我发展的意义，她认为老年群体具有学习主动性和积极性，已具备利用互联网安排生活和发展自身的能力。⑥马荻文通过对老龄人口媒介生活品质的建构研究，发现老年人媒介素养水平与媒介生活的满意度具有较高一致性，其共同建构了媒介生活品质。也就是说，媒介素养越高，媒介生活满意度也越高，同时媒介生活品质也越高。⑦

三、移动互联网时代老年人网络素养教育实践

（一）国外老年人网络素养教育实践相关研究

就如何提升老年人网络素养，诺曼通过线上问卷调查和线下观察研究芬兰一个老年电脑俱乐部的老年网络教育情况。结果表明，同辈的支持、基于俱乐部的学习、根据需求和能力量身定制的内容都有力地促进了老年人的继续教育计划。同时他还根据认知学

---

① 吴文文：《农村老人生活世界中的手机——基于默顿功能理论的分析》，华中师范大学，2016。
② 彭佳：《基于用户体验的老年智能手机 APP 界面交互设计研究》，华东理工大学，2014。
③ 张迪：《老年人新媒介素养教育研究》，中国管理信息化，2017，第 20 期，第 214—215 页。
④ 张硕、陈功：《中国城市老年人新媒体使用影响因素研究——基于北京市朝阳区的调查》，南方人口，2013，第 28 期，第 64—72 页。
⑤ 王萍：《新媒介使用对老年人生活质量的影响》，理论界，2010，第 10 期，第 186—188 页。
⑥ 丁卓菁：《新媒体环境下老年群体媒介素养教育探讨》，新闻大学，2012，第 3 期，第 116—121 页。
⑦ 马荻文：《媒介化社会杭州老龄人口的媒介生活品质建构研究》，浙江工业大学，2015。

习的查尔-哈罗模式（Chaffin-Harlow model）对俱乐部中的学习进行评价，提出将技术教学与日常生活应用结合、一对一个性化教学、开展专题讨论活动等进一步改进策略。[1] 阿瓦德针对大量媒介素养和数字学习的项目因缺乏方法而失败的现状指出老年人数字素养项目的设计应基于诸如自治程度和享受日常生活的可能性，并提出语境、渐进主义、动机和吸收过程作为项目发展的基础。[2] 费尔南德斯认为老人网络培训项目应超越工具视角达到赋权视角，在性别因素的考虑下促进女性的加入。[3] 博谢等人对10位61至83岁的老人进行了7次连续的半结构式访谈和开放性讨论，研究老人对社交媒体的感知和学习的动态过程。研究提出克服老人对隐私担心的3个教育策略：教学应先介绍概念再介绍功能；教学应就学习者的担心做出回应；社交媒体教育应与实际生活相关。[4] 但就老年人新媒体的学习途径，研究指出，老年群体最开始学习使用新技术主要是通过家人和朋友（61%），26%的老人通过自我学习，而通过参加新媒介技术课程学习的仅占13%。[5] 因此，家人和朋友的帮助对老年人网络素养的提高意义显著。

（二）国内老年人网络素养教育实践相关研究

针对如何推进国内老年人网络素养的发展，赵爽分别从政府、社区、社会、高校及公益组织、媒体5个方面开展准老年人新媒介素养教育的思路。政府方面可增加关注，提供教育支持、政策支持、经费支持；社区方面着力于开展新媒体培训、构建新媒体智能社区；社会方面研发并生产老年智能手机、发展新媒体居家服务平台、智能家庭医生、App等；高校及公益组织深入社区进行知识讲座与技能培训；媒体方面普及相关知识。[6] 基于对宁波市老人新媒体使用的实证研究，邬晶晶提出政府推进信息无障碍工程、社会各界创造条件、家庭成员友爱互助、老年人自身与时俱进的提升策略。[7]

其中，开展针对老年人的网络素养课程是提升老年人网络素养的有效策略。陈荟竹基于老年人媒介素养现状的实证研究，提出建立老年人媒介素养实验区的设想。以经济发达和老龄化程度高的上海作为试点，设想涵盖实验区建设的总体设计和支持体系以及教学内容、培训层级、培训时间等具体的教育体系设计。[8] 这一设想较为系统全面，但课程设计缺乏理论依据，也没有涉及教学方式的相关内容。另外，这仅停留在设想阶段，

---

[1] Naumanen M, Tukiainen M. *Practice in old age ICT-Education* [C].Germany,2008:273—288.

[2] Leopoldo Abad.*Media Literacy for Older People Facing the Digital Divide: The e-Inclusion Programs Design*[J]. Comunicar, 2014, 21(42): 173—180.

[3] 转引自 Llorente-Barroso C, Viñarás-Abad M, Sánchez-Valle M. Internet and the Elderly: Enhancing Active Ageing[J].Comunicar,2015,23(45).

[4] Xie B, Watkins I, Golbeck J, et al. *Understanding and Changing Older Adults' Perceptions and Learning of Social Media*[J]. Educational Gerontology, 2012, 38(4):282.

[5] Gonzálezoñate C, Fanjulpeyró C, Cabezuelolorenzo F. *Use, Consumption and Knowledge of New Technologies by Elderly People in France, United Kingdom and Spain* [J]. Comunicar, 2015, 23(45):19—28.

[6] 赵爽：《中国城市"准老年群体"新媒体媒介素养提升研究——基于河南省郑州、洛阳两市的调查》，郑州大学，2015。

[7] 邬晶晶：《现阶段老年人媒介素养现状考察与提升对策》，传媒评论，2015，第4期，第94—96页。

[8] 陈荟竹：《老龄社会背景下提升中国老年人媒介素养的策略研究》，哈尔滨工业大学，2011。

并无实践检验。

其次，也有少数研究者深入老年人新媒体培训的实践中进行研究观察。陈坤对合肥新媒体学习班的老人进行问卷调查和访谈，以展现他们在媒体课堂上的自我尝试、交往场景和社会参与。[①] 这一研究重在参与观察老年人在新媒体课堂上的学习状态与新媒体使用情况，研究者并没有参与新媒体课堂的课程设计与教学实践。

陈雅雪通过行动研究法建立"新媒体工作坊"对社区老年人进行微信学习的培训，在课程中体会老年人新媒体使用的需求与困难，从而发现老年人微信使用培训的改进方向。[②] 从课程内容上看，10次课程涉及微信的基本使用技能、辨别虚假消息、鼓励老人积极发微信朋友圈等内容，基本涵盖网络素养中网络技能素养、网络认知素养和网络参与素养的内涵。但工作坊老年学员只有5人，教学内容和教学方式缺乏理论和实践依据。另外，对"新媒体工作坊"的教学效果，该研究并未提出有效的方式进行评估。

四、移动互联网时代老年人网络素养研究的未来发展

总的来说，相对学生群体，国内外关注老年人网络素养的研究较少。而随着互联网在老年群体的日常生活中扮演日渐重要的角色，帮助老年人掌握互联网媒体的基本操作、提高互联网信息解读和甄别能力以及实现在互联网时代的社会参与和表达意义重大。在已有老年人网络素养的研究中，国内大多数学者分别从网络接触、网络评价、网络参与等角度阐述当前老年人的网络素养现状，但对老年人网络素养教育的研究更多止步于现状研究之后的提升策略，缺少深入老年人网络素养培训实践的研究。

综合国内有关老年人网络素养课程的研究，我们可以发现，这类研究数量较少，且存在以下问题：第一，止步于提升策略和研究设想，而缺少相应的课程实践；第二，仅有的老年人网络素养课程实践中，课程设计和教学方式多依据经验，缺乏传播学和教育学的理论支撑。第三，课程实践中缺乏对课程效果的评估。

因此，笔者认为，未来移动互联网时代老年人网络素养研究应从增加课程实践、加强理论支撑、注重效果评估等方面着手，真正推动老年网络素养教育工作的科学化、规范化运行，提升老年人的生活质量和社会参与度。同时，唤起社会和家庭对老年人这一群体的关注，帮助老年人实现自我精神的满足和生命价值的提升。

作者简介：青岛新闻网记者。

---

① 陈坤：《老年人遇见新媒体：积极老龄化视野下的媒介生活》，安徽大学，2017。
② 陈雅雪：《数字鸿沟视角下老年群体微信的采纳与使用研究》，深圳大学，2017。

新媒介背景下群体剥夺对集体行动的影响研究

许志红　刘永贤

摘要： 从情境变量和心理变量交互作用的视角，以集体行动双路径模型为分析框架，采用问卷法，探讨群体剥夺、新媒体动员、群体愤怒、群体效能等因素对集体行动意愿的作用。结果表明：（1）群体剥夺对集体行动有显著的预测作用；（2）新媒体动员在群体剥夺与集体行动意愿间具有调节效应；（3）群体愤怒、群体效能在群体剥夺对集体行动的作用中具有中介效应；（4）其中群体效能受到新媒体动员的调节。群体剥夺对集体行为的影响有着复杂的机制。

关键词： 群体剥夺；新媒体动员；群体愤怒；群体效能；集体行动

一、问题提出

集体行动是群体成员为了争取群体利益、帮助群体改善不利状况或提高群体地位而采取的群体性行动。请愿、游行、集会、抗议、罢工、甚至骚乱等都是集体行动的常见形式（Walker & Smith，2002）。集体行动是影响社会变革的重要因素之一，一些集体行动成为推动社会进步和变革的主要力量，但在某些条件下集体行动也会为社会稳定带来不利影响。当前，研究者已从社会学、政治学、历史学、经济学等角度揭示了集体行动的发生机制。20世纪80年代以来，心理学开始介入集体行动研究，对集体行动微观心理机制的分析成为该领域最重要的研究路径之一。

经过三十年的研究积累，社会心理学在集体行动研究方向上取得了重要成就。大量研究证实，相对剥夺感（relative deprivation）、社会认同（social identity）、群体情绪（group-based emotions）和群体效能（group efficiency）等因素是影响集体行动的发生与发展的重要变量。这些因素对集体行动既有独立的解释作用，同时也会通过相互作用影响集体行动（Stürmer，S.& Simon，B.，2004；薛婷，陈浩等，2013）。近年来的研究则在尝试增加新的影响因素，以具体细化原有变量间的作用关系，丰富变量间的中介效应或调解效应。而其中对环境因素的考量成为研究的内容之一（石晶，崔丽娟，2016；

Van Zomeren，M.，2004）。

（一）群体剥夺感对集体行动的影响

相对剥夺感（relative deprivation）由美国社会学家斯托弗（Stoffer）首先提出来。Walker和Smith（2002）将相对剥夺定义为个体通过与参照对象对比，感知到自身的不利状况，或认识到自己处于不利地位的主观感知。这种主观感知来源于与参照群体对比的结果，通常是与类似群体进行比较。参照群体既可是个体，也可是群体，相应的相对剥夺感就分为两种：个体相对剥夺和群体相对剥夺。群体相对剥夺进行的是群际比较（intergroup comparisons），指的是将内群体通过与外群体进行比较，从而感知到内群体处于不利境地的感受（Smith & Ortiz，2002）。相对剥夺理论（Relative Deprivation Theoay，RDT）认为，客观不利状况不足以激发集体行动，只有与他人比较之后，产生了主观上的不公平感，有可能出现越轨行为或偏差行为。但人们为什么会参与到集体行动中去，大量研究表明，与个体相对剥夺相比，群体水平的相对剥夺感对集体行动有显著的预测作用，更容易导致集体行动，如群体抗议行为、支持社会变革、政治暴力活动、群体性攻击等（Smith & Pettigrew，2012；Smith, Cronin & Kessler，2008；Abrsms & Grant，P. R.，2012）。Osborne和Sibley（2013）在新西兰以6886名成年人为被试，研究群体相对剥夺与政治诉求活动的关系，结果表明二者具有显著的正相关。研究者们进一步研究发现，群体相对剥夺与集体行动的关系受到一些中介变量和调节变量的影响，如群体认同、群体愤怒、社会变革信仰、价值观念等（张书维，王二平，2011；Abrams & Grant，2012；薛婷，陈浩等，2014）。国内学者张书维等（2012）通过实验室模拟的方法又证实相对剥夺在集群行为形成中只起到基础作用，相对剥夺不一定会导致集群行为的发生，只是个体发动或参与集体行动的必要而非充分条件。这说明，集体行动的背后有着复杂的机制，群体相对剥夺可能通过其他中介或调节变量对集体行动产生影响。因此提出假设1：群体剥夺对集体行动有显著的预测作用。

（二）新媒体对集体行动的影响

新媒体是在传统媒体以后发展起来的，利用新的技术支撑体系下出现的媒体形态。新媒体在动员结构、组织方式、抗争剧目与框架过程等方面对集体行动都有所影响（邓力，2016）。新媒体动员就是以新媒体作为工具而进行的社会动员，对群体心理与行为产生影响的组织过程，旨在无组织状态下开展特定群体活动。新媒体能将分散化的个人线上、线下资源转化成为强大的社会信任和合作资本。Drury和Reicher等人（2010）发现，内群体成员会根据外群体成员对待他们方式的不同，会通过相互影响来变化发展群体情绪的内容、方向和强度。Michael（2010）对社区的"捐赠动员"进行研究也发现，社区居民通过相互转发电子邮件降低了人际间的认知差异，增强了群体属性的显著性，个人对团体规范和期望更加敏感。Becker（2011）等人研究认为，当个体参与了集体行动会增加将来参与集体行动的意愿；如果参与了媒体环境中的集体行动，也可能对未来参与不同种类的网络集体行动意愿产生作用。Bilali（2017）等人研究了媒体中集体行动示范对人们行动意愿的影响。研究发现，当被试接受的媒体信息中涉及计划采取行动时，被试会在随后的测试任务中集体效能更强,并更愿意参与改变群体面临困境的集体行动;当被试接受的材料涉及计划采取行动时,被试会在之后的群体讨论时更少关注群体的不幸,更多讨论群体的能力及计划采取的行动。石晶、崔丽娟(2016)发现在中国文化背景下,舆论支持仍然是集体行动产生的促进因素,在高自我效能感下,舆论支持与群体愤怒、群体效能存在显著正相关,与集体行动意愿呈显著正相关,舆论支持在集体行动的宣传、组织及发生、发展中产生重要作用。

交互决定论认为,环境、人和行为之间的作用,是一种交互决定的过程。如果将该理论拓展到集体行动,在万物皆媒的背景下,新媒体就是一种环境,也会在人的心理与行为间产生相互作用。由于新媒体的造势效应,在信息上能够起到怨恨动员和行动动员的效果,线上非理性的情绪感染与煽动,引起人们的共鸣,能够累积起动员的力量,达到聚拢人心的效果(曾庆香,李蔚,2011)。在集体行动中,群体成员的心理状态是其与外部环境进行的一种信息交换。新媒体动员作为一种情境变量,如何影响集体行动,这在过去的研究中是较少关注的。鉴于此,提出假设2:新媒体动员调节群体剥夺与集体行动之间的关系。

(三)群体情绪和群体效能对集体行动的影响

群体剥夺为集体行动提供了前提基础,新媒体动员是集体行动的外部支持因素,二者的交互作用可能会影响个体参与集体行动,还可能通过其他中介或调节变量对集体行动产生间接影响。

群体情绪(group anger)概念来自群际情绪理论(intergroup emotiontheory),认为群体成员在感知到群体水平的剥夺后,相互感染,经过综合评估后产生的情绪状态。群体情绪是集体行动产生的有效动因,二者具有较高的相关性(Leach, Iyer, & Pederson, 2006)。群体情绪能够激发和调节个体的抗议类集群行为(Van Zomeren, Spears & Leach, 2008; Tausch & Becker, 2013)。基于相对剥夺理论的研究,大多探讨群体愤怒(collective anger)对集体行动的影响,研究证实群体愤怒可以促进群体成员参与集体行动,旨在消除或减小不公造成的被剥夺感(Miller, Cronin, Garcia & Branscombe, 2009)。

群体效能反映的是成员对本群体所拥有资源的主观认识(Klandermans, 2002)。是对群体是否能够成功完成特定任务所具有能力的评估。群体效能由人们的共同信念构成,群体成员能够以集体的方式对有关事件做出回应,克服重重困难,最终实现目标。所以,群体成员的共同信念使群体内成员相信他们能够影响事件的发展(Van Zomeren, Postmes &Spears, 2012)。Cohen-Chen等人(2014)在以色列的实验研究发现,被试越相信政府与政客在本质上是一致的,他们的群体效能水平就会越低,参与集体行动以谋求社会变化的意愿也就越低。对群体效能与集体行动的关系,研究者认为,当群体成员有较高的群体效能感时,会认为自己有能力去改变群体所处的环境或者不利的地位,参与集体行动的可能性就大,二者呈显著正相关(Hornsey, Blackwood et al., 2010; Shi, Hao, Saeri &Cui, 2014; Saab, R., Tausch, N. et al., 2015)。

Van Zomeren 等人（Van Zomeren et al., 2004；Van Zomeren, Spears & Leach, 2012）提出了集体行动的双路径模型（dual-pathway model），即基于愤怒感受的情绪聚焦（emotion-focused）路径；基于效能计算的问题聚焦（problem-focused）路径。说明在群体相对剥夺的情况下，个体可由两条心理路径驱动参与到集体行动中，情绪聚焦路径关注不公正感产生的愤怒情绪对集群行为的影响；问题聚焦路径关注集体效能对集群行为的影响。双路径模型分别从主观的视角和社会的视角出发，将二者联合起来，共同解释集体行动发生的心理机制。基于以上分析，探讨并检验假设3：群体愤怒和群体效能是群体剥夺与新媒体动员交互影响集体行动的中介变量。

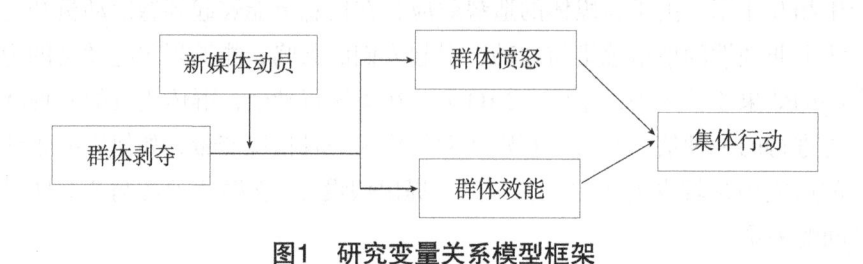

图1 研究变量关系模型框架

二、研究方法

（一）研究对象

被试为浙江、江西、黑龙江、陕西等高校的本科生。在正式问卷前设置一段背景材料，告知被试学校将调整相关规定，对学生干部在评奖评优时给以加分，在入党、保研与考研等方面给以优先考虑，特殊照顾。共发放问卷800份，回收800份，剔除学生干部17份，删除漏答、有规律勾选、选项皆为同一个等无效问卷72份，得到有效问卷711份。问卷有效率为88.75%。其中男生323人，占45.5%；女生387人，占54.5%。平均值为1.55，标准差为0.498。

（二）研究工具

群体剥夺：采用 Guimond 和 DubeSimard（1983）编制的群体相对剥夺感量表，修改了2个题项用于测量被试的相对剥夺感，如"与学生干部同学相比，我们觉得被不公平的对待"。采用5点Likert量表形式对上述陈述进行评定，1为"完全不同意"，5为"完全同意"，该部分题目内部一致性信度 α 系数为0.919，表明信度良好。

新媒体动员：根据 Li, Tang 和 Lee（2013）的研究进行编订，分析新媒体在集体行动的动员功能，共包括2个题项，如"我会把这个消息转发出去，争取更多人的支持和参与"。采用5点Likert量表形式对上述陈述进行评定，1为"完全不同意"，5为"完全同意"，该部分题目内部一致性信度 α 系数为0.942，信度良好。

群体愤怒：根据 Van Zomeren 等（2004）研究中的群体愤怒问卷进行修订，主要考察群体情绪对集体行动的影响，要求被试在阅读材料后进行 5 点 Likert 量表形式自感程度评定。共包括 3 个题项，如"对学校的这项规定，我们感到很气愤"。该部分题目内部一致性信度 α 系数为 0.875，信度良好。

群体效能：用于测量被试对所属群体能够团结起来解决问题的能力的感知，改编自 Van Zomeren（2010）的研究，共 5 题项，例如："我认为，我们的一致行动能够产生影响"。采用 5 点 Likert 量表式对陈述进行评定，1 为"完全不同意"，5 为"完全同意"，该部分题目内部一致性信度 α 系数为 0.909，信度良好。

集体行动：在 Van Zomeren（2008）、薛婷、程浩（2013）等人研究的基础上，结合本研究的群体问题进行修订，共 3 题项。例如"我会和其他人签名抗议"等。采用 5 点 Likert 量表形式，让被试对相关陈述进行评定，1 为"完全不同意"，5 为"完全同意"，内部一致性信度 α 系数 0.817，信度良好。

本研究所调查的是个体层面的问卷，而要测量的变量为群体层面的建构，因此需要将个体反应整合成群体测量值。检验的方法为群体内部一致性系数 Rwg。经对正式样本数据进行通过趋同性分析，各问卷的 Rwg 平均值均大于 0.73，符合大于 0.70 的标准，表明个体反应有趋同现象，可以转化为群体层面数据。采用 AMOS 17.0 进行验证性因子分析，考察变量之间的结构效度。数据分析的拟合指数为：$x2/df=4.017$，$RMSEA=0.065$，$RMR=0.008$，$CFI=0.991$，$NFI=0.946$，$GFI=0.981$，说明 5 个变量具有较好的结构效度。

其次，进行共同方法偏差检验。由于研究数据由被试者一次性填答，易产生共同方法偏差。为此，本研究采用 Harman 单因子检验法进行共同方法偏差检验，运用 spss17.0 进行未旋转的探索性因素分析，没有单一因素被析出，未旋转得到的第一个因子解释的变异量为 13.940%，小于 40% 的临界值，可以认为测量中不存在显著的共同方法偏差。

（三）数据分析

采用 spss17.0 软件及 Hayes（2015）编写的 Process 宏程序进行数据分析，该宏程序能有效地进行多种中介模型、调节模型以及它们之间的混合模型分析。

三、结 果

（一）研究变量的统计结果分析

由表 1 可见，群体剥夺、群体愤怒、群体效能与因变量集体行动有显著正相关，新媒体动员与群体愤怒、群体效能和集体行动相关显著。变量之间的相关模式初步支持了本研究所提出的预测作用和中介效应相关假设，为后期的分析提供了前提基础。

表1 描述统计结果及变量相关分析

	M	SD	群体剥夺	新媒体动员	群体愤怒	群体效能	集体行动
群体剥夺	99.08	23.71	1				
新媒体动员	63.65	18.52	.533**	1			
群体愤怒	63.72	10.47	.392**	.400**	1		
群体效能	61.63	12.17	.146**	.330**	.324*	1	
集体行动	118.23	17.59	.248**	.164**	.369**	.181**	1

**$p<.01$

对假设1（群体剥夺与集体行动的关系），通过层次回归分析方法进行检验。结果显示，在控制了性别变量之后，群体剥夺对集体行动具有显著的正向影响（$\beta=.28$，$p<.01$），假设1得到支持，说明群体剥夺能够预测集体行动。

（二）新媒体动员对群体剥夺–集体行动的调节作用

为了验证假设2，首先将集体行动作为因变量，采用方差分析的方法探讨群体剥夺和新媒体动员两个因素的影响，见表2。结果表明，群体剥夺的主效应显著（$p<.01$），新媒体动员的主效应显著（$p<.05$），二者的交互作用对集体行动有显著的正向预测作用（$p<.05$）。简单效应检验表明，如图2可以看出，无论新媒体动员程度如何，群体剥夺对集体行动都有正向的预测作用；新媒体动员高分组的集体行动普遍高于低分组，而群体剥夺对集体行动的影响程度随着新媒体动员的增加而增加。由此可知，新媒体动员对群体剥夺与集体行动的关系具有调节作用：在低群体剥夺的条件下，新媒体动员如果处于较高的水平，个体有可能到参与集体行动之中。

表2 新媒体对群体剥夺–集体行动关系的影响

变量	Type III Sum of Squares	df	Mean Square	F	p
群体剥夺	9774.8	1	9774.8	38.22	.000
新媒体动员	16305.4	1	16305.4	63.75	.002
群体剥夺*新媒体动员	1439.17	1	1439.17	5.627	.018
Error（组间）	18057.1	706	255.77		

注：因变量为集体行动。**$p<.01$

[图表：新媒体动员对群体剥夺与集体行动之间关系的调节作用，显示高动员和低动员两条线，横轴为低群体剥夺到高群体剥夺，纵轴为集体行动（-10 到 15）]

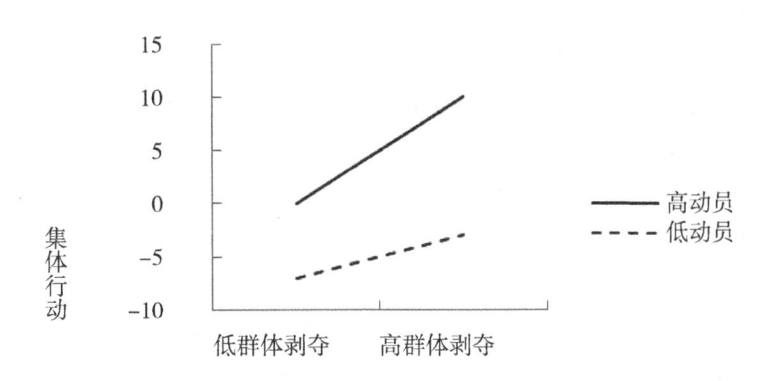

图2　新媒体动员对群体剥夺与集体行动之间关系的调节作用

（三）群体剥夺对集体行动的影响：有中介的调节效应

为进一步检验新媒体动员在集体行动双路径模型中发生的作用机制，参照 Hayes（2015）编写的 Process 程序进行数据分析。本研究涉及的模型为被调节的中介效应检验，所以采用 Process 中的模型 7 进行被调节的中介效应检验。其中回归系数的显著性检验采用 bootstrap 重复抽样 5000 次获得参数估计的文件标准误及 95% 偏差校正的置信区间。各变量应是：以标准化群体剥夺为自变量，标准化新媒体动员为调节变量，标准化群体愤怒、标准化群体效能为中介变量，集体行动为因变量，分别带入 Process 程序，进行有调节的中介效应检验，结果如表 3 所示。

表3　有调节的中介效应分析（n=710）

		M1：群体愤怒				M2：群体效能				Y：集体行动			
		B	SE	95%	CI	B	SE	95%	CI	B	SE	95%	CI
X：z群体剥夺		0.2485	0.0397	0.1705	0.3265	0.1701	0.0414	0.0887	0.2515	3.6214	0.6714	2.3032	4.9395
M1：z群体愤怒										5.2685	0.6425	4.0071	6.5299
M2：z群体效能										4.4931	0.6182	3.2793	5.7069
W：z新媒体动员		0.2614	0.0402	0.1824	0.3403	0.2584	0.0419	0.1761	0.3408				
X×W		0.0225	0.0299	-0.0363	0.0812	0.0732	0.0312	0.0119	0.1345				
		R²=0.2053				R²=0.1350				R²=0.2078			
间接效应		F=60.7981***				F=36.7245***				F=61.7439***			
	W	Boot Indirect Effect	Boot SE	95%	CI	W	Boot Indirect Effect	Boot SE	95%	CI			
M1	-1.0000	1.0909	0.3549	0.5926	1.9871	M2	-1.0000	0.4354	0.2303	0.9325	0.0247		
	0.0000	1.3093	0.3366	0.7425, 2.0507		0.0000	0.7643	0.2350	1.3117	0.3741			
	1.0000	1.4277	0.3915	0.7722		2.3096	1.0000	1.0932	0.3149	1.7930	0.5525		

群体剥夺能够显著预测群体愤怒（B=0.248，95%CI=0.1705—0.3265），群体愤怒能够显著预测集体行动（B=5.2685，95%CI=4.0071—6.5299）；群体剥夺能够显著预测群体效能（B=0.1701，95%CI=0.0887—0.2515），群体效能显著预测集体行动（B=4.4931，95%CI=3.2793—5.7069），其中群体愤怒的中介效应大小为0.1184，群体效能的中介效应大小为0.3289，说明群体愤怒和群体效能的中介效应成立。模型加入新媒体动员后，对群体愤怒和群体效能都有显著补偿作用，95%置信区间分别为（0.1824—0.3403）和（0.1761—0.3408）。在控制了群体愤怒和群体效能后，新媒体动员对集体行动无显著关联。

在新媒体动员满足低于、等于及高于一个标准差的条件下，群体愤怒的中介作用区间分别为（0.5926—1.9871）、（0.7425—2.0507）和（0.7722—2.3096），群体效能的中介作用区间分别为（0.9325—0.0247）、（1.3117—0.3741）和（1.7930—0.5525），均不包含零，说明群体愤怒、群体效能在群体剥夺和集体行动中起中介作用。并且得知是随着调节变量新媒体动员作用的增加，中介效应也增加。此外，群体剥夺和新媒体动员的交互项对群体愤怒的作用不显著，对群体效能的作用显著，说明新媒体动员对群体效能起调节作用。

四、讨论

集体行动是群体间解决利益矛盾时常用到的一种方式。历史上人们曾把集体行动视为单纯破坏社会秩序的暴民活动。随着社会思想进步和研究的深入，学术界对集体行动的认识越来越理性客观。社会心理学对集体行动前因变量的研究取得了重要成果。集体行动作为一种群际冲突现象，是不同群际间相互作用的产物，且会随着外界情境的不同而有所变化。本研究从情境变量和心理变量交互作用的视角探讨了集体行动的心理动员机制。

（一）群体剥夺对集体行动的影响

本研究结果表明，群体剥夺对集体行动有显著的正向预测作用，同时在Process程序中，群体剥夺的置信区间为（95% CI=2.3032—4.9395），再次验证了群体剥夺对集体行动具有直接效应。群体剥夺是指个体对其所属群体的地位、利益不满意而产生的一种负面感受。本研究结果重复了Cole（2012）、Osborne和Sibley（2013）等人关于相对剥夺感与集体行为关系的研究结论。相对剥夺是一种不平衡感，是个体判断客观环境不公平时产生的一种主观认知。产生相对剥夺感的核心心理机制是社会比较。从社会比较理论来看，个体通过与他人进行比较来评价自身的地位和处境。本研究中，非学生干部的大学生会将自己与学生干部进行比较，因身份差异带来的享有资源的差异会使他们感到自己并不占优势，处于不平等竞争中，从而产生相对剥夺感。Smith和Huo（2014）的研究表明，人们在进行群际比较时，如果发现所在群体目前处于不利情境，可能会产生沮丧、生气或愤怒情绪反应，群体会依照是否有改变机会而采取不同的行为策略。根据社会认同理论，当个体认同自己所在的群体时，会得到内群体的情感和态度支持，形成命运共同体，并倾向于进行群际比较，作出支持其所属群体的行为。当个体感知到群体剥夺时，容易引发内群体偏好和外群体偏见倾向，形成对内群体的支持和对外群体的反对。随着群体剥夺感上升，人们更易选择争取群体权益的集体行动。因此群体剥夺感受的强弱可以很好地预测集体行动的发生，本研究验证了这一假设。

（二）新媒体动员的调节效应

群体剥夺只是集体行动发生的引发条件，但不代表有了群体剥夺就一定会导致集体行动，或者没有群体剥夺就不会导致集体行动。本研究检验了新媒体动员在群体剥夺对集体行动作用的调节效应。结果表明，新媒体动员调节群体剥夺对集体行动的影响：高群体剥夺者无论新媒体动员水平高低，都有较高的意愿参与集体行动，他们要为争取权益而抗争；低群体剥夺者在新媒体高动员水平下也有较高的意愿参与集体行动，这就验证了集体行动发生的另一个特征，即素不相识的旁观者可以转变为同仇敌忾的参与者。Van Zomeren（2004）等人以学生"反学费上涨行动"为背景的研究得到过相同结论。石晶、崔丽娟（2016）的研究也证实了舆论支持是集体行动的重要促进因素。这是因为在群体剥夺事件背景下，新媒体动员具有不断赋予集体行动以具体意义的作用。新媒体具有互动性、流动性与个性化的特征，在集体行动中可以扮演"动员中介人"（recruitment agents）的角色。它快速传播信息，形成信息流瀑，瞬间就可以使信息通畅。通过新媒体群体成员可以了解他人的态度和行动意愿，每个人在新媒体中通过转发、评论等"微小贡献"，有效地积蓄成集体的公开抗争诉求，达成目标共识。另外，新媒体降低了组织集体行动的成本，一些低剥夺群体或间接剥夺群体将信息分享到朋友圈或微信群，形成"关键的边缘人"（critical periphery）群体，他们在没有计算得失的情况下就已经参与了集体行动。信息被他人所分享、转发，成员又获得了参与集体行动的自我激励，产生强烈的群体效能感，个人化的行动直接影响到了集体行动的组织形态。这就解释了为什么低群体剥夺者在新媒体动员作用下会参加集体行动。

（三）群体愤怒、群体效能的中介效应

根据相对剥夺理论，相对剥夺感不仅包含认知成分，也包含情感成分，如愤怒和不满等。群体效能具有理性认知成分，被认为是集体行动的一个独立解释变量。群体愤怒也具有动员作用，是个体参与集体行动的驱动因素。为了深入探究这一调节机制，本研究以 Van Zomeren（2010）等提出的集体行动参与双路径模型为基础，引入群体愤怒、群体效能变量分析新媒体动员对群体剥夺与集体行动之间关系的具体机制。结果表明，群体剥夺对群体愤怒、群体效能有显著的正向预测作用；群体愤怒、群体效能对集体行动也有显著正向预测作用，说明集体行动受情感路径与工具理性路径的共同驱动，这与以往研究结论相同（Smith, Cronin & Kessler, 2008；张书维，王二平，周洁，2012）。群体愤怒是群体成员感知到不公平感后在心理上产生的一种消极情绪。因群体剥夺而累积的群体愤怒在传染中程度加深、范围加大，有可能促使群体成员采取过激行为来宣泄

和表达自己的不满，因而增加了集体行动的可能性。群体效能是成员对内群体作为一个整体实现诉求的能力的信念，如果成员之间心理联系紧密，诉求坚定，相信通过集体行动能够实现目标，就容易吸引更多人投身到集体行动中。

研究结果显示，随着新媒体动员水平的提高，被试群体愤怒和群体效能的水平也相应提高，这表明新媒体动员对群体愤怒和群体效能产生了强化作用。Covello（2014）等人在对 Meta 用户情绪表达的研究发现，用户中存在着情绪传染现象。张少群、魏晶晶（2016）等人对 Twitter 用户的情绪时间序列进行 Granger 因果检验后表明，在 Twitter 中也存在着情绪传染现象。新媒体能将个体的愤怒情绪扩散和聚集，形成群体愤怒的"共振"，群体成员被有效地连接起来，彼此结为实际或想象的"命运共同体"，因而更愿意参与到集体行动中。但是由群体愤怒所导致的集体行动往往会局限在一定范围内。本研究表明，群体剥夺和新媒体动员的交互项对群体效能的作用显著，这说明在群体剥夺情况下，新媒体动员主要对群体效能产生调节作用。在有些研究中，群体效能被视为解释个体参与集体行动的关键性变量，对集体行动有相对独立的预测作用，从得失损益计算（cost-benefit calculations）的角度看，只要个体认为集体行动是有效和有益的，便有可能参与其中（Van Zomeren & Postmes，2012）。当群体感到剥夺感较高时，在新媒体动员下，内群体的行动更容易于受效能评估的引导，内群体成员将群体看成不可分割的统一体，考虑的是群体作为一个整体实现特定目标的能力，以及内群体是否有足够的资源应对群体目标的需求。Thomas 等人（2016）就用实验的方法证实了内群体利用媒介进行动员能够对群体效能产生强化作用。新媒体动员不仅能够提升内群体效能，而且也能够通过动员来吸引外群体成员的加入，出现群体的旁观者效能。比如 Saeri（2015）在对印度公民支持美国贫困者的研究得出，当印度公民在媒体中看到相关报道，认为美国贫困者的群体行动是有效时，他们也会参与支持这一行动。

本研究结论具有一定的现实指导意义：第一，群体剥夺可以很显著地预测集体行动，因此，社会职能部门应关注弱势群体或边缘群体，掌握诉求动态，需要建立公平合理的制度机制，从而化解群体剥夺感，消解产生集体行动的心理基础。第二，新媒体动员具有能量聚合能力，在新媒体动员较高时，一些间接利益相关者会卷入其中，对集体行动产生巨大的组织和助推力量。这既是机遇也是挑战，原因在于新媒体动员能够改变群体参与集体行动的力度，因此学校、政府等职能机构在化解和处置行动时就要发展出相应的新媒体技术策略。此外在新媒体中动员资源的供给良莠不齐，群体成员要分清动员的真实目的，发布者要提供具有说服力的动员理由，才会释放出强大的动员能量，使集体行动获得合理合法的基础。第三，群体剥夺通过群体愤怒、群体效能两条路径对集体行动产生影响，因此权力机构需要提供弱势群体表达不满的渠道，社会组织对抗争群体的愤怒情绪进行有效干预，对那些目标诉求强烈、凝聚力较强的群体，政府部门则需凸显良性治理范式，采取多方合作的方式，协商解决，避免集体行动升级。

五、结 论

群体剥夺是集体行动发生的前提，对集体行动有正向的预测作用。

群体愤怒、群体效能在群体剥夺和集体行动之间具有中介效应。

新媒体动员可以调节群体效能对集体行动的作用，即使群体剥夺低，如果新媒体动员处于较高的水平，个体也有可能参与到集体行动之中。

参考文献

［1］邓力.新媒体环境下的集体行动动员机制：组织与个体双层面的分析[J].国际新闻界，2016.（09）：60—74.

［2］石晶、崔丽娟.舆论支持对集体行动的影响：有中介的调节效应[J].心理研究，2016（01）：72—78.

［3］薛婷、陈浩、乐国安、姚琦.社会认同对集体行动的作用：群体情绪与效能路径[J].心理学报，2013（08）：899—920.

［4］薛婷、陈浩、乐国安、姚琦.独立预测作用，还是基础性影响？——价值观对集体行动的影响机制[J].心理学探新，2014（01）：68—76.

［5］曾庆香、李蔚.解析传统媒体与新媒体对群体性事件的传播框架[J].当代传播，2011（01）：48—50.

［6］张少群、魏晶晶、廖祥文、简思远、陈国龙.Twitter中的情绪传染现象[J].山东大学学报（理学版），2016（01）：71—76.

［7］张书维、王二平.群体性事件集群行为的动员与组织机制[J].心理科学进展，2011，19（12）：1730—1740.

［8］张书维、王二平、周洁.跨情境下集群行为的动因机制[J].心理学报，2012，44（04）：524—545.

［9］Abrams, D., Grant, P. R. *Testing the social identity relative deprivation (SIRD) model of social change: the political rise of Scottish nationalism*[J]. British Journal of Social Psychology, 2012, 51(4):674—689.

［10］Becker, J. C., Tausch, N. Wagner, U. *Emotional consequences of collective action participation: differentiating self-directed and outgroup-directed emotions*[J]. Personality & Social Psychology Bulletin, 2011,37(12):1587.

[11] Bilali, R., Vollhardt, J. R., Rarick, J. R. D. *Modeling collective action through media to promote social change and positive intergroup relations in violent conflicts* [J]. Journal of Experimental Social Psychology, 2017, 68, 200—211.

[12] Chan, M. *The Impact of E-mail on Collective Action: A field application of the SIDE Model*[J]. New Media & Society, 2010. 12(8): 1313—1330.

[13] Cohen-Chen, S., Halperin, E., Saguy, T., Zomeren, M. V. *Beliefs About the Malleability of Immoral Groups Facilitate Collective Action*[J]. Social Psychological & Personality Science, 2014,5(2): 203—210.

[14] Cole, S. M. *The relationship between relative deprivation and adult nutritional status in rural Zambia*[J]. American Journal of Human Biology the Official Journal of the Human Biology Council, 2012. 24(6): 800—805.

[15] Coviello, L., Sohn, Y., Kramer, A. D. I., Marlow, C., Franceschetti, M., Christakis, N. A., et al.. *Detecting Emotional Contagion in Massive Social Networks*[M]. Plos One, 9(3), e90315. 2014.

[16] Drury, J., Reicher, S. *Collective Psychological Empowerment as a Model of Social Change: Researching Crowds and Power*[J]. Journal of Social Issues, 2010, 65(4):707—725.

[17] Guimond, S., Dubé simard, L. *Relative deprivation theory and the Quebec nationalist movement: The cognition-emotion distinction and the personal-group deprivation issue*[J]. Journal of Personality & Social Psychology, 1983. 44(44):526—535.

[18] Hornsey, M. J., Blackwood, L., Louis, W., Fielding, K., Mavor, K., Morton, T., et al. *Why Do People Engage in Collective Action? Revisiting the Role of Perceived Effectiveness*[J]. Journal of Applied Social Psychology, 2010.36(7), 1701—1722.

[19] Klandermans, B. *How group identification helps to overcome the dilemma of collective action*[J]. American Behavioral Scientist, 2002, 45(5): 887—900.

[20] Leach, C. W., Iyer, A., Pedersen, A. *Anger and guilt about ingroup advantage explain the willingness for political action*[J]. Personality & Social Psychology Bulletin, 2006, 32(9):1232.

[21] Li, Z., Tang, X., Lee, W. B. *Collective Threshold Model Based on Utility and Psychological Theories*[J]. International Journal of Knowledge & Systems Science, 2013(4).

[22] Osborne, D., Sibley, C. G.. *Through rose-colored glasses: system-justifying beliefs dampen the effects of relative deprivation on well-being and political mobilization*[J]. Personality & Social Psychology Bulletin, 2013,39(8):991.

[23] Saab, R., Tausch, N., Spears, R., Cheung, W. Y.. *Acting in solidarity: Testing an extended dual pathway model of collective action by bystander group members*[J]. British Journal of Social Psychology, (2015) 54(3):539.

[24] Saeri, A. K. *Collective action by outsiders to group conflict and inequality.*

Unpublished PhD Thesis, The University of Queensland. 2015.

[25] Shi, J., Hao, Z., Saeri, A. K., Cui, L. *The dual-pathway model of collective action: Impacts of types of collective action and social identity*[J]. Group Processes & Intergroup Relations, 2014,18(1):45—65.

[26] Smith, H. J., Cronin, T., Kessler, T.. *Anger, Fear, or Sadness: Faculty Members' Emotional Reactions to Collective Pay Disadvantage*[J]. Political Psychology, 2008,29(2):221—246.

[27] Smith, H. J., Huo, Y. J. *Relative Deprivation: How Subjective Experiences of Inequality Influence Social Behavior and Health*[J]. Policy Insights from the Behavioral & Brain Sciences, 2014, 1(1): 231—238.

[28] Smith, H. J., Ortiz, D. J. *Is it just me?: The different consequences of personal and group relative deprivation*[M]. In I. Walker&H. J. Smith (Eds), Relative deprivation:Specification, development, and integration .2002:91—115.

[29] Smith, H. J., Pettigrew, T. F., Pippin, G. M., Bialosiewicz, S. *Relative deprivation: A theoretical and meta-analytic review*[J]. Personality and Social Psychology Review, 2012, 16(3):203—232.

[30] Stürmer, S., Simon, B. *The role of collective identification in social movement participation: a panel study in the context of the German gay movement*[J]. Personality & Social Psychology Bulletin, 2004,30(3):263.

[31] ausch, N., Becker, J. C. *Emotional reactions to success and failure of collective action as predictors of future action intentions: A longitudinal investigation in the context of student protests in Germany*[J]. British Journal of Social Psychology, (2013),52(3):525—542.

[32] Thomas, E. F., McGarty, C., Mavor, K. *Group interaction as the crucible of social identity formation: A glimpse at the foundations of social identities for collective action*[J]. Group Processes & Intergroup Relations, 2016,19(2):137—151.

[33] Van Zomeren, M., Leach, C. W., Spears, R. *Protesters as "passionate economists": a dynamic dual pathway model of approach coping with collective disadvantage*[J]. Personality & Social Psychology Review, 2012, 16(2):180—199.

[34] Van Zomeren, M., Postmes, T., Spears, R. *Toward an Integrative Social Identity Model of Collective Action: A Quantitative Research Synthesis of Three Socio-Psychological Perspectives*[J]. Psychological Bulletin, 2008,134(4), 504—535.

[35] Van Zomeren, M., Postmes, T., Spears, R. *On conviction's collective consequences: Integrating moral conviction with the social identity model of collective action*[J]. British Journal of Social Psychology, 2012. 51(1):52—71.

[36] Van Zomeren, M., Spears, R., Fischer, A. H., Leach, C. W. *Put your money where your mouth is! Explaining collective action tendencies through group-based anger and group efficacy*[J]. Journal of Personality & Social Psychology, 2004. 87(5):649—664.

［37］Van Zomeren, M., Spears, R., Leach, C. W. *Experimental evidence for a dual pathway model analysis of coping with the climate crisis*[J]. Journal of Environmental Psychology, 2010. 30(4):339—346.

［38］Walker, I., Smith, H. J. *Relative deprivation: Specification, development, and integration*[M].Cambridge University Press.2002.

作者简介：许志红，浙江传媒学院马克思主义学院教授，硕士研究生导师；刘永贤，重庆涪陵长江师范学院讲师。

新冠肺炎疫情期间辟谣信息的传播特征和策略研究

郑一璐

摘要： 在社会信息的流通过程中，一直有两股截然不同的力量在明争暗斗着——谣言和辟谣，而此次的新冠肺炎疫情无疑使这两股力量的较量愈加显著和激烈。在重大的公共卫生事件当中，谣言的传播数量多、范围广、影响力强，相对应的，疫情期间也涌现出了一大批的辟谣平台，但辟谣信息的收效甚微。通过对四个辟谣平台案例进行分析，归纳辟谣信息的内容特征、形式特征和说服方式，发现其辟谣效果不佳的原因主要有：辟谣信息的相对滞后性、低扩散性和辟谣话语的单一性。基于对四大平台的辟谣数据和文本的分析，笔者提出了四大辟谣策略：保证信息公开，提高政府公信力；从传播渠道和内容上改进传播策略；培养受众意识，提高全社会的媒介素养；关注事实本身，用发展的观点看问题。

关键词： 新冠肺炎；辟谣；媒介素养；传播策略

在所谓的"不反转不是新闻"的后真相时代，真假难辨的谣言、假新闻让我们的信息环境质量堪忧，人们离真相的距离究竟有多远？谣言和真相、谣言和辟谣一直是传播学者关注的焦点话题。通常来讲，谣言指的是错误的或未经证实的言论，辟谣则是对谣言的查证、鉴定和公开声明。俗话说"造谣一张嘴，辟谣跑断腿"，尤其在疫情这种特殊时期，谣言的传播速度绝不逊于病毒。通过对以往文献的梳理发现，目前的研究大多是通过对谣言的文本和内容分析，总结谣言传播的典型特征和传播机制，以此来帮助人们辨别谣言，但目前对辟谣信息传播特征和策略的研究较少，尤其是在重大的公共卫生事件当中，谣言的传播数量多、范围广、影响力强，辟谣效果的好坏影响着信息环境的质量，对于辟谣的研究就显得尤为重要。在此次新冠肺炎疫情期间，涌现了一大批辟谣平台，各大官方媒体、各地的公安网警、政务微博、学校官微、地方辟谣平台，以及腾讯较真辟谣、清博舆情的疫情谣言粉碎机等专业的辟谣平台等。但是，如此数量众多的辟谣平台的效果却不能令人满意，那么，作为谣言的对立面，辟谣信息在内容和形式上分别有哪些特征？为什么辟谣信息没有谣言传播的影响力大？从传播学角度分析，应如何提高辟谣信息传播的效果？

因此，在此次疫情中，本研究选取了四家知名度较高的综合性辟谣平台作为典型案例进行分析，分别是以今日头条－鉴真辟谣专区为代表的新型信息聚合平台，以微博小秘书发布的每日微博辟谣为代表的社交媒体平台，以腾讯新闻"全民较真"为代表的专业辟谣平台以及以丁香医生－每日辟谣为代表的医疗类自媒体，通过从客观的视角来分析辟谣信息的特征，发现辟谣效果不佳的原因，并从传播学的角度提出一定的辟谣策略。

一、辟谣信息的特征

（一）内容特征

从辟谣信息的主题类型上看，谣言为辟谣信息设置了议程，辟谣信息的主题基本上跟随谣言的主题进行，相当于被谣言"牵着鼻子走"。具体看来，有关新冠肺炎疫情的辟谣信息以六大类型为主，分别是疫情进展、病毒科普、社会民生、开学时间、治安管理、奇闻轶事等。由于辟谣信息数量的庞大，故选取2月份及2月份的中旬作为数据来源，属于纵向的横截面研究。从图一可以看出，2月16日的四大辟谣平台中，社会民生类辟谣信息最多，其次是疫情进展情况和病毒防治的科普知识，这三者都是人们普遍关切的话题。辟谣信息主题类型的分布，在一定程度上正对应着谣言的主题类型分布。

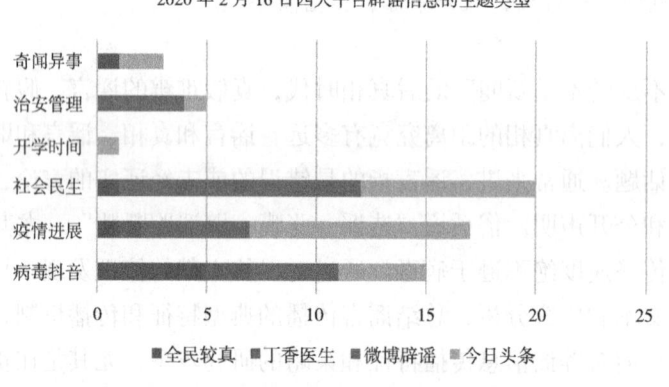

2020年2月16日四大平台辟谣信息的主题类型

图1 四大平台辟谣信息的主题类型

从辟谣信息的数量上看，以2月份的数据为例，在四大辟谣平台中，今日头条—鉴真辟谣发布的辟谣信息数量最多，2月份共发布729条，日均25条；微博小秘书发布的微博辟谣汇总信息则位居第二，从2月7日发布第一条汇总信息，2月份共计661条，日均23条；全民较真—肺炎疫情辟谣平台在2月份共发布282条，日均10条；丁香医生只发布当天最热、点击量最高的辟谣内容，2月份共发布105条辟谣信息，日均3条，在四个平台中数量最少。①

此外，四个平台最初的辟谣时间普遍滞后于疫情的进展情况，辟谣时间普遍开始于1月底到2月初，而疫情在12月已经初显，资料显示，早在12月8日，武汉卫健委通报首例确认病例当日发病；12月30日，武汉卫健委发布《关于做好不明原因肺炎救治工作的紧急通知》；1月11日，武汉卫健委首次将不明原因肺炎更名为"新冠病毒感染的肺炎"；1月20日，钟南山明确表示新冠病毒"人传人"②。尽管理解新事物总是需要投入一定的时间成本，但不可避免地，在官方开始辟谣之前就已经有谣言在传播，而辟谣信息没有及时跟进，会导致后期辟谣的难度增大。

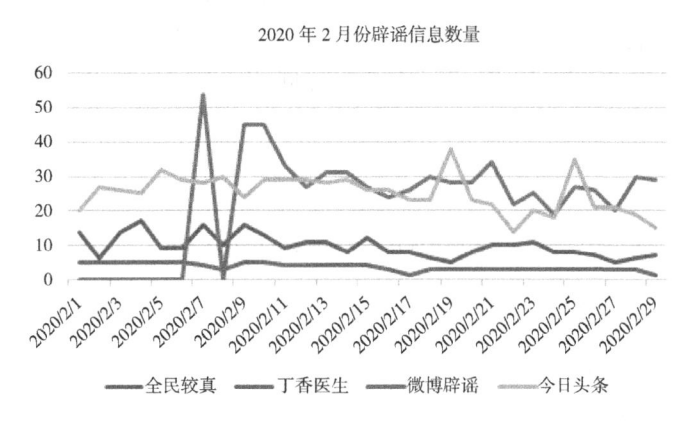

图2 四大平台2月份辟谣信息数量

（二）形式特征

首先，从四个平台的内容呈现形式上看，腾讯全民较真是腾讯新闻旗下的专业事实查证平台，在疫情期间特别设置了"肺炎辟谣"模块，联合中国医师协会健康传播工作委员会，对新冠肺炎疫情进行实时辟谣，分为"提问较真""疫情数据"和"风险自评"模板，顶部的搜索框便于用户自行查辨谣言，首页为线性排列的消息，以谣言标题＋谣言认定＋小图片的形式呈现，谣言鉴定包括谣言、确有此事、有失实、伪科学、分情况、尚无定论6种认定形式，用盖章的方式醒目地标明，其中，每条辟谣信息包括流传说法、较真鉴定、查证要点、查证者、查证原文以及参考文献，底部有一个红色的小飞机按钮，用于分享扩散，辟谣信息图文并茂。

微博小秘书的"每日辟谣"来自"微博辟谣"，即新浪微博虚假消息辟谣官方微博。作为一个汇总式的辟谣平台，包括重要辟谣、综合性辟谣、武汉辟谣、地方辟谣、科普辟谣、

---

① 数据来源：丁香医生 https://mp.weixin.qq.com/s/7lIEb9LLCTFzudIEypbDUg；全民较真 https://vp.fact.qq.com/home?ADTAG=xw-1.jz；微博辟谣 https://m.weibo.cn/1866405545/4473345351141801；今日头条 https://i.snssdk.com/ugc/hotboard_fe/hot_list/template/hot_list/forum_tab.html?activeWidget=5&city_code=370200&city_name=%E9%9D%92%E5%B2%9B。

② 南方都市报 https://mp.weixin.qq.com/s/DaK9glEkZdx5FvAFeczCRw。

同内容多地辟谣以及公安网警辟谣，微博小秘书每日以消息形式发送给每位微博用户，形式为文字+微博正文链接；丁香医生公众号每天晚上发布一则每日辟谣，以图片的形式发布，大号字体的"谣言"和"辟谣"，将图片问题和解答清晰地分开来，一目了然，图片的形式有助于辟谣信息的转发；今日头条是以人工智能为主体的信息科技公司，它的辟谣特色是精准辟谣，通过机器算法+用户反馈+人工复查+定向辟谣的方式，高效识别虚假信息。

辟谣平台的信息来源以新闻媒体和官方机构为主。从图3可以看出，在2月16日当天四大辟谣平台的信息来源中，专业媒体作为信息来源占比最高，达44%左右；其次是以公安网警、国家机关、辟谣平台为主体的官方信息来源，占比达36%左右；而自媒体和社会团体为代表的民间信息来源占比约8%；最少的则是以医院、专业人士、法律机构为代表的专业信息来源仅占6.5%左右，可见，新闻媒体和官方共同主导了辟谣的话语权，有权判定谣言并告知大众。

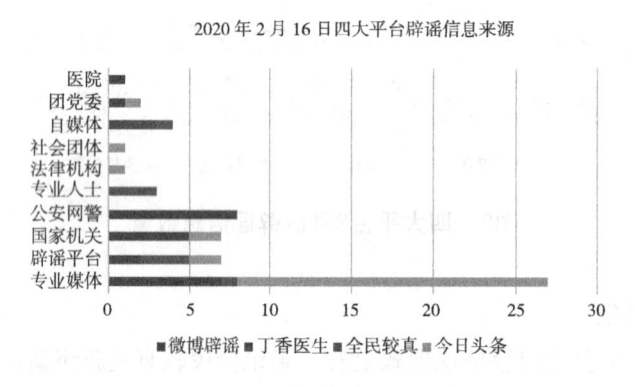

图3 四大平台的辟谣信息来源

（三）说服方式

在卡尔·霍夫兰的说服研究中，将改变态度的方式分为诉诸感性和诉诸理性两种。研究表明，谣言的标题通常诉诸感性，利用公众恐惧、善意等心理，最常见的就是恐惧诉求，用耸人听闻的标题来吸引人的注意力。而谣言的主体内容则主要诉诸理性，通过假借权威、数据堆砌等看似严谨的方式，加之一定的故事化、挑起激进情绪等，从而使人相信并转发。[1] 相比之下，辟谣信息的说服方式有诸多不同。

从辟谣信息的标题上看，通常来说，辟谣信息的标题即谣言标题，在标题后标注"谣言"等字样来鉴别真伪，如今日头条、全民较真和丁香医生，其中丁香医生以"谣言+问号 | 每日辟谣"的形式作为标题，疑问句的形式可以激发受众的好奇心，而今日头条

---

[1] 喻国明：《网络谣言的文本结构与表达特征——基于腾讯大数据筛选鉴定的6000+谣言文本的分析》，新闻与写作，2018，第2期，第53—59页。

在标题中配置了朗读功能，点击即可收听全文。由于微博没有明确的标题和正文的区分，往往会直接否认谣言的内容，并用诸如"谣言！""不要信""假的！""别信！"等短而有力的短语和感叹号来引起人们注意，但这些文字很容易淹没在信息流中。

从辟谣信息的内容上看，诉诸理性还是辟谣信息最主要的说服方式，大多是援引媒体报道、权威专家等方式，摆事实、讲道理，严谨性、专业性有余，但接近性、易读性不足，很难引起普通大众的阅读兴趣。如丁香医生在2月17日对一则题为"喝热水、盖被子、晒太阳就能预防新冠病毒"的谣言的辟谣中，条分缕析地指出这条谣言中的六个错误点，分别加以解释和说明，并向受众科普相关的医学知识，既打击了谣言，又安抚了人心，从10万以上的阅读量来看，这种辟谣消息的传播效果较为显著。但是，还有一些辟谣信息不阐明事情发生的经过，就草率得出一个结论，或只有相关部门的一纸声明，从受众的反馈信息来看，这种辟谣方式并不能真正让人信服。如2月6日多平台发布的一则来自《长江日报》的辟谣信息，题为"男子因家人感染新型冠状肺炎病毒持刀出现在街头"，在评论和转发中出现了不少质疑的声音，原因是辟谣过程过于简短，没有给出事情发生的前因后果，之后也没有继续跟进报道，不了了之，这种辟谣信息的效果就大打折扣。

从阅读量、转发量、评论量这些外在指标来看，目前的辟谣信息的说服和传播效果总体不佳。比如，某谣言"上海防疫专家建议放鞭炮消除病毒"，微信公众号"花炮网"2月21日发布此文，"中华元智库"2月24发布此文，阅读量均为10万，还有更多未知的谣言传播平台不可胜数，而在微博辟谣平台3月3号的辟谣信息仅有2人转发、5人评论、13人点赞，今日头条的相同主题的辟谣信息阅读量也仅为2770人次，全民较真则未查询到此消息。可以看出，谣言和辟谣信息的传播效果对比悬殊，辟谣信息的传播效果亟待加强。

二、辟谣效果不佳的原因

（一）辟谣信息的相对滞后性

从客观上看，辟谣信息较于谣言总是具有相对滞后性，从谣言的生产、传播、流行，再到信息的核实，这一过程需要耗费一定的时间，谣言不胫而走，而辟谣信息只能跟在后头跑，这也是不争的事实。除此之外，一些人为的主观因素也会导致辟谣信息的滞后。正如此次疫情中，各大辟谣平台在1月底2月初才开始发布辟谣信息，在谣言已经满天飞的情况下，此时辟谣无异于大海捞针，而且此时谣言已经产生一定的危害，后期辟谣难度大，效果也不显著。因此，应逐步建立有效的谣言预警机制，辟谣平台常规化运作，才能防患于未然。

（二）辟谣信息的扩散性不强

从特性上看，谣言之所以能广泛传播，是因为它切中了人们对信息的需求和焦虑心理。根据谣言的影响力公式，"谣言的影响力 = 事件的重要性 × 事件的模糊性 ÷ 公众批判能力"，可见谣言具备了公开性、重要性、接近性和广泛性，缺失了真实性、准确性和时效性。例如，在此次疫情期间，微博小秘书2月9日的同内容多地辟谣中，各地都谣传"今晚对主干道大面积消毒"，对当地的人来说，这类消息重要且息息相关，因此许多人不加以核实，出于善意便开始互相转发，使得这一谣言在各地广为传播。

相对于谣言，辟谣信息则不具备广泛传播性。辟谣信息是对谣言的回应，不能引发主动传播，只能极少数做到准确回应。辟谣信息具有针对性，只涉及小范围的受众，而谣言的针对面则更广，譬如一则"今晚主干道消毒"的谣言可以演化出全国各地的版本，而辟谣信息只能对本地区的谣言进行回复。

（三）辟谣信息的话语单一性

从前面的分析可以看出，辟谣信息的来源以新闻媒体和官方平台为主，而新闻媒体的信息来源往往也来自官方权威机构，如政府公开数据、各省市的新闻发布会等，可见官方仍在辟谣中占据主导话语权，且存在辟谣话语单一的风险。在官方机构的辟谣信息中，往往呈现出这样一种话语方式："【辟谣！网传××系谣言】'经核实，近日网传××事件相关信息不属实，系谣言'。请广大网友从官方权威渠道获取信息，不信谣、不传谣！"这样的语句。这体现出官方辟谣话语的主导和单一，壮大辟谣的队伍和话语方式，在官方和民间寻求更多的平等的协商对话空间，发挥好新闻媒体的舆论监督作用，充分利用社会团体和医疗类自媒体的力量。

三、从传播学的角度提出辟谣策略

（一）保证信息公开，提高政府公信力

尽管辟谣信息具有相对滞后性，但可以做到提前预防谣言的产生，当信息透明、公开，谣言便不攻自破。如武汉红十字会捐款丑闻，捐款信息的不透明导致谣言丛生，官方公信力大打折扣，甚至一度引发信任危机。正是抓住了信息的漏洞，谣言才能乘虚而入，造成不信任感弥漫，后者又反过来加剧谣言的传播。

从传播者的角度看，霍夫兰在《传播与劝服》一书中指出信源的两大特性，即权威度和可信度，除了这两点外，还要注意提高信源的公信力，同时发挥好"第四权力"——新闻媒体的舆论监督作用，坚持新闻专业主义，为民众澄清谣言，还原真相，做好社会的守望者和吹哨人。李文亮医生疫情初期在同学群中发布的预警信息，被当作谣言加以训诫，结果等李文亮医生感染去世后，事实才得以澄清，那一段时间甚至有网友表示辟谣信息要反向解读，可见不当辟谣对当地政府公信力的危害之大，辟谣者要善用自身的权力,谨慎发布辟谣信息。

(二)从传播渠道和内容上改进传播策略

由于辟谣面向的受众是社会大众,因此,采用人民群众喜闻乐见的形式进行辟谣,更容易被接受和转发。对科学事实类谣言,可尝试多采用图片、短视频、互动视频等多媒体形式,把枯燥难懂的科学知识转化为生动活泼的科普小知识。比如在这次疫情初期,相关科普公众号用小视频的形式讲解《关于新冠肺炎的一切》,引起朋友圈及各大主流媒体的转发热潮,达到了很好的传播效果。

根据霍夫兰的劝服研究,两面提示能起到更好的态度改变效果,接受两面提示后态度更不易发生改变,辟谣信息除了告知正确信息的合理性,还可以适当阐明虚假信息的不合理性,做到逻辑清晰、有理有据。另外,根据多级传播理论,信息的传递是有层级的,辟谣可以调动起意见领袖的力量转发,适当增加传播内容的趣味性和互动性,拓宽传播渠道,并根据不同传播渠道的特点制定传播策略,如可以利用抖音等自带流量的平台扩散辟谣信息,扩大辟谣信息的影响力。

(三)培养对象意识,提高全社会的媒介素养

从谣言的影响力公式,可以推出,辟谣的影响力与辟谣事件的重要性、真实信息的透明度和公众的批判能力高度相关。因此,除了要提高辟谣过程的完整度和清晰度,更重要的是提升辟谣者和公众的媒介素养,推广普及媒介素养教育,重点是培养人们的批判性思维。媒介素养的目的是提高人们在获取、传播、表达和创造媒介信息方面的能力,推动公民主动、负责任地参与社会事务。一方面,提高辟谣者的媒介素养,培养辟谣中的对象意识,即心怀受众,有助于提高辟谣过程的效率;另一方面,提高大众的媒介素养,赋权大众自行判断、解读信息的能力,"媒介素养不仅有助于民众对媒介及媒介的社会角色的认知和理解,而且也为提高民众积极参与社会传播、表达意见、建言献策的基本权利的开发和保护创造了不可忽略的条件。"[①]因此,只有提高社会整体的媒介素养水平,才能真正做到让"谣言止于智者"。

此外,谣言之所以能广泛流传,在某种程度上也反映了民生关切和诉求,从前面的数据可以看出,排名靠前的辟谣信息分别是社会民生类、疫情进展类和病毒防护科普类信息,诸如中小学开学时间、中高考时间、疫情数据等都是人们十分关切的问题,因此辟谣信息还要对人们所关切的问题做出切实的回应,才能真正安抚人心。

(四)关注事实本身,用发展的观点看问题

为了使辟谣达到更好的效果,除了在传播者、传播内容、传播渠道、受众、说服策略上的改进之外,辟谣还要回归事实本身,挖掘谣言背后的深层次动因,其中包括个人的、组织的、群体的等多层次因素,要深入分析个人是出于何种动机和心理而制造谣言的,转发者出于何种心理进行转发的,组织出于何种利益考量而传播谣言的,群体中的人出于何种心理和考量而在群体内传播不实信息的,还要考虑正常的话语渠道是否受阻等结

---

① 张开:《媒介素养学科建立刍议》,现代传播(中国传媒大学学报),2016,第38期,第143—146页。

构性因素，这都是值得深入研究的问题。此外，由于人们对新生事物的认识总是一个循序渐进的过程，认识的过程需要一定的时间，因此，我们还要用发展的、动态的眼光看问题，对当下待定、有争议的信息要保持宽容的心态，媒体要持续跟进。只有理清这些问题，才能真正找到辟谣失效的症结所在，而不是简单地用"一刀切"的方式终止话题的继续。

参考文献

[1] 吴杨.自媒体环境下网络谣言制造方式与文本句式特征——基于2016-2018年408条谣言文本的分析[J].视听，2019（06）：149—151.

[2] 刘琼、黄世威.微信谣言的文本特征与说服方式——基于"微信辟谣助手"中谣言样本的内容分析[J].华中传播研究，2018（02）：167—181.

[3] 王蓉.微信谣言的传播趋势研究——基于2017年热点微信谣言的文本分析[J].视听，2018（08）：152—153.

[4] 喻国明.网络谣言的文本结构与表达特征——基于腾讯大数据筛选鉴定的6000+谣言文本的分析[J].新闻与写作，2018（02）：53—59.

[5] 张志安、束开荣、何凌南.微信谣言的主题与特征[J].新闻与写作，2016（01）：60—64.

[6] 王理、谢耘耕.公共事件中网络谣言传播实证分析——基于2010～2012年间网络谣言信息的研究[J].上海交通大学学报（哲学社会科学版），2014，22（02）：86—99.

[7] 金秋.微博辟谣的作用机制初探——以新浪微博为例[J].新闻世界，2011（07）：132—133.

[8] 张开.媒介素养学科建立刍议[J].现代传播（中国传媒大学学报），2016，38（01）：143—146.

作者简介：中国传媒大学传播研究院，传播学专业硕士研究生。

从新冠疫情辟谣信息看新闻编辑的媒介素养培养

——以武汉红十字会收取捐赠手续费为例[①]

章丽婷　宋红岩

摘要：在新冠疫情暴发期间滋生了大量谣言，然而辟谣信息不能有效地阻断谣言的传播。本文研究认为，当前新冠疫情的辟谣信息产生一定的社会不良影响，不利于树立新闻媒体的公信力、公众了解新闻事实和维护谣言主体的形象，体现了当前网络新闻编辑采编新闻的专业能力、满足公众信息需求和运用新媒介的能力欠缺的问题。因此，应从提高职业素养、增强创新意识与加强自主学习能力等方面提升新闻编辑的媒介素养，以增强辟谣信息的说服力。

关键词：新冠疫情；新闻编辑；媒介素养；谣言

一、引言

2020年春节期间突发的新型冠状肺炎病毒疫情，造成了一定程度的社会恐慌，与此同时，出现了大量谣言误导了公众，阻碍了社会秩序的维持。在人民网"求真"栏目中，从1月22日到2月19日，围绕疫情发布的辟谣信息有17条，而2019年发布的辟谣信息平均每月只有6条。新浪微博虚假消息辟谣官方@新浪辟谣每天的辟谣信息汇总就有20条左右，而2019年只需要一月一汇总。在大量的辟谣信息中，存在着很多同类型的谣言，例如"食品药品具有抗病毒作用"的谣言和"新冠肺炎病人逃跑"的谣言。大量谣言反复出现的原因之一是辟谣信息说服力差，高效、严谨的辟谣信息能够提高公众的信息识别能力，提高媒体和政府机构的公信力，最终实现谣言的不药而愈。因此，本文将以《武汉红十字会收取服务费？谣言！》这篇辟谣信息为例，来探讨如何提高网络新闻编辑的媒介素养，提高辟谣信息的说服力。

[①] 本文系浙江传媒学院2019年度新闻传播研究院指导专项课题阶段成果，项目编号：XCZD1904

二、新冠疫情辟谣信息的社会影响

武汉新冠疫情暴发期间，武汉红十字会一直处于风口浪尖，网络上也反复出现有关武汉红十字的谣言，本文选择武汉红十字会收取捐赠服务费的辟谣消息进行分析。1月26日20点53分有名为"我个猪"的网友在网上发布了言论称武汉红十字会要求医疗物资捐赠者支付服务费，并提到第一批医疗物资300套防护服到达武汉的时候，武汉红十字会要求捐赠该物资的上海医疗队支付6%—8%的费用，不然就拒收。① 关于此事武汉市红十字会官方微博@博爱江城于1月27日0点24分发布辟谣声明，同时1月27日上午《健康时报》发布了《武汉红十字会收取服务费？谣言！》的文章，该报道也被武汉市红十字会官网转载作为官方辟谣声明。相较于其他谣言，武汉红十字会收取捐赠手续费的谣言更能引起广泛的关注，专业的媒体机构也敏锐地察觉了这一事件，进行了调查并发布了消息进行辟谣，然而关于武汉红十字会收取捐赠服务费的辟谣信息仍然存在说服力不足等传播效果不佳的问题，这对武汉红十字会和媒体都产生了不利的影响。

（一）不利于树立新闻媒体的公信力

媒体的公信力是体现一个媒体的权威性、影响力的特征，体现了新闻媒体的信息产品获得受众认可和信任的程度。媒体公信力下降会造成传统媒体的舆论引导力、社会影响力下降，引发社会信任危机，同时媒体的受众也会大幅度减少。② 《健康时报》发布的武汉收取捐赠服务费的辟谣消息，其官方微博也有转载，其中仅有的一条评论便是发出了"确定是谣言吗？"这样的疑问，可见这次报道媒体并没有发挥其引导舆论的作用，也没有获取受众的信任。不具有说服力的辟谣新闻存在新闻内容经不起推敲、事实不清晰的问题，因此这类辟谣信息与新闻报道中出现的其他新闻失实一样，都会有损媒体权威，造成公众对传统主流媒体的不信任。

（二）不利于公众了解新闻事实

新闻通过报道客观事实来再现现实世界，从而满足公众认知新事物、了解事实的愿望。因此媒体应树立以受众为中心的思想，站在受众的角度上思考问题，才有利于实现良好的传播效果。而无论是武汉红十字会此次的辟谣还是关于网络上存在的辟谣信息，都旨在维护被传谣机构的形象，而忽视了公众真正关心的问题，在红十字会收取捐赠服务费的谣言中，存在"300件防护服的医疗物资""捐赠者要支付6%—8%的服务费""上海医疗队员"等信息点，但在辟谣中并没有进行有力的回应。媒体在应对谣言和发布辟

---

① 武汉红十字会收取服务费？谣言！[EB/OL].http://www.jksb.com.cn/html/2020/jjxxgzbd_0127/158657.html.

② 刘华：《传统主流媒体公信力下降的主要表现、原因与对策》，新闻知识，2016，第2期，第30—32页。

谣信息时方式欠妥，没有满足公众的知情权，没有发挥其社会舆论监督的作用，因此新闻编辑应具有用户思维，满足受众的需求。

（三）不利于维护谣言主体的形象

辟谣信息不具有说服力，会造成公众更相信谣言而不相信官方的现象。在这次疫情中，武汉红十字会在一次又一次的谣言和不严谨的辟谣后，影响了公众对武汉红十字会的信任度。辟谣失败的主要原因是论证不能使公众信服，在互联网平台上，公众可以通过评论、转发等方式表达自己的疑问，容易形成群体的不满，影响网民整体的态度，这样的舆论环境不利于维护被传谣一方的形象，随着舆论的发展，可能会有新的谣言出现。从1月24日起到1月30日，连续出现了有关武汉红十字会的三个谣言，分别是"武汉红十字会物资发放需要收取服务费""捐赠物资需要收取服务费""售卖捐赠的蔬菜"。很多时候谣言的发布者和传播者只是为了发泄自己对武汉红十字会的不满而进行恶意的传播，因此需要通过有效的辟谣、回应公众的疑问，维护机构的形象和公信力。

三、辟谣消息中新闻编辑媒介素养存在的不足

辟谣是传播者为了消除谣言产生的不良社会影响而采取的传播活动，辟谣结果不理想体现了新闻报道效果不佳的问题。新闻报道在发挥议程设置的作用时，新闻编辑作为"把关人"的角色不可忽视。然而在网络新闻时代，新闻信息传播呈现碎片化、去结构化的特征，对新闻编辑的媒介素养提出更高的要求，在武汉红十字会收取捐赠服务费的辟谣中新闻编辑集中体现出当前网络新闻编辑存在的一些问题。

（一）采编新闻的专业能力不足

新闻编辑的专业能力是指挖掘信息、准确的筛选信息、并对其进行加工，形成真实客观的报道，因此新闻编辑要对稿件的真实性、逻辑的合理性进行判断。采编新闻并不是简单的阐述事件，而是一项专业性较高的工作。[1] 然而《健康时代》发布的关于"武汉红十字会收取捐赠服务费的辟谣消息"存在逻辑不合理，论证不具有针对性等问题。这则报道主要分为3个部分，第一部分是记者向武汉红十字会查证是否收取捐赠服务费的问题；第二部分是红十字会对网友疑问做出的解答；最后是咨询第一批支援武汉的上海医疗队领队郑军华教授进行查证。全文约70%的内容都引用了武汉红十字会官网于1月25日发布的《50名志愿者15部电话连轴转，捐赠物资进出武汉畅通——市红十字会解答市民关心"七大疑问"》这篇资讯的内容，[2] 这是武汉红十字会官网针对频繁出现的网友质疑进行的统一解答。笔者认为将这一解答作为回应谣言的"证据"实属不妥，

---

[1] 董银雪：《新媒体时代新闻编辑的媒介素养及提升之道分析》，传播力研究，2019，第3期，第135页。
[2] 50名志愿者15部电话连轴转　捐赠物资进出武汉畅通——市红十字会解答市民关心"七大疑问"[EB/OL].http://www.wuhanrc.org.cn/info/1144/2594.htm

其中武汉市红十字会只对物资发放是否存在收费的问题进行了回应，并没有提到关于捐赠服务费的问题，以此作为论据没有说服力，可见在信息证实方面缺乏严谨性。辟谣新闻需要具有消除谣言的不良影响、解答公众的疑问、培育公众的辨析能力等作用，因此对其逻辑性和严谨性的要求更高。然而当下新闻编辑没有意识到采编辟谣信息的重要性，很多辟谣信息只有"经核实，上述为谣言信息。请广大网民关注官方信息，不信谣，不传谣，不造谣"的"口号式"辟谣，体现了新闻编辑在采编辟谣信息时不严谨、欠缺专业能力的问题。

（二）满足公众信息需求的能力不足

受众思维是在新媒体环境下对新闻编辑的新要求，如今新闻媒体行业的竞争越来越激烈，只有获得广大受众的认可才能在此环境中获得一席之地，因此新闻编辑要具有受众思维，积极从受众的角度思考问题，满足受众的信息需求。况且如今获取信息的渠道和方式越来越丰富，公众面临着信息过载的问题，这对新闻编辑工作提出了更高的要求。受众并不缺乏获取信息的渠道，而缺少高质量的信息，因此新闻编辑要充分满足受众对信息的需求。[1]关于红十字会收取捐赠服务费的辟谣信息中只是否认了收费问题，而对是否存在300套防护服的医疗物资和医疗物资的去向等问题都没有回答，而这些信息点都可能是受众关注和关心的，这没有满足公众的信息需求，体现了新闻编辑受众思维的欠缺。在社交媒体时代，公众可以通过相关组织机构的微博、微信获得辟谣声明，而专业媒体则需要通过全面、客观、真实的调查，为受众提供更多有价值的信息，从而赢得更多的受众。为实现这一目标新闻编辑要具有敏锐的洞察力来挖掘更重要的新闻内容，并进行全面、详细、严谨的编辑，从而体现媒体的专业性并实现有效的辟谣。

（三）运用新媒介的能力不足

虽然《武汉红十字会收取服务费？谣言！》是一则文字的消息报道，但其发布者《健康时报》具有全媒体平台包含报纸、网站、客户端、微博、微信公众号，完全有条件进行多种形式的报道。在这则消息中提到了记者联系上海医疗队领队郑军华教授进行求证，笔者认为可以将这一采访内容编辑成音视频的素材在《健康时报》微博、微信中发布，使得这则辟谣消息更具有说服力，也更符合社交媒体时代公众的信息接收的习惯。此外，《健康时报》发布了这则辟谣消息以后武汉红十字会官方微博、人民网、央视网等十多家媒体发声并在其官微上转载，可见这篇报道不单单被用于武汉红十字会官网声明和健康时报报纸版面，因此有必要在信息采集和处理中考虑多种信息的呈现方式。而如今这则辟谣信息从多家媒体、多个平台向受众灌输，受众却不能从中获得更多的内容，这反而引起受众的反感和质疑。在互联网技术不断发展壮大的今天，媒体行业对新闻编辑提出了新的素养要求，包括技术能力的要求、职业道德的要求以及创新意识的要求。其中技术能力的要求就表现在能够熟练掌握新媒体工具和技术。[2]一方面是熟悉各个平台的

---

[1] 徐微：《新媒体时代新闻编辑应具备的媒介素养》，新闻世界，2016，第12期，第58—60页。

[2] 高启祥：《新媒体和传统媒体结合下新闻编辑素质能力思考》，新闻研究导刊，2015，第6期，第65、74页。

编辑流程上的差异，掌握多种软件操作功能；另一方面是具有文字功底、图片处理、音视频处理的能力，对武汉红十字会收取捐赠服务费的辟谣信息而言，需要将辟谣信息编辑成多种呈现方式的内容，从而与各个平台相适应。

四、提高新闻编辑辟谣信息网络素养的策略

在新媒体去权威化和去中心化的背景下，媒体应当努力融入新媒体环境，利用自己已有的资源和声誉，打造网络环境下的意见领袖，发布准确的信息和言论，为公众筛选出真正有价值的信息，正确的引导舆论。①而关于武汉红十字会收取捐赠服务费的辟谣消息存在表述不清晰和逻辑不严谨等问题，因此新闻编辑应遵守传播者媒介素养的要求，重视辟谣信息的撰写，进行精准的辟谣。

（一）提高新闻编辑的职业素养

新闻编辑的职业素质包括职业道德和工作能力。②随着互联网和手机的普及，抖音、微信公众号、微博等成为公众获取信息的重要场所，公众不只是信息的消费者，也是信息的生产者。普通公众在网络上发布的内容可能会获得大量的关注，媒体机构也会将网民拍摄的照片、视频等作为新闻素材，这样的现象给公众一种当下媒体从业者门槛低，特别是从事互联网等新媒体行业的媒体从业者。然而对传统媒体编辑而言，如今的互联网技术给他们带来了巨大的挑战，在互联网时代，新闻传播实现相应的传播效果比传统媒体时代更难。在传统媒体时代，"一对多"的大众传播，有利于媒体树立权威性，有利于增强新闻传播的影响力，而如今媒体不再是唯一"发言人"，媒介环境变得复杂，新闻的传播效果变得不可预测。实际上，如今的媒体环境，对网络新闻编辑提出了更多要求，既要坚持新闻专业主义精神，又要具有受众意识，满足受众需求。因此网络时代仍然要加强对新闻编辑职业素养的要求，一是加强新闻编辑的职业道德，在新闻工作中，严格把关新闻质量，坚持以人民利益为指向，坚持新闻的真实与客观；二是提升工作能力，具备新闻敏感、采访能力、表达能力、网络信息运用能力等业务能力。在辟谣方面，加强新闻编辑的职业道德素养，有利于辟谣信息的严谨和客观，从而获得受众的信任。

（二）增强网络新闻编辑的创新意识

当下大量的辟谣信息形式一致，形成了辟谣的套用模板，然而不同的谣言涉及不同主体，事件的性质也有所不同。笔者认为应增强新闻编辑的创新意识，应对不同类型的谣言，编辑应设计不同的辟谣方案和采访方案。新闻编辑的创新意识主要体现在三个方面：思想观念的创新、编辑内容创新和表达方式的创新。思想观念的创新是指理解新媒

---

① 李静宇、高雪：《新媒体语境下公众媒介素养的提升途径》，新闻世界，2013，第6期，第198—199页。
② 陈蜀艳：《探讨新闻编辑如何创新及新形势下新闻编辑的职业素养》，中国传媒科技，2013，第6期，第195—196页。

体的运作思维、理解媒体和受众的互动关系；编辑内容的创新是指在受众的新闻诉求中挖掘新闻信息，推广方式也要贴近受众需求；表现形式的创新体现在新闻编辑要具备多样化的编辑技术。对于辟谣信息来说，创新体现在利用互联网平台开辟新的辟谣场所，满足公众求证信息真伪的需求，丰富了辟谣信息的表现方式。此外，如今很多媒体都开设了辟谣栏目和节目，例如人民网的"求真"栏目等，这都是在辟谣平台方面的创新。在辟谣方面，公众已经不能满足于被动地接受结论，而是需要参与验证过程，因此很多电视节目通过实验的方式，将验证过程展现出来，不断进行创新。然而依旧存在大量的辟谣信息内容雷同、形式单一，因此，随着新媒体和移动网络的发展，新闻编辑也应结合新的技术来收集资料、呈现辟谣新闻和传播辟谣新闻。

（三）加强网络新闻编辑的自主学习能力

随着互联网技术的发展，媒介环境发生了翻天覆地的变化，新闻的采写方式、呈现方式、传播方式、媒体的定位、媒体和受众的关系都发生了变化，新闻编辑依照传统的报道方式将不能取得理想的传播效果。因此，新闻编辑要根据媒体的发展，不断地学习新知识，只有通过实践和理论学习，更新知识结构，才能适应形势的变化，胜任新闻编辑工作。第一，新闻编辑需要学习在互联网媒体上的新闻采集、编辑和发布的技能和互联网媒体的传播规律；第二，新闻编辑需要学习更全面的知识，需要复合型的知识结构也需要体验现实生活的行动力；第三，新闻编辑需要学会知识管理，在泛滥的信息中找到重要的信息，知道如何利用信息。在辟谣信息的采编方面，新闻编辑具有较强的自主学习能力和全面的知识结构，一方面有利于新闻编辑从谣言的发布者和谣言内容来辟谣，从而实现最低成本的辟谣和最有效的辟谣；另一方面有利于新闻编辑准确发现受众最关心的问题，满足受众的需求，提高辟谣信息的说服力。

本文通过对"武汉红十字会收取捐赠手续费"这一辟谣消息的分析，发现当下辟谣信息不具有说服力的现象。新闻编辑对辟谣信息的采写不重视，存在采编新闻的专业能力不足，欠缺满足公众信息需求和运用新媒介的能力等问题，这不利于公众媒介素养的培养以及组织机构和媒体公信力的树立。因此本文提出新闻编辑应提高职业素养，增强创新意识和自主学习能力的策略，来提高新闻编辑的媒介素养和增强辟谣信息的说服力。

作者简介：章丽婷，浙江传媒学院硕士在读，研究方向为新媒体传播；宋红岩，浙江传媒学院，教授，中国广播电视社会组织联合会媒介素养学术研究基地秘书长，硕士生导师。

基于新冠肺炎信息疫情的政府网络公共空间治理研究[①]

袁蕾

摘要： 随着新媒体的蓬勃发展，公共卫生事件发生时，政府部门除了要应对疫情本身，还需要应对"信息疫情"的暴发。这对政府治理体系和治理能力提出了新的要求。文章分析政府在新冠肺炎信息疫情治理中存在的问题，对后疫情时期网络信息传播的新动向进行了研判，提出后疫情时期政府网络公共空间治理需打造全媒体信息沟通与数据动员的治理格局，形成跨时空、跨部门、跨群体协同联动响应机制，并切实提升领导干部的信息素养，培养他们网络公共空间治理的综合能力。

关键词： 新冠肺炎；信息疫情；网络公共空间；政府治理

"信息疫情"（infodemic）是 2020 年 2 月世界卫生组织针对新冠肺炎疫情提出的一个新名词，认为这次新冠肺炎疫情有两个战场：现实医学抗疫战场与网络舆论战场。[②] 在新冠疫情期间由于实施现实物理隔离，网络虚拟空间对疫情起到信息风险传播与舆论危机放大作用，尤其是在全媒体时代背景下，大数据、移动互联网以及各种社交平台、自媒体的迭代发展与相互交融，呈现出网络公共空间信息超载、信息茧房、真假信息共振等现象，同时，也呈现出网络音量巨大、信息裂变式传播、舆论噪音杂音涌动等突出特征，这不仅直接加重社会公众对新冠肺炎疫情的恐慌、焦虑等应激心理，还引发多次网络舆论危机传播，造成社会轰动效应与不良影响。"信息疫情"与新冠肺炎病毒一样，造成了重大的社会负面影响，亟待引起政府的重视。

一、政府在新冠肺炎信息疫情治理中存在的问题探析

相较于 2003 年"非典"与 2009 年的甲型 H1NI 流感，我国在抗击新冠肺炎疫情中

[①] 本文系 2017 年度教育部人文社会科学研究高校思想政治工作专项"网络公共事件的话语共识研究"（项目编号：17JDSZ1016）的阶段性研究成果

[②] WHO.Novel Coronavirus(2019-nCoV)Situation Report-13[R/OL]. [2020-02-02].https://www.who.int/docs/default-source/coronaviruse/situation-reports/20200202-sitrep-13-ncov-v3.pdf?sfvrsn=195f4010_6.

发动了新冠肺炎疫情的人际传播、组织传播、传统媒体传播与网络新媒体传播的综合狙击战,在党和政府领导下,全国民众上下同心协力有效地控制了疫情,为世界其他国家地区对抗疫情赢得了时间,并提供了宝贵的成功经验,但面对新冠疫情中产生的信息疫情现象,我国政府也应深入探讨在此过程中存在的不足,剖析其产生的原因,为今后我国网络公共空间治理以及应对重大突发社会公共事件找出工作突破口与着力点。

(一)政府网络公共空间协同治理的整体思维不够

在2003年"非典"疫情时,为了应对公众对权威、科学与准确信息的需求,我国建立了新闻发布制度,这项制度在本次新冠疫情中发挥重要的引导作用。同时,新冠疫情中各级政府借助数字网络的优势,发挥了大数据监管、人工智能与网络社交平台传播的作用。但从整体上看,存在以下几个问题。

第一,从治理思维上看,还停留在传统社会治理模式。对待社会突发事件或网络舆论危机传播,往往采取舆论对冲的方式,目前部分领导干部还是采取"灭火"或压制的思维模式,遇到网络事件或网络舆情就发怵,往往会采用"大事化小""小事化了",最后"不了了之"的策略,无法满足民众对信息或事件的期待,更无法从根本上解除舆情危机。第二,从治理方式上看,新冠疫情信息发布存在一定的公开不及时、不透明等问题,武汉早期疫情发布会就存在着这一问题。同时,官方传统媒体新闻发布跟不上民众网络化、数字化应用的现实实际,手段已相对滞后,灵活性与主动性不强,这种事后解释说明的策略与方法,无法有效地做到网络舆情的事前预警、事中干预与引导工作。第三,从治理效果上看,在新冠疫情民众网络沟通中,政府存在着公共议题遮蔽的心理,害怕或有意无意回避网民网络问政参政,不利于国家或当地政府防疫抗疫政策建设有效的实施,不利于发挥网络化信息化的"相信群众依靠群众发动群众"的群众路线与工作原则,在疫情联防联控中,容易造成民众的不理解、不支持,从而产生网络负面言论,并且容易滋生不同的声音与做法,从而难以形成有效地抗击疫情的社会共识与社会动员。

(二)基层政府网络信息综合治理效能有待升级

新冠疫情初期,社会民众物理居家隔离,主要消息来源和与外界联系都是媒体,尤其是网络。广大民众为了得到疫情的准确可靠消息,往往会到政府官方网站、官方微博或微信公众号查询,也期待与政府有更多的信息沟通。然而政府工作中依然存在一些不足,主要表现为:一是在供给侧方面,存在对民众信息需求服务意识不高,对民众的信息需求把握不准与信息提供不到位等问题。调研发现,在疫情期间,各级政府官方微博中有些处于半瘫痪甚至僵尸账号状态,有些工作浮在表面,提供的信息很有限;同时,话语表达也主要是官方主流叙事,亲民性、灵活性和贴近性不强;此外,对民众的微小生活、碎片化的表达与非理性参与缺乏大数据挖掘的能力与画像的能力。二是在响应机制方面,存在一定的政府网络舆论反应失灵、信息回应滞后等问题,造成疫情期间网络流言、网络谣言与不实信息及时辟谣、有效回应的能力不足,当疫情在一地集中暴发时,引发其他城市网民的恐慌与社会歧视等问题，造成网络舆论混乱与危机。三是在传播渠道或方式上，"疫情极大地加速了传统主流媒介退场的历史进程。"[①] 即使的新媒体中，相对于政府机构微博号而言，现在网络社交呈现圈层化与自媒体化，民众更喜欢在微信朋友圈、抖音、快手等社交平台上交流与分享信息。虽然有些政府部门开设了微信公信号，但由于技术手段与传播渠道的限制，造成信息传播与沟通渠道不匹配、无交叉、无交互等问题。同时，传统媒体新闻发布会、官方网络新媒体信息传播与大数据网络公共空间治理还没有达到协同联动的机制。

（三）领导干部网络素养状况良莠不齐

当前我国舆论宣传与社会动员由传统媒体转向数字网络媒体，由静态新闻发布转向网络赋权增能，需要实现舆论宣传由 1.0 到 4.0 转型，加强网络公共空间与社会现实社会治理的软实力。在此过程中，政府领导干部与工作人员必然要具有广大民众应有的通识网络素养的同时，也需要特定职责所需的网络治理能力，但目前来看，这些方面都比较欠缺。一是在岗位职责内涵上，政府官网、官方微博、微信公众号等是民众情绪的前哨站，更是民意沟通与网络表达的黏合剂与张力带。领导干部通过各种网络新媒体技术与载体将国家和政府的政策举措进行传达，实现民众与政府沟通的有效渠道与理性表达的对话，除了要沿袭传统社会时期的行政管理职能外，在数字网络时代还应承担起政治宣传性与社会公共性的双重属性。但目前这种意识与素养还没有被重视起来。二是在角色定位上，与青少年、社会普通公众及特定群体来讲，政府领导干部作为社会公共治理的承载者与执行者，必然要有一定的网络领导力与决策力。目前政府社会治理的大数据化、政务办公网络化以及日常业务联络社交化，让互联网与政府管理以及社会治理深入融合。但在新冠疫情中，部分基层领导干部对网络疫情信息传播与舆情风险的敏感度不强，掌握大数据、新兴网络新媒体的手段的能力不足。这次疫情刚开始时，李文亮事件引起网络舆情，主要是依靠公安局的调查结果，没有深入医院了解情况并及时回应网络言论，从而引发了网络舆情危机。三是在知识能力要求上，网络素养专业知识储备与业务能力也比较欠缺。有些领导干部、工作人员的网络技能使用与操作、网络信息的辨别与理解、信息的传播与分享等能力跟不上数字信息时代的素养要求。尤其是在疫情期间，面对庞杂的网络信息、繁重的网民沟通以及网络舆情事件时，对领导干部自身的知识储备、网络沟通技能与危机管理应对能力都提出了巨大的挑战。

二、后疫情时期网络信息传播的新动向研判

当前新冠肺炎疫情得到有效的控制，社会经济复工复产，大中小学返校复学。但在

---

① 喻国明：《重拾信任：后疫情时代传播治理的难点、构建与关键》，新闻界，2020 年，第 5 期，第 3 页。

新冠肺炎疫情全球大暴发的情况下，目前面对着现实与网络公共空间治理的双重压力：现实中，我国仍面临着疫情外部输入和国内反弹的现实压力，面临现实经济社会正常运行的压力；在网络公共空间中，存在着脆弱性、复杂化与突发化，二者杂糅交织容易引发新的网络舆情与网络传播风险。因此，需要加强后疫情时期网络信息与舆论传播的研判与治理研究工作。当下网络信息传播主要有以下几个新动向。

（一）疫情初愈时期信息疫情风险的不确定性

在疫情期间人们封城封村，居家物理隔离与保持社交距离，社会上特别是网络上网络谣言、网络流言与不实消息等盛行，让社会治理仍然面对着巨大的网络信息与舆情传播风险。当前疫情逐步平复境下，网络信息疫情将大大缓和。但由于疫情还没有完全控制住，同时，当前民众网络情绪甚至比疫情期间更加脆弱与敏感。一方面，疫情暴发期的应激反应在这一时期会集中释放；另一方面，随着复工复产复学，人们的身心不适应，工作、学习与生活中的困难以及利益冲突等都会在网络上表现出来。网络公众参与和利益表达将会更加多元化、个体化与碎片化。此时往往容易进入次生公共事件高发期、多发期，民众在网络上进行言论的发泄与非理性表达，容易产生一些不良甚至过激的网络言论与行为，形成新一轮的网络舆论危机事件与次生信息疫情风险。

（二）疫情网络表达舆论场的融合与分化

当前我国政府开展互联网+政务建设，并与时俱进开展大数据管理、大数据算法与智能推送等疫情智慧防控抗击工作。但整体上看，存在"官方舆论场""网络大V"与"草根舆论场"三个舆论场分治的局面。相对于官方舆论场的权威性、定向式和公开性信息/新闻发布，包括意见领袖、名人与活跃分子等在内的网络大V的言论在很大程度上左右着网络舆论的发展及走向，产生多次网络群体性事件和网络极化问题。同时，广大网民的言论表达与社交日益圈层化与私人化，更喜欢在微信朋友圈、抖音、快手等社交平台上交流与分享信息。三个舆论场之间存在一定的信息区隔与话语分化等问题，不利于政府在疫情协同动员中，不同信息流动和不同群体之间的对话协商，有时会因为某个话语或事件引起舆论场的对峙甚至社会撕裂。

（三）西方网络舆论战叫嚣与冲突

当前新冠疫情全球的大暴发，国外有的国家开展针对我国的舆论战与信息战，提出"中国疫情阴谋论""经济赔偿论""经济衰退论""抗疫物资不合格论"等，影响与扰乱社会公众的正确判断，滋生新的网络舆论不安全因素。尤其是，一些对抗公共防疫的言论，使得人们防疫的决心动摇，或者产生抱怨与反对的声音。甚至有些西方力量与国内相呼应，对政府抗疫管理的合法性与合理性提出严峻考验，扰乱社会民众对政府的信任、对基层政府抗疫措施的支持，对国家认同造成不良影响。

三、后疫情时期政府网络公共空间治理的提升对策

当前在新冠疫情防控常态化的情况下,民众疫情时期产生的应激心理,再加之疫情发展的不确定性、经济社会恢复正常的复杂性,容易引发网络次生舆情与网络事件。"治理国家,制度是起根本性、全局性、长远性作用的。然而,没有有效的治理能力,再好的制度也难以发挥作用。"[1]因此,政府应加强全媒体时代智慧政府建设,由回应型政府转型为整体型政府,从行政动员转向数据动员,加强基于大数据互联网的政府风险交流机制与舆情应急治理策略。同时,全面加强传统媒体与网络新媒体融合,打造全媒体政务格局,建立、建全全媒体信息防疫联动协同机制,培养适应治理能力现代化的高素质干部队伍。主要举措有以下几项。

(一)增强政府网络公共空间整体型治理的软实力与巧实力,打造全媒体信息沟通与数据动员的治理格局

增强政府网络公共空间的治理,首先要解决一个合法性原则。网络社会治理秩序的合法性"既来源于网络秩序内容的科学合理、公正可行,亦取决于网络虚拟空间秩序的实际功能发挥。"[2]增强网络公共空间的治理,除了加强法治建设,还要提升政府的主动引导能力和信息供给的水平。第一,加强民众网络信息对话机制。"对话乃风险社会中对暴力的唯一替代。"[3]做好传统媒体用新闻发布形式回应社会关切的同时,开拓网络等新媒体民众参政议政的渠道与载体,用好微博、微信、抖音、学习强国等数字新媒体来增强民众的知情权、参与权、表达权与监督权,形成数字网络社会动员与社会支持新格局。发挥数字网络时代的相信人民群众、依靠人民群众的群众路线机制,让民众在有序网络参与社会管理过程中,形成科学有效的基层政府与民众信息传达、意见表达与对话沟通的路径。第二,加强疫情网络信息发布与引导工作。增强民众对政府的信任,重塑政府与决策的程序合法性、绩效合法性、价值合法性。[4]要加快各级政府的网站、官方微博、官方微信等互联网+政务的建设工作,形成数字化信息化的全媒体信息传播矩阵体系,坚持及时、透明地发布疫情信息,特别是有关疫苗、药物研发等方面的信息供给,以提振人心。第三,增加民生信息的供给。发挥网络优势,提供更多后疫情时期民众所关心、关注的新闻与信息,以转移民众的注意力。及时地发布民众关心的社会、

---

[1] 本报评论员:《把制度优势转化为治理效能》,人民日报,2019年10月30日。
[2] 匡亚林、马健:《网络公共空间的"净化"与秩序建构》,科学社会主义,2016,第6期。
[3] [英]吉登斯著、李惠斌、杨雪冬译:《超越左与右:激进政治的未来》,社会科学文献出版社,2000年版。
[4] 胡百精:《互联网、公共危机与社会认同》,山东社会科学,2016,第4期。

生活、交通、旅游、娱乐等方面贴近民生的信息，丰富活跃民众的文化精神生活，形成充满活力、向上向善的网络公共空间。

（二）深耕细化政府数字化智能化网络治理模式，形成跨时空、跨部门、跨群体协同联动响应机制

第一，构建全媒体信息传播场域。在加强传统新闻报道，提升舆论引导力的同时，借助大数据平台，以及基层与社区居民的微信群等社交平台，强化基层政府与部门防控联控的信息沟通与协作合作体系。同时，顺应新冠疫情催生线上教育与线上会议的发展，采取"互联网+应急安全教育"模式，基层政府及部门通过网络公开课、新媒体直播、在线会议等多种形式，面向社会公众积极地普及各类灾害事故知识和防范应对基本技能。开展"云安全""云体验"与"线上分享""VR体验"等活动，加强与民众的智能抗疫与社会治理的共识语境。第二，培养一支有影响力的网络专家精英。应对网络意见领袖强大的网络动员与影响力，我国政府要坚持相信群体、发动群众与依靠群众的原则。一是培育网络舆论干预与引导专家，善于发挥权威学者、专业领域的专家在网络舆论引导与网络政府公信力中的作用。譬如，新冠疫情中钟南山、李兰娟等医学专家与科学家起到重要的作用。二是借力网络意见领袖或名人，在引导他们有序网络参与和理性发声的同时，也勇于让他们承担起网络信息传播的社会责任，适当地担当起政府政策传播与舆论宣传的作用。第三，精炼基层智能化网格人员。如今部分城市社区、村庄等基层社会治理中实行网格员制度，在疫情防控中起到了有效作用。应继续发挥他们的作用，让基层干部、社区网格员、物业工作人员与业委会成员等一线工作人员深入到数字互联网中，依托移动互联网、微信群的"爆料"作用，探索数字智能基层现代化平安网格队伍管理模式与建设工作。一方面加强基层网络安全群防群治组织实体化运作，形成数字化、系统化的网络直报体系，提高新媒体在应急救援和防灾减灾联动反应机制与能力，防化于微小，在小处或事前就发现问题解决问题，做到矛盾不扩大，意见不冲突；另一方面扎根一线真实地了解民情社意，打造基层智慧治理的强联络强关系，"将服务功能与管理功能统合起来，加强政府主导下多元主体联动的共治模式"[①]。从而打响数字化、智能化、网络化工作升级版，全力打造智能网格化社会治理的品牌。

（三）切实提升领导干部的信息素养和网络公共空间治理能力

信息素养是"包括信息的反思发现，理解信息如何生产与评价，以及利用信息创造新知识、合理参与学习社区的一组综合能力"[②]。"信息疫情"的发生在于人这一主体，战胜"信息疫情"也必须得依靠人的信息素养的提升。

一是从宏观社会治理的高度加强网络公共空间治理意识培养。顺应大数据网络时代民众言论表达的特点、网络公共空间治理的需要，加强领导干部的网络信息与舆情形势研判、危机管理与决策能力。完善应对各类网络重大灾害事故应急协同联动指挥机制，

---

① 祁文博：《网格化社会治理：理论逻辑、运行机制与风险规避》，北京社会科学，2020，第1期。
② 聂云霞、肖坤、何金梅：《"信息疫情"之下的公众信息素养培育路径探索》，山西档案，2020，第2期。

开展各类社会突发事件全媒体应急事件与网络舆论危机事件的实训演练。二是从社会治理的视角加强网络公共空间治理能力培训。一方面,加强领导干部网络舆论组织管理能力,从赋权的维度让领导干部学会如何科学合理地开设网络议题,如何有效地引导民众理性参与;另一方面,加强领导干部网络风险管理与公共危机的专项素质训练与培养。三是从自身能力要求出发加强对领导干部的网络素养业务能力培养。打通网民反映意见的数字化"最后一公里",加强领导干部与公众的沟通与意见反馈的技术操作,加强沟通话语技巧与舆情引导能力,加强领导干部的信息舆论宣传技能、媒介传播专业知识、舆论组织管理以及网络素养等综合能力。

作者简介:浙江传媒学院副教授、浙江传媒学院党委学工部部长。

第三部分：

媒介素养教育与实践

我国媒介素养教育研究：现状、热点与发展

王姝莉　钟志贤

摘要： 以中国知网（CNKI）核心期刊数据库2000—2019年收录的1212篇与媒介素养教育相关的学术论文为研究对象，使用Bicomb（V2013）和Citespace5.3.R9软件进行文献计量与知识图谱绘制，明晰国内媒介素养教育研究现状、热点与存在问题，以期为后续媒介素养教育进一步发展与深入研究提供有益借鉴。文章认为，我国媒介素养教育研究应注意以下几点：国际视野，本土创新；规范研究，均衡发展；契合发展，适应时代；形成体系，注重测评。

关键词： 媒介素养；媒介素养教育；媒介教育

一、研究缘起

近年来，社会民主化程度的提高和现代数字媒体的成熟使媒介技术得以普及并迅速发展，拉开了全媒体时代的帷幕。媒介技术由曾经深奥的专业技术向流行时尚的大众技术转化，公众话语权的回归和受众主体意识的觉醒也为此提供了主体条件，公民使用媒介、积极参与并影响公共生活话语空间和社会政治生活的效果愈显，欲望愈烈。然而，媒介在给人们生活增添色彩的同时也带来了信息传播失控的问题："流量"与"吸睛"成为媒体机构不择手段追求的目标，低俗、色情、谣言、造假等失范行为屡见不鲜，加之网络暴力、欺凌、诈骗、侵权等失控行为甚嚣尘上。如何规范媒介行为，养成良好的媒介使用习惯和生活方式，进而在数字媒介环境中生存与发展，是每一个公民必须面对的问题，也是媒介素养教育的目的所在。

全媒体时代下，人人皆为传播者，人人皆须媒介素养。媒介素养一跃成为大众素养，成为新时代公民的必备素养；而媒介素养教育更是迫在眉睫、不容忽视，已成为社会、学界广泛关注的热点话题。

1994年夏商周首次将"媒介教育"引入国内，提出通过媒介扫盲、媒介教育培养新一代面对大众媒体的正确态度，1997年卜卫的第一篇系统论述媒介素养教育的文章追溯

了这一概念在西方的演变历程，被认为是我国媒介素养教育研究的开端。20余年来，国内学者在媒介素养教育这一议题上产生了大量研究成果。本文通过对国内媒介素养教育研究进行科学分析，回溯国内相关研究历程，把握发展脉络，反思研究得失，旨在为后续研究的深入发展提供参考。

二、研究设计

（一）数据来源

本研究选用CNKI的期刊数据库，来源类别选择"核心期刊"与"CSSCI"，以"媒介素养教育""媒体素养教育"分别作为篇名、主题词、关键词进行检索，剔除通知、报道等非学术文献，得到从2000年至2019年12月的1212篇相关文献。将这些文献的题录信息导出并保存为"Refwork"和"Endnote"格式的".txt"文本文件，以供后续研究需要。

（二）研究工具与研究方法

本研究借助Bicomb（V2013）和CiteSpace5.3.R9软件进行数据加工和处理，运用词频分析、共现分析、突现词探测等方法对数据进行分析，并在定量研究的基础上结合定性研究，分析我国媒介素养教育研究的现状、热点和前沿。

三、数据分析

（一）研究现状

1. 发文量与出版物来源

使用Bicomb对题录进行分析，分别以"年份""期刊"为关键字段提取题录信息，制表如下。

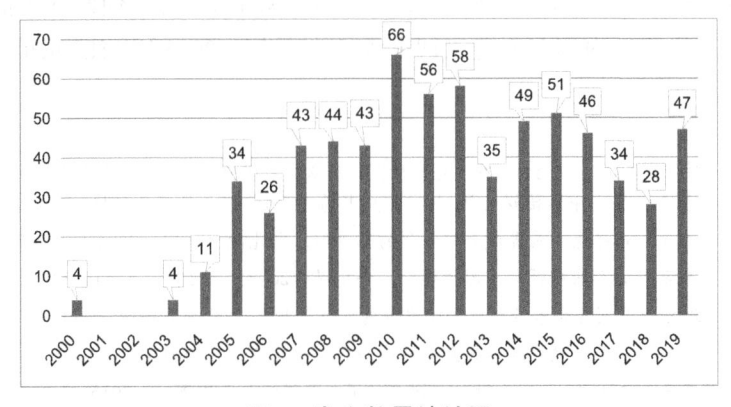

图1 发文数量统计图

"媒介素养"这一概念于20世纪末才被引入国内,少数学者对国外媒介素养教育经验及相关研究进行了引介,[1]媒介素养教育研究逐渐得到关注。通过2000年至2019年发文内容分析,可将该时间段内媒介素养教育研究分为三个阶段。

(1)理论引进与学术研究发端(2000—2005)

中国知网数据库收录的首篇以媒介素养教育为主题的文献来自中国社科院的宋小卫,于2000年发表了《学会解读大众传播——国外媒介素养教育概述》等4篇文章,通过摘译英国媒介素养教育专家大卫·帕金翰(David Buckingham)的论述,总结以英国为主的国际媒介素养教育理念与发展。历经两年沉寂后,相关研究成果数量在2003年开始上升。2004年被称作我国"媒介素养教育年"[2],众多学术和社会活动在当年开展,包括在中国传媒大学召开的首届媒介素养教育国际研讨会,复旦大学媒介素养小组创建并开通的中国首个媒介素养教育网站(www.medialiteracy.org.cn),教育部启动的重大课题"媒介素质教育理论与实践研究",等等。更多学者加入媒介素养教育的研究中,发表了一批较具影响力的文章。至此,我国媒介素养教育研究已形成一定的研究基础,并获得越来越多学者的关注。

(2)持续深入思考与实践研究起步(2006—2012)

大众传播媒介的快速发展和新的媒介形态出现使得媒介素养教育研究开始受到学界重视,渐渐成为热点研究主题,[3]我国媒介素养研究得以快速发展。从发文数量上来看,媒介素养教育研究力度明显加大,成果丰硕;从文献内容上来看,媒介素养教育研究倾向逐渐从"国外经验"转向"本土化现象",着力创新;理论研究方面,"媒介素养教育"这一名称逐渐成为主流,[4]对媒介素养教育的认识理解不断深化,角度路径逐渐多元,进一步阐发了媒介素养教育的内涵、本质、意义等,并给出本土化思考与建议;实践研究方面,部分学者基于不同群体媒介素养教育现状展开了探索与思考,还有学者对媒介素养教育课程模式与建构进行了实践与反思,旨在解决"如何有效开展媒介素养教育"的问题。

(3)新媒介技术发展背景与理论创新(2013年至今)

2013年是中国媒体发展与成长的分水岭,[5]2014年更是被称为我国"媒介融合元年"[6]。电子设备的普及、新兴媒介的兴起、自媒体的出现等,使媒介传播环境的主体大众化、方式多样化、内容多元化,加上大数据元年(2013)、H5元年(2014)、弹

---

[1] 张艳秋:《媒介素养的学术坐标:源于媒介研究,超越媒介研究》,中国传媒大学、甘肃省广电局:《媒介素养教育与包容性社会发展》,中国传媒大学、甘肃省广电局、中国传媒大学新闻传播学部传播研究院,2012年。
[2] 白龙飞:《十年:追寻媒介素养教育本土化的轨迹》,电化教育研究,2006,第2期,第24—29页。
[3] 陆晔:《媒介素养的全球视野与中国语境》,今传媒,2008,第2期,第11—14页。
[4] 郭富平、汪舒仪:《我国媒介素养教育研究发展的实证分析》,电化教育研究,2011,第7期,第35—39页。
[5] 师曾志、胡勇:《新媒介赋权及意义互联网的兴起》,北京:社会科学文化出版社,2014年,72页。
[6] 方兴东、胡智锋、潘可武:《媒介融合与网络强国:互联网改变中国——2015〈现代传播〉年度对话》,现代传播(中国传媒大学学报),2015,第37期,第1—12页。

幕元年（2015）、短视频元年（2016）等，皆彰显着人们已生活在多种媒介与传播方式共存的多维传播格局中。[①]"融媒体""新媒体""跨界融合"等新概念、新现象的出现引起了学界的广泛关注，学者们开始对媒介素养教育进行更多的理论反思，如张晓、许敏佳提出中国传媒业的娱乐化、草根化倾向，"受众导向"的媒介市场在唤醒国民媒介意识的同时，由于过于感性和教育匮乏，极易导致其主体意识的失控和跑偏，需要媒介素养教育的理性引导；[②]董小玉提出全媒体时代产生了新的数字鸿沟，而媒介素养教育恰是弥合这一鸿沟的有效方法，[③]等等。现实媒介素养教育的必要性和紧迫性被日益凸显。

另外可以看到，这一阶段的论文发表数量已有所减少，一方面，说明媒介素养教育研究热度有所下降，另一方面也说明，相关研究遇到了难以实现有效发展或知识创新的困境。结合新的时代背景，媒介素养理论亟待丰富与创新。张开教授曾指出，我国媒介素养教育研究存在盲点，而已有研究也存在比重失衡、意义有限、视野狭窄等问题，"水上漂""空中楼阁""拿来主义"等现象亦不少见，学者们研究层面、研究对象、研究方法等皆有待深入与突破。[④]

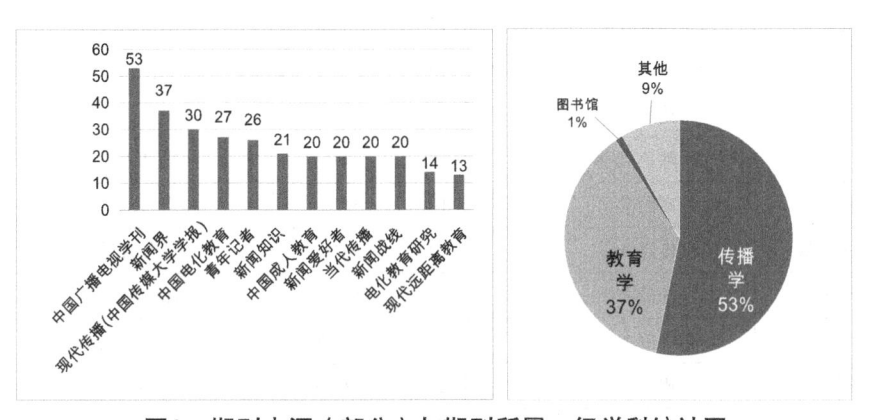

图2 期刊来源（部分）与期刊所属一级学科统计图

国内媒介素养教育研究发展十余年来，吸收了教育学、传播学、图书馆与情报科和社会学等多学科的营养，自21世纪以来获得快速发展。从图2和图3可以看出，关注媒介素养教育的《中国广播电视学刊》《新闻界》《现代传播》等是传播学领域的核心期刊，从发文数量和学科背景都可以看出，媒介素养教育研究较为侧重于媒介传播方向，关注媒介对社会形态及受众人群的影响。《中国电化教育》《电化教育研究》《现代远

[①] 周莉：《多维传播格局下媒体公信力探析》，新闻论坛，2017，第5期，第97—100页。
[②] 张晓、许敏佳：《媒介娱乐、草根运动与媒介素养教育》，新闻界，2014，第1期，第36—39页。
[③] 董小玉、胡杨：《弥合数字鸿沟，构建公民社会——全媒体时代的媒介素养教育》，新闻界，2015，第10期，第57—60页。
[④] 张开、甘璐瑶：《2014年中国媒介素养研究回顾》，中国媒介素养研究年度报告，中国广播影视出版社，2016年。

《距离教育》是教育学领域尤其是教育技术学专业领域的核心期刊，主要从信息技术、数字化能力等视角，涵盖课程开发、教育理论与实践等内容，是媒介素养教育研究的另一大方向。此外，还有不少文章发布在《学校党建与思想教育》《思想政治课教学》等思想政治教育领域的核心期刊，注重媒介素养与思想政治教育的融合。值得一提的是，《中国成人教育》发文数量之高，更体现出媒介素养教育的公民教育与终身教育特性。

2. 作者与合作网络

同样使用 Bicomb 软件提取"作者"信息，制表 1 如下。使用 CiteSpace5.3.R9 软件，将 CNKI 导出的"Refwork"格式的题录信息文件作为数据，设置节点类型（Node Type）为作者（Author）与机构（Institution），时间切片（Time Slicing）为 2000 至 2019 年，其余参数保持默认，绘制作者与机构合作共现图谱，如图 3 所示。

表1 作者发文数量（部分）

序号	作者	所在机构	发文数量	序号	作者	所在机构	发文数量
1	张舒予	南京师范大学	25	14	赵丽	南京师范大学	5
2	陈晓慧	东北师范大学	14	15	吴鹏泽	华南师范大学	5
3	王天德	浙江传媒学院	12	16	彭少健	浙江传媒学院	5
4	张开	中国传媒大学	10	17	王国珍	岭南师范学院	4
5	王帆	徐州师范大学	8	18	陆晔	复旦大学	4
6	董小玉	西南大学	7	19	蔡骐	湖南师范大学	4
7	张艳秋	中国传媒大学	7	20	何村	渤海大学	4
8	李凡卓	北京师范大学	6	21	姚姿如	东北师范大学	4
9	李树培	华东师范大学	6	22	张学波	华南师范大学	4
10	郑素侠	郑州大学	6	23	宋小卫	中国社会科学院	4
11	耿益群	中国传媒大学	6	24	聂竹明	安徽师范大学	4
12	卢锋	南京邮电大学	5	25	张志安	中山大学	4
13	张冠文	山东师范大学	5	26	李德刚	广西人民广播电台	4

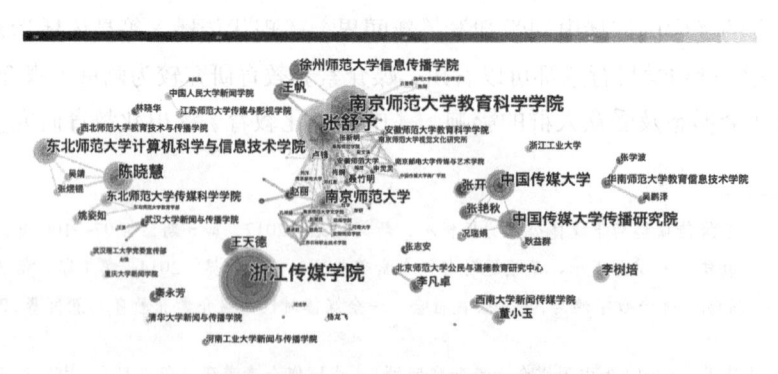

图3 作者与机构合作共现图谱

从表 1 可以看出，高等院校研究者是媒介素养教育研究领域的主力军，南京师范大学的张舒予教授、东北师范大学的陈晓慧教授和浙江传媒学院的王天德老师从论文发表数量上位居媒介素养教育研究领域前三列。其中，张舒予教授尤其关注媒介素养教育课程开发，以其独特的视觉文化的视角，发表了一系列有关《视觉文化与媒介素养》课程建设的研究；陈晓慧教授引介了较多国外媒介素养教育经验，关注国内小学媒介素养教育的课程设计与教学实践；王天德老师则对媒介素养教育的理念、本质、机制、重要性等方面进行深入思考、不断完善，并进一步展开实践和推广探究；中国传媒大学的张开教授则主要针对媒介素养教育整体情况进行宏观概览，倾向于对我国媒介素养教育做出全局式的深层次思考，为促进我国媒介素养教育发展提供新平台、新视角、新观点。可见，我国媒介素养教育研究已形成一定体系和规模，内容涵盖较广，引起了相当数量学者的关注。

从图 3 可以看出，我国媒介素养研究的主要阵地是传媒大学和师范大学；分散来看，涵盖新闻传播、科学与信息技术、视觉文化、道德教育等多个学院，说明媒介素养教育作为跨学科的研究领域，已获得了多个领域学者的关注，且形成了中青结合的学科梯队，有助于学术传承和发扬。此外，形成了多个学术共同体，如以张舒予为代表的南京师范大学学术共同体；以张开、张艳秋为代表的中国传媒大学学术共同体；以陈晓慧为代表的东北师范大学学术共同体。然而在学术论文的发表上，多数机构各自为政，相互之间鲜有合作，学术阵地较为狭小，不同机构学者的合作意识依旧有待加强。

（二）研究热点

使用 CiteSpace5.3.R9 软件，设置节点类型（Node Type）为关键词（Keyword），其余保持不变，绘制关键词共现图谱，如图 4 所示；通过界分高频词与低频词的方法（高频词与低频词的临界值为该文章中不同词个数的开方值[①]），得出高频关键词阈值为 16，因此制表 2 如下。

关键词的出现频次和中心性是判断该研究领域主题和热点的重要依据。根据图 4 和表 2，可以发现，国内媒介素养教育研究的最大节点为"媒介素养""媒介素养教育"，但共同节点较少，说明二者联系并不紧密；"新媒体""教育""媒介""媒介信息""新媒介素养""信息素养"等词中心性与出现频次较高，说明媒介素养教育与新媒介环境下的多种传播方式及其所承载的信息具有紧密联系；"英国""美国"等关键词体现出国内研究对国际研究与经验的重视；"大学生""青少年"等关键词体现出当前领域研究主体的倾向性。另外，"媒介素养"较之于"媒体素养"，"媒介素养教育"较之于"媒体素养教育"，其节点更大，外围颜色更亮，说明学者们已逐渐更倾向于使用"媒介素养"而不是"媒体素养"这一概念。根据对关联节点的深入剖析，结合文献分析的结果，可以得出国内媒介素养教育研究的热点主要如下。

---

① 孙清兰：《高频词与低频词的界分及词频估算法》，中国图书馆学报，1992，第 2 期，第 78—81 页、第 95—96 页。

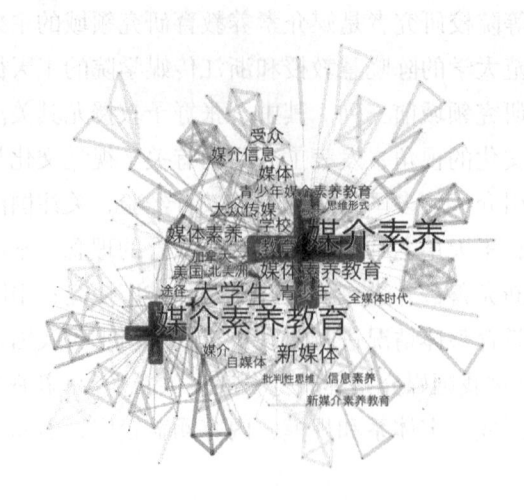

图4 高频关键词共现图谱

表2 关键词频次与中心性（部分）

序号	关键词	频次	中心性	序号	关键词	中心性	频次
1	媒介素养	632	1.17	1	媒介素养	0.64	632
2	媒介素养教育	232	0.64	2	媒介素养教育	0.22	232
3	大学生	126	0.19	3	大学生	0.13	126
4	新媒体	82	0.05	4	媒体素养	0.13	38
5	媒体素养	38	0.13	5	媒体	0.12	36
6	媒体	36	0.12	6	媒体素养教育	0.10	31
7	媒体素养教育	31	0.10	7	媒介素养课程	0.08	7
8	青少年	31	0.06	8	小学	0.08	3
9	英国	30	0.02	9	媒介	0.07	17
10	教育	27	0.06	10	青少年	0.06	31
11	自媒体	25	0.05	11	教育	0.06	27
12	信息素养	25	0.05	12	自媒体	0.05	25
13	思想政治教育	23	0.05	13	媒介信息	0.06	18
14	受众	21	0.04	14	新媒体	0.05	82
15	媒介信息	18	0.06	15	大众传媒	0.05	15
16	媒介	17	0.07	16	新媒体素养	0.04	9
17	美国	17	0.02	17	受众	0.04	21
18	高校	16	0.01	18	新媒介素养教育	0.04	8

1. 国际发展与经验引介

国内学者普遍认同是中国社科院新闻研究所的夏商周[1]和卜卫[2]分别于1994年和1997年将"媒介素养教育"引入国内。在此之前，媒介素养教育已经在以英国、加拿大为代表的欧美国家经历了数十年的发展与变革。国内早期相关研究便是以摘译、引介国际媒介素养教育的概念、内涵等为主要内容，为国内研究提供参考与借鉴。直到现在，国外相关经验都一直是国内媒介素养教育关注的重点。

廖峰提出，媒介素养在国外已经历了四次范式的变迁：免疫、甄别、批判、赋权，其内涵和外延也随之变化演进。[3]韩仁瑞、臧连运总结了英国媒介素养教育从"免疫模式"到"超越保护主义"的变迁，并通过概述英国媒介素养课程模型，提出国内媒介素养教育启动与推广的建议。[4]卢锋、唐湘宁从加拿大对美国文化渗透的抵制谈起，阐述了加拿大媒介素养教育的起源与发展，提出其以"文化主权"概念为支持，以"自我认同能力"和"公民意识"为内容的媒介素养教育理念。[5]不同于英国的"文化保护"和加拿大的"文化抵制"，宗佳惠认为澳大利亚媒介素养教育的核心思想是"文化融合"，其"多元文化主义"和"共同化主义"推动了媒介素养融入各类学科中，着重采用多元、分层的方法，以实操教学为主，注重学生的对媒介的思考、分析、实践与表达。[6]张毅、张志安认为美国媒介素养教育实则是基于别国理念与经验，又结合自身，探索出的"自上而下"的运动模式，虽然存在标准缺失、教师失语等问题，但其以培养学生"解构"（deconstruct）能力的核心内容，以文化研究取向和干涉主义取向的鲜明特点可为同样处于兴起阶段的中国媒介素养教育提供参考与启示。[7]日本媒介素养教育的起步时间与我国较为接近，然而其无论是在理论研究方面还是在学校社会实践方面都已形成了较为完备的体系，裘涵、虞伟业基于日本的社会、文化、技术情境，归纳出日本媒介素养教育"侧重于传播能力、出发于视听能力和制作能力、着力于社会行动者网络构建"三方面的特点，并提出对我国媒介素养教育理念的启示与思考。[8]耿益群整理分析了UNESCO、欧盟发布的有关媒介素养政策，从其特点和演进趋势为我国相关研究开展和体系建构提供参考。[9][10]

---

[1] 夏商周：《我国需要"媒介扫盲"》，新闻记者，1994，第1期，第9—10页。
[2] 卜卫：《论媒介教育的意义、内容和方法》，现代传播—北京广播学院学报，1997，第1期，第29—33页。
[3] 廖峰：《制衡视角下媒介素养赋权范式的新诠释》，中国广播电视学刊，2015，第2期，第78—81页。
[4] 韩仁瑞、臧连运：《英国媒介素养教育特色分析与借鉴意义》，现代教育技术，2008，第7期，第17—20页。
[5] 卢锋、唐湘宁：《加拿大对美国文化渗透的抵制及其对我国文化建设的启示》，南京邮电大学学报（社会科学版），2012，第14期，第10—14页。
[6] 宗佳惠：《从文化角度解析英国、加拿大、澳大利亚媒介素养教育模式》，电影评介，2014年。
[7] 张毅、张志安：《美国媒介素养教育的特色与经验》，新闻记者，2007，第10期，第66—69页。
[8] 裘涵、虞伟业：《日本媒介素养探究与借鉴》，现代传播（中国传媒大学学报），2007，第5期，第128—130页。
[9] 耿益群、黄偲：《联合国教科文组织有关媒介素养政策之演变分析》，现代传播（中国传媒大学学报），2018，第40期，第163—168页。
[10] 耿益群、王鹏飞：《数字环境下欧盟媒介素养政策演进趋势》，现代传播（中国传媒大学学报），2016，第38期，第147—151页。

2. 学术定位与宗旨探讨

媒介素养教育本是"舶来品",我国媒介素养教育研究可以说是在较短的发展时间内相对集中和浓缩地接受和延展了欧美数十年的理念、范式等研究成果。[①] 因此,有学者指出,我们应在中国社会的现实语境之下理解媒介素养及其教育。[②] 什么是媒介素养教育?媒介素养教育的目的与意义是什么?对这些问题的深入研究,是为开拓具有中国特色的媒介素养教育理论与实践体系,是国内媒介素养教育研究的热点与重点,为后续研究奠定基础。

刘津池、解月光认为媒介素养教育是传递"传播与媒介"的相关知识、态度、价值观和技能的实践活动。[③] 顾斌提出媒介素养教育在于破除大众对传统媒介的被动接受和绝对信任,培养其对现代媒介的主动选择和相对质疑能力。[④] 袁军认为媒介素养教育是培养和提高社会公众认知媒介、参与媒介、使用媒介能力的素质教育。[⑤] 陆晔则提出与媒介相关的知识与技能均可看作媒介素养教育的维度。[⑥]

任志明、宋晓雪认为如今的媒介素养教育是媒介教育内容的一部分,其目标指向媒介社会的基本素养,贯穿于正式和非正式教育的各个阶段。[⑦] 张玲则认为媒介素养教育是媒介教育的更高层次,是信息行业发展与新的传播媒介和传播手段出现背景下的必然要求,并作出其"终将向'全面提高公民道德水准和自觉维护人类共同利益'的方向发展"的论断。[⑧] 张开更是指出媒介素养不仅是人们应对复杂媒介的工具,还是推动社会稳定和民族兴衰的重要角色,媒介素养教育宗旨之一是赋权于民众,缩小数字鸿沟,以让大家共同参与公共事务,履行各自的社会责任。[⑨]

可以看到,国内有关媒介素养教育的概念尚未统一,但达成了几个共识:(1)强调教育与能力培养,认为媒介素养并不是人天生具有的本能属性,而是要通过后天的媒介接触和学习发展才得以形成的能力,[⑩] 包括对媒介的认知、甄别、分析和善用;(2)强调赋权与参与,"赋权"是以行动为最终目标,[⑪] "参与"则更突出"个体表达"向"社

---

① 曾昕:《媒介素养与我国青少年公民的社会化》,中国传媒大学、甘肃省广电局;《媒介素养教育与包容性社会发展》,中国传媒大学、甘肃省广电局,中国传媒大学新闻传播学部传播研究院,2012年。

② 陆晔:《媒介素养的全球视野与中国语境》,今传媒,2008,第2期,第11—14页。

③ 刘津池、解月光:《高等师范院校媒介素养教育的理论研究》,中国电化教育,2011,第11期,第30—34页。

④ 顾斌:《媒介素养教育的多维视野》,当代传播,2006,第3期,第70—72页。

⑤ 袁军:《媒介素养教育的世界视野与中国模式》,国际新闻界,2010,第32期,第23—29页。

⑥ 陆晔:《媒介素养:理念、认知、参与》,经济科学出版社,2010,第9期,第213页。

⑦ 任志明、宋晓雪:《媒介素养教育相关概念的辨析》,当代传播,2009,第6期,第98—100页。

⑧ 张玲:《媒介素养教育——一个亟待研究与发展的领域》,现代传播,2004,第4期,第101—102页。

⑨ 张开、甘璐瑶:《2014年中国媒介素养研究回顾》《中国媒介素养研究年度报告》,中国广播影视出版社,2016年。

⑩ 强月新、陈星:《我国媒介素养的研究视角及其现状》,新闻与写作,2017,第6期,第5—11页。

⑪ 闫方洁:《从"释放"到"赋权":自媒体语境下媒介素养教育理念的嬗变》,现代传播(中国传媒大学学报),2015,第37期,第147—150页。

区参与"的转移,[①]基于媒介话语权的回归以及参与式文化背景,"赋权"和"参与"被认为是健康媒介社区形成的必经之路,[②]也是媒介素养教育的重要内容;(3)强调公民素养,媒介素养被认为是新时代社会公民素养的重要组成部分,媒介素养教育的目的即是培养成熟理性的"媒介公民"。

3. 应用研究与策略思考

国内学者对中国公众的媒介素养及其教育情况作出了较为细致的类别划分和详细的描述,[③]对不同人群展开了媒介素养现状的调查。了解国内媒介素养教育现状,并为媒介素养教育理论研究与实践推广提供实证依据,是国内媒介素养教育研究领域的又一热点。

诸多学者就大学生的媒介接触、媒介认知、媒介使用、媒介态度、媒介情感等方面进行了大量的量化调查和质性分析,普遍发现大学生使用媒介具有"频率高""复合化"特征,但对媒介的认识和使用不够深入,目的性与非理性共存,[④]批判能力不足,有一定程度上的媒介依赖,却不能够有效利用媒介资源为自己服务、参与媒介互动,[⑤]甚至还会出现"泛娱乐化""三观偏移"等情势,[⑥]其根本原因是媒介素养教育的不足。

青少年媒介素养教育的重要性也得到了广泛认可。[⑦]谭筱玲、陆烨调查了成都十二所中小学师生新媒介素养教育现状,发现中小学生媒介使用较为普遍,高年级学生相较于低年级学生,其媒介使用的广度和深度都有拓展,虽然具备一定的信息比较和鉴别能力,但独立判断力不足,甚至大部分产生"上网依赖"的学生,对社会价值观的认同都产生偏离。[⑧]丁未提出应通过全媒体互动的方式实现青少年的媒介素养教育,同时加强反思教育,推行实操型、开放式、创新性教学。[⑨]

何齐宗等认为教师媒介素养应是其专业素养的基本内容,其通过对中学教师媒介素养的调查,发现中学教师存在对新媒介的认知有欠缺、态度有偏差、使用不广泛等

---

① 李廷军:《参与式文化背景中的媒体素养教育》,新闻爱好者,2009,第14期,第42—43页。
② 袁磊、陈晓慧、霍娟娟:《港台地区媒介素养教育现状及其启示》,中国电化教育,2010,第7期,第33—36页。
③ 陆晔:《媒介素养的全球视野与中国语境》,今传媒,2008年,第2期,第11—14页。
④ 刘红心、张冠文:《从社交媒体中的情绪异化看大学生媒介素养教育的必要性》,中国成人教育,2017,第19期,第63—67页。
⑤ 生奇志、展成:《大学生媒介素养现状调查及媒介素养教育策略》,东北大学学报(社会科学版),2009,第11期,第66—70页。
⑥ 兰孝慈:《拟态环境下高校馆院协同开展新式媒介素养教育的应然策略》,图书馆学研究,2015,第15期,第2—5页。
⑦ 邢瑶:《大学生网络媒介素养教育的现状、问题与对策》,传媒,2017,第6期,第83—85页。
⑧ 谭筱玲、陆烨:《中小学生新媒介素养教育核心路径研究——基于成都十二所中小学的实证调查》,新闻界,2017,第12期,第76—84页。
⑨ 丁未、姚园园:《文化与科技融合下的青少年媒介素养教育》,深圳大学学报(人文社会科学版),2014,第31期,第140—145页。

问题，亟待开展教师媒介素养培训。①段新龙在调查中发现对新技术（即媒介态度）越积极的教师，对媒介知识的掌握也较为全面，其媒介技能也更为丰富，提出可挖掘媒介态度、知识和技能这三者间的深层次关系，为提高我国教师媒介素养的培养提供方向。②

党静萍、甄雪瑶针对农民工媒介素养水平展开了调查，发现农民工虽然对网络媒介使用频繁，但他们对媒介的认知状况、辨别能力、思考水平并不乐观，几乎不会主动接触媒介、参与媒介行为，更别提使用媒介资源进行表达。③何双秋则发现新生代农民工已经具备一定的媒介认知、批判和参与的能力，表现为能够主动亲近新媒体、参与媒介互动、借助媒介发声。④

叶林觉调查分析了温州市基层公务员的媒介素养，发现他们在接触媒介时具有理性的动机结构，但媒介选择和使用较为滞后，对媒介知识的理解和掌握表面化、概念化。⑤杨丽娜究其缘由，认为是因为公务员媒介使用仅局限在工作范畴内，其媒介参与的主动性、深入性、广泛性都有不足，虽然大都认识到了自身媒介素养的重要性，但培训与教育较为缺失，认为应从多方面提升其媒介素养，并建立相关聘用制度和监管考核机制。⑥

可以发现，大学生、青少年，以及教师、农民工、公务员等是媒介素养教育研究领域的热点群体，他们的媒介素养与改善社会现象、推动社会发展息息相关，包括实现教育现代化、弥合数字鸿沟、体现国家形象等。此外，还有老年人、留守儿童、新闻从业者、知识精英，等等。对不同群体媒介素养的培养和提升契合我国媒介素养教育公民教育的核心理念和构建学习型社会的目标，对社会和谐发展意义重大。

4. 融媒体视域与跨领域研究

随着以自媒体为主的新兴媒介的发展和普及、全球媒介生态系统的巨变，使"自媒体""全媒体""融媒体"等新概念进入人们视野。媒介素养教育的传播学导论也已不能满足学者们的求知探索，媒介素养教育得到的重视更甚。新媒体、全媒体等新视域，以及教育学、图书馆与情报科学等新视角为学者们的媒介素养教育研究提供了新思路，成为媒介素养教育领域研究的新热点。

---

① 何齐宗、常魏魏、周益发：《新媒体时代中学教师媒介素养的调查与思考》，中国成人教育，2017，第16期，第68—71页。

② 段新龙、赵佩、李小军：《初中美术教师媒介素养的现状研究》，中国电化教育，2017，第6期，第137—142页。

③ 党静萍、甄雪瑶：《农民工媒介素养对其话语权的影响研究》，中国广播电视学刊，2015，第2期，第82—86页。

④ 何双秋：《新生代农民工阶层媒介素养调查》，传媒，2014，第2期，第79—80页。

⑤ 叶林觉：《基层公务员媒介素养的调查分析——以温州市瓯海区城市管理与行政执法局调查数据为依据》，中国记者，2013，第8期，第90—91页。

⑥ 杨丽娜：《党政领导干部媒介素养现状调查与思考》，管理观察，2016，第28期，第63—64页、67页。

杨允、杨月认为新媒体环境下"人人是中心"的多级传播模式极大增强了传播主体的能动性。[①]李海明也认为,新媒体时代为公民提供了创新发展的机会,公民媒介素养对规范网民新媒体行为、净化新媒体生态空间,甚至提高社会整体文化水平都具有重要意义。[②]刘庆庆基于融媒体时代背景,提出媒介素养教育需以信息技术为媒介,建立新型师生关系;[③]党东耀则提出媒介融合生态下"媒介素养"需要向"媒介素能"转型,强调公民意识和新闻理念的融合。[④]

吴靖等研究了自组织视域下的媒介素养课程,顺应国际课程设计以自组织为核心的混沌课程设计与开发的趋势,对大学媒介素养课程的设计做出了新的思考。[⑤]闫欢提出"积极媒介素养"及其四个维度,提出将道德伦理和传播权利之间的平衡作为媒介素养教育的新目标,认为积极媒介素养的积极传播行为和美的表达有助于形成"人—媒"和谐共生的环境。[⑥]周灵等更是提出了"融合式媒介素养",强调多种媒介语境下的普适性、批判性反思、写作创造与内容共享。[⑦]

从早期的多媒体、富媒体、流媒体,到如今的全媒体、融媒体,虽然媒介语境、媒介形式不断变化,涉及领域、切入角度不断多元,但多数学者依旧认为,媒介素养的本质并不会因为媒介形式的更新换代而发生质的改变,[⑧]其"批判思考、参与文化、媒介赋权"等关键内涵仍被广大学者认可。

(三)研究前沿

某一领域研究发展过程中的突现词(即频次变化高的关键术语)的频次高低及变动趋势能够体现该领域研究前沿的演进过程。[⑨]使用CiteSpace5.3.R9软件的突发性探测(Burst Detection)功能,在可视化界面得到关键词突发性结果,可检视研究前沿。由于2000—2002年发文数过少,本研究选取2003—2019年的数据作为样本,结合突现词的出现时间与共现关键词,可以得出国内媒介素养教育研究前沿主题如下。

[①] 杨允、杨月:《新媒体环境下媒介素养教育再思考—兼论"传播学"课程应在基础教育阶段开设》,继续教育研究,2018,第9期,第111—117页。
[②] 李海明:《新媒体时代公民媒介素养的培育分析》,新闻战线,2017,第20期,第117—118页。
[③] 刘庆庆、杨守鸿、包晗、何燕君:《融媒体时代高校研究生媒介素养教育探索》,学位与研究生教育,2018,第3期,第27—32页。
[④] 党东耀:《媒介融合生态下"媒介素能"解析—从"媒介素养"到"媒介素能"的变迁》,南昌大学学报(人文社会科学版),2017,第48期,第83—87页。
[⑤] 吴靖、陈晓慧、卞丽娟:《自组织视域下"种子"课程标准设计与应用研究—以大学媒介素养课程为例》,中国电化教育,2016,第8期,第27—32页。
[⑥] 闫欢、靖鸣:《积极媒介素养:概念、维度及其功效》,新闻与写作,2017,第6期,第16—19页。
[⑦] 周灵、张舒予、魏三强:《论"融合式媒介素养"》,教育发展研究,2017,第37期,第36—43页。
[⑧] 李树培:《儿童媒介素养教育之问题再辨析》,教育发展研究,2013,第33期,第62—66页。
[⑨] 栾春娟、侯海燕、王贤文:《国际科技政策研究热点与前沿的可视化分析》,科学学研究,2009,第127期,第240—243页。

Top 18 Keywords with the Strongest Citation Bursts

Keywords	Year	Strength	Begin	End	2003 – 2019
媒体素养教育	2003	4.6901	2003	2011	
媒体素养	2003	4.1335	2003	2007	
媒介素养	2003	11.6256	2004	2007	
英国	2003	4.9024	2004	2006	
大众媒介	2003	4.9024	2004	2006	
加拿大	2003	3.2064	2005	2007	
大众传媒	2003	4.0197	2006	2009	
受众	2003	3.8092	2007	2010	
美国	2003	3.1686	2007	2012	
媒介信息	2003	3.657	2008	2010	
青少年	2003	3.7931	2008	2011	
青少年媒介素养教育	2003	3.1211	2008	2010	
教育	2003	5.1013	2009	2012	
新媒介素养	2003	4.5207	2013	2015	
信息素养	2003	4.7197	2013	2016	
新媒体素养	2003	3.1074	2014	2019	
思想政治教育	2003	6.5433	2014	2019	
新媒体	2003	6.1669	2016	2019	

图 5　关键词突发性结果（按照突发起始时间）

1. 大众媒介与受众的关系

自"媒介素养"这一概念提出以来，其相关研究都无可避免地会涉及大众媒介与受众的关系问题，而这也是媒介素养教育须重视的问题。[①] 大众文化下的受众早已不是纯粹被动的角色，而是主动的建构者与意义的生产者，这一观点已得到国内大多学者认同。媒介素养教育及其框架下的受众研究理论与实践，对明确和提高媒介使用"主体"的相关认知和技能具有重要意义，[②] 因而逐渐获得国内学者关注。

赵新艳认为，媒介素养教育研究必须正视大众媒介的存在，是社交媒体的兴起帮助受众实现从信息接收者向信息的发布者和接收者双重身份的转换。[③]

连水兴将网络时代的"公民"身份作为受众研究的新视角，分析了大众、受众和公众与大众媒介的关系状态的转型，并提出将公民概念引入媒介受众观，强调"媒介公民"参与社会政治和公共生活的必然性和合理性，即强调普通民众"公民性"的形成。[④] 罗云锋提出了受众的常识教育，认为大众媒介实施的常识教育即是"媒介素养教育"，受众素质的提高即是其媒介素养的提高，可以使其避免受到"非常态的常态化"机制的负面影响。[⑤] 杨晶提出受众的政治认知应是媒介素养的重要组成部分，指公民意识的养成

---

① 王海峰：《当代媒介素养教育需要思考的15个问题》，中国广播电视学刊，2018，第6期，第92—98页。
② 张开：《媒介素养理论框架下的受众研究新论》，现代传播（中国传媒大学学报），2018，第40期，第152—156页。
③ 赵新艳、何琦、池洋：《全媒体时代媒介素养教育的误区及其分析》，新闻传播，2014，第9期，第110—111页。
④ 连水兴：《从"乌合之众"到"媒介公民"：受众研究的"公民"视角》，现代传播（中国传媒大学学报），2010，第12期，第13—16页。
⑤ 罗云锋：《常识教育、媒介素养教育与"非常态的常态化"——以受众分析的视角》，中国传媒大学、甘肃省广电局．媒介素养教育与包容性社会发展》，中国传媒大学、甘肃省广电局：中国传媒大学新闻传播学部传播研究院，2012年。

和网络传播政治社会化，认为网络传播环境下广大受众作为"非职业把关人"亟待媒介素养教育，以实现其"自我把关"以及人格主体的重塑。[1] 冯月季提出晚近关于媒介素养研究的范式与当下的受众理论联系紧密，大众媒介文本绝非是简单的信息，而是一种知识的活动，是了解世界的框架，受众则作为能动的主体在使用媒介建构社会身份的过程中对其进行意义阐释和自我表达，显现大众媒介的意义的同时体现个体的独特性与价值观。[2]

2. 以青少年和大学生为主要对象的教育实践

早期国内学者以引介、学习国外媒介素养教育的经验与实践模式为主，然而媒介素养教育理论与实践具有较强的地域性，受文化传承、媒体环境、面向受众等多因素的影响，因此，多位国内学者基于本土化的视角，针对不同主体对象的媒介素养教育的教学模式和课程建构展开了研究与实践，是国内媒介素养教育领域的前沿主题和发展趋势。

有学者提出我国相对已成规模的青少年媒介素养教育主要有两种模式：一是高校与学校共同推动的课程、讲座、教师培训等；二是国家、社会机构成立的媒介素养培训基地开展的课程培训。[3] 前者例如吴靖的小学媒介素养"晶体"课程、[4] "种子"课程[5] 等实践探索，耿强的"浸入式多维"培养模式、[6] 东北师范大学媒介素养课程研究中心的课程教材编制、[7] 北京黑芝麻胡同小学的媒介素养教育实践；后者例如少年新闻学院、上海东方电视台的"东视少儿新闻"节目等。

大学生的媒介素养教育模式与青少年的也基本类似，许多高校都研制开发了相关课程，其中，张舒予开展并研究的国家级精品课程"视觉文化"与"媒介素养教育"课程，与相应的视觉文化专题网站，以其"以生为本、道器结合、开放共享"的范式理念，[8] 并通过"博雅理念"[9] "混合式学习"[10] "参与式教学"[11] 等角度不断与时俱进、发展创

---

[1] 杨晶：《政治信息网络传播的受众困境与出路》，新闻界，2016，第10期，第45—49页。

[2] 冯月季：《符号、文本、受众：媒介素养研究的符号学路径》，徐州工程学院学报（社会科学版），2018，第33期，第95—99页。

[3] 朱立达、常江：《我国媒介素养教育课程体系的现状与改进建议》，中国记者，2018，第8期，第70—72页。

[4] 吴靖、陈晓慧、张煜锟：《小学媒介素养"晶体"课程评价及实践研究》，中国电化教育，2015，第2期，第12—20页、第28页。

[5] 吴靖、陈晓慧、卞丽娟：《自组织视域下"种子"课程标准设计与应用研究——以大学媒介素养课程为例》，中国电化教育，2016，第8期，第27—32页。

[6] 耿强：《中小学生媒介素养"浸入式多维"培养模式研究》，教学与管理，2010，第15期，第13—14页。

[7] 袁磊、周亚娟：《小学媒介素养教育课程初探》，中国教育信息化，2008，第12期，第12—14页。

[8] 聂竹明、张舒予：《教育技术支持的精品课程建设范式探析——以国家级精品课程"视觉文化与媒介素养"为例》，电化教育研究，2010，第2期，第63—67页。

[9] 聂竹明、张舒予、申灵灵：《基于博雅理念的"视觉文化与媒介素养"国家精品课程开发与建设》，电化教育研究，2012，第33期，第94—98页、第103页。

[10] 李妍、张舒予：《"视觉文化与媒介素养"课程混合学习模式的构建与实践》，现代远距离教育，2017，第1期，第75—80页。

[11] 张沿沿、张舒予：《媒介素养教育的参与式教学实践探索——以"视觉文化与媒介素养"课程为例》，现代远距离教育，2017，第5期，第75—80页。

新。此外，媒介素养教育与思想政治、大学英语的融合也受到了多位学者关注，如陈真真发现英语教学与媒介素养教育的有效融合能同时提高学生媒介素养和英语综合能力；[1]吕琪、石坚则是将媒介素养能力融入语言技能培养框架，提出了语言与媒介素养能力融合的教学任务模式。[2]陈小红认为大学生思政教育和媒介素养教育具有类似特点，相互联系；[3]付晓容也有着类似的看法，并提出教学内容融合、德育师资培养、课时任务增加、媒介实践活动四个方面促进思政教育与媒介素养教育的融合。[4]

相较于学生，成年人的媒介素养教育模式研究较少，其教育模式与课程建构亦未成体系。夏鑫等提出"五个一"模式的教师媒介素养培训：引入一个平台、建立一项机制、加强一种认识、创新一种形式和完善一种心理素质。[5]马莉、陈龙根讨论了老年群体的媒介素养教育模式，提出构建其社区教育模式需要高校和社会机构的共同支持，通过开发课程、开放教学、组织队伍、形成团队这一系列方式来积极推进媒介素养教育。[6]

3. 媒介素养与信息素养的融合

联合国教科文组织（UNESCO）于2013年将媒介素养与信息素养合二为一，提出"媒介与信息素养"（MIL）的概念，影响了媒介素养教育的演变，媒介素养和信息素养的融合也成为国内媒介素养教育的前沿主题。

吴淑娟根据UNESCO的MIL，提出媒介素养教育和信息素养教育的相互借鉴、创新融合的可行性，认为MIL不仅包含信息的获取、评价、使用和态度，还包括媒介传播关系、媒介语言及创造性运用过程中的伦理和价值观，注重媒介信息的文化和社会意义。[7]卢懿剖析了媒介素养与信息素养的异同与融合现状，提出网络时代青少年媒介与信息素养教育的重要性。[8]王帆从教育技术学的视角思考媒介素养与信息素养的融合，教育技术学由"媒体观""过程观"到如今的"文化观"，相关理念与实践可为信息素养与媒介素养的融合发展搭建桥梁。[9]肖婉、张舒予则是提出视觉、媒介、信息素养理念内核的趋同性，认为三者融合教育是适应复杂媒介技术环境与满足当前教学实践的现实需

---

[1] 陈真真：《媒介素养教育与大学英语课程的整合研究》，现代教育技术，2014，第24期，第64—69页。

[2] 吕琪、石坚：《媒介融合背景下的大学英语电化教学与媒介素养教育研究》，外语电化教学，2017，第1期，第3—7页。

[3] 陈小红：《浅论媒介素养与大学生思政教育的融合》，新闻战线，2015，第21期，第130—131页。

[4] 付晓容：《"思想道德修养与法律基础"课程中媒介素养教育初探》，教育理论与实践，2016，第36期，第32—34页。

[5] 夏鑫、赵硕、张国磊：《"五个一"模式下高校教师媒介素养培训的策略》，中国成人教育，2014，第19期，第112—114页。

[6] 马莉、陈龙根：《"互联网+"下的社区老年群体网络媒介素养教育》，职教论坛，2016，第15期，第76—80页。

[7] 吴淑娟：《信息素养和媒介素养教育的融合途径——联合国"媒介信息素养"的启示》，图书情报工作，2016，第60期，第69—75页、第147页。

[8] 卢懿：《媒介及信息素养教育在青少年成长中的作用》，中国广播电视学刊，2013，第3期，第58—60页。

[9] 王帆、张舒予：《从教育视角解析媒介素养与信息素养》，电化教育研究，2007，第3期，第35—39页。

求。① 何村、王晴认为媒介与信息素养教育融合后其内涵和外延变得更加广泛和复杂，且有可能促进其与其他学科的融合与发展，因此媒介与信息素养教育应是一种综合性素质教育。②

4. 全媒体时代下的新媒体与新媒介素养

新媒介技术的发展使得信息变得无处不在、无所不及、无人不用，不仅仅实现了跨媒介的融合，更为实现跨时空、跨物理屏障、跨主体身份、跨功能等更深层次的融合营造了新的媒体格局，③使得舆论生态、传播方式、传播效果等均发生深刻变化，这一景象正是全媒体时代下全程媒体、全息媒体、全员媒体和全效媒体发展实践的生动体现。在这一环境下，媒介素养的内涵也应势而变，发生了巨大的变化。林子斌等学者提出新媒介素养能力框架，将"产消"作为其维度之一，④强调对媒介的分析与产制。如果说媒介素养教育强调的是培养公众与媒介打交道的能力，那么新媒介素养强调的则是为公民能够恰当参与新闻信息生产与传播而进行的公众新闻传播教育。⑤可以说，全媒体时代对公民的媒介素养提出了更高的要求。

国内学者倾向于从新媒体环境或新媒介素养的角度入手对全媒体时代下的媒介素养教育进行研究。如黎箏认为媒介的扩张带来新的生存环境的同时也带来了新的生存困境，必将引起新一轮媒介素养教育的变革；⑥卢峰就新媒体技术时代背景构建了媒介素养之塔，对媒介素养教育进行多维界定；⑦何雪莲提出新媒体时代的媒介素养教育应从解构技巧传授转向文化素养培养，真正培养积极行动的能力；⑧张恒也强调全媒体时代下我国媒介素养教育应秉持建构人本精神、审美精神、反思精神；⑨冯若谷则提出"公私含混"的网络舆论生态和"传授复合"的新型传播身份要求新媒体时代公民兼顾媒介素养和媒介伦理。⑩

而对新媒介素养，学者们看法不同。国内提及较多的是美国新媒介联合会对"新媒介素养"下的定义及詹金斯对其的修改，认为新媒介素养应该是一种社交技能而非表达

---

① 肖婉、张舒予：《VMIL：视觉、媒介、信息素养融合之教育实践探索——以优秀传统文化的视觉表征为途径》，现代远距离教育，2016，第5期，第77—82页。

② 何村、王晴：《媒介及信息素养教育推广面临的问题与挑战》，中国广播电视学刊，2015，第2期，第93—95页。

③ 黄楚新：《中国主流传媒的历史新机遇，全程媒体、全息媒体、全员媒体、全效媒体》，[EB/OL].http://www.sohu.com/a/321818559_122209，2019-06-20。

④ Lin T, Li J, Deng F, et al. Understanding new media literacy: An explorative theoretical framework[J]. Journal of Educational Technology & Society. 2013,16 (4):160—170.

⑤ 庹继光：《从提高"媒商"到拓展"媒能"：互联网时代公众新闻传播教育的嬗变》，新闻界，2016，第22期，第68—72页。

⑥ 黎箏：《新媒体时代本土文化对媒介素养教育的影响》，教育评论，2017，第3期，第35—38页。

⑦ 卢峰：《媒介素养之塔：新媒体技术影响下的媒介素养构成》，国际新闻界，2015，第37期，第129—141页。

⑧ 何雪莲：《超越解构主义：新媒体时代之媒介素养教育》，教育发展研究，2012，第32期，第24—27页。

⑨ 张恒：《全媒体时代我国媒介素养教育的精神建构》，当代电视，2017，第4期，第61—62页。

⑩ 冯若谷：《从媒介素养到媒介伦理——新媒体时代公民的传播抉择》，新闻战线，2014，第12期，第81—83页。

技巧。① 匡文波认为新媒介素养是新传播技术条件下对媒介素养的延伸；② 而余秀才则认为全媒体时代新旧媒体的交叉融合，新媒介素养与传统媒介素养内涵、结构等方面都有着较大差异；③ 蔡骐提出新媒介素养应在注重媒介批判能力的同时更加注重包括筛选、甄别、整合能力的信息管理能力；④ 庹继光更是强调以拓展"媒能"为关键的新媒介素养培养，全面提高公众的信息生产能力与产出信息质量，以满足社会的信息需求。李金城指出新媒介素养的出现并不代表媒介素养这一术语已经过时，媒介素养仍是学术界最认可的术语，新媒介素养则是其与时俱进更新与变化进程中的一个重要部分。⑤

四、反思与讨论

在新媒介环境和学习型社会的大背景下，媒介素养教育作为创建学习型社会的需要和现代公民素养的一部分，其相关理论与实践研究显得尤为重要。综合以上对媒介素养教育研究热点与前沿的知识图谱和对文献的具体分析，我们可以发现国内媒介素养教育领域研究主体主要为高校学者和研究机构，研究方法较注重定量研究和定性分析结合研究，在内容上注重媒介赋权、媒介参与、新媒介等元素，在对象上覆盖人群逐渐广泛且细化，在方式上参考国外经验并强调本土化。

同时我们也可以发现媒介素养教育理论的短板主要体现在研究规范缺乏、概述较多、领域过于集中等方面；而媒介素养教育实践的缺陷则在于实践群体失衡、合作研究不足、社会参与不够等方面。基于以上结论，本研究认为后续的媒介素养教育研究应注意以下几点：

1. 国际视野，本土创新

不难发现，国内已陆续有专家学者以创新性的视角建构理论框架，开展媒介素养教育本土化研究，但大部分理论研究却依旧停留在对早期共识、国外经验的"炒冷饭"，没有形成具有中国特色的理论体系。

虽然我国媒介素养运动较西方晚了60余年，但有关新媒介素养的研究和实践已与国际基本同步，⑥ 全球化背景下的媒介文化正走向共通共融，而不同地区的媒介素

---

① Hery Jenkins. (2006). Confronting the Challenges of Participatory Culture: Media Education for the 21st Century. www.digitallearning.macfound.org/atf/cf/%7BE45C7E0-A3E0- 4B89-AC9C-E807E1B0AE4E%7D/JENKINS_WHITE_PAPER.PDF

② 匡文波、张蕊、李永凤：《传统媒体人急需提高新媒介素养》，青年记者，2014，第13期，第39—40页。

③ 余秀才：《全媒体时代的新媒介素养教育》，现代传播（中国传媒大学学报），2012，第34期，第116—119页。

④ 蔡骐、李玲：《信息过载时代的新媒介素养》，现代传播（中国传媒大学学报），2013，第35期，第120—124页。

⑤ 李金城：《新媒介素养：概念与能力框架》，浙江传媒学院学报，2017，第24期，第15—19页。

⑥ 廖峰：《制衡视角下媒介素养赋权范式的新诠释》，中国广播电视学刊，2015，第2期，第78—81页。

养教育依旧带着浓重的文化气息。这说明我国的媒介素养教育研究需要在"全球化"（Globalization）和"本土性"（Localization）研究之间寻求融合与平衡，在双重视域中探索一种"合成"（Glocalization）的媒介素养教育研究文化。

如今，媒介素养研究进入了媒介融合的全媒体时代，习近平总书记曾总结道，全媒体时代就是"传播形式愈加多元、立体，用户体验更加个性"，大数据、云计算、物联网、人工智能等技术带来了"万物皆媒"的时代，"人人都有麦克风，人人都是通讯社，手机就是传播平台"，"信息无处不在、无所不及、无人不用"[①]。全媒体时代引发了我国媒介和舆论生态、传播格局、方式和效果的深刻革命，媒介融合的范畴愈广，媒介素养的内涵更加深刻，外延更加广泛。

此外，还应加强各机构之间的通力合作，以其不同的国际化观念、态度、发展水平，相互间交流思想、取长补短，有助于促进其媒介素养教育研究的共同发展，形成新的学术共同体和拓展新的研究领域。

2. 规范研究，均衡发展

在研究对象上，国内媒介素养教育实证研究对象主要为大学生、青少年这类在校学生，虽已逐渐扩展到成人教育和终身教育领域，但数量较少，相较于在校学生，其他社会群体无论是媒介接触、信息识别还是媒介使用、批判能力都难以望其项背，其媒介素养教育的重要性和紧迫性反而更甚。

在研究方法上，国内相关量化研究的测量工具主要是自填式问卷。问卷虽然具有较好的测量特性，能够简单直接地得到调查结果，但无论是在编制还是使用过程中都易受到各种因素影响，如若没有进行严格的实证检验，那研究结果更是会与实际情况背道而驰，加之缺乏严格标准、理论基础不足、研究方法单一等问题，盲目提出各类群体的媒介素养教育对策反而令人担忧。[②]

因此，媒介素养教育的研究对象应走向均衡化和严谨化，关注社区教育和公民教育，其中，教师教育和培训作为落实媒介素养教育的关键，更是应成为国内媒介素养教育未来重点关注的主题。另外，在研究方法上也应走向科学化和多元化，须从不同群体的特点出发，构建严谨的理论框架，对其媒介素养及其教育进行严格界定和抽取，采用新的量化研究与质性研究方法；或是采用质性研究或其他混合研究方法，从深层次意义上剖析研究对象心理，拓展结论视野，如媒介使用自我报告、数字生活日志等，既能够有效避免自填式问卷的误差，也能够有效收集研究对象的自身观点和体验。

3. 契合发展，适应时代

信息社会尤其是web2.0时代媒介的融合使得新的传播手段与传播效能远超人们想象，在多种媒介技术与平台塑造的全媒体环境下，信息变得无处不在、无所不及、无人

---

① 习近平. 全媒体时代.[EB/OL]（2019-01-27）[2019-02-18]http://www.chinanews.com/gn/2019/01—27/8740472.shtml

② 张开、甘璐瑶：《2014年中国媒介素养研究回顾》，《中国媒介素养研究年度报告》，中国广播影视出版社，2016。

不用，新的媒体格局使得舆论生态、传播方式、传播效果等均发生深刻变化，这一景象正是全媒体时代下全程媒体、全息媒体、全员媒体和全效媒体发展实践的生动体现。[1]

1992年在美国媒介素养领导人会议上达成了迄今为止最成广泛认可的媒介素养的定义：媒介素养是"理解、分析、评价与生产各种形式传播信息的能力"，但这一缺乏操作性的统一判断标准显得过于理想主义，如今的媒介素养教育早已不应仅仅停留在简单提高"大众使用媒介的能力"这一层次，更重要的是从影响媒介素养水平的多方面因素，如政治认知、人际讨论、媒介使用等，[2]彰显和体现出个体、媒介与社会的动态关系，而这正契合了目前我们所处的媒介环境对公民媒介素养内涵的变化，即强调对"人"的关注，从透视、防御媒介转变为充分利用和享受媒介，[3]从强调认识媒介环境转变为关注媒介与社会对个体发展的作用，从消费与生产媒介信息转变为关注媒介文化的生产与影响。

此外，媒介融合的时代语境打破了各种媒介之间的壁垒，也催生了多种素养的融合互通，媒体素养、信息素养、计算机素养、网络素养、互联网素养、数字素养等多种素养逐渐从"割裂"走向"共生"。因此，在媒介素养研究中，学者们不仅需要关注新媒介技术与新媒介文化快速发展的进程中媒介素养的多重使命，还需要关注全媒体时代下媒介素养与其相关要素的丰富内涵与外延。

4. 形成体系，注重测评

有学者早在2010年便提出"需要建立与完善教育模式，实现中国媒介素养教育的新跨越"[4]。如今国内已有少数学者在高校、中小学开展了积极教育实践与模式探索，取得了丰硕的成果，是国内媒介素养教育实践的标杆，但各个教育实践试点的覆盖面和规模还较小，在社会影响力和普及推广上仍有不足。而这一现状的改善不仅需要实践先驱（pioneer）的进一步深入探索，还需要广大追随者（follower）的学习创新，仍有很长的路要走。

与此同时，完善的教育模式的形成还应强调对不同群体媒介素养的测量与评价，这是监测全媒体时代公民媒介素养水平，界定媒介素养教育核心素养，评价媒介素养教育效果，提升公民媒介素养水平的重要基础。就国内部分研究现状而言，在对媒介素养教育评价指标内涵的理解和界定都未达成共识，存在边界模糊、头重脚轻、迁移性差等问题。

媒介素养教育评价指标与量表的编制不仅能够帮助厘清媒介素养教育的内容构成和能力要素，引领不通群体媒介素养的培养和测评，还能够帮助公民在接受教育、进行学习的过程中进行自我评估和肯定，实现其自我管理和自主学习，真正意义上达成构建学

---

[1] 黄楚新：《中国主流传媒的历史新机遇，全程媒体、全息媒体、全员媒体、全效媒体》，[EB/OL].http://www.sohu.com/a/321818559_122209，2019-06-20。

[2] 常凌翀：《西藏大学生媒介素养状况及媒介素养教育路径》，阿坝师范高等专科学校学报，2012，第29期，第96—99页。

[3] 王耀龙：《融媒体时代媒介素养教育理念的重构》，新闻知识，2017，第4期，第54—56页。

[4] 袁军：《媒介素养教育的世界视野与中国模式》，国际新闻界，2010，第32期，第23—29页。

习型社会的目的。因此，深入研究、探索具有中国特色的媒介素养教育评价机制，制定针对不同人群的评价指标体系，对媒介素养教育发展具有重要意义。

此外，媒介素养教育不能单靠学校教育，要实现公民教育和终身教育的目标，我国应形成媒介素养学校教育和大众教育的有机结合，积极推动战略性顶层设计，建设全国性质的媒介素养课程资源与宏观的测评体系，政府、媒介机构、民间团体、教育科研机构、学校共同发力，促进媒介素养教育深层次研究与系统发展，方能将媒介素养教育真正提升到公民教育的层面。

作者简介：王姝莉，江西师范大学新闻与传播学院学生；钟志贤，江西师范大学，教育高等研究院／新闻与传播学院教授、博士。

全媒体时代媒介素养教育在增强大学生文化认同中的作用分析

卢锋

摘要： 全媒体时代，大学生的文化认同危机开始日益显现：精英文化认同受到冲击；核心价值观认同弱化；本土文化认同面临挑战；多元文化冲突加剧。在多年发展的进程中，世界媒介素养教育形成的多种理念和模式，可以在增强大学生文化认同中发挥重要作用，包括弘扬主流文化、保护精英文化、应对文化渗透和促进多元文化包容。努力开展以增强大学生文化认同为目标的媒介素养教育，有助于推动全媒体时代媒介素养理论和文化认同理论的创新发展。

关键词： 全媒体；媒介素养教育；大学生；文化认同

文化是一个国家、一个民族的灵魂，文化认同是一个国家和民族安身立命的根本。习近平总书记强调，"文化认同是最深层次的认同，……文化认同问题解决了，对伟大祖国、对中华民族、对中国特色社会主义的认同才能巩固。"大学生既是网民的主体，又是未来社会建设的中坚力量，其文化认同状况对未来社会发展具有决定性作用。

近年来，"全媒体不断发展，出现了全程媒体、全息媒体、全员媒体、全效媒体……导致舆论生态、媒体格局、传播方式发生深刻变化。"全新的传播环境形成了多元共生、纵横交错的历史和现实空间，使得文化和身份的认同变得异常艰难（李龙，2008）；新媒体在文化认同中无论是去仪式化，还是个体建构过程的凸显，都挑战着相对稳定的国家主流文化的主导地位（杨建义，2013）；多元文化相互激荡、交锋，致使大学生对本民族文化认同度有所下降、构建认同性的路径呈现"趋浅表化"特征，整体现状堪忧并引起了社会各界广泛关注（闫方洁，2015）。

文化是媒介素养教育的重要表征。世界各国媒介素养教育的发展，虽然历史背景和核心理念都不尽相同，但应对媒介文化的影响这一轨迹却清晰可见（卢锋等，2016），一些研究者也据此提出了通过媒介素养教育来增强大学生文化认同、以新媒体为平台推动大学生核心价值观认同引导模式创新的建议（杨从印，2014；莫秋玲，2017）。遗憾的是，由于种种原因，媒介素养教育实践还只是停留在少数地区和学校，在增强大学生文化认同方面发挥的作用十分有限。这就需要研究者深入论证与思考：全媒体时代，媒介素养提升在增强大学生文化认同中能否发挥作用？能发挥怎样的作用？

一、文化认同问题的脉络

对文化认同问题脉络的梳理，有助于我们更好地理解全媒体时代大学生文化认同面临的危机及其原因，也更有助于深刻把握媒介素养教育在增强大学生文化认同中的作用。

（一）文化认同的根源

"认同"起源于拉丁文 idem（即相同，the same 之意），包括客观存在的相似性和相同性，指向心理认识上的一致性和由此形成的社会关系。文化认同是指一个社会共同体的成员对特定文化环境中的审美取向、思维方式、道德伦理、行为或风俗习惯等的认可和接纳。文化认同从根本上要回答"我（们）是谁""我（们）来自哪里"的问题，它是社会共同体成员身份识别和认同的基础，也是民族和国家认同的根本（刘妍等，2020）。

文化认同之所以成为问题并受到关注，是因为社会现代化引发的文化危机。在前现代社会中，社会结构的封闭性、人们活动的单一化和交往范围的固定化，都使得文化认同不是问题。现代社会的社会化大生产，改变了传统社会原有的结构和运行机制，改变了人们原有的生活方式和交往方式，也打乱了传统社会原有的认同模式和认同格局，引发了真正意义上的认同危机。这种危机表现为文化断裂、文化秩序破坏以及社会与人的普遍物化等。其中文化断裂的形成，是由于对传统文化的批判与超越过程中，不可避免地要对作为文化认同重要载体的传统有所批判和否定；文化秩序的破坏，是由于伴随着经济扩张、政治殖民化而来的强势文化对主流话语的垄断、对弱势文化的挤压以及强势文化与弱势文化的不平等关系，对原有的文化格局进行了重组；社会与人的普遍物化，则是由于以技术和物化为特征的文化导致了人们自我认同的困惑。从这个意义上看，现代性是文化认同的根源（崔新建，2004）。

（二）中国文化认同的发展

在鸦片战争以前，中国的文化认同也不是太大的问题。正如宋代理学家石曾经所说："天处乎上，地处乎下，居天地之中者曰中国，居天地之偏者曰四夷，四夷外也，中国内也"，中国人将自己处于世界中心，而且认为自己的文化是最优秀的。这种文化中心的思想，使得在漫长的岁月里，传统中国文化虽饱经沧桑却保持了核心部分的相对稳定（张汝伦，2001）。但是，鸦片战争后，猛然袭来的"美雨欧风"，动摇了传统的文化认同，使得认同西化蔚然成风，认同危机初见端倪。梁启超提出"国性"，不仅是要维护中华文化的道统，保护民族文化基因、利用民族传统文化资源，而且是要在传统认同日趋瓦解的情况下，希望中国在全球现代化的大趋势下能保持自己；章太炎主张实事求是地对待自己的文化，将历史作为民族认同和文化认同的基础；这一做法可以让人们获得自己的民族意识和认同感,但不能建立起新的认同;陈独秀与胡适试图以对现代化的认同来取消对文化的认同,但它根本无法解决价值问题,而且很容易陷入类似西方国家的价值危机;在现代中国的文化认同问题上,陈寅恪"一方面吸收输入外来之学说,一方面不忘本来民族之地位"的主张得到了较多的认可。可以说,建立现代文化认同更意味着建立自己的国家理想和社会理想;换句话说,只有建立了现代的文化认同,才会有真正的中国发展道路。

(三)全球化对文化认同的影响

当今世界,随着全球化的迅速发展,文化认同意识也在迅速发展。首先,全球化带来的跨国公司员工、资本、商品和服务在不同国家之间的流通,影响了很多人的文化认同和国家认同;其次,超国家组织机构的存在,促进了人们的跨文化交流,也影响了他们的文化认同;再次,信息技术和互联网的快速发展,促进了各种思想、观念和文化在世界范围内的传播,也影响着人们的文化认同,对国家认同提出了新的挑战。

二、全媒体时代大学生文化认同面临的危机

(一)当代中国的文化认同

文化认同与国家认同、民族认同关系十分密切。在中国漫长的历史发展进程之中,各民族人民形成的"多元一体"文化格局,不仅奠定了中国在古代的辉煌历史,而且为中华民族在当今的伟大复兴确立了集体认同的基石(韩震,2010)。习近平总书记高度重视文化认同,并称之为"最深层次的认同","是民族团结之根、民族和睦之魂"。2015年,习近平总书记强调要"不断增进各族群众对伟大祖国、中华民族、中华文化、中国共产党、中国特色社会主义的认同",这就是所谓的"五个认同",也就是文化认同的五个方面:国家认同、民族认同、传统文化认同、政党认同、制度认同。

(二)媒体技术发展对文化认同的冲击

在全球化及媒体技术不断发展的形势下,研究者持续而深入地探讨了媒介传播当中日益变化的文化表达以及对个体、社会整体文化认同形成的深刻影响。如吉登斯(1998)的自我认同理论,揭示了现代社会中个体与社会变迁的复杂关系;卡斯特(2003)总结了网络社会文化与认同形成、变化的主要原因,并阐释了网络社会中主要的认同建构方式——抗拒性认同;梅洛维茨(2002)认为电子媒介对人类社会产生影响的根本原因,是因为它既能营造出共享和归属感,也能营造出排斥和隔离感;戴维·莫利等(2001)以电子媒介为主线研究当代欧洲文化一体化及其所面临的身份认同问题;Maczewski(2002)指出,青少年在虚拟交往和网络空间中发展他们的文化认同。

(三)全媒体时代大学生文化认同的危机

随着媒介融合进程的加快,大学生信息接收与处理行为、新闻生产与传播模式正在

改变，越来越多大学生从信息的"接收者"变为信息的"生产者"与"发布者"（李厚锐等，2018）。进入媒介高度融合的全媒体时代，大学生的文化认同危机开始日益显现。

首先，精英文化认同受到冲击。随着互联网的兴起，主流文化一统天下的格局已经被打破，精英文化和大众文化在各自的领域内已经形成并不断巩固。文化分化一方面是社会进步的表现，同时一定程度地冲淡了大学生对精英文化的认知和理解，削弱了大学生对精英文化的价值认同。

其次，核心价值观认同弱化。在全程、全息、全员和全效成为常态的全媒体时代，网状互动传播的结构进一步强化；信息的多层传播使得信息失真现象大量存在，也使得网络舆情呈现出周期短、规模大、互动强、燃点低的发展态势。这对价值观正在形成的大学生容易造成极大的干扰，使其核心价值观认同弱化（唐平秋，2015）。

再次，本土文化认同面临挑战。我国的传统文化博大精深，源远流长。但是，在全球化和全媒体不断发展的时代背景下，西方"霸权文化"通过重构一种被崇拜、被认同、被模仿的"文化标本"以垄断全球文化解读，在灌输其价值观念、意识形态的同时获取巨大商业利益。这使得本土文化在大学生群体中的影响力一度被削弱，过"洋节"甚至成为当代大学生标新立异、追赶时髦的重要象征，使得本土文化和民族认同面临着断裂的重重危机（周留征等，2013）。

最后，多元文化冲突加剧。随着我国对外开放步伐的进一步加大，各种思潮借助媒体大量涌入，西方的民主、人权等价值观念大肆宣扬，市场功利主义、拜金主义等不断渗透，历史虚无主义、新自由主义、西方宪政民主理论等相互交织，使得兼具怀疑和叛逆的部分大学生群体常常受到极大困扰（唐平秋，2015）。

三、媒介素养教育在增强大学生文化认同中的作用

在多年发展的进程中，世界媒介素养教育形成的多种理念和模式，在增强大学生文化认同中有着十分重要的作用。

（一）弘扬主流文化

所谓主流文化，一般是指一个社会、一个时代倡导的起着主要影响的文化，是主流意识形态的重要组成部分。主流文化曾经具有不言自明的权威性和流行性，主要是依靠传播媒介的垄断、价值观念的主导和消费市场的控制等方式实现（卢衍鹏，2012）。主流文化建设是社会稳定有序的保障。主流文化是统治者提倡推广并能够得到社会民众广泛认同的、统合其他亚文化形态的主导文化形态。当然，主流文化也要有包容力，不能排斥文化的多元化，这样的社会文化生态才会处于活跃、包容而又健康有序的状态（刘胜枝，2015）。

然而，我国当前的主流文化建设却面临着巨大挑战。当代中国主流文化的核心，是

中国特色社会主义（俞吾金，2014）。但是，在网络文化生态中，主流文化还远远没有确立起自己的影响力和说服力，因此受到精英文化、大众文化、消费主义文化、青年亚文化、低俗文化等多元文化形态的挑战（刘胜枝，2015）。为此，各级各类教育、文化、信息技术等行业的工作者付出了艰辛的努力。

与思想政治教育、传统文化教育不同，媒介素养教育通过提升大学生的媒介素养，以恢复网络生态健康有序发展为目标，弘扬当代中国的主流文化。加强媒介素养教育，提升网民的文化趣味和积极使用网络媒介的意识和能力，是从根本上扭转当前网络文化娱乐化、低俗化倾向的重要途径。然而，研究表明，作为我国网民主体的大学生，其媒介素养还存在较大的上升空间：媒介使用体现出较强的实用性和娱乐性特征，很少人能够将其作为学习工具；对信息的生产以及媒介的运营知之甚少，在电信网络诈骗当中也是主要受害者之一（贺立凯，2018）。

在未来的媒介素养教育中，需要采取有效措施，不断提升大学生在网络文化建设、弘扬主流文化当中的重要作用。

（二）保护精英文化

英国的"保护主义"媒介素养教育模式，是对世界各国影响最为深远的模式之一。其中的"文化保护"传统，有效地保证本国传统精英文化、价值观和民族精神的传承。这也是媒介素养教育可以在增强大学生文化认同中发挥的重要作用之一。

英国媒介素养教育起源于文化学者对电影等流行文化与传统文化之间冲突的忧虑。利维斯和汤普森媒介素养教育思想的核心，是保持本国文化传统、语言、价值观与民族精神的纯正和健康。在他们看来，电影追求的是"最廉价的情感诉求"，只是"一种消极的消遣手段"（江玉琴，2012）。著名学者莱恩·马斯特曼（1997）把这一阶段的媒介素养教育描述为：通过"甄辨、判断和尝试"，比较真正的"高级文化"与大众媒介形成的"低级文化"之间的差异。教育工作者的主要任务，是对这些低级文化进行分析，帮助学生远离低级文本，反思其背后的动机及其影响，并掌握语言的正确运用规律。

随着20世纪50年代文化研究的兴起，英国媒介素养教育发生了重要转折："文化"不再被视为一系列享有特权的、恒定不变的人为事物（如文学经典），而被视为全部的生活方式。媒介产品的积极作用逐渐得到认可，儿童的自主性和批判性也得以认识，这就使得培养学生对媒介的辨别能力开始受到重视。

英国模式对全球化背景下文化自觉意识较强的国家具有较强的示范和引领作用。在我国本土的媒介素养教育实践中，这样的做法也较为常见，并且已经发挥了重要的作用。例如，在南京师范大学"视觉文化与媒介素养"课程教学中，涵盖了衣（服饰）、食（饺子）、住（建筑）、行（摄影）、成语、《易经》、中国传统节日等诸多极具传统文化特色的主题。学生通过主题探究、协同实践，深入了解了对中华本土文化的深刻内涵，极大增强了大学生的中华本土文化认同。

（三）应对文化渗透

作为应对文化渗透的典范，加拿大媒介素养教育的发展，是国家媒介政策在应对文化认同危机方面的补充。面对美国文化霸权主义的威胁，加拿大重点发展先进的广播电视系统，以促进本国多元文化的发展。但由于政府并未对美国媒体的内容加以适当约束与控制，致使美国媒介产品轻易渗透，对加拿大的文化形成了侵蚀，令加拿大的有识之士忧心忡忡。在社会各界的共同努力下，加拿大人制订了一系列"文化抵制"的政策，积极应对美国文化的渗透，保护本国的文化主权。此外，教师组织、妇女团体、宗教团体、关注传媒的组织、家长组织、教育节目、电视台和国家电影局等社会各界也努力推行媒介素养教育。

在"文化抵制"理念的影响下，加拿大媒介素养教育有着明显的"民族意识"和强烈的文化"危机感"，它注重培养学生对媒介文化的判断能力和本土文化的"认同能力"，以"积极防御"的方式对抗美国的文化入侵。媒介素养教育之父约翰·庞吉特（John Pungente）曾提出的媒介素养八大理念中，就强调培养学生的"自我认同能力"和"公民意识"，以帮助学生了解媒体在社会经济结构中的作用，认识美国的价值观与本国价值观的区别，避免学生淹没在来自美国的媒介信息当中（王莹，2011）。

加拿大的"文化抵制"和"积极防御"教育理念与模式，在那些试图摆脱他国文化控制的国家和地区不乏同道者。近年来，我国高校思想政治教育开始将媒介方面的知识纳入相关的课程体系之中，特别是针对当前新媒体微博和微信舆论场的媒介类别、媒介组织运行规律、媒介信息传播规律、媒介使用知识以及媒介信息传播与社会舆论的关联性等方面的内容进行重点介绍。思想政治教育和媒介素养教育融合的现实，一方面是由于思想政治教育自身发展的需要，另一方面是由于二者有许多共通性：包括教育对象的相同性、教育目的的一致性、教育内容的关联性、教育方法的相通性、教育范畴的同根性和教育途径的相似性等（罗国干，2016）。当前，由于媒介在全球化过程中出现的结构性失调，使媒介全球化成了文化帝国主义、新殖民主义等文化霸权主义的御用工具，从而造成了文化领域的普遍不公。媒介素养教育在媒介领域的独特资源优势，更有利于大学生深入了解发达国家和发展中国家在文化传播领域，围绕文化媒介"软权力"的争夺而展开的"没有硝烟的战争"，从而增强文化自觉、文化认同乃至文化自信。

（四）促进多元文化包容

在世界媒介素养教育的发展进程中，澳大利亚对多元文化融合的课题进行了深入反思，形成了促进"多元文化包容"的教育理念与模式。

澳大利亚是世界上种族最具多样性的国家。多次的"移民潮"以及二战后实施的新移民政策之后，澳大利亚的种族构成发生了极大的变化，白人单一文化在种族主义、文化同化主义思想的冲击下自然地让位于多元文化政策。自1972年工党领袖首次提出以多元文化主义解决移民问题，澳大利亚各届政府对这一政策不断完善、调整，并开展了生动丰富的实践，包括资助多元文化电视台以积极传播多元文化、将媒介素养项目纳入多元教育范畴等（高曼曼，2009；钱志中，2014）。

澳大利亚多元文化主义政策的实施过程中伴随着种族主义、同化主义的威胁。由于不少亚文化群体长期被置于"敌对"和"边缘化"的语境之中，日益积累的不满与愤懑使得不同文化族群之间的冲突频频发生。澳大利亚不同族群的文化鸿沟、社会矛盾激化的现状，与媒体中始终与恐怖主义、酗酒、抢劫、失业、吸毒、堕胎等联系在一起的穆斯林形象传播不无关系。时常发生的种族冲突事件，也促使澳教育学界和传播学界不断反思多元文化融合的课题（潘洁，2010）。

在"多元文化主义"和"共同化主义"口号的推动下，澳大利亚媒介素养运动也由注重对媒介文化的批判转向对多元文化的认同与包容。他们将"多元文化融合"理念融入不同层次、不同门类的学科教学当中，使得跨文化媒介素养教育逐渐成为缓和社会矛盾、缩短不同族群之间文化鸿沟的有力工具（潘洁，2010）。在这样的理念引导下，研究者设计开展的一系列相关项目、教育模型、媒介素养课程、出版物及政策法规，也都能做到将跨文化传播与媒介素养教育结合起来，着重培养国民的多元文化观念，尊重文化差异，提高对文化的批判意识。学者们认为，这些举措对增强民族的凝聚力、降低文化冲突和促进多元化社会和谐发展都产生了积极影响。

中国自古以来就是一个统一的多民族国家。新中国成立后，我国各少数民族的经济文化类型十分复杂，各民族社会经济发展不平衡。总体上少数民族地区处于落后状态。因此，与媒介发达地区相比，少数民族大学生媒介素养的培养存在着极大的需求。媒介素养教育是从根本上提高少数民族素质的重要渠道，也是改变少数民族地区贫穷落后面貌、增强民族认同，并以此促进国家认同的重要途径。

总之，在全媒体时代，媒介素养教育在增强大学生文化认同当中可以发挥十分重要的作用。努力开展以增强大学生文化认同为目标的媒介素养教育，不但可以将文化认同作为媒介素养理论体系建设的基础，推动全媒体时代媒介素养理论的创新发展，而且可以使文化认同理论与媒介融合、媒介素养等大众传媒领域的最新成果结合起来，促进文化认同理论的创新发展。

参考文献

[1] Maczewski M. Exploring identities through the Internet: Youth experiences online[C]// Child and Youth Care Forum. Kluwer Academic Publishers–Plenum Publishers, 2002, 31(2): 111—129.

[2] Masterman L. A rational for media education[J]. Media Literacy in the Information Age. New Brunswick (USA) and London (UK): Transaction Publishers, 1997: 15—68.

[3] 安东尼·吉登斯.现代与自我认同[M].赵旭东、方文译，北京：三联书店出版社，1998.

[4] 崔新建.文化认同及其根源[J].北京师范大学学报（社会科学版），2004，(4)：102—104+107.

［5］戴维·莫利、凯文·罗宾斯.认同的空间——全球媒介、电子世界景观与文化边界[M].南京：南京大学出版社，2001：97—98.

［6］高曼曼.澳大利亚多元文化教育的发展及其启示[J].云南民族大学学报（哲学社会科学版），2009，26（02）：157—160.

［7］韩震.论国家认同、民族认同及文化认同——一种基于历史哲学的分析与思考[J].北京师范大学学报（社会科学版），2010，（1）：106—113.

［8］贺立凯.大学生媒介素养现状调查研究.新媒体研究，2018，4（1）：80—81.

［9］江玉琴.论伯明翰学派先驱F.R.利维斯的民族文化建构——大众文化全球化背景下英国本土文化的民族诉求[J].江西社会科学，2012，32（7）：250—255.

［10］李龙.现代性、文化与身份的认同[J].古代文明，2008，（3）：70—71+112.

［11］刘胜枝.当前我国网络文化生态的问题、原因及对策研究[J].北京邮电大学学报（社会科学版），2015，17（3）：30—35.

［12］刘妍、马晓英、刘坚、魏锐、马利红、徐冠兴、康翠萍、甘秋玲.文化理解与传承素养：21世纪核心素养5C模型之一[J].华东师范大学学报（教育科学版），2020，38（2）：29—44.

［13］卢锋、丁雪阳.文化向度的国际媒介素养教育考察[J].现代传播（中国传媒大学学报），2016，38（8）：145—149.

［14］卢衍鹏.以核心价值体系重塑中国主流文化[J].福建论坛（人文社会科学版），2012，（10）：45—48.

［15］罗国干.媒介素养教育与思想政治教育的有效结合[J].广西社会科学，2016，（11）：218—220.

［16］曼纽尔·卡斯特.认同的力量[M].夏铸九等译.社会科学文献出版社，2003.

［17］莫秋玲.新媒体时代大学生核心价值观认同引导对策[J].社会科学家，2017，（2）：129—132.

［18］潘洁.澳大利亚跨文化媒介素养教育研究[J].现代传播（中国传媒大学学报），2010，（9）：129—131.

［19］钱志中.澳大利亚多元文化主义政策的历史选择与动态演化[J].世界经济与政治论坛，2014，（6）：155—167.

［20］唐平秋.微文化背景下大学生社会主义核心价值观认同危机及治理路径[J].探索，2015，（1）：141—144.

［21］王莹.加拿大中学媒介素养教育课程研究——以安大略省为例[J].南阳师范学院学报，2011，10（08）：122—124.

［22］闫方洁.自媒体语境下的"晒文化"与当代青年自我认同的新范式[J].中国青年研究，2015，（06）：83—86+82.

［23］杨从印.微博时代大学生政治认同培育优化研究[J].传媒，2014，（24）：79—80.

[24] 杨建义.新媒体对大学生文化认同影响的多维探析[J].马克思主义与现实，2013，（6）：189—192.

[25] 俞吾金.当代中国主流文化三论[J].湖北大学学报（哲学社会科学版），2014，41（1）：15—17+148.

[26] 约书亚·梅洛维茨.消失的地域：电子媒介对社会行为的影响[M].肖志军，译.北京：清华大学出版社，2002.

[27] 张汝伦.经济全球化和文化认同[J].哲学研究，2001，（2）：17—24+79.

[28] 周留征、刘江宁.当代中国文化认同危机的历史成因与现实对策[J].山东社会科学，2013，（8）：90—94.

作者简介：南京师范大学教育科学学院博士研究生，南京邮电大学教育科学与技术学院副院长，博士，副教授，硕士生导师。

新时代高校道德教育的数字转向、误识与价值旨归

朱新江

摘要：智慧互联网发展解构了高校道德教育权威地位的同时，也呼唤契合新时代发展的数字道德教育，这正是当前我国高等教育改革的一个重点和难点。首先，本文从教育场域、教育秩序与教育话语等层面阐释高校道德教育数字转向的新格局及其表征。然后，剖析了当前在高校网络道德教育中存在着的空间博弈、关系辨识与张力较量等方面的限度与误识。最后，本文提出要用新的解释框架来界定新时代高校数字道德教育，并从沉浸式道德实践、意义生产与社会认同三个维度提出新时代高校数字道德教育的价值取向。

关键词：道德教育；数字转向；价值旨归

当前互联网科技的迭代发展正深刻地改写着人类经济社会发展的图景与人们思维、交流与交往的范式，也消解着高校道德教育的权威地位，因此，有学者认为教育终结了，但也有学者提出"后现代大学"转向。联合国教科文组织于2017年提出了数字素养的基本概念，世界各国也相应地推出本国的数字素养培养方案，其中，美国新媒体联盟发布了《高等教育中的数字素养Ⅱ：新媒体联盟地平线项目战略简报》，认为解决新世纪高等教育重大挑战之一就是要提高数字素养框架，并探索数字素养在人文和通识课程等学科中的应用。应对互联网对高校道德教育的冲击与挑战，我国学者分别提出信息道德教育、网络道德教育、新媒体道德教育以及大数据道德教育等概念。但在此过程中，往往将互联网等新媒体作为高校大学生德育的新形式、新载体，而忽视其自身承载的教育内容与价值意蕴，需要我们与时俱进地辩证研究高校数字道德教育的时代定位、内含界限与价值取向。

一、高校大学生德育教育的数字转向

我国教育家潘懋元认为高等教育是高深文化的传承，应具有文化选择、文化批判与创造等功能，而高校德育从广义上来讲涵盖思想教育、政治教育、道德教育等内容，其中道德教育具体包括道德意识与行为教育、职业道德教育以及科学道德教育等方面。在

传统时代，高校道德教育通过教学体系与教育机制，提供给学习者产生所谓合法性文本，从而达到他们对一定的社会规训和习惯的习得与传承。互联网的迅猛发展解构了高校道德精英式教育的范式，由"理性逻辑"转向"数字逻辑"。尤其是，当前大数据、物联网等智能互联网技术打破现有不同种类的知识生产传播的范式，使那些曾经被限定在特定类别中的单一知识能够跨越不同的制度秩序与分层制度化控制进行重新组合，重构了高校道德教育的育人场景、知识结构与教育话语，赋予了高校道德教育文化与育人生产新内含，形成数字高校德育教育新格局。

首先，高校道德教育场域的变革。布迪厄认为高校教育场域是以市场为纽带，把象征性商品的生产者和消费者联结起来，按照特定的逻辑要求共同建设的空间，而数字互联网发展推动了关于教育意识和认同形式的管理和调控现在所面临的重要变迁，消弭了高校道德教育的合法性，主要表现为三个维度：一是道德教育场景。传统高校德育主要经由包括学校教师、教育部门、专业研究机构等个人或组织，通过正规的组织化的教学将国家意志、社会秩序规范、经典知识以及公共价值伦理传授给学习者的再语境化宏大生产场域。数字互联网离散了高校校园、教室等某个特定实体物理空间，从现实面对面的平面人际交往，转向点对点、点对群的虚拟多维立体交往格局，表现为匿名性、开放性与多元性，形成广泛的全景式教育场景，学习者在任何地点、时间都可以通过包括现实的和虚拟的介子自主地开展学习。二是道德教育的权力分配。高校作为培养社会精英的重要场所，主要是通过教学文本、教育机制与教育话语等显性资源，以及校园文化、行政机构与媒体宣传等隐性资源共同构建了高校德育教育明确的、隐含的和默会的育人场景。而社会权力分配也具体转化为权威教学话语、教学文本和教育控制等机制化规范化实施。但数字互联网的零准入和扁平化让德育教育平民化，瓦解传统高等教育权威单向度主导和批量人才培养的机制，大数据、物联网与VR等互联网应用形成了德育教育的数字场景，人们通过读图视听泛文本场景的转换和线下线上交互沟通，形成数字德育的跨时空性、松散性和个性化的道德话语参与实践。三是育人功能的改变。传统高校道德教育肩负着为社会培养未来社会精英和国家建设骨干的培养任务，依据一定的分配规则、再语境化规则和评价规则等原则，制订选拔机制、质量控制与评价体系等一整套方案，来确保高校道德教育的有序运作与人才培养目标的有效实现。数字互联网的快速发展大大地稀释了高校教育的教育权，让高等教育走下"神坛"，大学生甚至社会公众无须走进高校校园和教室，就可以通过数字移动互联网快速便捷地享受优质的课程、师资和资源，特别是各种新兴的手机App让大学生可以或个体或形成临时虚拟社群自主开展学习。

其次，高校道德教育秩序的重构。数字互联网发展也解构与再塑了高校道德教育的组织结构、要素构成与运作环境。其中，从结构维度上看，数字互联网的技术扩张打破了高校德育教育的层级结构，离散了高校德育教育的确定性、规范性和一致性，从教学团体、师生与课程等相对仪式化封闭式的工具性秩序转向松散开放式的表达性秩序。从关系维度来看，传统高校德育存在着师生单向度关系、抽象化的教育情境、公式化的教育语言等工具理性的弊端。数字移动互联网应用普及、流量资费低廉以及零准入机制，让大学生和社会民众赋权增能，获得多元可选择的教育资源，通过微博、微信、抖音等形式多样的互联网公共平台，以免费或知识付费的形式使用专业教育平台以及国内外知名学府公开课和网络直播等，形成跨平台、跨主体、跨领域的智慧互联网教育体系，甚至通过互联网可以精准分析学习者的偏好需求，做到定向投放。从运作维度来看，传统高校德育教育一般按照一定的育人标准来制定具体的教学计划、教学大纲、教案、纪律考勤、课程考试与学分认定等制度和环节来确保大学生道德教育的实施，由入学准入、课程考试、实践资格认定和奖励分配等惩戒性规则来控制育人质量，而数字互联网跨时空、跨叙事、跨话语的微小叙事、全民话语与级联传播消解了高校德育的规约性教导性约定，往往没有特定的准入机制和议程设置，大学生个体根据自己的需求以原子化的形式自主地参与某个虚拟社交或网络学习平台，整个过程中往往也没有特定的考核要求与评价标准，形成开放合作式的泛伙伴体验关系和新型知识生产传播模式。

再次，高校道德教育符号表达的嬗变。互联网对高校德育教育最直接的影响就是教育叙事表达的变化，主要包括三个方面：一是文本内容。传统道德教育主要是以教材文本为介质的官方制度化话语、教学再语境讲授以及校园育人环境渲染等纵向话语和地方性、片段化与群体化的横向话语整合的教育符号体系来实现，而大学生借助互联网突破象牙塔能够做到"以往不可能做的事"，依据自己的兴趣爱好、个性发展与成长成才来选择网络应用，互联网话语表达符号也日趋多样性，包括文本、图文、视频等超文本话语以及各种表情包，等等。话语表达主要为生活化、口语化与微小化以日常叙事甚至泛娱乐的方式来呈现。二是叙事方式。高校道德教育往往是经过宏大经典的教导性话语实现权威符号控制，而互联网更凸显学习者的自我体验、自我参与和自我学习。三是话语表达。传统道德教育的权威话语通常经过教师的教学话语再语境化来实现，并通过学校环境、教育符号、组织秩序、课外实践等综合性地隐喻或转喻来协同产生道德教育的共振，在具体的教学中教师会根据课程要求和教学风格，通过教学文本、专业知识和学术话语的构建甚至教师自己的语言、肢体、表情以及语音语调来传达教学意图。而数字道德教育主要靠参与者的浏览式泛学习与选择性观视，更强调个性道德的话语分享参与和扁平化传播，是个体自发自为的体验过程，往往不需要特定规定的教育文本和明确的教学评价。

二、高校数字德育教育的误识

斯蒂格勒认为互联网计算工业的融合发展势必揭开一个新的后种系生成时代，传统的机械化的知性和文化工业的图形法逐渐走向聚合，促使由时程区划和方位区划的教育系统将受到质疑和各种知识的分崩瓦解。在互联网数字时代，社会大众不再主要通过学校教育与政治宣传实现道德伦理的养成，而是作为"扩散式受众"直接成为知识信息的生产者与传播者。但同时我们也必须看到，数字互联网打破了高校道德教育权威垄断地位的同时，也让传统以教室为主要育人场所的面对面传授失去了中间机制而变成"黑箱"，需要重新界定新时代高校数字道德教育的内涵是什么，思考把握高校数字道德教育的边界、关系和张力如何。

一是高校数字道德教育的空间博弈。在面对高校数字道德教育时，必须要厘清互联网虚拟空间与高校道德教育空间之间在融合与对抗过程中所产生的问题域，其既包括对现实社会道德的冲击，也包括网络虚拟空间自身伦理危机。对现实高校道德教育来说，数字互联网实现了高校道德教育跨时空的实践，开启了人类教育的新场景与空间实践，但也惊呼被感官所控制，高校德育隐喻的知识有可能被进一步篡改、隐藏与悬置，而更多地表现为外在的、表象的、可见的空间或视觉呈现。海德格尔就认为技术作为一种人类与外界关联的"世界的存在"，在一定程度上迫使我们进入被野蛮工具理性支配的更加支离破碎和充满偏见的社会。尤其是，技术变革改变了教育空间与社会空间之间的传播模式，大数据、物联网等数字互联网应用直接影响人的教育实践与教育表达，由传统时代通过文字的解读臆想其背景的图景变成直接的感官刺激，这种表层或外在的空间体验往往容易使内在大脑神经深层次的逻辑编码、对话与转译等思考过程缺失，而过于注重人的外在物理媒介的表征。也就是说，互联网貌似提供一个替代面对面交流的有效方法，但其虚拟性又会歪曲人们对真实的体验，产生迪士尼乐园效应（虚拟人机体验变得真实）和人工鳄鱼效应（使假的似乎比真实更引人注目），甚至引人入胜的虚拟体验让我们相信"置身其中"，使道德教育经典知识的再语境化实践扁平化。

同时，我们还必须辩证地看到数字互联网也有其自身的限度与困境，理性实践控制的技术缺失与教育环境的冲突转化成了空间侵犯，课堂上过于强调或使用互联网等进行教学，信息过载与认知碎片化会产生"数字域"价值危机，让高校课堂道德教育师生主体对话与情感交流等情境化教学因模糊性而变得无意义。特别是，数字互联网教学目前主要还是人机际界面的传输，是传统单向度传授的网络化变体，由于"师生"双方所处场域的不同，教学共情也很难达成一致，让师生"之间的关系"很难达到"之内关系"，甚至因无法达到师生数字化教学话语的有效建构而出现"时空扭曲"。此外，道德教育是"他者是意义的根本"，即"同他者对话"才能建立意义。如果师生缺乏深度参与将失去道德教育之源，尤其是，道德教育本身就是人类时空场域的勾连、文明延续与意义不断再生产的过程，高校道德教育的价值是通过日常生活的叙事与呈观、仪式性规则习俗的意义生产，是社会功能维系、文化价值承载与人主体性价值实现的综合表现，而互联网无序海量的微小叙事容易让学习者沉溺于浩瀚的信息中而无法提炼出有指向性的道德伦理规范，出现数字化"失重人"或"失秩人"。

二是数字互联网与高校道德教育的关系辨识。要正确开展高校数字道德教育之前还需界定互联网对高校道德教育的作用是什么，是一种技术载体创新还是新的教育变量，不同的阐释分别会产生不同的效果。从技术层面看，传统媒体对高校教育来讲，一般被看作是一种外在的教育资源补充，更重视学校中的课本、教室、校园等介质的育人功能。

现在往往将互联网看作是高校道德教育载体的智能转换，虽然其在更广的程度上嵌入高等道德教育中，但这种认知存在着两大误区：一种表现为"新瓶装旧酒"抑或"旧瓶装新酒"，其必将走向传统道德教育思维框架的桎梏；另一种表现是技术控制还是被技术控制的论争，这种认知也容易形成工具与内容的二元悬置、分割甚至对立，走上新工具主义的道路。

若将数字互联网看作是高校道德教育的新变量，就需要分析其作用和效果，有学者认为随着物联网、大数据等智慧互联网发展形成"万物皆媒"，即由话语圈、图文圈与视频圈交融的媒介圈连接一切，从这个意义上来讲，高校数字德育教育也将是道德生产与传播的媒介。那么其运行逻辑是什么，是人连接一切还是媒介连接一切；或者说，是"人是媒介的延伸"还是"媒介是人的延伸"的辩论。唐·伊德在分析技术与人的具身关系时就认为，人希望通过技术的完全透明而实现真正的"我"，但又希望产生"不同于我"的效果。对高校数字道德教育而言，其时空延展的确在一定程度上实现了教育跨时空的再生产，但也容易陷入两张皮现象的技术逻辑窠臼。另一方面，数字互联网将进一步加强人与社会的勾连以及人与媒介的高度互嵌，那么人将最终成为传播的节点，但人又是智能主体，数字互联网的音频视频应用发展让不识字或不会写字的人都可以参与到数字道德教育运动中来，但也使人的声音身体变成可阅或可视的转译符号，从而陷入自身传播主动建构的"他者"或"寄居者"的技术困境。

三是高校数字道德教育的张力拉锯。除了高校数字道德教育空间定位和关系属性之争，就是数字道德教育内部力量的整合问题，目前数字道德教育内容与教育效果存在着离散的情况，没有有效地调动协同各方资源要素。当前各种互联网教育机构和资源等如雨后春笋般快速增长，但存在着良莠不齐等问题。另一方面，应对数字时代的发展需求，各大高校纷纷引入或自主开发数字化或智能化德育教育，譬如翻转课堂等教学模式，甚至与公司合作开发各种在线课程、教学数据库以及智慧课堂，但其效果都有待商榷，仍然存在着学生上课低头手机刷屏、课堂的精神集中度较低等现象。同时，大学生道德呈现碎片化和娱乐化，对经典知识与系统理论认知度不高，甚至出现一定的排斥或逆反的情绪和心态，面对这些情况，部分高校采取手机上交、信号屏蔽等办法，进一步造成高校道德教育关系的紧张。互联网技术扩张出现互联网与道德教育的力量对比以及内容生产的呈现不协调等问题，传统道德教育是符号话语意义的潜势和教学机制的相对统一，是通过传递意识形态知识和社会权力关系的教学沟通这一载体，来传递与学习其社会预设中的价值映射、知识与资源的再分配。而数字道德教育过于强调知识文本的外化表征，造成教育场域的空间断裂与主体意义建构的缺失，无法真正地代替传统道德教育的教学沟通。此外，在传统道德教育中教师会依据教育意义变化而不断调整教学文本、交流话语以及肢体语言等转喻链来达成教学的共鸣、共情与认同。由于数字传播的不确定、虚拟性与离散性，数字道德教育缺少深层次的主体性参与和价值审美引导的后台隐喻，个体成为日常生活中的表演者，出现数字道德教育现场（前台）的戏剧化或面具性的表演秀，造成个体道德的客观性、精神性与实践性的割裂，出现媒介主宰或盲目崇拜符号的"人"。

由此可见，当前我国数字互联网与高校道德教育融合的过程中取得了可喜进展，但同时也伴随着阵痛与误识，如果不能正确界定高校数字德育教育的内涵，将陷入数字互联网与高校道德教育的二元悬置、区隔与遮蔽。因此，面对数字时代的发展走向，高校道德教育必将要突破现有困境的藩篱，用更广阔的解释框架来建构一个新的高校数字道德教育，即打破数字互联网科技和高校德育教育时空、思维模式甚至课程属性的界限，进行跨领域、多学科、多主体的对话与衔接，将互联网虚拟空间和高校道德教育现实空间的两个"窄域"勾连融通成"共同域"，将数字素养教育与高校德育教育协同互嵌。

三、新时代高校大学生数字德育教育的价值旨归

虽然有学者认为能力建设是高等教育的中心地位，但也有人提出高等教育不只传播使人胜任特定职业的知识和技能，认为大学生网络德育既反映了高校德育现代化进程中人的发展环境，也体现作为高校德育对象的当代大学生社会化进程中必须面对的现实。因此，应从更高的维度来审视其发展，而不是简单地将数字虚拟空间与现实高校德育教育嫁接，或者是将数字素养嵌入现有的高校道德教育体系中来，而是应赋予其新定位、新使命、新价值，并做出行动框架与策略。

第一，数字道德教育沉浸式参与实践模式的构建。哲学家鲍德里亚曾说过"媒介不是意识形态的因素而是感应器"，当前有些高校开展数字德育课程实践，譬如以蓝墨云班课作为教学平台开展线上线下相融合的混合式教学方式，通过线上自主学习、线下小组演练等环节来加强教学效果。在此过程中，师生之间生成开放的"实践共同体"，注重大学生通过重复而持续互动的日常叙事和共同构建的活动来学习。或者通过诸如头脑风暴、尝试和错误、实践和讨论等策略从更有经验的人那里学到东西，或者直接通过互联网参与到社会话语实践过程中，这些都是有益的尝试。但在此过程中，还应发挥传统道德教育与数字互联网各自育人的长处，取长补短，将规范性与创新性、思辨性与实践性相结合形成生动活泼又有序发展的育人场域。

尤其是，注重开发运用先进的数字互联网技术来开展新型道德教育活动，运用AR、VR等数字虚拟技术将静止、固化、有限的知识勾连，可以通过VR等虚拟技术将悬置的道德知识与历史经验唤醒、活化与再现，产生新的"阈限空间"与共情的"阈限体验"，师生在这一空间实践参与使其暂时从现实社会结构性角色中抽离出来，临时转换为模拟环境中的人物角色，从而获取与历史情景共融的体验，使固化的道德"旧知识"变成数字化的现场体验，再将基于师生客体的记忆转化为基于内容生产的活态参与，发挥数字道德教育的交互性、参与性、协商性，通过师生多主体或学习者虚拟社群主动分享与探讨形成"认知—参与—实践—思辨"的育人链，营造独特的数字道德教育社会生

活场景与沉浸式道德生产实践。

第二，数字道德教育从"物"的研习到意义生产的再现。康德认为：人类的意义生产分为技艺层面、实用层面与道德层面三个维度，是由日常叙事世俗智慧提炼再到纯粹实践理性判断的过渡。但旧式的教师把自己看作是不变的冒险事业的参与者或传统的"不朽的昨天"，强调大学生的自我修养和专业化是为了负责任地工作而忠于职守地放弃愉悦成为一种精神上的强制性要求。这种教育理念定位往往会陷入工具理性培养社会规训的人，而忽视了对人的解放以及意义的生产。因此，格尔茨在《文化的解释》中提出对人悬置于自己所织就的"意义之网"的感叹，变成"接受灌输和操纵"的"单向度的人"。但也要注意，在数字网络时代，应关注媒介产生的细微多样的变化对个人和文化的影响与效果。一方面，历史意识的隐退和互联网消费文化的扩张提供的往往是一个具有现场感的、可见的视觉空间，而不是内容与意义的生产场，尤其是影像视频、VR等数字互联网的使用容易陷入寻求具象感官上的满足而引发了社会道德危机。因此，若高校数字道德教育过于强调各种新奇景观的体验，教育内容也容易沦为视觉化的消费实践，道德实践与内容生产就可能被感官消费文化所替代；另一方面，目前大学生网络参与和生活方式往往是碎片式的话语表达。尤其是，跨00后大学生是E时代与网络原住民，互联网应用嵌入程度很深，但对信息的传达理解越来越浅薄，缺乏沟通的长度和深度、注意力的缺失，以及人际交往越来越零碎。从而消解了个人的主体性和能动性而变成道德无根的漂浮者和"沙化人"。

因此，高校数字道德教育必须内嵌一定的人文价值，必须建立在生活、主体以及其相互适应的基础上。人的道德体验源于生活现实，又要抽离生活与高于生活的诗意栖居，需要把生活目标和价值作为一个整体来考虑，即数字道德教育既是客体也是对象，其既包括现实道德教育的参与和实践，也包括虚拟空间的符号话语表达与信息传播。数字道德教育应是涵盖了技术逻辑、主体价值与组织结构的集合，是互联网、教材等符号性资源与学校、机构等制度化组织的辩证统一体。也就是说，高校数字道德教育不仅是网络信息化消费与知识文本研习的表层"符号意义"，是道德话语实践与日常微小叙事的鲜活"生活意义"，更应是个体主体性塑造、人生价值践行以及社会文明彰显的"本真意义"。从整体上看，高校数字道德教育是这三层次意义生产的辩证统一，三个层次互为补充和循环递进。

第三，数字道德教育社会认同价值指向的彰显。在哲学大师尼采看来，人类在"好"与"坏"的判断中恰恰是在合计和认同那些"不被遗忘"和"不易遗忘"的经验。当前以"00后"为主的大学生，在价值认知与责任感方面，缺乏理想信念、民族精神与时代精神。特别是随着智能移动互联网的飞速发展，大学生的网络化生存与依赖使得传统道德教育话语解构、多元思想滥觞，产生大学生"价值观认同危机"。卡斯特在《认同的力量》一书中就认为，网络社会的生成使得公民社会和民族国家面临着结构性危机，将催生不同类型的规划性认同与文化共同体的出现。对此，国外有学者就提出要重新审视网络虚拟空间的发展对青少年认同发展的影响，并从人口学视角研究如何通过构建网络线上线下亚文化社团来实现青少年的认同问题。因此，高校数字德育教育应通过有一定人文价值指向与合目的实践参与增进大学生的社会共识与归属感。特别是，当前面对各种网络价值伦理问题，有学者发出赛博伦理是铁笼抑或乌托邦的时代拷问，认为应建立基本的网络伦理原则的元规范。道德教育是一个社会建构的实践，其既是对过去优秀道德习惯的养成，更是面向未来素养能力需求而动态发展建构的过程。从个体层面来讲，是对真善美价值的诉求和对幸福美好生活的追求；从社会层面来看，是社会认同的形成与凝聚的过程。互联网信息的实时可传播性和可变性也容易悬置与遮蔽了总体知识，让人们更难以探寻到尽善尽美的理性知识或普遍知识。同时，互联网等新媒介的发展解构了社会集体行动与结构性发展转为个体化自我的社会实践，涂尔干就深刻地指出借助精神符号体系外壳铸造的集体情感和集体意识比符号本身存续得更为长久，而知识建构的过程将是"集体表征""集体意识"的过程。

因此，高校数字道德教育本质应体现为一种自由的教育观，体现在能把学生推进到对自身经验批判性反思的理性层面，能对所学习的东西持有自己的看法。数字道德教育应注重学习者的道德生源和生命生涯，在技术时代提高人的尊严要求人们增强自由意志、责任感和对自己命运的掌控权。通过选择性地对过去的特征进行再语境化塑造，并通过大学生数字道德教育的生命体验与社会实践来激励和恢复社会的归属感，让大学生个体在参与和沟通中与其他社会成员形成群体意义生产和社会认同的共同反应，而社会制度就是这种集体意义生产的产物。此外，数字道德教育还应构建一种积极的伙伴关系，在参与实践过程中向内形成一种特殊的道德品格、道德动机和道德意志，向外经过再语境化过程产生共同的精神纽带、价值契约和社会认同，从而使高校数字道德教育从个体自发价值投射转向主体自为行为的展现，从而达到大学生数字道德教育知与行的统一。

参考文献

[1] 威廉·V.斯潘诺斯.教育的终结[M].王成兵等，译.南京：江苏人民出版社，2006.

[2] 安东尼·史密斯、弗兰克·韦伯斯特.后现代大学来临？[M].侯定凯等，译.北京：北京大学出版社，2014.

[3] 高山.高等教育中的数字素养Ⅱ：新媒体联盟地平线项目战略简报[J].图书馆建设，2018（7）：42—47.

[4] 霍福广、刘社欣.信息德育——大学生信息素养与思想政治教育信息化研究[M].北京：人民出版社，2008：41.

[5] 沙勇忠.信息伦理学[M].北京：北京图书馆出版社，2004：8.

[6] 王婧.大数据时代大学生道德教育研究[M].北京：现代教育出版社，2016：34.

[7] 黄赞文、陈梓权.潘懋元高等教育学文集[M].汕头：汕头大学出版社，1997.

［8］潘懋元.潘懋元文集卷一高等教育学讲座[M].广州：广东高等教育出版社，2010.

［9］Ingrid Volkmer. The Handbook of Global Media Research[M]. A John Wiley &Sons, Ltd., Publication, 2012,74.

［10］Bourdieu, P. and Passeron, J. C,. Reproduction in Education and Culture[M] . trans. Nice, R., Beverly Hills, CA: Sage.

［11］巴兹尔·伯恩斯坦.教育、符号控制与认同[M].王小凤等，译.北京：中国人民大学出版社，2016：4.

［12］邓友超.教育解释学[M].北京：教育科学出版社，2009：18—32.

［13］贝尔纳·斯蒂格勒.技术与时间：3.电影的时间与存在之痛的问题[M].方尔平，译.南京：译林出版社，2012：197—202.

［14］孙周兴选编. 海德格尔. 海德格尔选集[M]. 上海：三联书店，1996.

［15］Sherry Turkle. Life on the Screen—Identity in the Age of the Internet[M]. Weide nfeld & Nicolson, 1996：236—238.

［16］Bernsein, B. Class, Codes and Control, Vol. IV: The Structuring of Pedagogic Discourse. London: Routledge, 1990.

［17］德布雷.媒介学引论[M]，刘文玲，译.北京：中国传媒大学出版社，2014：45—47.

［18］唐·伊德.技术与生活世界：从伊甸园到尘世[M].韩连庆，译.北京：北京大学出版社，2012：80.

［19］欧文·戈夫曼.《日常生活中的自我呈现》[M].黄爱华等，译.杭州：浙江人民出版社，1989：107.

［20］史蒂芬·文森特·兰格林.跨境高等教育——能力建设之路[M].江彦桥等，译.北京：高等教育出版社，2010.

［21］杨维、刘苍劲.素质德育论——大学生的现代适应与综合素质培养研究[M].北京：人民出版社，2008：3.

［22］Baudrillard,J. Requiem for the media[M]. 1986：124—143.in J.Hanhardt(ed.), Video Culture. New York: Visual Studied Workshop.

［23］Angela T. Youth Online, Identity and Literacy in the Digital Age[M] . Peter Lang Publishing, Inc., 2007：95.

［24］康德.康德道德哲学文集[M].李秋零等，译.北京：中国人民大学出版社，2016：27—35.

［25］安东尼·克龙曼.教育的终结——大学何以放弃了对人生意义的追求[M].诸惠芳，译.北京：北京大学出版社，2013：85—90.

［26］克里福德·格尔茨.文化的解释[M].韩莉，译.南京：译林出版社，1999.

［27］赫伯特·马尔库塞.单向度的人：发达工业社会意识形态研究[M].刘继，译.上海：上海译文出版社，2006：7.

[28] Karen E. Dill. The Oxford handbook of Media psychology. Oxford University Press.2013：536.

[29] 玛丽·K.斯温格尔.劫持——手机、电脑、游戏和社交媒体如何我们的大脑、行为与进化[M].邓思渊，译.北京：中信出版集团，2018：8.

[30] 朱银端.网络道德教育[M].北京：社会科学文献出版社，2007：333.

[31] 尼采.论道德的谱系[M].赵千帆，译.北京：商务印书馆，2016：18.

[32] 曼纽尔·卡斯特.认同的力量[M].曹荣湘，译.北京：社会科学文献出版社，2006：72.

[33] Dianne Lynch. Rehearsing the Real: Children's Identity Development in Virtual Spaces[J].Chapter Critical Perspectives on Technology and Education，2005（9）：73—96.

[34] Bryce James McNeil. Building Subcultural Community Online and Off: An Ethnographic Analysis of the CBLocals Music Scene[J]. Intelligent Agents for Mobile and Virtual Media, 2009（3）：150—163.

[35] 理查德·斯皮内洛.铁笼，还是乌托邦——网络空间的道德与法律[M].李伦等，译.北京：北京大学出版社，2007：4.

[36] 贝尔纳·斯蒂格勒.技术与时间：2.迷失方向[M].赵和平等，译.南京：译林出版社，2012：197—202.

[37] 爱弥尔·涂尔干.宗教生活的基本形式[M].渠东等，译.上海：上海人民出版社，2011：562—574.

[38] 罗纳德·巴尼特.高等教育理念[M].蓝劲松，译.北京：北京大学出版社，2012：4.

[39] Loranzo Magnani. Morality in a Technological World——Knowledge as Duty[M]. Cambridge University press，2007：93.

[40] 乔治·赫伯特·米德.心灵、自我与社会[M].霍桂桓，译.北京：华夏出版社，2003：281.

作者简介：浙江传媒学院纪委副书记。

2000—2019年我国大学生信息素养研究的知识图谱

梁晨　耿益群

摘要： 随着信息技术的不断发展，大数据、人工智能等越来越与人类的日常生活和工作密切联系，信息素养成为现代社会人们生存的基本技能，关于大学生信息素养的研究也成为学术界所关注的一个重要研究领域。为更好地了解近20年间大学生信息素养研究的整体情况，本文选取CNKI作为数据库来源，利用CiteSpace软件对该领域中的595篇相关研究进行分析后发现，关于大学生信息素养的研究在研究数量上总体呈现增长趋势，但在作者和机构合作方面尚未形成专门的研究力量；在研究主题和内容上主要集中于大学生信息素养理论研究、大学生信息素养现状探究、大学生信息素养教育研究、图书馆与大学生信息素养等四个大方面。未来关于大学生信息素养的研究需要进一步拓宽研究视野，加强研究机构和学者之间的合作，使该领域的研究更加系统化。

关键词： 信息素养；大学生；知识图谱；可视化

引言

1974年，美国信息产业主席保罗·泽考斯率先提出"信息素养（Information Literacy）"这一概念，将其定义为"利用大量的信息工具及主要信息源使问题得到解答的技术和技能。"[1] 1989年，美国图书馆协会（American Library Association，ALA）的"信息素养主席委员会最终报告"指出，信息素养是人们在信息时代的生存技能……具有信息素养的人应该具有发现、评价和有效利用信息解决问题、做出决策的能力。[2]而随着信息技术的不断发展，此概念的涵盖范围和相关研究也不断增加，良好的信息素养在帮助人们更好地参与社会生活中发挥着重要作用。大学生群体处于人生的关键阶段，他们

---

[1] 张茂泉：《国内外信息素养研究进展综述》，山西科技，2008，第4期，第94—96页。

[2] American Library Association(1989). Presidential Committee on Information Literacy: Final Report[EB/OL]. [2020-02-14]http://www.ala.org/acrl/publications/whitepapers/presidential#impor tance.

的信息素养问题也因此成为学界关心的热点。本文以 CNKI 数据库有关文献为基础，借助 CiteSpace 软件对 2000—2019 年 20 年间我国学者展开的大学生信息素养研究进行分析，展示已有研究现状，分析已有研究的发展历程，试图为后续的相关研究提供借鉴。

一、研究方法与数据来源

本研究采用科学知识图谱法来对国内近 20 年"大学生信息素养"的研究进行可视化分析，采用已在学界得到广泛运用的 CiteSpace 软件作为知识可视化图谱的具体分析工具。借助该软件，本研究将主要侧重于以下方面的分析：第一，分析该领域的研究现状，对发文数量、发文较多的作者和研究机构情况进行分析。第二，借助关键词共现网络分析该领域的研究热点和研究趋势。第三，根据可视化结果和具体的文献阅读，为该领域未来研究趋势提供一定建议。

本研究以"CNKI 中国知网数据库"为数据来源，使用数据库高级检索功能，以"大学生"并含"信息素养"为关键词，以 2000 年 1 月 1 日至 2019 年 12 月 31 日为时间范围进行中文文献检索，共得到 662 条文献。通过逐一筛选后剔除掉广告、报纸等非学术类文章以及非相关文献后，共获得有效文献数据 595 条。

二、近20年大学生信息素养研究的整体概况

近 20 年来，随着信息技术的不断发展，以及社会各方对大学生信息素养教育的关注，我国大学生信息素养的相关研究在研究数量上总体呈现出增长态势。大致可以分为以下三个阶段（见图 1）。

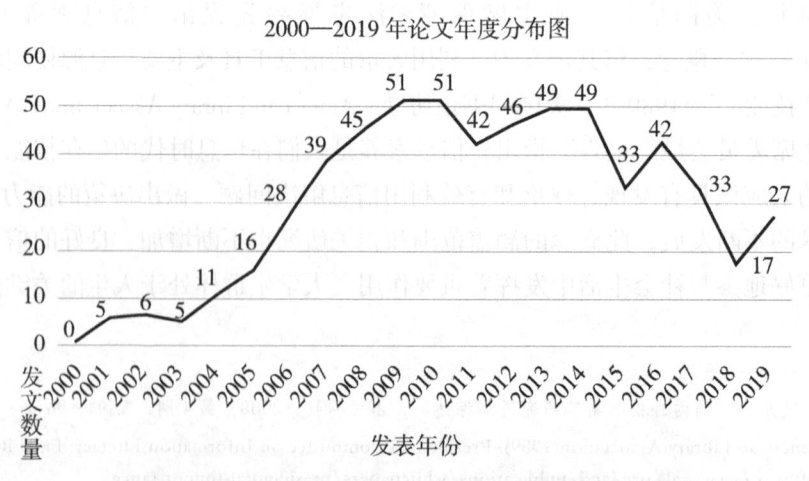

图1 2000—2019年间大学生信息素养发文数量

(一)起步阶段:2000年至2003年

1997年信息素养的概念已经引入我国,但这一阶段年度发表的论文数量比较少。2000年,教育部印发《中小学信息技术课程指导纲要(实行)》,决定在全国中小学开设信息技术课程。这之后,学术界也开始关注"信息素养"这一概念,但相关信息素养的研究还很有限,针对大学生信息素养相关研究也较少。论文主要是对大学生信息素养基本问题所展开的思辨研究,集中对"信息素养"概念的探讨。如李雅琴在归纳信息素养概念多个方面内涵的基础上,指出完整的信息素养应包括3个层面:文化素养(知识层面)、信息意识(意识层面)、信息技能(技术层面)。[1]李韶武等归纳了当时比较典型的4种信息素养定义,认为在概念并不统一的基础上,通过对多种信息素养定义的比较分析,可使我们更全面地认识信息素养的含义,更好地找到培养信息素养的途径。[2]

(二)快速发展阶段:2004年至2014年

2004年以后,大学生信息素养研究呈现出快速增长趋势,发文量由2004年的11篇逐渐增长至2009年的51篇,并且在随后的几年中也一直稳定在40篇以上。基于第一阶段的概念探索和初步的理论研究,信息素养教育得到广泛关注,相关信息素养研究逐渐成为学术界的热点问题。2005年,由清华大学团队带头制定出"北京地区高校信息素养能力指标体系",随后针对本科生开设了"信息获取与专题利用""文献检索与论文写作"等相关课程,开展大学生信息素养教育实践。各高校广泛的信息素养教育实践极大地促进了该领域的研究进展,涌现出很多以大学生信息素养培育为主要议题的研究。此类研究主要致力于对信息素养培育中现实问题的分析,并在此基础上提出相应的解决措施。周凤飞等从教育者角度指出了没有权威机构发布的大学生信息素养教育标准、高校没有建立完善的信息素养教育机制、信息素养教育课程内容存在明显的窄化与落后现象、专业教师的信息素养水平不高等四个问题,[3]并在此基础上提出了相应的解决措施。王文昇则从受教育主体大学生的角度进行分析,指出在大学生信息素养教育实践中存在的利用信息学习的意识淡薄、对信息的需求存在应急心理、获取信息的能力参差不齐、信息道德水准不高等四问题,[4]并提出了相应的举措建议。这两篇文章下载次数均在1000次以上,具有一定的参考性。

(三)平稳发展阶段:2015年至2019年

这一阶段大学生信息素养研究总量仍在增加,但年度发文数量呈现出逐年递减趋势。这一方面说明该领域领域仍然是研究热点,研究趋于理性、平稳;另一方面也反映出该领域亟待发掘新的学术热点,找到新的发展方向。这一阶段的研究既注重理论分析,同

---

[1] 李雅琴:《浅论大学生信息素养的培养》,山西青年管理干部学院学报,2001,第3期,第31—32页。
[2] 李韶武、袁向东:《浅谈大学生信息素养的培养》,江西电力职工大学学报,2002,第3期,第62—63页。
[3] 周凤飞、王泽琪:《关于我国大学生信息素养教育的思考》,图书馆工作与研究,2006,第6期,第80—81页。
[4] 王文昇:《大学生信息素养及其培养》,电化教育研究,2006,第10期,第18—20页。

时也注重开展实证研究。如刘春英等对广西高校护理专业本科生信息素养的研究、[①]何卫红等人对财务类本科生信息素养培育现状的研究,[②]都是针对某一专业的大学生的信息素养状况进行研究。随着手机等新媒体的不断普及,相关大学生信息素养方面的研究开始探究大学生在新媒体使用过程中的信息素养问题,如陈燕通过对大学生使用微信朋友圈的实地调查来将新媒体环境之下大学生的信息素养具体化。[③]

三、可视化结果及分析

(一)研究机构和作者合作网络分析

CiteSpace 所提供的的机构网络分析可以帮助我们看到不同机构在进行相关研究时的合作情况,本研究在分析机构网络时采取以下设定:Node types=Author;阈值 =(1,1,20,)(4,3,20)(4,3,20),时间切片设为5,其余采取默认值后运行程序,得到作者合作网络视图。结合表1所示的统计数据可以看出,不同机构的发文数量并没有太大差距,发文数量≥2篇的机构仅有4个,说明当前我国对该领域的研究尚未形成代表性的专门机构。而在发文量前4位的机构当中,有3个都属于高校图书馆范畴,这在一定程度上反映出高校图书馆在大学生信息素养研究中发挥着重要作用,凭借先天的文献检索服务、丰富的信息资源、先进的技术条件等优势条件,图书馆本身就成为探讨大学生信息素养时必不可少的议题之一。值得注意的是,分析结果显示各个机构节点之间并不存在代表合作关系的连线,这说明各个机构在进行已有研究时各自独立,缺乏彼此之间的交流合作,尚未凝聚成专门的科研力量(见表1)。

表1 发文数量≥2篇的前四名研究机构列表

序号	发文数量	年份	机构名称
1	3	2008	内江师范学院图书馆
2	2	2007	河北师范大学图书馆
3	3	2006	山东工商学院
4	2	2008	湛江师范学院图书馆

运用 CiteSpace 软件对作者合作网络进行分析:Node types=Author;阈值 =(1,1,20,)(4,3,20)(4,3,20),时间切片设为5,可以发现作者在发文量上的差距较小,

---

[①] 刘春英、洪芳芳、李神美:《广西高校护理专业本科生信息素养的调查分析》,教育观察(上半月),2017,第6期,第24—26页。

[②] 何卫红、曹雨:《财务类本科生信息素养培育现状及对策研究》,财会通讯,2017,第16期,第54—56页。

[③] 陈燕:《大学生微信朋友圈的信息素养调查——以中南大学为例》,传播与版权,2017,第3期,第108—109页、第112页。

发文量最高的作者为霸桂芳，其所著文章为 3 篇，其余发文量排名前 10 位的作家为 2 篇文章。这说明在大学生信息素养领域尚未出现较为代表性的研究者，单个作者发文数量低的情况说明该领域尚未形成专门的研究人员，缺乏更加深入的研究。在合作情况上，规模最大的合作团体是由杨平欣等所构成的 4 人团体，但该团体仅共同发表过一篇文章，因此并不属于专门性的研究团体。从合作频次上来看，李韶武、袁向东两位作者之间，张慧珍、杨翠娟两位作者等由两人组成的研究团队进行过两次研究，其余合作作者之间则都是单次研究，这说明作者之间已有的合作关系也并不稳定。这种现状反映出我国关于大学生信息素养研究仍然比较分散，尚未形成具有核心影响力的研究节点和完整的研究体系（见图 2）。

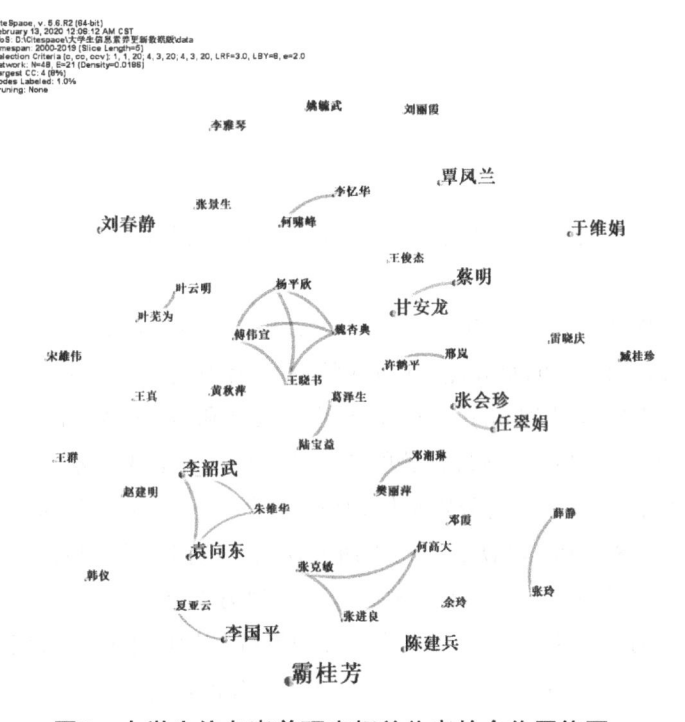

图 2　大学生信息素养研究相关作者的合作网络图

（二）关键词共现网络分析

关键词是对研究主要内容的概括和浓缩，对不同研究中相同关键词的共现能够展示该研究领域的整体情况，反映该研究领域的研究热点。在 CiteSpace 中导入 2000—2019 年的文献数据后，时间切片设定为 1，年份跨度为 2000—2019 年，将 Node Type 设定为 Key Word，选 TOP50，其余采用默认值，生成国内大学生信息素养研究关键词共现图谱，如图 3 所示。

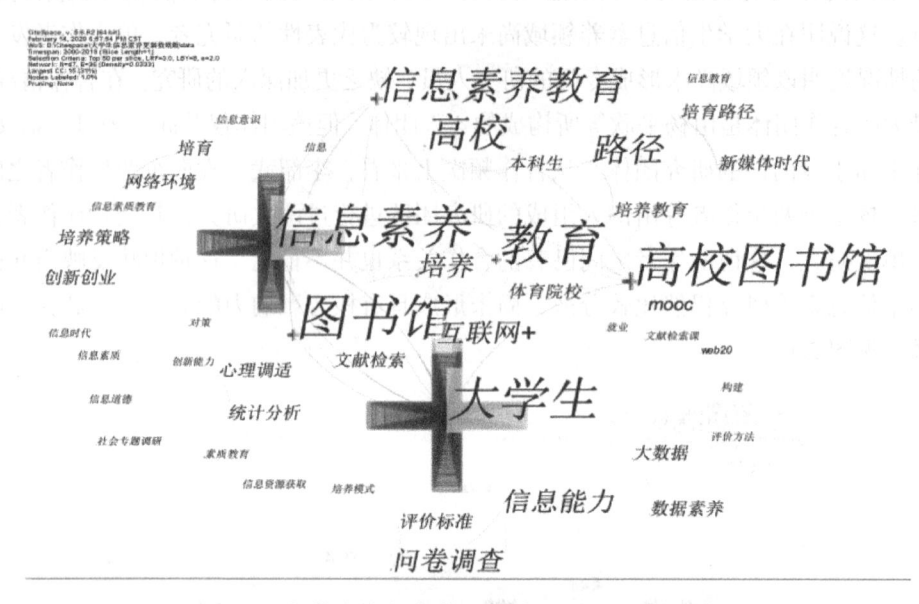

图3 大学生信息素养研究的关键词共现图谱

在关键词共现图谱中，节点越大代表出现频次越多。而中介中心性能够反映出某一关键词整个研究网络中的媒介能力以及网络资源控制能力的强弱，[1] 中心性越高则说明该关键词与其他关键词之间的中介作用越大，表2和表3中分别列出了出现频次排名前10位的高频关键词和中心性最显著的7个关键词。如表1所示，在出现频次排名前10位的关键词中，次数最多的分别是体现研究主题的"大学生"和"信息素养"两个关键词，分别为588次和547次，这与本研究在筛选数据时所采取的关键词标准有关。"高校图书馆""图书馆"这两个关键词分别位列第3位和第5位（见表2），体现出研究者对高校图书馆在大学生信息素养提升中发挥作用的重视。根据表3所显示的结果，这两个关键词以及"高校"这一词也都分别具有较高的中心性，分别位列第2、3、4位，他们所具有的高中介中心性说明与高校或图书馆相关的研究在研究网络中发挥着较强的中介性作用，印证了这些场所对大学生信息素养的重要性。在表3中，中介中心性最高的"教育"则反映出大学生信息素养教育在研究网络中一直拥有较高的关注度，是连接诸多研究的中心，这说明了教育在大学生信息素养中具有基础性作用，是学者们普遍关注的议题。"调查""问卷调查"这两个关键词则反映出该领域进行的实证研究较多。

---

[1] 李胜男、吴霓：《我国创客教育实践研究现状——基于CNKI相关论文的知识图谱分析》，北京邮电大学学报（社会科学版），2018，第20期，第105—114页。

表2　出现频次为前10位的高频关键词

序号	频次	中介中心性	关键词
1	588	0.01	大学生
2	547	0.01	信息素养
3	78	0.03	高校图书馆
4	52	0	信息素养教育
5	50	0.05	图书馆
6	42	0.07	教育
7	17	0	培养
8	10	0.03	高校
9	9	0	调查
10	9	0	问卷调查

表3　中心性最显著的7个高频关键词

序号	中介中心性	关键词
1	0.07	教育
2	0.05	图书馆
3	0.03	高校图书馆
4	0.03	高校
5	0.03	路径
6	0.01	大学生
7	0.01	信息素养

（三）基于研究前沿时区图的历史分期

对大学生信息素养研究趋势进行分析时，采用 CiteSpace 所提供的 "Time Zone View" 时区视图功能绘制出 2000—2019 年间研究前沿时区图（图4）。在此基础上，点击 "Burstness" 按钮得到领域内排名前 6 的突变词，结果如图5所示。根据图4、图5，我们可以将国内的大学生信息素养研究议题流变大致划分为4个阶段：

第一阶段是 2000—2003 年，在该阶段中研究主要围绕大学生、信息素养、高校图书馆等关键词展开，说明当时国内研究者已经开始了对大学生信息素养的分析与解读，而图书馆一词出现则反映出信息素养脱胎于图书检索能力的本源。但该阶段的研究尚未出现突现词，明确的研究热点尚未形成。

第二阶段是 2004—2009 年，该阶段整体呈现出一种以教育为中心的研究取向。较早出现的突现词"信息素养教育"说明借助教育来提升我国大学生信息素养成为众多学者关注的重点，学者们的关注点主要涉及意义探析、教学模式探索、课程体系构建、教育主体探讨等多个角度。而由于图书馆所具有的信息资源优势，使得其在开设文献检索、信息检索等课程中具有先天的资源条件，因此从在探讨大学生信息素养教育的研究中，大多数学者都专门强调了利用图书馆来发挥教育功能这一点，"图书馆"是这一阶段的第二个突现词。时区图中所体现的"信息素质""信息素质教育"体现出一种将信息素养视为大学生必备素质的倾向。

第三阶段是 2010—2016 年，随着前一阶段对大学生信息素养教育的集中探索和教育实践的不断深入，这一阶段我国学者逐步转向对国内大学生的信息素养现状问题的探究。该阶段的突现词"问卷调查""调查"也反映出量化调查在该阶段研究中属于热门研究。在对这些文献阅读后发现，此类现状调查研究往往都是以某一所高校或某一个地区为例进行实地考察，研究的分散化、区域化特征明显。与此同时，这一阶段对大学生信息教育评价标准的议题也逐渐展开，这与我国大学生信息素养实践的深入发展密切相关。结合时区图来看，这一阶段正值新媒体发展的繁荣时期，以"新媒体时代""互联网+""网络环境"等为关键词的研究将新媒体环境纳入了大学生信息素养的研究视野，现实环境的变化使得学者们开始探索大学生信息素养教育的新方式，以"MOOC"形式为代表的新型线上教学模式也得到研究者的重点关注,王婷从"主动学习"理念、网络载体和评估方式转变3个角度分析了MOOC对传统教学模式和学习方式的转变,并在此基础上为MOOC课程设计提出了实践方面的建议。①

第四阶段是2017—2019年,在大数据时代,最近3年的相关研究中出现了对"数据素养"等新概念的探索。数据素养是信息素养概念的延伸内容和组成部分,②在信息素养基础上展开的新探索是大学生信息素养研究范围扩展的标志。但与此同时,我们可以看到在近3年的研究中却并没有产生显著的突现词,说明该领域在最近几年尚未形成较为集中的新热点,这种新热点的缺乏一定程度上不利于形成规模性的研究,对该领域的可持续性发展有一定影响。

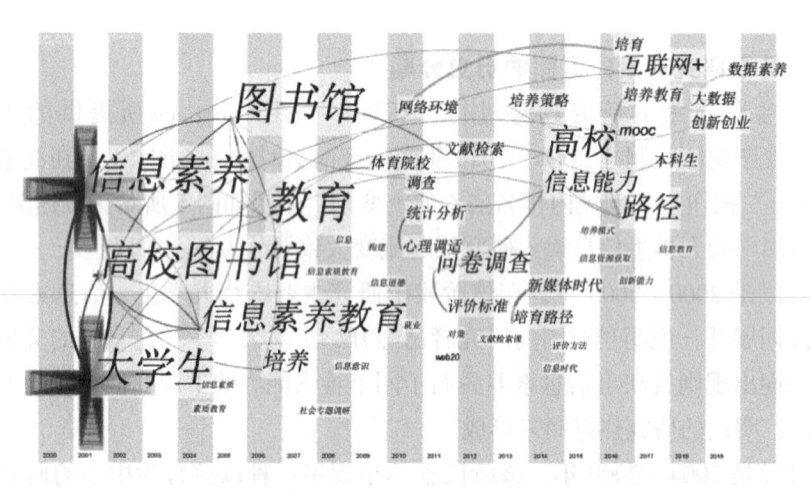

图4 大学生信息素养研究领域研究前沿时区图

图5 大学生信息素养研究领域突现词

---

① 王婷:《MOOC环境下大学生信息素养教育模式研究与实践》,创新科技,2016,第2期,第48—50页。
② 周志强、王小东:《大学生数据素养提高的途径与对策研究》,情报科学,2019,第37期,第79—84页。

四、近20年大学生信息素养研究内容分析

结合上文对近20年来大学生信息素养相关研究的可视化结果,本文从以下4个方面对研究主题和研究内容进行具体归纳。

(一)大学生信息素养的理论研究

概念界定是开展某一领域研究的前提,为此诸多学者都从不同的角度对信息素养的具体内涵进行了归纳。随着信息技术的不断发展,信息素养的概念也在不断变化,呈现出一种多元化、综合化的特征。已有研究大都是从信息意识、信息知识、信息能力、信息道德等4个层面进行对信息素养的概念进行界定。研究者还将信息素养的概念与其他概念进行比较,对不同概念进行辨析,认为媒介素养、数据素养、数字素养等概念与信息素养概念之间都有一定联系,不同的概念有彼此的侧重点。此外,针对大学生信息素养教育的不断发展,对大学生信息素养评价标准的制定也成为理论研究中的重要组成部分,此类研究不仅重视对外国研究的借鉴,如李耀俊所写《中、美大学生信息素养能力标准管窥》[1]及钱毅、高丽所写《大学生信息素养评价体系探讨》[2]分别涉及了美国、澳大利亚等国家的评价标准。同时,此类研究也注重发展属于适合我国的本土化评价标准,清华大学制定的"北京地区高校信息素养能力指标体系"成为此类研究中探讨和借鉴的典型。

(二)大学生信息素养的现状研究

针对大学生信息素养现状的研究可以根据所选取的具体调查对象来源的差别,大致分为对某一地区高校大学生的调查,如宋雯斐对绍兴市5所高校的大学生信息素养的调查[3]、甘安龙等对江西省20所高等院校所进行的大学生信息素养的现状调查[4]等。由于现状研究要有必要的研究资源支撑,而学者之间的合作和资源支持比较缺乏,因此这类研究呈现出分散化的趋势,并没有形成完整的研究体系,各个研究之间所采用的评价标准也并不完全一致。此外,现状研究中也出现了对不同地区大学生所进行的对比研究,代表性的研究有李杨等对北京大学与香港城市大学本科生信息素养的比较研究[5]、罗双兰等以广西、上海和北京大学生为例,对发达地区与欠发达地区学生信息素养的比较研

---

[1] 李耀俊:《中、美大学生信息素养能力标准管窥》,高校图书馆工作,2011,第31期,第69—71页。

[2] 钱毅、高丽:《大学生信息素养评价体系探讨》,情报探索,2013,第1期,第26—28页。

[3] 宋雯斐:《大学生信息素养调查分析与对策研究——以绍兴市大学生为例》,农业图书情报学刊,2011,23,第6期,第131—134页。

[4] 蔡明、甘安龙、黄云:《数字环境下大学生信息素养现状调查与对策分析——以江西省20所高等院校为例》,南昌航空大学学报(社会科学版),2007,第4期,第68—72页。

[5] 李杨、步一:《北京大学与香港城市大学本科生信息素养比较研究》,现代情报,2017,第37期,第144—147页。

究①等,这些比较研究有利于全面了解我国大学生信息素养教育现状,拓展研究者的视野,提出更加具有针对性的应对策略。

(三)大学生信息素养教育研究

培育和提高大学生的信息素始终是该领域研究探讨的中心议题。关于大学生信息素养教育方面的研究,主要针对课程设置、教学模式两方面开展。课程设置方面,文献检索课的改革与创新备受关注,如肖强指出,文献检索课是大学生信息素养教育的关键,②并从理论教学和实践教学角度分别提出了改革措施。此外,将信息素养教育融入其他教学内容当中的教学内容融合设计也得到关注,如张淑芳提出可以结合英语报刊阅读课的特点,③将信息素养融入课堂教学当中;赵利华以"中国近代史纲要"为例,主张通过高校思政课来培养大学生的信息素养。④在教学模式上,主张采用翻转课堂、MOOC教育、WebQuest教学模式、大学计算机基础教学模式、同伴教育模式等新型教学模式的研究不断增多。

(四)图书馆与大学生信息素养

围绕图书馆所进行的研究主要包含两方面内容:其一是对图书馆在大学生信息素养中所具有的特殊地位和重要性的分析,如陈利东从资源、人员和技术3个方面分析了图书馆的独特优势,⑤强调了图书馆对大学生信息素养的重要意义。其二则是对如何发挥图书馆功能来培育大学生信息素养的探讨。依托图书馆本身丰富的信息资源,新生入馆培训、文献检索培训、提高馆员素质、开设相关讲座等举措已经得到了诸多学者的肯定。随着图书馆数字化程度的不断提高,如何更好地利用图书馆数字资源也成为研究者关注的焦点,如陶继华在其研究中就对MOOC与图书馆的结合进行了探讨,从平台、团队支撑、队伍建设和馆员介入等角度分析了图书馆与MOOC良好结合的可能。⑥

五、已有研究不足与未来研究发展趋势

本文通过对2000—2019年这20年来国内对大学生信息素养的相关研究,发现我国

---

① 罗双兰、李文华:《发达地区与欠发达地区大学生的信息素养比较——对广西、上海和北京大学生的信息素养现状的调查分析》,淮北煤炭师范学院学报(哲学社会科学版),2006,第2期,第135—138页。
② 肖强:《基于大学生信息素养教育的文献检索课教学改革》,经济研究导刊,2011,第14期,第291—292页。
③ 张淑芳:《浅谈大学生信息素养的培养——以英语报刊阅读课为例》,教育探索,2011,第6期,第138—139页。
④ 赵利华:《大学生信息素养在高校思政课中的培育研究——以"中国近现代史纲要"课程为例》,教育观察(上半月),2015,第4期,第91—93页。
⑤ 陈利东:《高校图书馆与大学生的信息素养教育》,宁波职业技术学院学报,2012,第16期,第102—104页。
⑥ 陶继华:《基于MOOC的高校图书馆提升大学生信息素养探索》,六盘水师范学院学报,2016,第28期,第76—79页。

对大学生信息素养的研究已经形成了一定的研究规模，但仍存在以下问题：

第一，由于媒介技术的发展和当前媒介环境的日益复杂化，大学生群体作为即将步入社会的特殊群体，信息素养是他们步入社会以及未来发展所必备的素养和能力，因此开展大学生信息素养相关研究具有重要意义。但从目前的研究议题和研究内容及方法来看，大学生信息素养的很多研究议题都有待深化，很多重要议题没有得到重视，研究领域尚缺乏系统性。因此，在未来的研究中，期待在该领域能够有更多研究者对相关议题进行深入的挖掘和探索。

第二，从作者和机构合作网络的分析来看，当前我国对大学生信息素养的研究机构和作者比较多元，但与此同时却呈现出一种分散化的研究现状，不管是研究机构还是作者都没有形成较为稳定的合作关系，合作网络也尚未形成，这种分散情况限制了学者、机构之间的资源共享，也不利于开展该领域内部的系统化研究。因此，建议在将来的研究中，鼓励不同学者和机构之间加强合作，甚至可以通过建立学术联盟的形式来促进学术合力的形成，让身处于不同研究机构、具有不同背景的研究者能够最大限度地共享学术资源、分享学术成果，促进合作研究网络的形成。

第三，从关键词知识图谱和研究历史分期来看，"教育"一词所具有的中介中心性最高，说明大学生信息素养教育是最大的一个研究热点，如何更好地帮助大学生提高信息素养是学者们普遍关注的议题。从研究热点的演进上来看，近20年来对大学生信息素养的研究呈现出一种逐步深入的趋势，不同阶段的研究之间大致形成一种"概念引介——注重教育实践——现状探究——反思教育实践——探寻新转向"的内在逻辑。近20年来关于大学生信息素养的研究呈现出一种稳定的前进态势，但与此同时，也局限了该研究领域的创新空间，致使最近几年没有产生新的研究热点。为了保持大学生信息素养相关研究的可持续性，在未来的研究中一方面应该继续就已有议题开展更加深入的研究；另一方面，学者们则应该主动进行跨学科、跨领域的合作，寻找新的研究热点，拓宽研究视野，形成大学生信息素养研究新方向。

随着社会信息化程度的不断提升，良好的信息素养成为大学生群体将来能够更好地立足于社会的重要素养。未来的研究将更加关注对大学生信息素养评价标准的探究。2005年，北京图书馆协会发布《北京地区高校信息素养能力的指标体系》，教育部于2008年发布了高校信息素养培育标准。在实践方面，北京大学图书馆开通了"北京大学信息素养能力评测平台"，在信息素养和能力评价标准方面进行了探索。但目前我国尚未形成关于大学生信息素养评价的统一评价标准，这促使研究者在这一领域进行更为深入的理论和实践研究。

作者简介：梁晨，中国传媒大学传播研究院学生；耿益群，中国传媒大学新闻传播学部传播研究院传媒研究中心教授、博士生导师。

大数据时代大学生数据素养现状的调查与分析
——以浙江科技学院为例

潘中祥

摘要：数据素养作为大学生自身综合素质的重要组成部分，提升大学生数据素养具有重要的网络育人意义。相对于大数据技术的快速发展，数据素养教育远未跟上。以浙江科技学院的大学生为样本对象进行调查，从数据伦理、数据意识、数据采集、数据分析与处理、数据管理、数据使用六个维度进行评测，分析其数据素养现状，指出针对大学生开展数据素养教育的必要性，并分别从五个层面针对数据素养教育提出相应的对策建议。

关键词：大学生；数据素养；调查；对策建议

随着大数据时代的到来，将大数据技术与社会生产生活各领域相结合日益深入，对全社会均产生了深远的影响。大学生作为未来数据社会的有生力量，对其进行数据素养教育将有助于数据安全以及数字化社会的发展。因此，分析大学生数据素养的特征及其存在的问题，探讨提升其数据素养的策略，对增强其数据应用能力，适应大数据时代的学习和工作需求，建设大数据社会具有重要的意义。

一、研究综述

近几年来，国内外学者对学生群体的数据素养进行了持续的关注，其范围覆盖初中生、高中生、本科生以及研究生，且根据不同群体的特点以及需求，开展了关于数据素养及其教学策略的针对性研究。

国外学者对学生的数据素养研究起步较早。2007年至2009年，雪城大学的Jian Qin与John D'ignazio通过对教职员的数据管理能力进行调查，为理科的学生开设了数据素养课程，以解决其数据管理能力不足的问题。2011年，Jacob Carlson等评估了地理信息学课程的教师与学生的数据素养，并以此为依据，阐明数据信息素养课程的必要性，以帮助学生更好地融入信息化科研环境。2015年，詹姆斯麦迪逊大学的Yasmeen Shorish

在数据素养的相关能力、数据素养与本科生的相关性、数据素养在图书馆教学中的作用等方面进行了研究，旨在完善和指导图书馆的数据素养教育。2017年，布拉格大学的Barbora Drobikova等人通过对博士生进行调查发现，该群体在数据管理技能上有所欠缺，以此说明有必要对其进行专业的数据素养培训。2018年，密歇根大学的Jake Carlson等对研究生进行了为期一学期的数据素养课程试点，他们试图通过动态变化的课程计划，来了解学生的兴趣与需求，并在课程结束之后对学生进行后续访谈，以评估该课程的长期影响。

近些年，国内研究者逐渐注意到数据素养对学生的重要性，并开始在数据素养能力分析、体系构建以及教学内容设计等方面进行探索。2014年，陈娜萍以初中生作为研究对象，采用问卷法对其数据素养现状进行调查，并针对初中生数据素养结构单一的状况，从教学模式、工具使用、考核方式等3个角度提出建议。2017年，张焱园对高中生的数据分析素养现状进行研究，发现高中生获取数据能力较低、数据加工水平不高，据此现象，他提出了3条提高高中生数据素养的教学策略。同年6月，陈维对新闻传播学的大学生进行研究，从数据意识、数据能力、数据伦理3个维度出发，构建新闻传播学大学生数据素养标准，为开展教育工作提供了参考。2018年，张斌等从师范生的发展需求出发，构建了数据素养能力标准与课程体系，旨在培养具有良好的数据素养、能够适应大数据背景下的教育教学发展的教师。

尽管上述研究的内容和角度各不相同，但都是以提升学生的数据素养为导向。上述国内外的研究成果为本研究提供了重要理论指导和实践启迪，但在以下几个方面仍有继续深入探讨的空间：（1）目前针对大学生这一群体的实证研究较少；（2）通过现有研究，难以全面把握该群体的数据素养现状，亟待进行有代表性与说服力的样本调查与数据分析；（3）当前关于学生数据素养教育的研究大多集中于数据素养评价体系的构建与教学内容的设计上，有待从更宽的视角对数据素养教育进行思考；（4）当前对数据素养课程体系的顶层设计和理论指导不足，数据素养不应仅仅看作学生的一项技能，而应站在适应大数据时代的高度来进行专业化的顶层设计。

因此，以浙江科技学院大学生为例，分析其数据素养现状，并提出对应提升策略，以引起全社会对数据素养教育的重视，以求建立适合于大学生的数据素养课程体系，推动数据育人目标的实现。

二、研究设计

（一）浙江科技学院概况

浙江科技学院是一所以工科为主，涵盖理、工、经、管、文、艺等学科且特色鲜明的应用型省属本科高校，拥有56个本科专业，现有全日制本科生1.7万余名。

（二）问卷设计

本次研究采用问卷调查法，调查对象为浙江科技学院的本科生。为了确保问卷设计的科学性，首先对学校的部分学生和老师进行了预调研，初步拟定了问卷；之后，根据预调研的反馈以及学校的实际状况，对部分问卷条目进行了修改，使之表述更清晰、含义更明确，形成了最终的正式问卷。

本问卷共分为3个部分。第一部分是学生的性别、年级等基础个人信息。第二部分是数据素养基本概念，主要考查学生对数据素养的认知程度，了解学生主要的数据来源，为学校今后开设专业相关的数据素养课程提供参考。第三部分是数据素养测量量表，采用李克特5级量表，涵盖数据伦理、数据意识、数据采集、数据分析与处理、数据管理、数据使用6个维度，共设计了30道题目，每个维度5个具体问题。

（三）调查的基本情况

2019年5月，向浙江科技学院大一到大四的学生投放纸质调查问卷，收回答卷402份，排除废卷后，共计有效问卷361份，占比89.80%。其中，男生为249人、占比68.98%，女生为112人、占比31.02%；大一、大二、大三、大四学生分别占34.90%、29.36%、18.01%、17.73%。

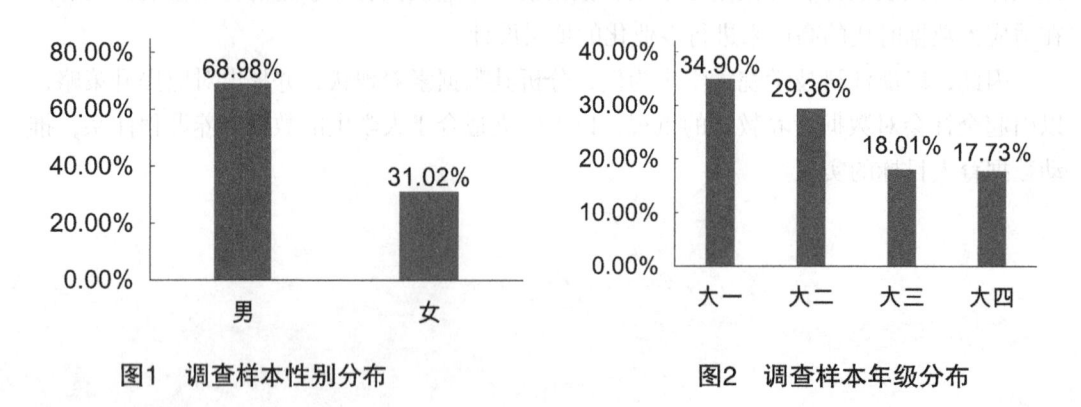

图1 调查样本性别分布

图2 调查样本年级分布

（四）信度与效度检验

信度方面，采用Cronbach's Alpha系数进行检验。其中，数据素养总问卷的Alpha

系数为0.954，6个维度的Alpha系数分别为0.855、0.855、0.910、0.867、0.847、0.891，说明量表的信度较高，各个条目之间有较高的一致性。效度方面，首先采用Bartlett球形检验，得到KMO=0.943，x^2=7628.981，df=435，P<0.05，说明该问卷效度较高；采用主成分分析法和最大方差法，提取公因子时以特征值大于1.0为标准，30个题目的载荷因子均高于0.4，表明量表具有较好的结构效度。从信度与效度综合来看，本量表的调查结果是可靠的。

三、研究分析

本文综合国内外学者对数据素养的定义，认为数据素养主要包含数据伦理、数据意识、数据采集、数据分析与处理、数据管理、数据使用6个维度。通过对回收的361份有效问卷进行统计，可以得到浙江科技学院大学生的数据素养各维度分数以及总分。其中，数据伦理与数据意识得分显著高于平均分，数据管理、数据使用能力位于其次，数据采集能力相比稍弱，数据分析与处理分值最低。

表1 数据素养评价体系

维度	得分	维度	得分
数据伦理	4.23±0.75	数据分析与处理	3.44±0.92
数据意识	4.00±0.80	数据管理	3.57±0.91
数据采集	3.77±0.84	数据使用	3.52±0.86
平均分	3.75±0.89		

（一）数据伦理

表2 数据伦理得分

指标	单项得分	指标	单项得分
合法合规意识	4.35±0.71	知识产权意识	4.01±0.84
伦理道德意识	4.37±0.71	数据责任意识	4.14±0.72
行业规范意识	4.29±0.71	平均分	4.23±0.75

数据伦理是指在数据使用的过程中，对法律法规、隐私权以及知识产权等概念的认知水平。在本次测评中，将数据伦理维度细分为合法合规意识、伦理道德意识、行业规范意识、知识产权意识、数据责任意识5个指标。如表2所示，伦理道德意识得分最高，说明学生在使用数据的过程中能够较好地遵守数据使用规范，避免引发伦理道德问题；而知识产权意识和数据责任意识低于平均分，表明学生对知识产权和数据责任的了解与

认识仍有待提高。

（二）数据意识

表3 数据意识得分

指标	单项得分	指标	单项得分
需求性意识	3.95±0.80	严谨性意识	4.17±0.70
价值性意识	3.81±0.85	实际性意识	3.90±0.81
重要性意识	4.15±0.78	平均分	4.00±0.80

数据意识是面对数据时的敏感性与判断力。该维度分为需求性意识、价值性意识、重要性意识、严谨性意识、实际性意识5个指标。其中，重要性意识和严谨性意识的得分高于平均值，而需求性意识、价值性意识、实际性意识相比较低。这反映了学生能够意识到数据素养在大数据时代具有重要的作用，并且对待数据需要严谨认真，但其对数据需求的应对能力不够完善、对数据价值的认知不够深入、对数据实践的理解不够透彻。

（三）数据采集

表4 数据采集得分

指标	单项得分	指标	单项得分
方案设计能力	3.77±0.86	异常处理能力	3.64±0.89
渠道选择能力	3.86±0.81	数据区分能力	3.76±0.83
工具使用能力	3.80±0.82	平均分	3.77±0.84

数据采集能力是指学生具备在不同的应用场景下，通过搜索引擎、调查问卷、网络爬虫、传感器等不同方式来收集所需数据的能力。根据学生的特点，将该维度细分为方案设计能力、渠道选择能力、工具使用能力、异常处理能力、数据区分能力5个指标。观察表4，可以看出学生具有较强的渠道选择能力和工具使用能力，方案设计能力适中，但异常处理能力和数据区分能力得分略低。这表明学生的数据采集能力尚可，但在面对采集过程中的突发异常以及采集所得海量数据，学生的处理能力和应对能力仍然有限。对各专业的培养计划进行研究发现，各专业并没有开设与数据采集相关的课程。通过增设该方面的课程与讲座，加强数据采集的实践，将对提升学生的数据采集能力有所帮助。

（四）数据分析与处理

表5 数据分析与处理得分

指标	单项得分	指标	单项得分
数据清洗能力	3.68±0.90	数据挖掘能力	3.43±0.85
数据分析能力	3.40±0.92	数据决策能力	3.35±0.88
数据可视化能力	3.34±1.00	平均分	3.44±0.92

数据分析与处理是指运用分析软件或编写代码对数据进行操作，并从中提取有效信息的能力。根据数据分析的一般流程，将该维度细分为数据清洗能力、数据分析能力、数据可视化能力、数据挖掘能力、数据决策能力5个指标。纵观以上指标，仅有数据清洗能力得分高于平均值，其他4个指标均略低；总览数据素养6个维度，该维度为分值最低的一项。造成上述现象的原因有以下几点：①数据分析与处理难度较高，尤其是面对大数据时代的海量数据，学生掌握的数据分析与处理技能难以应对新时代的需求；②高校开设该类课程与讲座较少；③学生难以获取海量数据，缺乏锻炼该技能的实际场景。

（五）数据管理

表6　数据管理得分

指标	单项得分	指标	单项得分
存储管理能力	3.55±0.83	数据更新能力	3.66±0.86
工具运用能力	3.33±0.89	安全控制能力	3.63±0.94
数据备份能力	3.68±0.96	平均分	3.57±0.91

数据管理是指以有效的方式，对数据进行组织、管理、监护的能力。本文将这一维度划分为存储管理能力、工具运用能力、数据备份能力、数据更新能力以及安全控制能力。其中，存储管理能力和工具运用能力得分低于平均水平，这反映了学生的数据存储与管理技能偏弱，尤其是在有关工具和平台的使用上，需要加强数据管理的实践环节教育。而数据备份能力、数据更新能力、安全控制能力相比前两项稍高，说明学生对数据丢失、数据过时以及数据泄露的危害有较清晰的认识。

（六）数据使用

表7　数据使用得分

指标	单项得分	指标	单项得分
总结能力	3.42±0.92	自我提升能力	3.62±0.81
反思能力	3.44±0.88	交流能力	3.65±0.83
创新能力	3.46±0.85	平均分	3.52±0.86

数据使用是指从数据中总结观点、凝练知识并挖掘价值的能力。本文将其细分为总结能力、反思能力、创新能力、自我提升能力、交流能力5个指标。从表7中可见，总结能力、反思能力以及创新能力低于平均分，而自我提升能力和交流能力高于平均分。这表明，相比于前3项，学生较擅长于利用数据提升自我认知以及使用数据与他人沟通问题。另外，从这一维度的平均分在6个维度中位列倒数第二可以看出，绝大多数学生

尚还缺乏使用数据进行学术研究方面的能力，有待进一步的培养和教育。

（七）各年级数据素养分析

为了研究数据素养的演变过程，本文以各年级为自变量，对数据素养的6个指标进行对比，从而了解不同年级数据素养的差异，计算得到的结果如表8所示。

首先，从大一到大四学生的数据伦理分数呈下降趋势，这与近年越来越信息行业越来越注重伦理道德与知识产权保护的趋势相左。随着大数据技术的发展，数据开放与伦理道德之间的矛盾日益加深，这对高校的数据伦理教育提出了严峻的挑战。在大数据时代，伦理教育与大数据技术两者同等重要，若轻视了数据伦理教育，必然会造成失衡。

其次，数据意识与数据采集维度没有显著变化，且均保持在一个较高的水平，这表明学生在这两个维度上有较好的基础，但现有课程体系对其能力的提升作用有限。学校应多开设与数据意识相关的讲座或课程，从而帮助学生培养优秀的数据意识与卓越的数据采集能力。

再次，随着年级的提升，学生的数据分析与处理能力明显提升。分析其原因，有以下几个方面：①随着专业课程的不断引入，学生得以接触各种类型的数据，促使其数据分析与处理能力的增强；②浙江科技学院在近两年开设有数据分析与人工智能选修课，对学生的数据分析与处理能力起到了一定的促进作用。

表8 各年级数据素养各维度平均分
Table 8 Average scores of each dimension of data literacy

维度	大一	大二	大三	大四
数据伦理	4.31±0.78	4.23±0.71	4.20±0.76	4.11±0.74
数据意识	4.02±0.86	4.04±0.80	3.97±0.77	3.90±0.70
数据采集	3.71±0.88	3.89±0.78	3.78±0.87	3.68±0.83
数据分析与处理	3.30±1.03	3.54±0.87	3.49±0.78	3.50±0.87
数据管理	3.46±0.94	3.67±0.88	3.65±0.85	3.54±0.92
数据使用	3.38±0.93	3.61±0.81	3.62±0.74	3.53±0.91
平均分	3.70±0.98	3.83±0.85	3.78±0.83	3.71±0.86

四、对策建议

通过分析浙江科技学院大学生数据素养中存在的问题，以及借鉴其他高校建立数据素养教育体系的成功经验，对进一步培育和提升大学生的数据素养提出以下建议。

（一）学生层面：将自我教育与朋辈互育相结合，营造教育培训氛围

作为新时代大学生，应对大数据时代的新要求，关键在于充分发挥主观能动性，以提升自身的数据素养。第一，大学生要转换学习思维，将依赖性的"受教育"转变为主动性的"自我教育"。对大多数课程，课堂基本安排理论知识的学习，实践课程仅占少部分课时，为弥补实践能力的不足，大学生应在课后进行实践环节的自我补充。第二，大学生之间要积极开展朋辈互助，整合优秀学习资源，提升集体学习效率。通过朋辈之间经验的分享与学习心得的交流，能够实现"1+1>2"的效果。将以上两方面相结合，将有助于营造浓厚的学习氛围，形成"正反馈"效应，促进数据素养的提高。

（二）家庭层面：将意识培养与德育涵养相结合，强化教育培训保障

随着大数据技术的发展，数据歧视、数据造假、非法数据采集等现象时常见诸报端，给用户造成了诸多困扰。面对这种情况，家庭应充分发挥其"第一个课堂"的作用11。一方面，父母应从"小生活"出发，注重对孩子的大数据思维与意识的培养，构建"智慧家庭"。另一方面，父母应避免走入"重智育，轻德育"的误区，在重视培养孩子智力水平的同时，也不能忽视了对品德等非智力因素涵养。通过将这两方面的相结合，将为孩子将来步入社会、从事大数据相关行业提供第一道保障。

（三）高校层面：将第一课堂与第二课堂相结合，完善教育培训体系

高校作为大学生数据素养教育的主阵地，在培育人才的过程中发挥着至关重要的作用。一方面，高校要力求打造第一课堂精品数据素养课程，精心设计教学内容与课后实践作业，引导学生迈过学习曲线较为陡峭的入门阶段。另一方面，高校可以采用第二课堂作为传统课堂教学的补充与提高，通过大数据社团、党团课、网络慕课等形式，鼓励学生在课余时多参与数据实践，从而充分挖掘其数据素养潜能，将专业变成兴趣。由第一课堂和第二课堂共同构成高校的数据素养教育体系10，将有助于形成多元化的教育模式，提高数据素养教育的质量。

（四）社会层面：将企业引导与媒体示范相结合，集聚教育培训合力

培养具有强烈数据意识和数据能力的新时代人才，是企业引导与媒体示范的共同任务。第一，企业可以为大学生提供数据分析、数据处理相关的实习岗位，使其数据素养在实践中得以快速提高。第二，企业可以与高校开展合作，通过数据素养讲座与企业实践课的形式，探讨提升大学生素养的教育策略，为其企业发展储备人才。第三，媒体应充分发挥自身传播优势，宣传正确的价值观，引导大学生建立适应于数据时代的观念与意识。通过集聚企业与媒体的合力，将促进大学生数据素养的跨越式提升。

（五）政府层面：将顶层设计与具体落实相结合，搭建教育培训平台

在大数据时代，政府不仅仅要做"设计者"，更是要做"参与者"。一方面，政府应聚焦大数据发展前沿，制定大数据研究与教育的发展规划，优化顶层设计，为大学生数据素养教育提供制度保障。另一方面，数据素养制度设计须与教育实践相结合。政府应发挥其助推作用，通过政策引导和基金支持等方式，促使国内的数据素养研究从理论步入实践，实现从数据大国到数据强国的转变。通过以上两者结合，搭建制度设计和实践教育对接平台将赋予大学生数据素养教育强有力的"新动能"。

五、结语

大学生是国家之未来、民族之希望，是数据社会的中坚力量。只有大学生群体数据素养的普遍提高，数据社会才能良好运转。培育大学生数据素养是个系统工程，需要大学生、家庭、高校、社会、政府等各类社会主体广泛、平等参与，须将大学生的个人成长需求和国家发展需要相结合，积极构建"五育一体"的数据素养的培育体系，形成数据育人合力，寻求数据素养培育的"最大公约数"。

参考文献

［1］Qin J, D'ignazio J. The central role of metadata in a science data literacy courseJ. Journal of Library Metadata, 2010, 10(2—3).

［2］Carlson J, Fosmire M, Miller C C, et al. Determining Data Information Literacy Needs: A Study of Students and Research FacultyJ. Portal Libraries & the Academy, 2011, 11(3).

［3］Shorish Y. Data Information Literacy and Undergraduates: A Critical CompetencyJ. College & Undergraduate Libraries, 2015, 22(1).

［4］Drobikova B, Jarolimkova A, Soucek M. Data Literacy Among Charles University PhD Students: Are They Prepared for Their Research Careers?C. European Conference on Information Literacy. Springer, Cham, 2017.

［5］Schuff D. Data science for all: a university-wide course in data literacyM. Analytics and Data Science. Springer, Cham, 2018.

［6］陈娜萍.初中生数据素养现状调查研究D.福建师范大学，2014.

［7］张焱园.高中生数据分析素养的现状调查研究D.福建师范大学，2017.

［8］陈维.面向新闻传播学大学生数据素养现状的调查与分析J.浙江传媒学院学报，2017（6）.

［9］张斌、刘智、孙建文.面向大数据的师范生数据素养课程体系构建研究J.中国远程教育，2018（4）.

［10］云智、陈省平、宁曦.第一课堂与第二课堂协同育人模式探讨J.科教导刊，2017（10）.

作者简介：浙江科技学院马克思主义学院副教授。

大学生媒介批判能力培养的教学实践探索

赵丽 刘晓红 张舒予

摘要：媒介素养的内涵在新媒介时代发生了变化，关于媒介素养的新概念探析成为媒介素养研究的热点话题。媒介素养研究从最初关注受众对媒介信息的"抵制—批判"能力，转向关注受众的主动参与媒介交往与媒介信息创作能力。媒介批判能力体现了媒介融合时代媒介素养的新特色。南京师范大学视觉文化研究所开展了以符号三项式作为理论工具来培养大学生媒介批判能力的教学实践探索，通过设计鲜明的课堂教学主题与活动流程，并以学生的自主学习为先导，突出媒介批判意识、选择能力、表达能力融合的训练，通过学生作品评价，加深学生对作品符号表征的认识，采用批判事件调查表帮助学生开展学习反思，以达成提升大学生媒介批判能力培养目标。

关键词：大学生；媒介素养；媒介批判能力

媒介素养的内涵随着媒介信息技术的发展发生了变化，这一变化导致新的名词的出现，如新媒介素养、媒介批判能力等，在纷繁多杂的概念中，需要抓住内涵变化的本质，这样才能厘清新时代媒介素养对主体提出的新的要求，也为针对不同群体与时俱进地开展媒介素养教育提供思路。对大学生媒介批判能力的培养是基于符号三项式的理论工具，在课堂教学实践中的一个探索，以此帮助大学生理解媒介素养的新内涵，提升他们的媒介批判能力。

一、在媒介素养教育中突出媒介批判能力的培养

在媒介素养及其教育发展之初，受到保护主义的影响，其"抵制—批判"的教育目标一直是各个国家开展媒介素养教育的共同目标。随着媒介素养的发展，对媒介信息的甄别、解读、参与等越来越深入人心，与媒介进行对话的认识深入人心，使得"抵制—批判"教育初衷逐渐销声匿迹。然而在这种深度的交互与对话中，对批判能力又有了新的认识，学者与教育者逐渐认识到媒介批判能力是对媒介素养中多种能力的一种整合，从而使媒介批判能力这一研究获得新的发展。

（一）从被动到主动：媒介素养的内涵变迁

媒介素养的产生可以追溯到20世纪上半叶，Leavis 和 Thompson（1933）[1]在其文学批评著作《文化和环境：培养批判意识》首次就学校引入媒介素养教育问题做了系统阐述，提出通过媒介素养教育教会学生如何区分高雅文化和通俗文化，并提出了一整套完整的建议。1992年美国媒体素养研究中心给媒介素养下的定义是：人们面对媒介各种信息时的选择能力、理解能力、质疑能力、评估能力、创造和生产能力以及思辨的反应能力。[2] 媒介素养指向的对象是受众，强调对受众开展媒介素养教育，此时，由于受到媒介技术发展的限制，受众处于被动接收媒介信息的境地。因此，这就不难理解媒介素养起初所强调的"抵制—批判"的教育目标了。

然而随着新媒体技术的出现，媒介在社会中的角色发生了变化，促使研究者重新构建了媒介素养的意义。新媒介素养是在新媒体不断更迭发展的背景下衍生出的一个新概念，它所包含的一系列生活和工作中所需要的关键技能，是21世纪的参与式文化中必不可少的。[3] 所谓"参与式文化"主要指的是以网络虚拟社区为平台，以青少年为主体，通过某种身份认同，以积极主动地创作媒介文本、传播媒介内容、加强网络交往为主要形式所创造出来的一种自由、平等、公开、包容、共享的新型媒介文化样式。[4] 受众作为传播学中的一个术语，在今天新媒介普遍应用的时代，已经不能准确完整表达信息接受者的身份内涵：参与式文化促进了受众的"主动"参与，自媒体更是使得受众同时也转变为传者，可以参与到媒介信息传播的过程之中。

美国新媒介联合会（New Media Consortium）在2005年1月1日发布的《全球性趋势：21世纪素养峰会报告》将"新媒介素养"定义为"由听觉、视觉以及数字素养相互重叠共同构成的一整套能力与技巧，包括对视觉、听觉力量的理解能力，对这种力量的识别与使用能力，对数字媒介的控制与转换能力，对数字内容的普遍性传播能力，以及轻易对数字内容进行再加工的能力"[5]。这个定义主要强调的是要培养公众对媒介文本的解读、再创造以及传播的能力。Jenkins（2006）[6]认为"新媒介素养应该被看作是一项社会技能，被看作是在一个较大社区中互动的方式，而不应被简单地看作是用来进行个人

---

[1] Leavis F.R., Thompson D.Culture and environment: The training of critical awareness. London, UK: Chatto & Windus.

[2] Leavis F.R., Thompson D.Culture and environment: The training of critical awareness. London, UK: Chatto & Windus.

[3] Koc M, Barut E.Development and validation of New Media Literacy Scale (NMLS) for university students[J]. Computers in Human Behavior, 2016, 63:834—843.

[4] 李德刚、何玉：《新媒介素养：参与式文化背景下媒介素养教育的转向》，中国广播电视学刊，2007，第12期，第39—40页。

[5] The New Media Consortium. (2005). A Global Imperative: The Report of the 21st Century Literacy Summit. https://library.educause.edu/-/media/files/library/2005/10/21stcentlitera.

[6] Jenkins H.Confronting the challenges of participatory culture: Media education for the 21st century[M].Chicago: MacArthur Foundation, 2006.

表达的技巧"。①

从上述定义可以感受到，当越来越多的受众直接参与到传播过程中，媒介素养的价值及其教育意义就更大。尽管从术语上将"媒介素养"加上了"新"字，这仅仅是体现了随着时代发展媒介素养内涵发生的变化，不能简单地以新媒介素养来取代媒介素养。因此，冠以"新"字也仅仅是吸引眼球，把握与理解媒介素养内涵的变化才是研究的根本，也是媒介素养教育变革的关键。

（二）媒介批判能力：媒介素养中多种能力的整合

从对媒介素养新的内涵演变中，可以发现媒介素养中包含的能力范畴越来越深远。媒介批判能力的提出也可以被认为是对媒介素养内涵的一种新的诠释。

根据德国学者加格恩（Sonjia Ganguin）教授的研究，媒介批判能力被视为"一个复杂的具有多重维度的模式"，它们可以通过感知、解码、分析、反应、判断这5个维度来进行测量和研究（媒介批判能力结构，见图1）。②感知能力主要是对空间和时间的理解以及意义感知，这主要表现在受众对媒体的机构、内容、形式等的了解上。解码能力主要是指通过符号理解和记忆力对媒体语言（符码、符号、信息形式、比喻、模式）进行解码。分析能力主要指通过对不同媒介内容、形式的区别与分类，来认识现实与虚拟的差别。反应能力主要指信息分解能力与观点综合能力，以便批判性地考察自身、他人、社会和媒介在媒介中的位置。判断能力则主要指通过对主客观条件与因素的判断，决定采用哪种媒介以及反思能力对单个媒介（包括它的内容、形式和种类）以及媒介发展的作用。批判思维在批判能力中发挥主导作用，也是批判能力的可能性前提。③美国学者凯勒（Douglas Kellner）则将这种批判素养归纳为"媒介信息的解码能力、多元文化中的分析与判断能力、信息再生能力"④柳珊和朱璇（2006）认为媒介批判能力即是对媒介内容、形式、种类和发展做出批判性的感知、解码、反应与判断，从而产生各种各样媒介批判的思想、文字和行为，以便人们在当今媒介社会中独立而理智地生存的一种能力。⑤媒介批判能力要求人们拥有足够的批判性思维对所接收的信息做出准确判断，需要有足够的媒介素养对所接收的信息做理性思考。李峰（2011）认为媒介批判能力可从技术显性层面、意义隐性层面和综合生成层面进行理解，即具有显性特征的技术解码能力、具

---

① The New Media Consortium. (2005). A Global Imperative: The Report of the 21st Century Literacy Summit. https://library.educause.edu/-/media/files/library/2005/10/21stcentlitera.

② 柳珊、朱璇：《"批判型受众"的培养——德国青少年媒介批判能力培养的传统、实践与理论范式》，新闻大学，2008，第3期，第52页、第70—75页。

③ 秦嘉悦、陈卫东：《高校教师媒介批判能力与教学运用模式研究》，现代远程教育研究，2010，第6期，第43—48页。

④ Douglas Kellner. Toward Critical Media LAITERACY: Core concepts, debates, organizations, and policy. Discourse: studies in the cultural politics of education，2005，26(3)：372—382.

⑤ 柳珊、朱璇：《"批判型受众"的培养——德国青少年媒介批判能力培养的传统、实践与理论范式》，新闻大学，2008，第3期，第52页、第70—75页。

有隐性特征的多元文化背景下分析能力和具有综合特征的信息生成能力。[1]

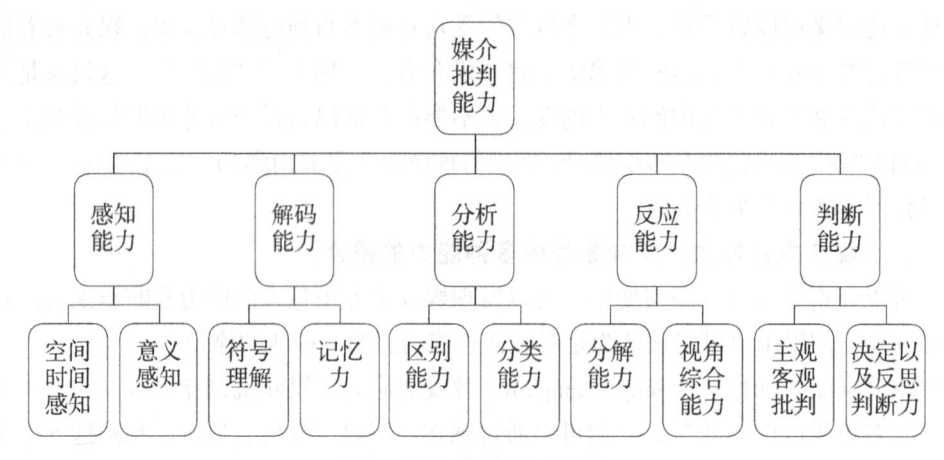

图1 媒介批判能力结构

由此可以看出，对媒介批判能力的内涵尚未有统一的界定。对媒介批判能力相关界定进行整理分析，发现媒介批判能力都包含解码、分析和判断能力，德国学者加格恩（Sonjia Ganguin）教授的媒介批判能力结构比较全面，且每个维度下提供了方便操作的定义。因此，可以将媒介批判能力理解为一种对媒介内容、形式、种类作出批判性的感知、解码、分析、反应和判断的能力。

二、大学生媒介批判能力培养的意义与实施工具

大学生群体一直是媒介素养及其教育关注的重要群体之一，而媒介批判能力作为当下媒介素养内涵新的诠释，它所彰显的多种能力的整合，如何体现在大学生这一群体中呢？显然综合能力的提升需要教育的实践。在分析大学生媒介批判能力培养必要性的基础上，借助符号三项式理论对大学是开展媒介批判能力培养，是大学生媒介素养教育的新途径、新策略。

（一）大学生媒介批判能力培养的必要性

当前媒介环境的变化以及新的媒介文化霸权的产生，大学生需要具备相适应的媒介素养来认识、适应并参与新的媒介环境。而媒介批判能力整合了多种媒介能力，能够帮助更新大学生媒介素养教育的内容与目标。通过对大学生开展媒介批判能力的培养研究，也为充分挖掘媒介素养中媒介批判能力的价值与地位提供实践依据。

新媒体时代下，受众面对海量的信息与冗杂的媒介环境需要有更高的媒介素养。媒

---

[1] 李锋：《儿童媒介教育：批判力的视角》，全球教育展望，2011，第40期，第60—64页。

介批判能力作为衡量媒介素养的重要指标，将认识与行动相结合，在信息的接收处理过程中起着关键性作用，把控好信息选择与信息判断才能让媒介有效反作用于个体行动。当代大学生思维的独立性、批判性和创造性都在增强，对新事物容易理解和接受，对新环境也有较强的适应能力。但由于其在生理、心理等方面的不成熟性，缺乏较强的辨识能力，情绪和情感波动性大，对信息的接受具有一定的盲目性。许多大学生面对媒介信息缺乏分析能力与批判能力，出现价值取向误导等问题。[1]而媒介批判能力就是以增进受众对各种传媒知识的主动认知为目的的，让受众学会用批判性思维去接收及分析新传媒的讯息，能鉴赏传媒资讯的好坏，了解传媒在日常生活中扮演的角色，做自主的受众，懂得合理地运用新媒介进行参与式交往，完善自我，服务社会。因此，培养大学生媒介批判能力是当前媒介素养教育的一大任务，探索大学生媒介批判能力的培养策略对高校开展媒介素养教育具有一定的参考价值。

随着社会信息化的不断发展，西方发达国家凭借经济、科技的优势掌握着国际话语权，使世界舆论朝向有利于自身国家发展的方向，借助好莱坞的电影和迪士尼等文化产品、服饰、音乐等输出其价值观念和生活方式。西方敌对势力还利用互联网发表不当言论污蔑我国，诋毁我国形象等，尤其在资本主义和社会主义意识形态尖锐对立的情况下，我国的文化发展受到了一定的冲击。[2]随着我国物质生活水平的提高，人民对文化产品提出了更多、更高的需求，加上部分人群特别是青年群体对西方国家向我国输出其价值观的企图认识不足，往往不加辨别，全盘吸收。这不仅对当前我国意识形态工作带来挑战，而且还将影响中国特色社会主义事业的发展。应对新的媒介文化霸权，需要受众能具备与之抗衡的媒介批判能力。

学者们对媒介素养的概念界定中大都包括以反思、分析和评估为根本的"批判素养（critical thinking）"。批判、分析和反思不但针对个别媒介文本的内容和结构，同时也涉及媒介信息制造、传播和使用的社会、经济、政治、文化和历史的背景和语境。大卫·帕金翰认为，媒介素养并非只是使用、解读媒介的功能性素养，还必须具有社会性和批判性的能力。[3]媒介批判意识是新媒介素养教育的核心，[4]在当代媒介素养刻度表及新媒介素养能力框架中，媒介的批判性技能也是众多技能的最高层次。[5]因此挖掘新媒介素养中媒介批判能力的价值与地位也对媒介素养教育有一定的促进作用。

（二）符号三项式作为媒介批判能力培养工具的理论依据

符号理论作为媒介传播研究中的重要理论，能够帮助人们理解媒介信息的本质及传播过程与目的。基于索绪尔符号学理论而开发的符号三项式理论，可以作为有力的理论

---

[1] 官丽娜：《新媒介环境下大学生媒介素养的调查研究》，上海师范大学，2019。
[2] 李小梅：《习近平文化自信重要论述研究》，西南大学，2019。
[3] 张艳秋：《理解媒介素养：起源、范式与路径》，人民出版社，2012，第91—95页。
[4] 王倩：《论当代大学生媒介批判意识的培养》，南昌大学学报（人文社会科学版），2009，第40期，156—160页。
[5] 高萍：《当代媒介素养十讲》，中国人民大学出版社，2015，第16—17页。

依据支持大学生的媒介批判能力培养。

符号三项式是指"符号—能指—所指"三项式,是在基于索绪尔的符号学理论设计出的"代表者—被代表者"二项式的基础上,进一步深化改进提出的(如图2)。①

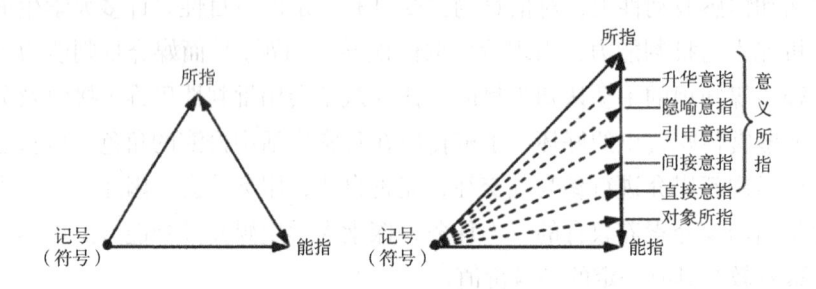

图2 语义三角形与所指意义层次图

瑞士语言学家索绪尔符号学理论认为"符号"是由两种元素构成的,即能指(signifier)与所指(signified)。②"能指"是指符号的本意(denotation),例如文字的字面含意;"所指"指符号的隐含意义(connotation),例如依据"说话者的语气"理解字词的含义。在三项式关系中,"符号"从代表者这样的"单面体"转变为一种合二为一的"双面体"。这双面的名称便分别为"能指"和"所指",其深刻的意义是:能指和所指各属于不同的存在域:前者为感官可以直觉的声音、图像或实体,属感性的物理世界;后者为内涵意义,属抽象的心理意念。比如,将汉字"树"作为符号,其能指是汉字"树"的读音与字形,其所指则是生活中树以及和树相关的各种概念意义,如"树是一种植物""树是一种生命""树和人类息息相关",等等。如此,外在性的能指和内在性的所指通过符号而紧密地结合起来。语义三角形可以适用于解释一切符号的结构方式,为符号的意义研究开辟了科学辩证而又便于操作的手段方法。语义三角形和"符号—能指—所指"三项式关系的相应概念为媒介批判能力培养提供了极其有力的基础理论工具。

如何实施对符号三项式理论工具的应用?传播学认为,媒介信息是建构出来的"真实"。③媒体所承载的内容并不全是客观世界的真实反映,而是经过刻意选择,常是许多因素相互融汇、碰撞的结果。人们根据各种媒介所提供的信息建构了关于这个世界的图像。我们对世界的观察与经验往往是以媒介为"媒介",因此在某种意义上可以说,

---

① 张舒予:《视觉文化与媒介素养》,南京师范大学出版社,2011,第7页,第8—12页。
② Douglas Kellner. Toward Critical Media LAITERACY: Core concepts, debates, organizations, and policy. Discourse: studies in the cultural politics of education, 2005, 26(3): 372—382.
③ 王倩:《论当代大学生媒介批判意识的培养》,南昌大学学报(人文社会科学版),2009,第40期,第156—160页。

媒介塑造了我们对世界的态度与看法。

符号是人类创造的信息载体，人类所有的思维活动和信息交流的进行，都有赖于符号的存在。"符号—能指—所指"三项式是基于索绪尔的符号学理论而设计的"代表者—被代表者"二项式上，进一步深化改进提出。意义所指可以为直接意义、间接意义、引申意义、隐喻升华的意指，意义越深刻，越含蓄，达到的层次越高，对读者的心灵叩动越强。[①] 符号三项式理论为符号的意义研究开辟了科学辩证而又便于操作的手段方法，帮助我们更好地理解感性的物理世界，挖掘背后抽象的不同层次的内涵意义，也为媒介批判能力培养提供了极其有利的理论基础工具。

符号三项式所展示的能指与所指，不仅能够帮助受众解读媒介信息的意义与内涵，还能从不同视角与维度构建所指的不同层次意义。既体现对媒介信息理解的深度，也体现对其理解的广度。借助符号三项式，受众可以将对媒介信息的认识构建到符号三项式的图示中，以图文并茂的方式开展媒介信息解读与批判，不断拓展并挖掘审视媒介信息的深度与广度。

三、大学生媒介批判能力培养的教学实践探索

南京师范大学视觉文化研究所通过在本科生"视觉文化与媒介素养"课程中的中国传统文化"衣""食""住""用"系列专题教学活动设计，既注重提高学生对负面媒介信息的批判意识，同时能够唤醒学生的文化自觉意识，提升文化自信，更好地理解与传承中国优秀的传统文化精神。将符号三项式理论工具的运用贯穿于教学过程之中，让学生学会运用恰当的理解与表达技巧，阐释好中国优秀文化的价值观念，提高信息传播与作品创作能力。

（一）"视觉文化与媒介素养"课堂教学活动设计

在"视觉文化与媒介素养"课程中开展中国传统文化"衣""食""住""用"系列专题活动，采取小组学习的"线上+线下"的混合学习模式（如图），全班共计分为4个小组，每个小组承担一个专题活动展示与制作。课堂教学活动主要分为3个阶段，首先由教师创设情境，提出研究问题。学生对这部分内容的学习并不会因为接触到新知识而感到无从下手，中国传统文化的4个专题在本门课程中一直是学生关注的重点，因此以往学生作品可以成为新学习者的范例。因此，在课前阶段，学生很快能够明确具体的问题。在明确问题的同时，学生就能够选择相应的主题开展自主学习活动了；第二阶段，学生进入了"理解与思考问题—辨识理由—提出疑问与疑惑—作出判断—多方收集信息—做出决策—表达结果"的思维与行动的过程中，而教师可以在这个过程中提供指

---

① 张舒予：《视觉文化概论》，江苏人民出版社，2003，第56—57页。

导与帮助；第三阶段，学生进行自我监控与反思，从而获得对主题新的认识，而教师也在这个过程中给予反馈与评价。

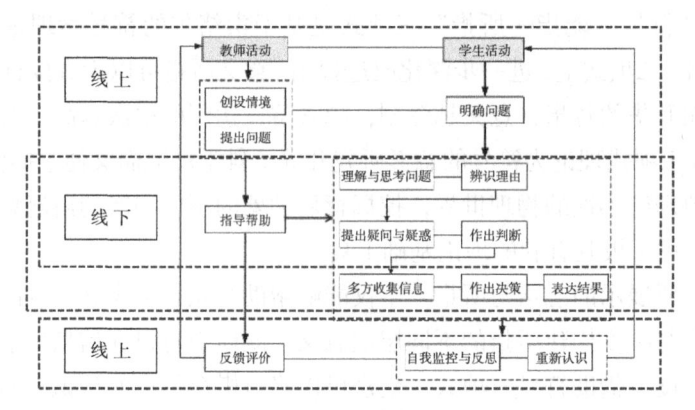

图3 "视觉文化与媒介素养"课堂教学活动流程

在这3个阶段中，教师与学生开展线上与线下的混合学习，在课前的线上活动中，学生与老师共同商定研究的具体主题，提出对新知的疑问。并在此基础上，完成主题的演示文稿制作。到了线下的课堂中，师生面对面交流的情境下，学生汇报主题演示文稿，教师与其他小组学生进行点评。课后，师生在线上进行修订的讨论与反思，从而完善学生作品。

（二）"视觉文化与媒介素养"课程学生学习成果反馈

以第一小组的服饰专题为例，学生在前期学习符号三项式理论的基础上，形成了对服饰这一传统文化符号的理解，并通过图示的方式展示出来。第一小组选择的服饰专题中，具体以清朝的补子为例。每个小组成员均分工从不同视角对"清朝的补子"这一主题进行符号的解读。如图4从"等级制"与"纹饰"两个角度来诠释"补子"这种服饰装饰；图5则从设计审美与创新、辩证、发展地看待问题、扬弃传统文化、社会经济发展、等级与民主意识等维度诠释的符号能指的不同维度，在不同能指维度上又进行了深度的层次意义的解释。

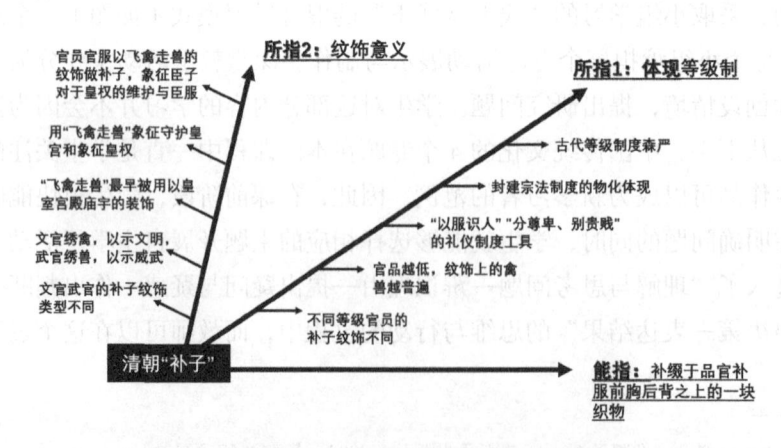

图4 "清朝的'补子'"符号表征图示一

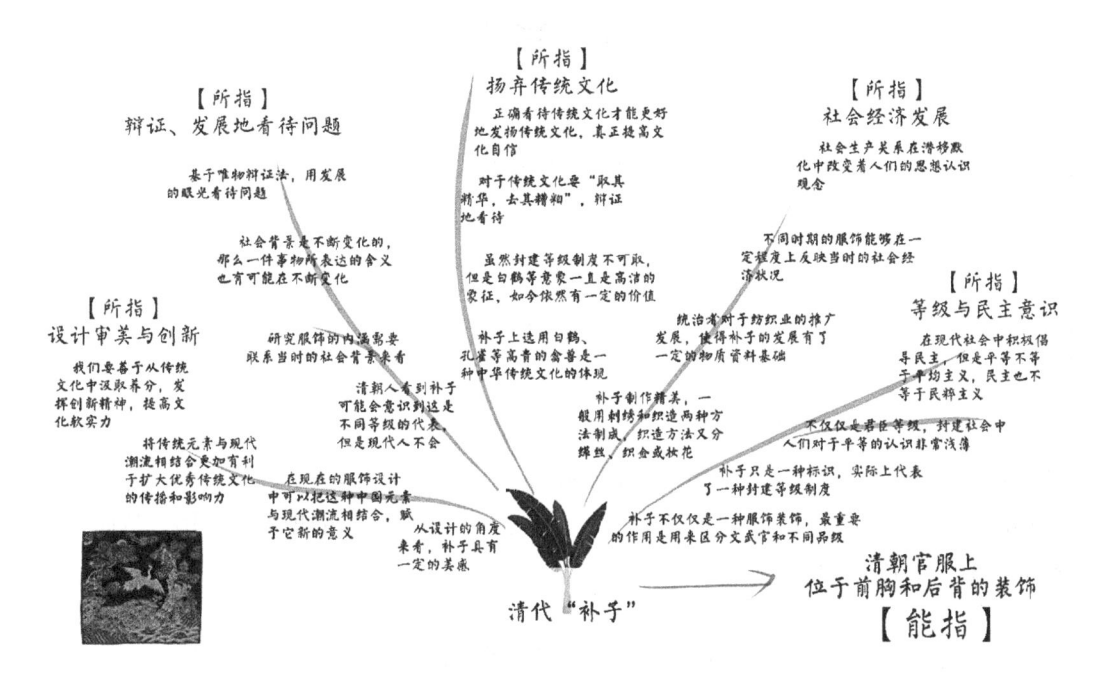

图5 "清朝的'补子'"符号表征图示二

虽然在对符号三项式能指、所指及其意义层次图的理解上还不够深入,但是在后期的修改与完善过程中,学生通过服饰这一熟悉的事物有效掌握了符号表征的知识,也学会了多维度多视角思考问题的方式。

(三)批判事件调查表的开发与课堂应用

媒介批判能力的培养融入作品创作过程中,课堂教学还采用了批判事件调查表(critique incident questionnaire)帮助学生对学习过程进行反思(如表1)。批判事件调查表是由美国学者布鲁克菲尔德(Stephen D. Brookfield)[①]针对教学中的批判思维活动创造的一种调查办法。在每周上课快要结束的时候发给学生,适合媒介素养教育的每周专题式教学。表格包括5个问题,每个问题都是针对发生在本周课堂内的一些事件,要求学生写下这些事件的详细情况。批判事件调查表的目的不是测定学生喜欢课堂中的什么,不喜欢什么,而是让他们关注课堂中特别的、具体的事件,这些事件对他们的学习有着重要的意义。教师可以根据这种基本的问题形式设计出符合每个专题不同需要的批判事件调查表。

---

① 彭美慈、汪国成、陈基乐等:《批判性思维能力测量表的信效度测试研究》,中华护理杂志,2004,第9期,第7—10页。

表 1　批判事件调查表

批判事件调查表（critique incident questionnaire）
学号＿＿＿＿＿＿　　姓名＿＿＿＿＿＿＿　　时间＿＿＿＿＿＿
1. 本周的"视觉文化与媒介素养"课堂上，什么时刻让你感到对当时发生的事情最投入？
2. 本周的"视觉文化与媒介素养"课堂上，什么时刻让你感到对当时发生的事情最淡漠？
3. 本周的"视觉文化与媒介素养"课堂上，你发现教师或学生采取的什么行动最能帮助自己？
4. 本周的"视觉文化与媒介素养"课堂上，你发现教师或学生采取的什么行动让你感到最为费解和迷惑？
5. 本周的"视觉文化与媒介素养"课堂上，最让你惊奇的是什么？（可以是你对所发生的事情产生的反应，可以是别人的所作所为，或者是发生在你身上的其他任何事情）

基于符号三项式的理论工具，对大学生开展媒介批判能力的培养，落实到具体课程教学中，需要时刻关注学生学习的过程与结果。在对具体主题或事件开展教学活动时，师生的互动、研讨等能够帮助学生及时纠正对媒介知识与工具的理解与应用，从而不断提升自身的媒介批判能力。

作者简介：赵丽，南京师范大学教育科学学院副教授，博士，南京师范大学社会主义意识形态研究中心博士后；刘晓红，南京师范大学教育科学学院硕士研究生；张舒予，教授，博士生导师；主要从事视觉文化与媒介素养研究。

高校学生媒介素养教育研究

——以融媒体视域下高校师范生媒介素养培养为例[①]

苏喜庆 杜平

摘要：新时代，媒体融合成为发展的必然趋势，身处融媒体语境中的高校师范生媒介素养教育被提上议事日程。媒介素养是教师综合素养的重要组成部分，师范生教育是培养未来教师的摇篮，培养师范生的媒介素养意义重大。课题组立足于调查研究，将师范生教育放置于整个师范教育人才培养的总体历程中考察，深度探究师范生的借助融媒体提升媒介素养的现状以及媒介素养缺失的原因，并且在此基础上提出培养师范生利用融媒体提升媒介素养的多元化路径，指出可以通过课程设计、信息安全防护和媒体传输平台打造等方面，利用现代技术手段提升师范生参与人文知识学习、加强人文情怀培养的积极性、互动性、参与性。

关键词：媒介素养；高校师范生；通识教育；调查研究

21世纪的第二个十年，新媒体和传统媒体相互交织融合的程度不断加深，媒体之间呈现出多功能一体化的趋势，这标志着多种媒体共存的"融媒"时代已经到来。"融媒"充分利用资源通融、内容兼容、宣传互融、利益共融的自身特点，实现媒体的内容生产及传播效果最优化。而在融媒环境下成长起来的高校师范生群体，无论是在媒体接触习惯，还是在接受心理方面均发生了巨大的变化，给大学生媒介素养教育带来前所未有的机遇和挑战。

[①] 本文系河南省哲学社会科学规划项目"融媒体视域下的当代河南文学传播研究"【2017CWX026】、河南省高校科技重点项目"融媒体视域下河南文学创意产业发展研究"【19A870001】、河南科技学院教师教育课程改革项目"专业评估视阈下的师范生技能培养与服务基础教育考评体系研究"【2018JSJYYB08】阶段性成果。

一、课题研究现状评析

（一）从目前师范生媒介素养面临的当前形势来看，媒介素养不仅是师范生成才成功的要求，也是师范生适应未来职业角色和促进人实现幸福的要求。当前，我国高师院校师范生的媒介素养现状不容乐观，他们人文知识贫乏，人文素质欠缺，人文知识学习兴趣淡漠。而从另一方面来看，新媒体时代，高校师范生大都具有一定的媒介应用技能，对新媒体融合具有积极的接纳能力和应用实践意识。因此，高师院校应利用现代融媒体技术手段传播人文知识，传递文化正能量，激发优秀文化传承和践行意识等途径积极培养师范生的媒介素养。

（二）从目前融媒体参与师范教育的现状来看，现今融媒促进媒介素养教育传播尚存在障碍和问题，例如：融媒环境下教育传播主体地位受到削弱；高校利用融媒体进行媒介素养提升教育、创新教育传播方式方法不足，受教育者群体对媒体存在过度依赖；高校利用融媒体进行媒介素养教育传播起步相对较晚，高校所创建的融媒体平台活跃度较低，影响在校大学生群体能力有限；高校对媒介监管存在问题；高校媒介素养传播者对融媒资源的整合能力差，等等。

（三）从师范生媒介素养教育的实际状况来看，师范生媒介素养教育的核心是：具有较高媒介素养的教师对学生言传身教，使学生自觉学习人文知识，从而养成高尚的人文修养，树立正确的价值观、人生观、世界观，在今后的职业生涯中表现出浓厚的人文关怀，能与学生和同事和谐相处。与师范生的专业教育相比，媒介素养教育在学校、老师和学生心目中的重视程度还远远不够。

（四）从目前师范生媒介素养教育的学术研究现状来看，目前针对高校学生媒介素养的学术论文多达1.2万余篇，针对师范生教育中媒介素养提升的相关研究不足百篇，而且从研究的内容来看，多以实证研究为主，如郝佳的《高师院校师范生媒介素养现状研究》、魏玮的《国学经典阅读提升师范生媒介素养的探索》；当然也不乏媒介素养提升路径研究的论文，如刘小兰的《新课改下师范生媒介素养的问题及对策探究》、孟凡平的《高师院校培养师范生媒介素养的必要性及途径》等，从这些研究来看，媒介素养的重要已经形成共识，但在提升路径方面探索方式比较传统，缺乏对目前高校师范生接受能力、心理状况、学习环境的有意观照，更匮乏利用现代融媒体技术参与教育的创新理念和方法，因此从事本课题的研究势在必行。

近年来媒介素养研究趋势图：

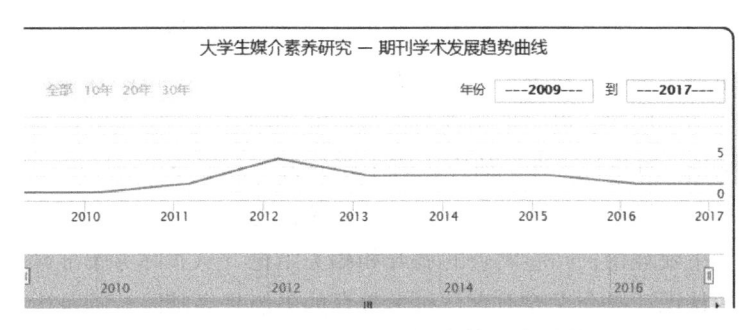

图1　2010—2017年媒介素养研究趋势图

二、研究价值及意义

一方面，融媒体时代提升师范生媒介素养对适应未来基础教育具有一定的现实意义。伴随着素质教育在我国基础教育中的普及，教师综合素养越来越得到社会的关注，而作为基础教育输送人才的高校师范教育的发展同样需要与时俱进。媒介素养是教师综合素养的重要组成部分，师范生教育是培养未来教师的摇篮，培养师范生的媒介素养意义重大，媒介素养对师范生的综合素质和身心发展具有促进作用。

另一方面，从事本课题研究是新时代师范院校培育合格教师的基础工程。现今高校的专业培养能力、社会服务能力、学术研究能力不断增强，不少高校普遍以培养专业人才为目标，忽略了媒介素养的培育。高师院校要培养合格的教师，媒介素养是不可或缺的，在国家基础教育改革的新趋势下，教师的专业发展、职业修养都是师范教育阶段的重要教育内容。师范生媒介素养的内涵是人文知识内化而成的修养和高尚的情操，使之能够形成正确的人生观和价值观，以及对自身、他人、集体、民族、国家的一种认识与责任感，能够在其今后的职业生涯中表现出的人文关怀、专业情意、自觉发展意识和强烈的责任感。

三、课题研究目标及基本内容

（一）本课题的主要目标

深度探究师范生的借助融媒体提升媒介素养的现状以及媒介素养缺失的原因，并且在此基础上提出培养师范生利用融媒体提升媒介素养的多元化路径，利用现代技术手段提升师范生参与人文知识学习、加强人文情怀培养的积极性、互动性、参与性。

（二）研究内容

课题将师范生在融媒体语境下的媒介素养划分为融媒体接触率、师范生信息接受能力、信息评判及应用、媒介素养紧迫性4个维度。以河南科技学院、河南师范大学、新乡学院师范类本科生为研究对象，发放问卷为主要研究方法，以融媒体语境下媒介素养的这4个维度为考察层次，以实地调查与文献研究相结合，实际研究结果与文献理论相结合得出研究结论。具体说来课题研究内容主要分为3个部分：

一是研究对象的界定与问题的深入挖掘。相关概念的界定和研究所采用的方法；研究相关的国内外主要理论；问卷调查的展开和相关结论，从实际考察准确把握师范生对媒介素养内涵的认识；媒介素养教育与科学教育的失衡是高师院校师范生媒介素养缺失的主要原因，对此分别从社会、家庭、教师、师范生自身几个层面分析媒介素养缺失的原因；最后引导师范生媒体素养与媒介素养融合的问题，探究融媒传递媒介素养的新路径，营造良好的人文氛围，开发师范生人文课程的融媒设置新方式，开展丰富多彩的融媒体事件活动，对师生的媒介素养实行有效的考核。以此来实施高师院校的媒介素养教育，以提升师范生的媒介素养和整体修养。

二是探索融媒体视域下的媒介素养培养的新机制。在国家推进媒体融合、创新与发展的时代背景下，师范类高校作为培养师范核心素养、传播社会正能量的重要舆论阵地，运用融媒体理念分析当下师范类高校新旧媒体发展现状、探究师范生媒介素养提升路径、探索校园网络文化建设的科学长效机制。探索师范类高校应在打造高校融媒体工作机制的基础上，形成先进信息技术与先进文化良性互动的媒介素养提升机制，从生产融合、传播融合、管理融合与服务融合4个方面创新师范生媒介素养培育新模式。

三是开拓网络融媒资源，综合提升师范生媒介素养。坚持分类指导的原则，注重兼顾课内课程体系与课外融媒人文知识传输的作用，认真分析理科生与文科生接受人文知识的差异性。通过人文经典阅读、公众号推送、人文知识打卡、媒介素养培育虚拟社区营构等现代教育方式加强师范生的参与度和互动性。师范生媒介素养是其专业成长中的核心要素，决定着专业知识、专业技能以及专业态度的质量与水平。而经典是人类文明的积淀，能开启人们的精神智慧和情感智慧，具有普适性、超越性、开放性等特点。高师院校应通过现代融媒传播手段，重树经典阅读信念、重返经典文本阅读、营造经典阅读人文氛围、设置经典阅读课程体系、完善经典阅读评价机制等路径，提升师范生媒介素养，培养高素质师资人才。

（三）拟解决的关键问题

1. 普通高校师范生媒介素养缺失的主要原因；
2. 融媒体视域下高校师范生职前—职后媒介素养提升路径的创新性建构。

（四）本项目的特色与创新之处

第一，实证研究与比较分析相结合。本项目采用实证分析与比较分析的方法，以关注"人的发展"为出发点，在发展教育价值观理论的基础上，探索师范生媒介素养提升的全新路径和实施模式。

第二，理论运用与实践应用相结合。项目成果从理论和实践两个层面系统阐明融媒参与下的师范生教学体系的设计过程，通过过程设计、实践教学的监控体系设计等的研究,提出师范生"融媒+媒介素养教育"的全程化科学构建,从而建构科学合理的服务基础教育的路径。

第三,定性分析与定量分析相结合。项目从融媒研究出发,注重大数据分析,从数量上进行系统化的理论论证,并且结合师范生发展心理、媒介素养、教育心理、职业规划等方面的特点,进行定性分析。进而从社会满意度和服务基础教育的质量考评中提炼考核指标,确保理论观点的严谨与科学。

第四,关注现实与导引未来相结合。项目从高校现实不同层次、不同类型、不同专业师范生的实际出发,研究其在课堂内外技能培养的不足,同时关注基础教育中小学不同学段对教师媒介素养的需求和能力要求,力求引导高校培养出适应未来基础教育发展趋势的优秀师范生。

四、实施方案与实施方法

课题组根据河南科技学院、河南师范大学、新乡学院等院校师范生媒体接触调查问卷所得出的结论和当前融媒在媒介素养培养工作中实际应用的案例,采用跨学科的研究方法,将传播学与媒介素养教育紧密结合在一起,运用传播学理论全方位、多角度地对高校利用融媒促进师范生媒介素养提升进行分析研究。课题既要分析利用融媒促进媒介素养提升教育的改革和创新的具体做法,也对教育传播的方式方法提出了优化建议,从而丰富和发展了教育传播理论。课题重点着眼于媒体融合给高校媒介素养教育所带来的机遇和挑战,深入分析融媒传播环境下师范生的媒体接触习惯,并在论述融媒传播规律和特点的基础上,探讨促进校园媒介人文宣传融合,充分发挥校园融媒的优势,进一步探寻做好师范生媒介素养提升工作的有效途径。

首先,通过对融媒发展历程的研究,对国内和国外关于融媒的理论文献综述研究,从理论依据和现实依据的角度进行整理。国内和国外现均已经从早期研究什么是"媒体融合"、如何实现"媒体融合"过渡到实践中的"媒体融合"。随着大数据、云计算等一系列数字技术以及移动端等新应用形态的发展,对"媒体融合+媒介素养教育"的研究也将进入更具体、更深层的拓展。现今高校迫切需要顺应融媒发展趋势,建立新的教育传播体系。

其次,阐释融媒、教育传播、媒介素养教育传播等核心概念的定义和特点。然后再从传播学理论的角度出发,分类总结出当代融媒的动态格局给师范生媒介素养教育带来的新思考:目前师范生使用媒体平台分享资源、发布信息非常频繁和普遍,大学生思想受主流媒体单向灌输式引导的时代已经过去。传统媒体平台衍生而来的新媒体开始逐渐取代传统媒体的主体地位,对大学生知识结构、价值观、信息观念等都产生巨大的影响,大学生的思维呈现多视角、多观点、多立场并存。因此,亟待建构起新的媒介素养教育的传输平台。进而将传统的媒介素养教育传播和融媒时代的媒介素养教育传播从形式、内容、传播效果和传播规律上进行比较研究。

第三，通过制作问卷调查的方式，细致地总结出高校师范生的媒体接触习惯：包括师范生的媒体接触正向引导；师范生媒介接触行为的动机考查；师范生在媒介的接触时间上看，接触手机、平板电脑、笔记本电脑等新媒体的时间调查与分析；进而总结出高校师范生通过媒体接受人文知识的诉求和方式。

第四，通过对融媒促进高校师范生媒介素养教育的真实案例——"数学文化""文法地平线"公众号的分析，分析校园融媒在媒介素养建构中的积极作用，从而发现校园融媒独有的优势和特点：转变了媒介素养教育的传统方式；学生乐于使用这样的媒介素养教育网络学习交流平台，从而使其能更好地接受人文知识与能力的教育传播，"文法地平线"利用融媒平台的信息传播优势，有效发挥网络人文思想教育传播的时效性。同时，还将对该案例中无特色化优势功能，"黏性"不足等不足之处进行分析。从校园融媒对师范生媒介素养教育中所起到的积极作用可以看出，融媒体对未来高校师范生的媒介素养教育发展起着重要推动作用，未来高校可以利用融媒体的资源进行整合，创造出更加适应人文素质教育信息传播的媒介载体。为提供基础教育优良师资提供服务。

最后，课题组从上述研究中进行深入总结，并分别针对现实媒介素养教育中存在的障碍和问题提出创新教育内容及形式，整合融媒资源、强化互动、紧跟融媒发展趋势等应对策略，从而让媒介素养教育传播以顺应融媒时代的发展趋势，获得可持续发展的更大空间。

五、问卷调查与设计

21世纪大学生媒介素养问题日益被提上日程。从20世纪30年代利维斯和汤普森教授提出媒介素养的概念，到现在近一个世纪的学术探讨和媒介素养实践，对该命题涉及的指标更加明晰，运作和改善路径也更加明确。基于此，本课题紧紧围绕高校师范生的专业和心理特点，针对其在融媒体环境下的接触频率、信息接受效率、信息认同度和使用意图、信息辨识力、媒介素养教育认知程度等方面展开调查问卷的内容设计（详见附件《高校师范生融媒体媒介素养调查问卷表》）。

在具体调查中，我们着重走访调研了河南科技学院、河南师范大学、新乡学院该3所高校的16个师范专业学生。发放调查问卷1000份，收回问卷1000份，其中有效问卷984份。涉及的文科师范专业（中文、历史、教育学、思想政治教育）学生46.2%，理科师范专业（数学、计算机科学与技术、生物、化学）学生53.8%。

在收回调查问卷后，课题组成员进行了分工，运用计算机技术进行了问卷统计分析，确保数据的准确性和完整性。

六、调查问卷分析

（一）融媒体媒介素养教育必要性分析

高校师范生媒介素养教育的重要性是显而易见的，尤其是将师范生教育放置于整个师范教育人才培养的总体历程中考察，该项教育的意义不仅在于大学生自身的身心建构具有重要意义，而且对未来整个基础教育的质量产生重要影响。

1. 从师范生的现实教育状况来看，师范生不仅要掌握专业基础理论知识，还要紧扣时代脉搏，及时掌握师范专业教育的前沿知识、理念和新动态，而这些信息的获取，仅靠高校课堂教育是难以把握的。因此师范生利用融媒体＋师范专业教育的模式势在必行，而其中媒介素养是进行该项教育的基础前提。

2. 从高校师范生的融媒体接受能力现状来看，不少学生尚存在媒介素养的认识误区，媒介接受途径非常单一，对媒介信息知识的工具性和实用性认识比较模糊。在调查中，接受过正规媒介素养课程教育的学生不足5.2%；参加过媒介素养实践实训的仅为3.2%；有明确媒介素养诉求的同学占比仅为31%，大部分同学认为媒介素养没必要通过课程引导，但是实际的情况却是大部分学生对媒介信息缺乏辨识力和批判性，盲目接受信息和偏重于消遣娱乐诉求的学生站到了82%。这表明师范生在媒介素养认知上存在着偏差，在现实学习生活中对媒介信息缺乏必要的信息筛选、信息利用能力引导。

3. 从师范生融媒体接受效度的调查来看（见表1），师范生对传统媒体的接触率较低，其中报刊15%、广播20%、电视11%；而作为新媒体电脑、手机的接触率明显高于传统媒体。而且事实上，学生接触媒体呈现出了明显的"融媒体"特征，很多同学通过电脑和手机来完成报刊阅读、电视节目、影视的收看。因此，新媒体成为承载现代大学生接触媒体信息的主要载体，平均接触时长多达4小时/天。很多同学表示，前往图书馆查阅纸质资料的时间越来越少，一些新媒体软件、App，如超星发现系统、知网、读秀等，通过电脑、手机搜索即可以浏览专业文献，这表明数字化时代，师范生借助于新媒体融合功能来开展专业学习，已经成为一种便捷高效的选择。

表1 师范生媒介接触率

媒体	使用率	平均接触时长
报刊	15%	0.5小时
广播	20%	0.8小时
电视	11%	1小时
电脑	52%	3小时
手机	86%	4小时

4. 从师范生接触的信息内容分析来看（见表2），我们重点考察了3个重要指标展开分析和研讨，发现：师范生普遍带有看图像的倾向，通过媒体看短视频一度成为时尚，但是他们也普遍认为视频信息"偷走了"自己的大量时间，真正有用的知识信息却极为少，碎片化的图像信息还容易导致心理焦虑和过度依赖。听广播是大学生群体获取信息的又一个途径，但是普遍认为广播信息内容对自己了解时政有益处，但对专业学习没有太多益处，而且无法进行搜索和有针对性收听，认为该媒体渐趋淘汰。作为师范生来讲，"读文字"还是主要的学习手段，纸媒传输信息更能够调动大脑的思辨力和记忆力，因此，读文章的有效信息量明显高于其他新媒体的效果。同学们也表示，现在通过手机阅读电子书也是一个不错的选择。

表2　师范生接触信息内容

媒介接触方式	信息内容	信息量大小	知识应用性
看图像	短视频、影视剧、游戏类、广告类	大、碎片化60%	10%
听广播	新闻、情感类节目	瞬时性、拓展性30%	5%
读文字	专业书籍、小说等	专业性、学理性、知识性70%	45%

5. 从师范生的未来职业来看，师范生的目标是培养中小学优质师资人才，教师的定位决定了他们将来面对的对象是21世纪的，对各类媒体都有深切感知的中小学生，而中小学生很难开设相关媒介素养的专业课程，甚至很多学生已经对便携式移动媒体尤其是手机有熟练的操作能力，甚至产生了一定的依赖。这就非常有必要在师范生教育中加强师范生融汇媒介素养知识于专业课学习与讲授的能力之中。因此，加强媒介素养教育不仅是师范生的"利己"途径，也是针对未来受教育者的"渡人"（教育未来新媒介语境下成长起来的中小学生）的必备素质。

（三）存在问题调查与分析

当下的高校师范生均为90后的青年大学生群体，对媒介先天具有很强的接受能力，可以说是数字化媒介生存的新生代群体。"据中国新闻出版研究院发布的第十三次全国国民阅读调查数据显示，我国数字化阅读方式的接触率为64%，从人群分布特征来看，18—29周岁人群占到了38.6%"[1]。他们在高校获取信息带有明显的媒介融合性特点。在调查中我们也发现一名大二的学生，他在一天中的媒体接触常态：早上收听校园新闻广播，用手机刷一下存在感、关注一下公众号更新情况；课堂听课，教师均采用的是多媒体教学，他用手机随机拍取老师所讲的重点内容，并在笔记本上记录下学习的重难点；课后，他前往图书馆查阅图书、期刊资料，用来完成老师布置得课下作业；晚上打开电脑追了一部电视剧；最后，听着轻音乐进入梦乡。

---

[1] 严贝尼、汪东芳：《"互联网+"时代大学生数字阅读行为研究——基于安徽省5所高校的调查分析》，图书馆学研究》，2017，第3期。

从上述同学的描述中，可以看出，传统媒体与新媒体成为伴随师范生日常生活学习的重要组成部分。而在条件比较好的院校，由于无线 WIFI 已经实现了校园全覆盖，学生通过便携设备（手机、电脑、IPAD 等）达成上述媒介接触的全目标。学校将查阅资料、收听看视频、听音乐等集成融合在一个新的校园融媒体平台上。学生只需要通过移动终端就可以便捷的获取信息资源。但是我们调查中也发现，即使在融媒体传输信息比较好的院校，师范生的媒介素养问题同样存在，甚至更为突出。具体说来：

1. 融媒体服务师范生的智能化程度还比较低。学生在打开媒体阅知信息时，存在盲目性的占比达55%；大量点击率高的信息中不乏色情、暴力等内容，甚至还有游戏诱导、网络诈骗信息，学生防范意识不强，甚至有个别的同学深陷于"网络主播打赏""网络校园贷""网络游戏"之中。

2. 低俗、消极娱乐、广告信息占用学生课余时间过多。学生全身心利用业余时间自习的学生越来越少，课余时间被手机网络信息占用时间越来越多，甚至沉溺于虚拟世界，而影响了现实世界中与人沟通的能力。学生能够意识到媒体信息的碎片化、无目的性甚至诱导性的特征，但是主动抵御不良信息的能力堪忧。

3. 师范生利用融媒体平台主动开展学习、探究、训练的积极性、主动较差。"与其他社会群体相比，大学生接受和学习最前沿的知识和技能，能够比较深入的思考问题，他们渴望了解外界，特别是具有强烈的爱国情感、民族自豪感和民族自信心，对国家、社会事件的关注度与参与度非常高。"[1] 但是从另一方面来看，学生利用媒体进行专业知识学习的仅占24.3%。海量的信息推送很容易干扰学生接触媒体的注意力，甚至一些商业化、娱乐消费化的信息冲淡了学生借助媒体辅助探究知识的积极性。电子阅读、视频课程和搜索引擎在学生中并没有发挥出应有的价值。

4. 融媒体信息传输过程中把关不严，信息拥塞现象严重。

众所周知，媒介素养是在媒介环境下产生一种能力和修养，这种素养是基于媒体批判意识和科学认知的能力诉求。当下媒体环境是在媒体科技推动下进行着新旧媒体整合融通形成的融媒体"拟态环境"，信息的泛舆论化、交互性、多元性、功利性、娱乐性，给当代大学生的媒介接受素养提出了更高的要求，而以未来教育者为职业规划的师范生，对媒体素养的有意识、有组织、有秩序的培养显得日益紧迫。

关于媒介素养的理论在经过了众多学者长期探索，逐渐达成共识："媒介素养是指人们面对媒介的各种信息的选择能力、理解能力、评估能力、思辨性应变能力以及创造和制作媒介信息的能力。"[2] 从调查来看，师范生利用媒体获取专业信息的意识和能力不强。有目的性的利用媒体搜集专业资料开展阅读和练习的仅占21%；利用媒体观看专业精品课程微视频占5%，有效开展网上相关专业基础、中小学教育网站发文章的不足3%，利用收集自媒体开展学术文章留言或建言献策的不足1%。可见，辨识力和创造力

---

[1] 刘浩、张帆：《大学生媒介素养教育复合式路径研究》，经济师，2018，第6期。
[2] 张进：《媒介素养教育在信息时代》，现代传播，2003，第1期。

是当代大学师范生急需建构的重要能力。

在学生普遍使用融媒体获取信息的大范围、高频率的表象背后，其实隐含着的是，师范生获取有效信息的能力和素养培养存在着隐忧。课余大部分时间被媒介冗余信息、娱乐视频、网络游戏、社交软件所占用，而真正急需开展的"融媒体＋师范教育"还仅仅处在初级阶段。大学生的参与意识不强、惰性意识助长反而使媒体成为影响课堂知识接受、影响学习纪律，诱发青年学生心理健康的重要诱因。因此，媒介素养中首要的是问题在于强化学生辨别信息真伪、主动参与有用知识获取的能力，提高抵御低俗信息的能力，提高学生的媒介思想道德水平，树立正确的世界观、人生观和价值观，自觉趋利避害。在正确思想引领下，着力培养学生自主处理信息、应用信息辅助学习的创造能力。在虚拟媒体空间和现实空间中，搭建专业知识桥梁，加强个人能力发展、职业规划、核心素养与信息的链接能力——"具有迅速监测周围环境并能抓住事件关键细节的能力；分布性认知能力，具有与那些能够扩展我们的智商的工具进行富有成效的互动能力；集体智慧能力，为了完成共同目标而与其他人共享知识、交换想法的能力；协商能力，具有在不同网络社区间穿梭的能力，具有识别和尊重不同观点的能力，具有理解与遵循替代性规范的能力。"[①] 在调查中，我们也发现了在这方面做得比较好的案例，河南科技学院数学学院的"数学文化"和文法学院中文系的"文法之声"微信公众号，公众号由学院师生共同管理，每天推送多篇关于师范专业的教育前沿文章，并可以链接优秀的视频。公众号的管理员由德高望重的教师负责把关上传的信息，学生可以以班组为单位，负责搜集相关文稿、音视频。学生每天打卡阅读，并实时留言点评。课堂与线上实现了良性互动，很值得推广。

七、融媒体视域下师范生媒介素养对策分析

（一）加强师范类院校顶层设计，开设师范生媒介素养通识课程

早在20世纪70年代，西欧一些国家的大学教育中已经设置了媒介素养教育课，而在我国只有近年来在上海交通大学、南京大学、浙江大学、山东大学等高校开设了相关公选课。这迫切要求加强高校媒介素养教育方面的联合研究，编订科学的教学大纲。课程设置要密切结合师范生的专业素养要求，体现融媒体的时代特点和师范专业教育的特色，也就是要建构起师范生与未来职业媒体素养教育联系的通道，用健全的媒介素养应对纷繁的媒介信息，以正确的媒介修养贯彻社会主义核心价值观，用科学理性驱逐娱乐消费的惰性，用深刻的自觉批判意识构筑媒介信息接受的保护屏障。

---

① 李德刚、何玉：《参与式文化背景下媒介素养教育的转向》，中国广播电视学刊，2007，第12期。

（二）构筑师范院校校园融媒体新平台，建构安全传输信息的新机制

高校宣传部门、学生处和团委组织可以充分发挥相应的职能优势，加强校园媒体信息的开发、监管、监测和监控。通过校园电视台建设、移动精品 App 打造、校园广播站等多渠道推送媒介素养信息，针对师范生的接受心理、成长特点和媒介知识诉求，有针对性的推送健康、文明、科学的知识资源。

（三）加强道德情操与人文素养教育在融媒体平台的传播力度，营造优良的信息传播环境

建构课堂知识传授与融媒体平台互动的教育新机制，形成学生参与媒体专业知识信息研讨的良心互动理念，全面提升师范生认识媒体、评判信息、创造性应用信息的能力。美国媒介学学者詹金斯教授认为媒体运用技能蕴含着丰富的参与性特征，"游戏、表演、模拟、在加工、多重任务、分布式认知、集体智慧、判断、跨媒体导航能力、网络能力、协商能力"[①]，这 11 项技能其核心强调就是要由被动接受转为主动参与。在良好的媒介环境下，师范生可以积极发表言论，探讨学术问题，形成课堂与媒体、线上与线下的良性积极互动，延伸所学知识，更好地适应未来教育的需要。

（四）以提升学生媒介素养为抓手，注重师范生综合素养的相互渗透

媒介素养并非单纯地强调大学生对媒介的防御能力或者应用能力，而实际上是一门综合性的课题。媒介素养与思想政治教育、思想道德情操教育、人文传统素养教育从根本上是一致的，其旨归都是为了健全完美人格，培养人的全面素质和能力。媒介的"黏性"作用决定了针对师范生媒介素养教育，要打通素养知识的壁垒，强化媒介素养与传统人文素养、个人情怀的联通，实现师范教育系统通过媒介的协同发展作用。

结 语

总之，高校师范生的媒介素养教育是"面向未来教育"的基础工程，是形塑未来受教育者主体健康素养的品质工程。在媒介日益融合的现代化、信息化时代，数字人文素养不再只是外围的附着在技术领域的质素，而应该是建构主体精神的主要知识的先导，只有这样才能在媒介信息的纷纭复杂的信息流中树立正确的引导路径。师范生是高等教育中的受教育者也是未来的施教者，他们的双重身份决定了高等教育不能忽视媒介教育的当下和未来双重兼顾的教育指针。正是基于这些考虑和调研数据分析，课题组一致认为，师范生媒介素养课程不仅是要上不上的问题，更重要的是建构起适应师范生教育现状和未来发展的课程体系，不仅依靠传统的媒介素养课堂教育，更为重要的是学校组织的系统化运作，调动各种媒介传递媒介素养的正能量信息，以形塑师范生的主体媒介价

---

① 肖志芬：《大学生媒介素养教育的内容、途径和方法》，新闻世界，2018，第 7 期。

值观，以教育其更加积极主动地利用融媒体参与学习、互动学习、融汇学习，建构起健康优良的媒介素养教育共同体。

　　作者简介：苏喜庆，河南科技学院副教授，文学博士，硕士生导师；杜平，河南科技学院讲师。

民族小学高段学生媒介素养对其学习动机的影响研究[①]

廖峰　陈焱艳

摘要： 本文以高段小学生为调查研究对象，问卷内容由学习动机和媒介素养、基本信息3部分组成，对浙江景宁畲族自治县民族实验小学的360名小学生媒介素养和学习动机从6个维度进行调查分析，分析两者之间的相关性，探讨媒介素养水平高低对学习动机的影响作用。数据表明，受调查学生的学习动机与媒介素养呈显著正相关，为引导学生从被动学习到主动学习、从简单的知识与技能学习到更为深入的情感态度与价值观培养提供了媒介素养视域下的佐证与思考。

关键词： 媒介素养；学习动机；影响；小学生；畲族

全媒体时代，媒介信息特别是网络信息成为少年儿童学习知识、交流情感、感知世界的重要途径，媒介素养教育的重要性被社会各界所认同。开展媒介素养教育，学校是主要阵地，课程是关键环节，师资是成败要素。近十几年来国内一些地方在正规教育领域进行许多探索和尝试，取得了一定成效，同时面临着诸多困难。主要瓶颈在于厘清媒介素养教育和目前学校既有课程教学培养目标之间的逻辑关系，从而为开设独立课程或开展课程整合奠定学理依据。小学是课程学习的起步阶段，学习热情即学习动机的培养尤为关键。本文将从媒介素养的内涵出发，以浙江景宁民族小学高段小学生为研究对象，探讨媒介素养与学习动机的相互关系。

一、研究基本情况

媒介素养，是指"人们面对媒介各种信息时的选择能力、理解能力、质疑能力、评估能力、创造和生产能力以及思辨的反应能力"，是一种对社会认知和改造的综合素养。这一内含与学校教育追求小学生全面发展要求是完全一致的。同时思辨的发展对学生走

[①] 浙江省社科规划"之江青年课题研究"立项课题"全媒体时代畲族地区留守儿童媒介素养实证研究"（14ZJQN001YB）。

向"智"的成熟提供了最大可能。学习动机指"激发个体进行学习活动、维持已引起的学习活动,并导致行为朝向一定的学习目标的一种内在过程或内部心理状态"。学习动机的出发点在于学习者本身,对某个事物有学习的兴趣与意愿。这个动机可能产生于多种相关因素。总体而言,要有一个刺激信息,为了满足这种刺激引发的需要,主体便开始主动持续的学习。

(一)研究目的与意义

媒介的高速发展在丰富媒介素养内含和外延的同时,对人类教育活动不断提出新的高度和要求。媒介素养教育在于培养公民从媒介中获取信息,理解信息以及利用信息的能力。媒介素养首先是现代人对媒介的认知能力。这种认知能力,对年幼懵懂无知的小学高年级段孩子尤为重要。同时这个阶段也是他们一生中学习能力可塑性最强的时期。孩子们从广泛的媒介接触中偶遇自己感兴趣的东西,利用媒介资源去不断学习,进而上升为终身学习的动力。学习这些内容的动机也逐渐从外部感性动机转向内部理性动机。学校教育要遵循天性,尊重孩子的意愿与选择,将学生从自然人培养成为社会人。孩子的意愿与选择体现在哪儿呢?便是他们的学习动机。孩子一旦发现了自己所感兴趣的东西,对某个问题有了顿悟,那么动机便会成为孩子学习成长最强有力的动力。影响孩子学习动机的因素很广,但是要产生兴趣,前提是孩子有能力接触到方方面面的信息,进而解读信息并最终利用信息。依据上述理论假设,课题开展媒介素养与学习动机相互关系的实证研究。

(二)研究设计

1. 研究思路与研究内容

本课题通过问卷调查、个案访谈与文献研究展开。借助文献分析确定媒介素养与学习动机各自的内含,探究媒介素养与学习动机之间的相关性。根据研究目的,整合问卷与编制访谈大纲。最后将定量研究与定性研究相结合,给出相应的结论及建议。

2. 研究假设

媒介素养与学习动机呈正相关,即学生媒介素养水平高,相应学习动机也就更加强烈。

3. 研究方法

(1)研究对象:研究采取问卷调查法,研究团队在浙江景宁畲族自治县民族实验小学五年级抽取3个班级,六年级抽取3个班级。调查一共发放360份,收回359份,有效问卷有354份,有效率为98.6%。其中,农村孩子占比44.6%,畲族学生占比11%,留守儿童占比20.3%。研究对象组成基本情况见表1。

表1 被调查者基本情况信息表

内容	性别		年级		家庭所在地			是否独生		民族		是否留守	
	男	女	五年级	六年级	城市	乡镇	农村	是	否	汉	畲	是	否
人数	118	236	210	144	42	154	158	141	213	315	39	71	283
比例	33.3%	66.7%	59.3%	40.7%	11.9%	43.5%	44.6%	39.8%	60.2%	89%	11%	20.1%	79.9%

（2）研究工具：本次问卷一共分两部分：第一部分媒介素养问卷共36题，包括对媒介的选择能力、理解能力、质疑评估能力、思辨反应能力、创造生产能力及安全使用能力，共6个维度，量表每个题目采用5点计分法。第二部分学习动机问卷共26题，由内在目标、外在目标、任务的价值、对学习的控制与信念、对自己能力和把握作业的信心、焦虑测验等6个维度构成。两份问卷在丽水市实验学校进行预测，得到各部分总体的重测信度分别为0.774和0.768，总量表的a系数为0.698，说明评定表在总体上有较好的稳定性和内部一致性。

（3）数据统计：调查结果输入计算机，采用SPSS2.0进行统计分析。

二、统计数据描述

将各个维度的各项得分加总，求出各维度的平均分与标准差。结果见表2。

表2　媒介素养与学习动机各维度的平均数与标准差

学习动机	平均数	标准差	媒介素养	平均数	标准差
内在目标定向	2.28	0.60	选择能力	2.76	0.28
外在目标定向	2.73	0.31	理解能力	2.60	0.30
任务的价值	2.28	0.60	质疑评估能力	2.44	0.30
对学习的控制信念	2.07	0.46	思辨反应能力	2.27	0.35
对自己能力和把握作业的信心	2.37	0.37	创造生产能力	2.60	0.30
焦虑测验	2.27	0.60	安全使用能力	2.60	0.30
总体学习动机	2.36	0.21	总体媒介素养	2.47	0.18
畲族学习动机	2.27	0.22	畲族媒介素养	2.25	0.21

考察表2的结果，发现内在学习动机的目标定向、任务的价值、对学习的控制信念、焦虑测验这4个维度中，均值明显低于平均分，外在目标定向平均分明显高于学习动机总的平均分。并且发现外在目标定向显著高于内在目标定向，显著高于剩下的任何一个维度。得分在2.07到2.78之间，得分从高到低依次为外在目标定向、对自己能力和把握作业的信心、内在目标定向、任务的价值、焦虑测验、对学习的控制信念。得分越高则代表该维度越符合学习动机来源，从表中数据可以看出外在目标定向这个维度上的得分最高。同时，媒介素养中思辨反应能力与质疑评估能力显著低于媒介素养总的平均分，而选择能力则显著高于剩下的其他5个维度。理解能力、创造生产能力与安全使用能力则是大致相当。总问卷的均值为2.47。

（一）高段小学生媒介素养的现状及特点

数据显示，媒介素养各维度的均值都略微高于平均分（2分为平均分），得分在2.27到2.76之间，总的均值为2.47，说明高段小学生媒介素养总体情况较好。通过访谈了解，该校的教师会给学生普及媒介的相关知识，并且比较注重与规范学生对媒介的使用。学校会在每周一的晨会上给学生交流近期媒介报道的重要新闻事件，引导学生产生正确的认识。首先，数据显示该小学高段学生选择信息的能力最高，思辨反应能力最弱，并且显著低于媒介素养的总体水平。其次是质疑与评估能力。可见现阶段针对适龄孩子的媒介素养教育，重点应该是思辨反应能力的培养。对畲族小学生进行单独数据分析，发现平均分低于总体水平，说明在控制学校因素以外，畲族与汉族在其他方面可能存在差异因素影响学生媒介素养的发展。

（二）高段小学生学习动机的现状及特点

数据显示，在学习动机各维度中，个体首先关注的是外部对自己的评价即对自己能力和把握作业的信心，在学习过程中最有力的动机是得到家人的肯定。其次是关注任务的价值和内在目标定向，即根据自己对学习内容兴趣展开的学习。最后关注的才是对学习控制的信念。极少的动机是因为相信通过自己的努力会得到好的结果。上述结果与林崇德发展心理学的观点存在一致性：林崇德认为，在整个小学时期内，儿童最初对学习的过程以及学习的外部活动更感兴趣，以后才会逐渐对学习的内容和需要思考的学习作业更感兴趣。3小学高年级学生最不重视焦虑测验与学习控制的信念。我们知道随着时代的变化，小学生学习任务逐渐加大，外部压力随之增强。在个案访谈过程中，高段小学生学习目的与出发点大多是为了考上好的中学，极少数是因为对某门科目感兴趣才去展开学习的。因此，学生内部的学习动机强度并不是很强烈。畲族学生学习动机得分略低于整体平均水平。

（三）高段小学生媒介素养与学习动机的具体表现及其成因

在进行相关性分析之前，研究团队将媒介素养、学习动机分别与性别、年级、家庭住址、家长对小学生看报纸与电视以及上网的态度进行了差异性分析。结果发现性别、年级对两者皆不存在直接影响。而媒介素养与家庭住址之间存在一定相关性。家在县城的媒介素养整体水平最高，其次是乡镇，最后是农村。学生的媒介素养水平与家庭经济情况和父母文化水平存在一定的正相关。除此之外，多数家长对小学生看电视、上网都持保守态度，在进行媒介素养与家长对学生看电视、上网态度的相关性检测中发现存在着极其显著的正相关。说明家长对孩子看电视、上网的态度直接影响孩子媒介素养水平。家长对媒介接触开放包容态度更有助于孩子媒介素养的提升。与此同时，在是否担任学生干部与媒介素养、学习动机的相关性研究中，发现二者存在着显著的正相关。表明担任班干部的学生媒介素养相对较高、学习动机相对较强。通过访谈，发现担任班干部的孩子能够更有逻辑性地表达自己的观点，对自己的喜好认识更加清晰，对媒介的使用有一定的自制能力。数据显示畲族学生的媒介素养与学习动机较整体而言都偏低。结合个案访谈结果，畲族学生家庭经济情况和父母文化与整体水平存在一定差异。畲族小学生多数来自乡村，父母在家务农或外出务工为主，家里媒介硬件设施基本齐全，父母对孩子在媒介使用上态度相对保守。

三、高段小学生媒介素养与学习动机各维度之间的相关性讨论

从表3中可以看出，任务的价值和焦虑测验在与媒介素养的6个维度进行相关性测验时，除了理解能力，其余5个维度都存在极其显著的正相关。理解能力与内在目标定向、选择能力与对自己能力和把握作业的信心、创造能力与对自己能力和把握作业的信心也存在着极其显著的正相关。可见，在二者的相关性分析中，整体除了外在目标定向以外，剩余的所有维度都呈现正相关。

表3 高段小学生媒介素养与学习动机的相关性分析

变量	选择能力	理解能力	质疑评估能力	思辨反应能力	创造生产能力	安全使用能力
内在目标定向	0.12*	0.14**	0.03	0.012	0.11*	0.05
外在目标定向	0.02	-0.04	-0.13*	-0.11*	-0.08	-0.08
任务的价值	0.21**	0.078	0.16**	0.17**	0.31**	0.27**
对学习的控制信念	0.01	0.025	0.05	0.03	0.03	0.08
对自己能力和把握作业的信心	0.17**	0.11*	0.12*	0.06	0.26**	0.11*
焦虑测验	0.15**	0.07	0.17**	0.18**	0.26**	0.25**

注：$*P < 0.05$，$**P < 0.01$，$***P < 0.001$

媒介素养中的选择能力与学习动机中的所有维度都存在着正相关，与任务的价值、对自己能力和把握作业的信心、焦虑测验呈显著正相关。说明个体对媒介中的信息选择能力越强，则会正向影响学生对任务价值的关注度，任务价值的关注度越高，焦虑测验也越高，那么对学习结果也就越放松。

媒介素养中的理解能力与学习动机中内在目标定向存在显著正相关，与外在目标定向存在负相关，与剩下的4个维度呈显著相关。说明个体对媒介的理解能力有可能极大影响学习动机中的内在目标定向与外在目标定向。当个体对媒介的理解能力越强时，个体更加关注的是自己的学习和掌握知识，对学习内容的兴趣、重要性和用途的判断，学习控制的信念，对自己能力和把握作业的信心，对成绩等级和他人的赞许就越不在意。

媒介素养中的质疑评估能力、思辨反应能力与学习动机中外在目标定向存在显著负相关，与任务的价值和焦虑测验存在极其显著的正相关。说明个体对媒介信息的质疑评估能力、思辨反应能力越强时，个体越不关注学习结果所带来的荣誉和他人的赞许，学

习时也更加坦然和顺心，学习过程中对学习任务的价值度也更加关注。

媒介素养中的创造生产能力与学习动机中的对学习的控制信念、外在目标定向之间不存在显著相关，与内在目标定向、任务的价值、对学习控制的信念和焦虑测验等4个维度存在极其显著正相关。说明个体创造生产媒介产品的能力越高，频率越多，学习动机中内部目标定向、对学习控制的信念和对任务的价值关注强度越高。

通过数据分析发现，媒介素养的总体水平与学习动机各维度存在显著相关性，说明媒介素养水平对学习动机存在影响。媒介素养总体水平与学习动机中的外部目标定向不存在显著相关，而与其他5个维度存在显著正相关，说明媒介素养与学习动机中的外部目标定向不存在影响。个体媒介素养高时，个体往往对学习内容的兴趣、重要性和用途的判断、对学习控制的信念、对自己能力和把握作业的信心等内部动因更加关注。说明媒介素养越高，孩子越清楚自己的学习动向，更明白自己内部需要，同时学习状态往往更加兴奋，相应学习任务完成情况也会更好。

四、结论

高段小学生媒介素养水平与学习动机总体呈显著正相关，研究假设成立。说明媒介素养的提升对提高小学生的学习动机有帮助，为探索高段小学提高学习动机相关路径提供了实证依据。

媒介素养水平较高的个体在学习过程中更加关注自己的学习和掌握知识、对学习内容的兴趣等内部因素，这恰恰是激发学生持久学习能力的内在动机。

父母对孩子上网的态度与孩子的媒介素养水平呈正相关，父母支持孩子上网，孩子的媒介素养相对较高。再次印证了对孩子媒介接触行为，要疏堵结合，以疏为主。

畲族小学生的媒介素养水平与学习动机情况低于调查结果中的总体平均水平，加大对少数民族适龄学生的媒介素养教育势在必行。

留守儿童手机保有量和媒体接触时间都超过平均水平，由于家庭教育相对欠缺，新媒体接触引发的相关问题日渐凸显，应加大对少数民族集聚地区适龄对象的相关教育。

小学高年级正处在青春期萌芽阶段，既要面临升学课程学习的压力，又要直面媒介信息带来的各种诱惑，学校正规教育如何兼而有之是各界关注的话题。信息时代对自主学习与终身学习提出了更高的要求，作为教师要引导孩子们的学习动机，注重培养内在目标定向。相关研究表明，小学生学习动机的强度随年级的升高而降低，学习动机由外部学习动机为主导向内部学习动机为主导转变，高年级段是发展孩子内在目标定向的关键时期。4本课题验证了媒介素养与学生的内部学习动机呈显著正相关，可以为教育工作者培养孩子学习动机提供另一个角度的启示，进而为学校层面推进媒介素养课程教学改革提供相应支撑。特别是在民族学校，要重点推进师资培训，在开展融合式教学尝试的基础上，可以结合学校自身的性质、特点、条件以及能够利用和开发的资源，由学校教育人员与校外团体或个人合作开发校本课程。这既是对传统学科知识体系的丰富和完善，又可以通过媒介素养的提升，激发学生学习动机，提高专业课程学习的能力和效果。

作者简介：廖峰，丽水学院商学院教授；陈焱艳，杭州学军小学教师。

自媒体时代公众媒介素养教育探析

贺琛　李芊

摘要：自媒体时代资讯极度繁荣且良莠不齐，OGC、PGC和UGC竞相争夺公众注意力。公众只有不断提高媒介素养，才不至于淹没在泥沙俱下的信息海洋之中。公众媒介素养教育应该着重从公众的媒介使用素养、资讯消费素养、资讯生产和分享素养、社会参与素养、监督素养等方面入手，培养明智的公民，营造健康的传播环境。

关键词：媒介使用素养；资讯消费素养；社会参与素养；社会监督素养

一、自媒体时代公众媒介素养教育的必要性

媒介素养概念最初是媒介文化研究学者针对大众文化的低俗化站在精英视角的批判，强调对媒介内容文本的明智选择和批判性解读。但是21世纪以来，普通民众被赋权参与信息传播，UGC和PGC激增，与OGC三分天下。[①] 与此相应，媒介素养教育日益重视"参与式的社区行动"，目的在于通过公众的积极参与构建"健康的媒介社区"，媒介素养的内含也进一步拓展为3个方面：全面认识媒介、批判性理解媒介、积极参与和使用媒介。作为公民社会的主体，公众只有在全面认识媒介的基础上，批判性理解媒介资讯内容和媒介传播现象，积极参与构建责任传播和健康媒介社区，才能真正实现媒介"为我所用"。

信息传播革命既为公众提高媒介素养参与责任传播体系构建提出了必要性，也提供了可能性。一方面，传播科技和移动互联网技术的发展导致传统媒体"渠道霸权"终结，公众被赋权进入各种传播平台成为传播者和评论员，大量缺乏专业把关的资讯内容充斥各种传播平台，造成信息严重超载、良莠不齐，因此媒介素养教育必须成为民主社会公民素养和教育的一部分。另一方面，技术赋权时代公众可以较为简便地掌握各种传播技

---

① UGC是指用户生产的内容（User-generated Content），OGC是指职业生产的内容（Occupationally-generated Content），PGC是指专业生产的内容（Professionally-generated Content）。

巧、在各个自媒体平台发声，有能力参与到健康媒介社区和责任传播体系的构建中。

技术赋权时代公众的媒介素养与传统媒体时代受众的媒介素养相比要求更高、更加全面，因为传统媒体时代的受众纯粹是新闻资讯内容的接受者，而技术赋权时代的公众不仅是内容接受者，他们手握"麦克风"，可以轻易申请自媒体平台账号获得传播渠道，进而参与传播活动成为内容生产者，或者鼠标轻轻一点、手机一键分享成为传播者。

二、公众媒介素养教育的内容

自媒体时代公众的媒介素养教育要围绕"培养明智的公民"这个目标，把握全面认识媒介、批判性理解媒介、积极参与和使用媒介3个范畴，有针对性地培养公众的媒介使用素养、资讯消费素养、资讯生产和分享素养、社会参与素养和监督素养。

（一）培养公众的媒介使用素养

当前的大众传播系统由传统媒体、门户网站、微博和微信等社交媒体共同构成。新闻报道主要是由报刊、广播、电视等传统媒体机构生产，但是突发事件往往是由自媒体首发；新闻评论来源日益多样化，很多自媒体账号参与传播。新闻资讯以前集中在传统媒体传播，现在主要在社交媒体平台和新闻聚合类客户端传播。当前资讯传播呈现着生产主体多样化、传播渠道多元化的特征。公众在使用不同传播渠道获取来源多样化的新闻资讯时，必须具备一定的"媒介使用素养"才能让媒介"为我所用"，有效获取准确的资讯。

培养公众的媒介使用素养应该从以下几个方面着手：

一是培养公众充分了解每一种媒介的表现形式和传播特征。比如报刊信息的表现形式主要是文字和图片，注重思想深度，传播速度较慢；广播的表现形式主要是声音，速度快，受众容易接受理解，但是稍纵即逝、不易保存；电视的表现形式主要是声音和画面，速度较快，受众易于接受理解，也不便于保存和分析；门户网站的表现形式可以包括文字、图片、视频和音频，极为丰富，也可以对重大新闻事件进行专题报道，一个页面可以连接到多则报道，但是一般都是整合其他传统媒体的资讯；自媒体和社交媒体资讯在表现形式上也丰富多样，其信息传播缺乏专业把关人和资讯审核机制，因此真实性难以保证，并且为了吸引注意力往往采用哗众取宠的标题，对新闻事件的评论也难以客观公正，往往以挑逗情绪博取点击和分发为目标。因此，要通过学校教育培训和社区分享交流等形式让公众充分了解，进而根据自己的需要到不同的传播渠道获取相应的资讯，比如开车的时候可以通过广播获取路况、天气等信息；如果需要了解一个新闻事件各方的看法和报道可以进入门户网站的新闻专题；如果需要深入了解某个新闻事件背后的博弈等信息则可以通过报刊的深度报道。

二是培养公众区分媒介信息环境和客观现实环境。不论是传统媒体机构通过议程设置和层层把关之后生产的资讯，还是自媒体传播的资讯，都不可避免地带有一定的倾向或者立场，因此不一定能够客观真实地反映客观现实，媒介信息环境不可能与现实环境完全一致，因而要通过提高公众的媒介使用素养预防"信息环境的环境化"趋势。要通过培训让公众了解到：媒介信息是经过复杂的筛选、包装和组合的主观产品；媒介信息深受传媒人意识形态和价值观的影响；媒介信息背后隐含强烈的商业动机和政治因素的影响，因此媒介信息构建的"拟态环境"与客观环境之间必然存在差距。要通过培训让公众学会有意识地拓宽自己的资讯来源和渠道，甚至使用一个平台获取资讯时也可以注册两个账号防止信息茧房效应。

此外，公众在使用手机 App 应用获取资讯的时候还要注意两点：一是注意保护自己的隐私信息不泄露，二是合理克制地使用抖音、今日头条、微信等平台，不要沉迷，不要陷入信息茧房。

（二）培养公众的资讯消费素养

自媒体时代，UGC、PGC 和 OGC 3 种资讯竞相追逐公众的注意，信息环境空前复杂，公众面临的难题是需要在来源多样化的海量资讯中选择适合自己的资讯，只有具备较高的信息判断、选择和辨识能力，才能做出明智的消费选择。因此，培养公众的资讯消费素养迫在眉睫。我们需要通过各种途径和方法培养公众以下几个方面的能力：

1. 在海量信息中筛选所需资讯的能力

公众在筛选新闻资讯时应该按照可信度进行排序，从高到低依次为：主流机构媒体——门户网站——资讯平台——社交媒体平台。在需要了解娱乐、社会资讯之外的重要资讯时应该首选主流机构媒体提供的资讯。公众在利用搜索引擎获取信息时，要掌握一定的搜索技巧和搜索能力，比如搜索引擎工具的选择、搜索引擎广告的识别、等等，才能尽快获取有用的信息，而不会被搜索引擎的竞价排名系统所误导。目前部分公众尤其是老年人日益依赖社交媒体获取资讯，群组中的"意见领袖"对他们影响比较大，这部分公众必须加强信源甄别能力，强化信源的判断和选择才能获得高品质资讯。今日头条等资讯平台普遍采用的根据用户兴趣推荐信息的算法推荐机制极易造成公众"信息偏食"，使他们沉溺于自己所热爱的"信息茧房"失去对客观环境的全面认知。因此，公众应该积极"纠偏"，努力获得全面均衡的"信息食谱"。

2. 加强对资讯的分辨和批判能力

自媒体时代传播主体的多元化、传播渠道的多样化，造成资讯真假难辨，良莠不齐，并且大量缺乏把关的资讯背后充斥着各种政治、商业利益诉求，因此公众必须提高对资讯的真实性、品质、利益因素等的分辨能力，掌握批判和反思资讯的解读能力。

首先应该着重加强公众对虚假新闻资讯的分辨能力。资讯平台日益强调用户对最终内容的选择，以"选择即生产"（Select Pro）作为算法推荐的基本原则，建构千人千面的个性化信息环境。这种机制表面上是尊重用户的选择，实际上把对资讯真伪的判断责任推卸到用户身上。如果用户对虚假资讯的分辨能力越弱，经常点击阅读虚假资讯，那么他越有可能被平台推送的虚假资讯包围。

2019年7月下旬,笔者的婆婆(67岁的老人,小学文化程度)变得非常焦虑,她在微信朋友圈和微信群看到大量文字信息、视频和图片,都在传播"非洲猪瘟"导致多人感染不治,她马上决定家里不能吃猪肉、牛肉、羊肉等,宣布家里以后只能吃鱼虾。她还把一条微信群的信息转发给笔者作为证据,全文如下:

> 长沙石头桥农业银行职工马某,吃了一块猪肉,持续高烧不退,送至市中心医院救治,诊断为疑似非洲一号传染病,由猪瘟传染,后送至沈阳救治无效,现病人生命垂危,送回长沙传染病院,防止扩散,等待死亡。千万别吃猪肉了,珍爱生命,快乐生活!岫岩很多猪都死了。告诉家里的亲戚朋友,湖南疫情严重,新闻报的只是表面,所有大牲畜的肉都别吃,速转发,熟食、肠一类的,盖章的也不要吃。湖南的必看紧急通知!!!白求恩医大一院患者昨天凌晨四点二十一分因H7N9死亡!年龄32岁,孩子还在妈妈的肚子里,参与抢救的医生已被隔离。紧急通知:刚刚中央二套电视新闻已播出,暂时别吃猪肉、鸡肉、鸭肉了!饭店也尽量少去。因为湖南省已有5570头家禽感染了,湖南省刚开完紧急会议。益阳、桃江、沅江已有多人被感染,收到后马上发给你关心的人,预防永远胜过治疗,这绝对不是传言,转给身边人。大家注意安全。

笔者一看这条信息就基本断定是虚假新闻,首先存在大量文字错误,其次发现大量不合乎常理的漏洞:比如长沙传染病患者转到沈阳再转回长沙治疗,H7N9为禽流感与非洲猪瘟的关系太牵强,等等。上网一查发现这是2018年11月在微信朋友圈和微信群肆虐的"非洲猪瘟"谣言,曾经被微信官方"谣言过滤器"列为当月"朋友圈十大谣言"第一名,谣言的始作俑者当时已被辽宁警方拘留。但是2019年7月下旬,这条老谣言被人修改地名之后再度在湖南地区流传,在微信朋友圈和微信群刷屏,引发了极大的恐慌。因此,公众必须对社交媒体平台的各种资讯持警惕态度,阅读一条消息时应该从识别"新闻六要素"[①]开始,分析消息中的6个要素是否符合逻辑和常理,进而判断资讯真假。

其次应该提高公众对资讯的批判性解读能力。美国学者丹尼斯认为"大众传播不仅对个人,而且对整个社会和文化都有影响。……特别是媒介持续不断的信息传播,能对社会变革产生真正深刻的影响。"[②]因此,公众还需要通过多看书、多思考、多收集新闻资讯培养自己是政治素质和经济头脑,能够透过新闻资讯的表层意义窥探其背后的立场、体现的价值观、代表的导向,以及所维护的阶层利益,等等。公众在解读媒介资讯时必须学会将其置于一定的政治、经济和文化语境,对媒介资讯背后的社会建制做出评

---

① 新闻六要素是构成新闻的基本要素,具体包括何人、何事、何时、何地、为何、如何。
② 梅勒文·德弗勒、埃弗雷特·丹尼斯:《大众传播通论》,华夏出版社,1989,第117页。

价与判断，通过批判性反思辨别其是非对错、美丑善恶，而不被媒介资讯背后的意识形态和价值取向所蒙蔽。尤其在社交媒体和自媒体上面充满仇恨言论、各种诱导性言论的情况下，公众必须擦亮自己的双眼，对媒介资讯进行反思和批判性解读。

（三）培养公众的资讯生产和分享素养

随着传播科技的赋权，公民新闻日益普及，UGC成为重要的传播内容；并且社交媒体赋予公众广袤而迅捷的资讯分享传播平台，因此，公众不仅成为新闻资讯的生产者，而且成为日益重要的分享传播者。普通公众积极投身资讯生产和分享深深影响大众传播的格局，尤其是舆论环境。但是由于缺乏专业训练，普通公众生产的资讯质量良莠不齐，分享的资讯也泥沙俱下。因此，政府相关部门、专业媒体机构和学校应该协同行动，针对普通公众开展媒介素养教育，着力培养其资讯生产和分享素养。

一是培养公众负责任地发表资讯的素养。朋友圈、微信群组等社交媒体的传播机制增强了公众所发表资讯的影响力，因此，公众必须学会对自己发布的内容把关，承担起客观真实、正确引导等传播责任。UGC生产者必须对所发表内容的真实性把关，并且对传播内容的社会影响进行评估，避免侵害他人权利或者危害社会公共利益。2019年7月下旬湖南"非洲猪瘟"谣言的始发者赵某岗由于扰乱公共秩序，依法被长沙警方行政拘留。网络传播谣言必须承担法律责任，公众必须提高媒介素养做到不造谣、不传谣、不信谣。UGC生产者在传播图片、视频等信息时还应该尊重他人的隐私权、肖像权等人身权利，不得有意或者无意侵犯他人权利。网络娱乐记者卓伟由于传播内容低俗无底线，并且屡次侵犯他人人身权利，多次被告上法庭，并且也被许多公众所不齿，其微博账号和微信公众号也多次被封闭。

二是培养公众负责任地分享资讯的素养。社交媒体传播的重要特征是病毒式分享传播，能够极大地放大某些信息的影响力。而一条资讯获得病毒式分享的要素主要在于标题耸人听闻、内容离奇古怪，或者极力挑逗公众的焦虑、同情、愤怒、恐惧等情绪。因此，公众必须要谨慎对待让自己眼前一亮、产生分享冲动的资讯，在分享之前花时间核实新闻资讯的真伪，反思情绪性评论文章的社会影响和幕后利益纠葛。

为了培养公众的信息分享素养，学校、社团组织、传媒机构等力量都可以参与进来，组织各种活动进行宣讲和培训。美国新闻博物馆（Newseum）在2017年全球媒介和信息素养周（每年10月下旬）期间就组织了大量公众媒介素养教育活动，包括创新性展示假新闻、分发主题海报和图表（见下图），与学校合作组织特别研讨会（研讨会主题为"这个报道是否值得分享？"，帮助学生衡量新闻报道的价值，并探讨决定是否分享的步骤和流程图）、提供与Meta的交流机会，以帮助公众理解他们作为新闻资讯生产者、消费者和分享者的角色与责任。我们可以学习这些先进经验积极开展公众媒介素养教育。

图1 "E.S.C.A.P.E.垃圾新闻"海报使用缩写词帮助公众通过6个关键概念
（证据、来源、背景、观众、目的、执行）来评估资讯的可信度和价值

（四）培养公众的社会参与素养

随着民主法治进程深入，我国开始进入公民社会。公民社会的主要特征是公民"获得了人伦关系上的独立性、自由性地位以及在政治参与基础上的权利与义务关系的对等性"[①]。公民社会中公众积极参与社会事务非常重要，如果公众对参与公共事务缺少兴趣则会产生非常严重的后果。卢梭曾指出"只要有人谈到国家大事时说：这和我有什么相干？我们可以料定国家就算完了"[②]；科恩在《论民主》中也认为"民主决定于社会成员参与决策"，指出了公共参与的重要意义。可见，积极地参与公共事务、实践个人权益和维护公共利益既是公民社会合格公民的权利也是其义务，长久缺席将会导致公民资格和正当权利基础的丧失。

民主社会的目标和条件是公民的自由平等和理性参与。互联网的高速发展和传播科技赋权为公众的社会参与提供了可能和平台。但现实困境是大量公众缺乏社会参与热情，而一部分愿意参与的公众社会参与素养又比较低。因此，培养公众的社会参与素养，提高其社会参与热情和能力，才能构建风清气正的大众传播秩序，才能促进社会的民主、文明和进步。

---

① 伍洪杏：《行政问责的伦理审视》，中南大学博士学位论文，2010，第91页。
② [法]卢梭：《社会契约论》，何兆武译，商务印书馆，2003，第120页。

我们要通过各种途径促进公众对公共事务的关注，以及提高公众对公共话题交流的积极性；并且还需要培养公众参与公共讨论时尊重他人的表达权、人身权等权利，遵守公共交流的话语规则，学会理性表达与讨论。

（五）培养公众的媒体监督素养

中国民主化进程的稳步推进、公民社会的发展都要求公民积极履行对社会共同体的责任和义务，并且通过社会公共参与实践培养公众的监督意识。监督意识是指作为社会主体和权力主体的公民对受其委托而获得各种权力的机构和个体所作所为主动实施监督的意识，以及对社会公共安全、食品安全、环境保护、社会道德等事务和问题的监督意识。公民社会最大的难题是公众的公共参与意识薄弱、监督能力不强。因此，在提高公众社会参与素养的基础上，还必须加强公众的监督意识和监督能力，培养公众的社会监督素养。

在大众传播系统中，公众的监督具有充分的价值合理性。首先，公众享有知情权、表达权和监督权等公民基本权利，但是由于其分散性，公众难以集中、有效地行使上述权利，所以把其权利让渡给了传媒机构，传媒机构所行使的采访报道和舆论监督等传播权其实是公众所赋予的。其次，公众获取媒介信息必须付出一定的成本或者代价（金钱、注意力或者流量等），是传受关系中的消费者或者购买方，公众有权利要求传媒机构提供高品质的资讯服务，公众还有权质疑和批评传媒的伦理失范行为。因此，从传播价值关系来看，公众是传播价值的主体，而传媒机构是传播价值的客体。但是，公众的主体地位在传播实践中往往被遮蔽了，作为"代理人"的传媒机构反而成了"权力机构"和传播价值主体，传播活动也变成围绕传媒机构和传媒人的利益而开展，公共利益在与组织、个体私利的冲突中被抛弃，传播伦理失范行为经常发生。

因此，监督传媒机构和传媒人的传播行为是当前重要的社会公共事务，但是目前公众的参与和监督严重不足。施拉姆在谈到公众监督时曾经无奈地指出："大众手里掌握着一张王牌，问题在于他们愿不愿来参加牌局。"[1]因此，要建构良好的大众传播环境，必须让公众意识到自身在传播系统中的主体性地位；培养公众参与传媒监督的责任感和使命感，提高其监督能力，促进公众监督和批评传媒机构和传媒人滥用传播权利的责任失范行为。

而要让公众积极高效地参与到传媒监督中，对传媒机构和传媒人的伦理失范行为及时正确地开展批评和监督，则需要对公众进行媒介素养教育，提高其信息素养，使其能够对媒介信息具有鉴赏和质疑能力，并掌握一定的自媒体使用能力；还需要在政府部门、行业组织和专业机构的协助下丰富公众监督的途径和渠道，建立健全公众对传媒的监督机制，共同建构良性传播环境。

---

[1] 张国良主编：《20世纪传播学经典文本》，复旦大学出版社，2003，第304页。

三、公众媒介素养教育的意义

美国传播学者施拉姆认为公众在选择信息时总希望以最小的付出获得最大的回报，他根据经济学的"最省力原理"提出了或然率公式：选择的或然率＝报偿的保证/费力的程度。公式中"报偿的保证"指传播内容满足公众需要的程度，"费力的程度"则指获取资讯内容的难易程度，满足程度越高，而费力程度越低，则选择或然率就越大，公众就越容易选择这类信息或传播媒介（渠道或平台）。

英国作家赫胥黎在《美丽新世界》中表达了"大众将毁于他们所热爱的东西"的忧虑：人们会渐渐爱上工业技术带来的娱乐和文化，不再思考；随着资讯的日益丰盛，真理被淹没在无聊烦琐的世事中，人们在汪洋如海的信息中日益变得被动和自私；随着大众文化成为充满感官刺激、欲望和无规则游戏的庸俗文化，再也没有人愿意读书，人们由于享乐失去了自由。

美国媒介文化研究者波兹曼在其著作《娱乐至死》中批判电视时代大众传媒资讯的低俗化、娱乐化，忧心忡忡地指出："电视改变了公众话语的内容和意义，政治、宗教、教育、体育、商业和任何其他公共领域的内容，都日渐以娱乐的方式出现，并成为一种文化精神，而人类无声无息地成为娱乐的附庸。"他提醒我们不能"忽视人们对娱乐的无尽欲望"，认为随着大量公众转移到电视渠道获取资讯，人们的思维能力和审美水平日益下降，"成了一个娱乐至死的物种"。

当下的信息传播和消费场景充分验证了施拉姆、赫胥黎和波兹曼等人的观点：公众很懒、很畏难，公众对娱乐有着无尽的欲望，不愿意思考。针对公众的信息消费心理，传媒机构日益倾向于投用户所好"投喂"简单、浅薄、刺激性内容，于是虚假资讯泛滥、传媒低俗化等失范现象频频出现；根据用户兴趣来设计的算法推荐大行其道，"越用越懂你""越用越喜欢"的推荐模式形成一个恶性循环，人们每天流连于今日头条、抖音、快手等资讯和视频平台的时间越来越长，越用越上瘾。

只有通过系统而持续的媒介素养教育，公众才能全面认识媒介、正确使用媒介、批判性理解媒介，才能成为"机警而富有鉴别能力"的公民，才能对大众传播展开批评和监督，才能负责任地参与传播，最终获得自主性，实现康德所言的"理性的自我主宰、自我制约，克服自己，克服那些由爱好、欲望、一切非理性冲动带来的动机"。[①]

媒体融合背景下大量资讯平台的蓬勃兴起引发自媒体野蛮生长，PGC 和 UGC 在各个领域与 OGC 竞相争夺公众注意力，导致资讯极度繁荣且良莠不齐，公众只有不断提

---

① [德]康德：《道德形而上学原理》，苗力田译，上海人民出版社，2002年，第5页。

高媒介素养，才不至于淹没在泥沙俱下的信息海洋之中，成为虚假资讯和情绪化言论的"二道贩子"、成为各类平台"瘾君子"、成为"娱乐至死的物种"。

参考文献

［1］高萍.当代媒介素养十讲[M].北京：中国人民大学出版社，2015.

［2］刘勇.媒介素养概论[M].北京：中国人民大学出版社，2015.

［3］肖芃.媒介素养导论[M].北京：中国经济出版社.2006.

［4］彭兰.社会化媒体时代的三种媒介素养及其关系[J].上海师范大学学报（哲学社会科学版），2013（3）.

作者简介：贺琛，湖南工商大学副教授，媒介素养教育研究中心主任；李芊，湖南工商大学副教授，媒介素养教育研究中心副主任。

基于高校通识课的媒介素养教育实证研究

——以江西为例

胡凌霞

摘要：本研究主要选取江西某高校120名学生样本，通过在通识课授课内容中加入媒介素养模块，围绕：①媒介传播的信息是由传播者主宰的；②媒介都带有商业色彩和倾向；③对媒介传播的信息，应该是以批判的、个体主导型的方式解读这3大主体假定内容的检验，采用课前、课中、课后的学生调查问卷反馈分析的方式，以：①教师主导型；②小组学习、无奖励型；③小组学习、有奖励型；④小组学习、有奖励、可自主选择素材型这4种教育模式的实验对比分析，探寻适合高校的媒介素养教育模式。结果显示，教师主导型组在专业名词含义的理解方面，以及小组学习、有奖励、可自主选择素材组在对媒介素养课程授课的态度表现方面存在显著差异。

关键词：媒介素养；媒介素养教育；江西高校；教师主导型

进入21世纪，在新媒体技术日益发展的背景下，人们的生活每日都被各种各样的网络信息包围着。据中国互联网络信息中心第44次《中国互联网络发展状况统计报告》中最新发布的我国互联网现状调查显示：截至2019年6月，中国网民规模达8.54亿，互联网普及率达到61.2%，其中，10—39岁网民群体占网民整体的65.1%。[①]

特别是青少年接触各类媒介的时间逐年增加，在《江西青少年媒介素养比较研究》课题的研究中发现，网络是大学生平素最喜欢接触媒介，占总体的20.7%；在学校通过电脑上网比例略有增长，在公共场所电脑上网使用率增长3.4个百分点。[②] 如以上数据所显示的，若青少年接触媒介的机会持续增加的话，势必会给他们带来巨大的影响，而这种影响就像一把双刃剑，是发挥积极的引导作用，还是造成不良的负面危害，除了社会、家庭的影响，在很大程度上也取决于学校对媒介素养教育重要性的认知，以及其具体的实施方式。

---

① 中国互联网络信息中心（CNNIC），2019年8月，第44次《中国互联网络发展状况统计报告》EB/OL，北京：中国互联网络信息中心，网址：http://www.cnnic.net.cn.

② 张雪黎、胡凌霞等：《新媒体背景下的青少年媒介素养研究》，青少年研究，2012，第92期，第50—52页。

一、问题的提出

媒介素养,作为青少年必须具备的一种认知、理解媒介的一种能力。在美国,媒介素养教育早已纳入学校教育的一个重要环节,媒介也成为青少年日常生活中不可或缺的一部分。

当前,媒介素养这一概念日益受到人们的关注,无论是在学界的研究领域,还是在不同教育层次的学校现场教学实践活动中,人们都逐渐开始意识到媒介素养教育的重要性。但是,我国自20世纪20年代由新闻传播界牵头开始关注"媒介素养"以来,大多数研究也"只是停留在对媒介素养的译介上,媒介素养教育在我国大陆还刚起步,其主要群体集中在青少年,也并未被独立地纳入学校教育课程",[①]在中国的教育体系中并没有形成学校积极开展媒介认知能力培养的良好局面。此外,即使在基础教育的中小学校会有给出专门的网络媒介接触、操作使用教育的学习时间,甚至有的试点学校会有在品生课上开辟一个单元进行讲授;高校也会安排学生接收信息的便利条件,但是较少以单独的一门通识课程出现。

因此,本研究将从媒介素养中的批判视角和主体态度形成的维度,采用实证研究的方法,探讨结合青年学生信息识别、使用的特点,在江西高校如何开展适当的媒介素养教育。

二、研究设计及实施

(一)研究对象

研究对象是江西某高校17级空乘1、2班和17、18会展班的学生共120名(男生60名,女生60名),将他(她)们编成A班、B班、C班、D班4个班,每个班30人。前期调查时间定于2018年9月的第一周到第二周,在思想道德修养课上利用一个半小时(40分钟一节课)开始进行实验授课。此外,据数据统计,问卷发放120份,回收110份,有效回答率92%。

(二)研究内容

以媒介素养为题按计划在各班顺利展开实验授课。在4个班采用的授课方式是不同的,通过调查问卷检测研究对象对媒介素养的理解程度,努力发掘最具成效的授课方式。

[①] 刘津池:《当代媒介素养教育研究》,东北师范大学,2012年。

A班作为控制组，采用教师主导型的教学方式；B班按照小组学习的方式组织教学；C班在以小组学习的方式进行教学的同时，增加了教师对学生的积极表现予以奖励的环节；而D组在实施与C组同样教学方式的基础上，为激发学生自主学习的积极性，在授课所用素材的选取上采用由各组学生自主选择的开放模式。（见表1）

表1　各班人数及授课方法

班级	人数（人）	授课方法
A	28	教师主导型
B	27	小组学习、无奖励型
C	25	小组学习、有奖励型
D	30	小组学习、有奖励、可自主选择素材型

调查问卷的实施包含前期调查（第一次授课之前）、中期调查（第二次授课结束之后），以及1个月之后的后期调查（10月第二周）的总共3次。具体的授课教案的制作参照Buckingham在汉语课中关于媒介素养教育的方案。

尤其是在此次的实验教学中，笔者着眼于媒介与受众的关系，关注作为受众的学生自身的态度，为了让他们了解自己是如何成为媒介传播的目标，从媒介素养的定义解释出发，以批判的视角和主体性的解读方式引导学生认知媒介。因此，授课计划的制定确定主要围绕以下3点：

1.媒介传播的信息是由传播者主宰的。

2.媒介都带有商业色彩和倾向。

3.对媒介传播的信息，应该是以批判的、个体主导型的方式解读。

此外，在授课中所利用的媒介是CM（视频广告）和传统广告，第一节课分析CM，第二节课分析传统广告。对媒介，考虑到现在青年学生的喜好，选择了他们日常生活中常见的饮料、服饰鞋帽、美容化妆品以及移动社交工具，等等。

（三）研究方法

本调查问卷采用SPSS17.0对A、B、C、D各班分别从以下5个方面进行实证的模块分析：

1.媒介及媒介素养的定义理解；

2.是否具备批判的视角；

3.是否形成个体主导型态度；

4.是否形成批判的视角＋个体主导型态度；

5.对媒介素养课是否表现出积极的态度。

通过授课方法和研究时间的设定，最终回答之前了"哪种方法最具成效？""能否见到长期的效果"等问题。而且，之所以第四个模块中将是否形成批判的视角与个体主导型态度合并进行研究，其目的是为了句子含义划为知识类目、将批判视角和个体主导型的态度划为思考、态度类目进行分析。

三、研究结果与分析

（一）研究结果

1. 专业名词含义的理解（满分4分）

对专业名词含义的理解，根据调查问卷 Q1—Q4 四题所得总分进行了分散分析（见表2）。其结果显示，分早期、中期、后期进行阶段性媒介素养教育效果的研究、探讨具有显著差异性"$F(3, 110)=25.99, p<0.01$"。另外，指导方法相关的效果研究也显示差异性"$F(3, 110)=11.42, p<0.05$"。因此，利用 sidak 法进行多重比较，发现教师主导型和小组学习、无奖励两个比较组之间在指导方法方面有显著差异（$p<0.05$），而且教师主导型小组的平均值要更高。

同时，利用 sidak 多重比较法在阶段性效果调查方面的分析还发现，前期、中期（一周后）和后期（一个月后）3个阶段之间有显著差异（$p<0.01$），就平均值数据来看，前期和中期比较，中期值较高；而中期和后期比较，则后期的值较高。

表2 词语意义理解的平均值及标准偏差

	专业名词含义的理解					
	前期		中期（一周后）		后期（一个月后）	
	M	SD	M	SD	M	SD
教师主导型	0.38	0.89	1.08	0.43	0.75	0.25
小组学习、无奖励	0.35	0.71	0.66	0.45	1.31	0.21
小组学习、有奖励	0.30	1.41	0.65	1.51	0.87	1.42
小组学习、有奖励、可自主选择素材	0.22	0.52	0.53	0.46	0.96	0.32

2. 批判的视角（满分70分）

表3 批判视角的平均值及标准偏差

	批判的视角					
	前期		中期（一周后）		后期（一个月后）	
	M	SD	M	SD	M	SD
教师主导型	51.32	4.54	52.72	6.15	52.75	4.10
小组学习、无奖励	40.98	5.14	50.73	4.94	50.94	5.99
小组学习、有奖励	50.16	6.06	50.69	6.87	50.86	6.41
小组学习、有奖励、可自主选择素材	39.57	4.21	49.84	3.01	49.99	3.13

对批判的视角的显现，根据调查问卷 Q5—Q14 所得总分进行了分散分析（见表3）。其结果显示，3 个阶段的分阶段调查未见显著效果。但是，在指导方法方面的效果分析显示可见明显倾向性"$F(3, 110)=18.51$，$p<0.10$"。

3. 个体主导型的态度（满分60分）

表4 个体主导型态度的平均值及标准偏差

	个体主导型的态度					
	前期		中期（一周后）		后期（一个月后）	
	M	SD	M	SD	M	SD
教师主导型	2.67	0.43	2.65	0.70	2.84	0.84
小组学习、无奖励	2.12	0.53	2.42	0.69	2.41	0.49
小组学习、有奖励	1.67	0.99	2.49	1.41	1.94	1.41
小组学习、有奖励、可自主选择素材	2.20	0.89	2.56	0.84	2.68	0.97

个体主导型态度的表现，根据调查问卷 Q15—Q26 所得总分进行了分散分析（见表4）。其结果显示 3 个时期，不同教学方式的效果产生交互影响"$F(3, 110)=8.29$，$p<0.05$"。而且，尽管进行了 sidak 多重比较，但未见显著差异。

4. 批判的视角 + 个体主导型的态度（满分130分）

表5 批判视角+个体主导型态度的平均值及标准偏差

	批判的视角+个体主导型的态度					
	前期		中期（一周后）		后期（一个月后）	
	M	SD	M	SD	M	SD
教师主导型	1.85	0.89	2.685	0.83	2.85	0.97
小组学习、无奖励	1.55	0.84	2.58	0.82	2.48	0.74
小组学习、有奖励	1.92	1.03	2.59	1.29	2.04	1.41
小组学习、有奖励、可自主选择素材	2.39	1.16	2.70	0.93	2.84	1.05

根据两者的总计分数进行了分散分析（见表5）。其结果显示存在交互影响"$F(3, 110)=3.72$，$p<0.10$"。

5. 对媒介素养课程所表现出来的态度（满分 30 分）

表6　对课程授课态度的平均值及标准偏差

	对课程授课的态度			
	中期（一周后）		后期（一个月后）	
	M	SD	M	SD
教师主导型	2.67	1.39	1.35	1.77
小组学习、无奖励	1.68	0.89	1.34	1.09
小组学习、有奖励	2.75	1.28	2.72	1.30
小组学习、有奖励、可自主选择素材	3.14	0.36	2.80	0.41

就对媒介素养课程授课的态度的总计分数进行分散分析（见表6）。其结果显示，不同调查时期的研究效果具有显著差异"$F(3, 110)=5.12, p<0.05$"。此外，在指导方法主要效果的探讨方面也显示出差异性"$F(3, 110)=5.65, p<0.05$"。因此，根据 sidak 多重比较法进行比较的结果，在指导方法方面，小组学习、无奖励组和小组学习、有奖励、可自主选择素材组之间存在显著差异性（$p<0.05$），后者的平均值较高。

在调查时期方面，中期（一周后）和后期（一个月后）之间存在显著差异（$p<0.05$），就平均值来看，后期的略高一些。

（二）分析

1. 各项结果分析

（1）知识项目（专业名词含义的理解）方面

如表2所示，在指导方法方面，教师主导型和小组学习、无奖励组之间是存在统计学意义上的显著差异的，而且，教师主导型的效果更好。作为理由，可以从以下两点分析：

一是教师除了对专业名词的含义进行解释之外，在课堂上还会有针对性地、反复地使用这些词举例说明，由于接触的机会频繁，学生们自然而然就学会了它们的内涵，并且掌握了如何去使用。

二是就词语含义的了解，比起以小组讨论的形式开展，还是每个人集中起来、统一学习，后者的效果更好。从柱状图可以看到，在所有包含各个档位分数的学生中，中期（第二次考试）时，只有教师主导型小组没有一位学生考零分。（而其他组，在第三次考试中仍然有少数学生考零分。）

此外，在调查时期方面，前期和中期、前期和后期存在显著差异。根据这个结果，可以知道，对专业名词的含义，它并不是完全受到指导方法的影响，而是随着时间的推移逐渐得到学生们的认识。对词语含义的理解，可以单纯依靠记忆，而要使记忆牢固，就必须通过反复地学习。但是，在此次的中期调查中，由于使用的是和前期相同的调查问卷试题，对学生来说，在还没有忘记之前还是能够准确记忆词语的含义。

（2）态度项目（批判的视角、个体主导型态度）方面

如表5所示，其研究结果显示存在交互作用倾向。从数据中的平均值来看，教师主导型组在批判的视角和个体主导型态度两个方面的分数都较高。对此，笔者认为其主要原因是在教师主导型组（控制组）当中，主要是由教师来解读对媒介批判的观点，大部分源自教师自身的主体认知。同时，加上缺乏学生小组自由学习讨论的模式，从媒介CM案例的选取到对广告分析方法、结果的说明，所有的授课内容均是教师为实现教学目标所制定的。另一方面，其他3个组，由于采用的是小组学习的模式，实际上，都是由学生自己选择学习案例，并就媒介的作用进行充分交流，但在关于媒介影响的深刻性及今后如何与媒介打交道等方面的认知，相对于教师主导型组而言，讨论的深度和花费的时间则有所欠缺。因此，可以说，在这次的2小时有限的教学时间内能够使学生们有效地掌握知识的也只有教师主导型组。

（3）媒介素养课程表现方面

如表6所示，在指导方法和调查时期两个方面都存在显著差异。

在指导方法方面，平均值最高的是小组学习、有奖励、可自主选择素材组，按得分高低排列依次是小组学习、有奖励、可自主选择素材组→小组学习、有奖励组→教师主导型组→小组学习、无奖励组。为探究其缘由，笔者回顾了学生对调查问卷的回答，发现小组学习、有奖励、可自主选择素材组的大部分学生对"媒介素养课很有意思""今后还想学习这样的课程""学习了这门课之后，再看电视广告，我也能自己分析了"等这些问题都做出了肯定的回答；而且，从诸如"比普通的思政课有意思，还想学""自己也想通过看不同的电视广告培养进行广告分析的能力，这种形式的课程今后还想继续学习"之类的开放性问题的回答看来，能够充分感受到学生们快乐学习的状态，以及对这门课程的喜爱程度。另一方面，与教师主导型组不同的是，他们通过自己来选择案例，一边进行小组讨论，一边共同交流、解读媒介传播的信息，这种学习模式对学生们来讲极具新鲜感和成就感。

此外，在调查时期方面，与中期相比，所有的组在后期的得分都有所下降，其中，最为显著的是教师主导型组。尽管教师主导型组在课程的理解程度方面是最高的，但是对媒介素养却并不感兴趣。这些从学生们的开放性问题回答"媒介的构成已经了解""我认为不能被媒介所欺骗"中可一瞥端倪，其中只是确认掌握了学习的相关知识，但未见其对媒介素养课程的感受，即使能够理解授课内容，但由于并不觉得开心，对媒介素养课程的兴趣也就会随着时间逐渐淡化了。

2. 指导方法分析

（1）教师主导型组

可以看到，在此次的实验教学中，教师主导型组的平均值普遍较高。之前已经提及，在两个小时的固定教学时间内，由教师主导的授课学习效率更高，这是其一；另外一点是大部分学生从小学到中学、高中，甚至大学，都早已习惯了教师主导型模式的授课。近年来，在中国的高等教育教学模式改革中，也出现了演讲、辩论、讨论等以学生为主

体的、更加灵活的教学形式。与其他组的新式授课方式给学生带来不适应的困扰不同，这就是教师主导型组的学生获得高分的主要原因。

（2）小组学习、无奖励组

小组学习、无奖励组在所有的分析当中，其得分并不理想。尤其是对后期也就是一个月后的长期效果进行检测时，得分比较中期的成绩都有所下降。

首先，从小组学习的成效来看，为了提高小组学习的效率，事先应该就小组学习的意义及其作用对学生们逐一说明，但在实际操作过程中，要想在两小时的实验授课中将这种模式的作用详细地进行说明，本身就是很困难的。在平时的小组学习授课中，很多时候我们都会省去关于它的主要作用的说明，而直接实行，这其实是想引导学生自觉形成"小组学习模式很有成效"的意识，而不是以就"为什么要进行小组学习的模式"的说明来硬性"填鸭"。

小组学习对于提升课程兴趣，促进学生以兴趣为导师开展媒介素养教育非常有效。而且，Len Masterman 也提出媒介素养本身就是通过小组交流、对话的形式养成的。如何利用小组学习的优势进行媒介素养教学，思考其具体的教学方案等，则是今后在课题研究中继续探讨的问题。

其次，就无奖励小组的研究结果进行梳理。小组学习、无奖励组的平均值和小组学习、有奖励组相比较，两者在后期的得分都有所下降；相对而言，后者在一个月后的考试中成绩多少有些提升。在授课方式方面，由于都采用小组学习的模式，教师的奖励与否则成为各组得分差异的主要影响因素。在此，先就无奖励小组情况进行说明：

经验显示，受到表扬的小组，其结果都是令人满意的，这是有其肯定的存在价值的。相反，若没有得到老师的表扬，则学生自然会产生一种负面情绪，甚至揣测"自己的回答是错误的，自己的回答才不被老师所接受。因此，才没有得到老师的表扬"等。一旦丧失学习的自信和积极性，自然对接下来的授课不感兴趣了。为了从学生的反应方面进行确认，笔者尝试从中期的考试中的回答分析，发现有很多学生对授课中具体内容的回顾，以及今后媒介素养课程的授课抱有大的期许，与此相对，小组学习、无奖励组基于授课内容的具体感受中则未看到，只是充斥着诸如"没什么特别""很难"等满是负能量的回答。因为在此类授课方式中，由于没有得到老师现场的语言性的信息反馈，逐渐地学生也很难对老师提出问题了。

（3）小组学习、有奖励组

小组学习、有奖励组在各项调查中的得分和其他小组相比并不高，但就其自身来看，还是有些学习效果的。例如，在专业名词含义的理解方面，它是唯一一个伴随时间推移，在前期、中期和后期的得分逐级提升的小组，即使在批判视角和个体主导型态度的得分方面，同样也呈现出分数渐长的状态。和小组学习、无奖励组相比较，在学习模式上，由于都采用小组学习的方式，可以推测出有奖励组在这方面比较占优势。德林提到，语言上的反馈，因其能够让人产生积极态度，因而可以增强学习的主动性。但是，在表扬的方式上需要注意以下几点：

一是进行全员奖励，其效果已经得到业界的认可，但在短短 50 分钟的时间内要想对全员奖励的确存在一定的难度。当然，由于事先可以计划好，与授课教师商量，此次的实验授课不是每位同学逐一表扬，而是以小组为单位，对每组表现不错的地方给予表扬。可是，在每个时间段都表扬整个小组，不仅很不自然，而且不免让学生产生老师为一定的目的，刻意给予表扬之感。另外，老师采用这种与平时授课截然不同的方式，也可能让学生产生不信任感。

二是提出就奖励效果方面，今后需要进一步研究的课题。例如，一个得到长期以来教授课程且早已构筑信任关系的老师的奖励，另一个是得到新任老师的奖励，两者之间效果的差异是存在的；同时，对平时经常表扬自己的老师，以及偶尔表扬自己的老师，就像学生对待自己喜欢和讨厌的老师一样，得到他们任何一方的奖励，其效果都是千差万别的。和田中幸代谈到的一样，"对自己感兴趣的课，自己喜欢的老师一奖励自然干劲十足；相反，如果课程本身也不感兴趣，老师又不奖励，自然就不愿意再学习了"。基于这点，在以下的小组学习、有奖励、可自主选择素材组的奖励与能动性关系的有效研究基础上，今后会继续尝试探讨在授课中最有效的奖励方式。

（4）小组学习、有奖励、可自主选择素材组

据预测，该组应该是各组中最有效果的一组，但事实上，无论是在知识项目，还是在态度项目方面，它的效果并不大。尽管之前的问卷中开放性问题的回答，有大部分学生觉得有意思，想要继续学习，但同时也看到诸如"课后几乎没什么资料留下，很快就忘了，还想进一步深入学习"等回答，一眼看过去像是否定的回答，但仔细斟酌发现还表达出一种对授课时间较少的惋惜心情。虽然，媒介素养教育在现阶段还处于起步阶段，但是学生所表现出来的对该门课程的喜爱，以及进一步的要求等，可以说，确实是媒介素养教育研究过程中的小小成果。

此外，该组为了提高学生学习的能动性，特别增加了素材可自选的要求。在媒介素养教育领域，要正确理解媒介所传播的信息，学生们自身的能动性被认为是不可或缺的一项重要技能。具体来说，就是不由老师指定需要分析的广告，而是由每组学生们自己从事先准备好的素材库中选择自己喜欢的。

所谓激发学生能动性的方法，即 ARCS 模型，由教师进行动机引导，是非常有效的。起初，由老师准备几个学生们会感兴趣的素材，学生经过媒介分析训练，逐渐可以自主选择素材。通过这种方式，学生学习的能动性自然可以阶段性地形成。

四、启示

在此次的实验授课中，教师主导型组在专业名词含义的理解方面，以及小组学习、有奖励、可自主选择素材组在对媒介素养课程授课的态度表现方面存在显著差异。在之

前的假设中，都非常看好小组学习、有奖励、可自主选择素材组在知识、态度项目方面的表现，但结果却大相径庭，主要体现在：

将以上两组的平均值相比较，发现在知识、态度项目方面，教师主导型组得分较高，而在对媒介素养课程授课的态度表现方面却截然相反。而且，通过一个月后的调查甚至发现，教师主导型组在对媒介素养课程授课的态度表现方面在所有组群中是下降最显著的一个，根据这个结果，可以看到，教师主导型组对今后媒介素养的学习存在畏惧感；而相反，存在显著差异的小组学习、有奖励、可自主选择素材组，由于其表现出较高的兴趣，从这个意义上说，今后开展长期的媒介素养教育的可能性较大。

基于以上的分析，我们认为，就媒介素养教育今后的研究应该从下面两点进一步改善：

第一，延长调查时间。通过此次的调查研究，发现在短时间内能够让学生有效掌握新知识的是教师主导型组，但需要尝试考察在今后如何开展长时间的调查，哪个组群能够发挥成效？进一步确定对媒介素养课程非常感兴趣的小组学习、有奖励、可自主选择素材组在知识、态度项目方面能否提升学习效率？具体的调查时间应尽可能花费一整年进行充分的信息、数据收集、分析。

第二，必须要再次调整调查问卷的设计。为了进行准确的调查，必须要增加学生与媒介的接触量，以及网络的使用频度，追加关于技能方面的问题，最主要的是在此次高职大学生研究的基础上，扩展课题的研究对象，向省内中、小学学生延伸。

今后，为推进媒介素养教育的本土化、专业化，需要进一步验证媒介素养教育在国内各教育层面实施的可行性，进而探究其最行之有效的教学方法，真正提升中国青少年的媒介素养。

参考文献

[1] 中国互联网络信息中心（CNNIC），2019年8月，第44次《中国互联网络发展状况统计报告》EB/OL，北京：中国互联网络信息中心，网址：http://www.cnnic.net.cn.

[2] 张雪黎、胡凌霞等.新媒体背景下的青少年媒介素养研究[J].青少年研究，2012，92（6）：50—52.

[3] 刘津池.当代媒介素养教育研究[D].东北师范大学，2012.

[4] Masterman,L(1985).Teaching the Media,London:Comedia.

[5] 高崎文子（2002）．乳幼児期の達成動機付け—社会的承認の影響について—ソーシャルモティベーション研究1，1—30.

[6] Delin, C.,& Baumeiser, R. (1994).Praise: More than just social reinforcement.Journal for the Theory of Social Behaviour,24,219–241.

［7］田中幸代（1994）．課題に対する興味・外的賞賛の有無によるやる気の強さ．日本教育心理学会発表論文集．No.36（199408020）．368．

作者简介：南昌师范学院教师。

推动媒介素养进入我国基础教育课程体系的实践探索

张海波　杨晓红　方明　谭颖臻

摘要： 自2006年开始，广州市少年宫儿童媒介素养教育团队历经10年，坚持科研和实践相结合，从少年宫向学校推进，从个别学校的实验课程向由课题引领的区域普及推广，从学校校本课程、市级特色课程到省级地方课程，并进行大范围的教师培训，实现了我国媒介素养教育正式进入国家基础教育课程体系的重大突破，探索出一条符合我国国情和教育体制的实施路径。

关键词： 媒介素养；地方课程

一、科研和实践相结合，探索本土化媒介素养课程实施路径

为了探索适合我国国情和儿童媒介使用环境的媒介素养教育路径，有效推广和实施媒介素养教育课程，早在2006年，广州少年宫儿童媒介素养教育团队（以下简称团队）就率先开展了广州未成年人媒介素养教育活动和课题研究。2008年，在借鉴我国港台地区相关媒介素养教育课程实践的基础上，在少年宫开设了小记者媒介素养教育实验课程，面向学生和家长开展媒介素养教育。

2011年，团队负责人张海波组建了课题组，聘请了一批教育和传媒方面的专家为顾问，立项申报了广东省社会科学院青少年成长教育研究中心重点课题"青少年媒介素养教育研究"，在少年宫前三年的媒介素养实验课程的基础上，面向广州的学校，结合学校课程开展了区域实验。课题组在广州12个区挑选了13所小学作为子课题学校，历时近4年，对学校开展媒介素养教育的课程建设和实施路径做了全面的探索。

课题组为子课题学校配备了实验班教材、课件，为学校开展师资培训、示范课和家长讲座，为子课题学校的研究开展提供支持。子课题学校领导高度重视，组建了由校领导牵头的研究团队，按照课题组的部署，结合学校的少先队活动课、综合社会实践活动、学校小社团、思想品德和信息技术课等，开展了丰富多彩的课题研究和教育实践，探索出了"全面融入、专题实施、家校互动、校内外衔接"的实施路径，取得了丰硕成果。

具体实施方式包括以下几个方面。

（一）学科教育方面

目前世界上不少国家已将媒介素养教育列为中小学阶段的必修课内容。从各国课程实施路径来看，主要分为独立设课和融入式设课两种。在我国目前中小学义务教育阶段，融入式设课应是媒介素养教育推广到学校的较为切实可行的路径。

在广州的儿童媒介素养实践中，采取在少年宫和部分小学的第二课堂开设相对独立的媒介素养课程，在学校日常教学中，采取与学校各学科及各校园活动有机结合，融入式开展相关教学活动的方式。

在目前中小学分学科设课的主流教育模式下，学科结合是基本的融入式路径，将媒介素养教育融入英语、数学、语文、思想品德、信息技术等学科教育中。比如，语文课可增加新闻理念、新闻体裁和新闻事件内容，使学生了解新闻的选题、采访和新闻写作知识，并可亲自采写新闻，张贴于班级报栏、投稿到校广播站或报社，亲历体验媒介的运作程序；外语与数学课，同样可以通过媒介形式及运用，将媒介素养教育结合到学科课程中来，比如数学可通过借助视频或照片等载体，让学生自己制作学习"微课"，将解题的步骤或过程记录下来，并上传至班群及在班级里面进行播放，既可查缺补漏又能强化巩固知识，是传统课堂学习的一种重要补充和拓展资源。

随着信息与通信技术的快速发展和普及，媒介素养教育与学科教学相结合将会越来越普及。

（二）社团活动方面

校园社团活动是学生开阔视野、丰富知识、增长智慧、提高审美能力、激发学习兴趣的重要途径，是培养学生的创新精神和实践能力的一个有效载体，也是校园文化建设的重要组成部分。

将媒介素养教育与校园社团活动相结合，将媒介知识的学习、使用、创作能力的训练和媒介批判精神的培养渗透到社团活动中，通过社团活动充分发挥学生的自主性、实践性原则，使学生在做中学、在玩中学，将知识传授与实践有机结合起来，从而培养学生的媒介素养。

在广州的媒介素养教育实践中，学校顺应新媒介时代潮流，充分发掘学生兴趣爱好，在原有专业社团的基础上，将小记者团、漫画社、文学社、摄影社等以媒介素养理念进行融合与提升。例如，小记者社团的采访实践课，以社团活动为契机，通过培养学生运用媒介收集资料，准备采访工作，学习采访工具的运用，以及采访的礼仪和技巧等，并通过外出实践，让学生再以小记者的身份完成新闻稿的写作、宣传版面的制作等形式，使学生更全面地、正确地认识和使用媒介，懂得如何通过媒介认识世界、理性表达、发展自我。

同时，还充分发挥少年宫的示范辐射作用，校内外衔接，在少年宫开展全市范围的镜头讲故事、小主播大赛等媒介素养展示评比活动，通过区域和校际的活动提升学校的社团活动水平。

（三）少先队活动方面

中国少年先锋队是我国少年儿童的群众组织，在目前我国小学"全童入队"（"全童入队"就是让所有有入队意愿的儿童全部加入少先队）的背景下，少先队组织在学校中是有严密组织体系、明确教育内容、丰富教育形式的重要教育力量。学校都配有专职大队辅导员，专门负责少先队各种教育活动，实施组织教育、自主教育和实践活动。

近年，少先队组织高度重视应对新媒介时代挑战，提升辅导员的互联网思维，实施少先队媒介素养已列入全国少先队工作的重要内容。因此，媒介素养教育与少先队教育结合，是我国学校推动媒介素养教育的重要方式。

在广州的儿童媒介素养实践中，发挥少先队的组织优势，将少先队媒介素养教育列入新时期少先队工作的重要内容，全方位进行推进，效果显著。具体方式包括：将媒介素养教育列入新时期辅导员能力提升的重要内容；将媒介素养教育列入少先队活动课程的重要内容；利用学校红领巾小社团、少先队媒体阵地开展媒介素养教育活动；运用新媒体扩大少先队组织的宣传平台；在少先队工作中，积极探索借助进行社会化动员，搭建网络平台，推动基层少先队建设；在少先队各项专题教育、假期安全教育等活动中实施网络安全教育和媒介素养教育。

（四）专题实践方面

综合实践活动内容不像其他学科课程内容那样界限分明和系统化，而是具有较强的开放性，超越了传统的学科逻辑体系。这给媒介素养教育理念和方法的实施提供了广阔的天地。社会实践活动注重学生的学习过程，关注学生在媒介体验学习过程中的体验与反思，关注学生发现问题、解决问题的实际能力。这与媒介素养教育倡导玩中学、做中学的方式一致。

开展媒介素养教育专题实践活动，让学生参观各个媒介部门，体会媒介的制作、生产、发布等流程，使课堂上学到的媒介知识立体化，激发学生对媒介素养课程的兴趣，开阔视野，深入了解、体验真实的媒介工作环境及运作模式，为下一步媒介技能的学习奠定良好的基础。

广州的媒介素养教育实践活动丰富多彩，包括广播之旅、报刊之旅、影视之旅、网络新科技之旅、卡通达人之旅、广告之旅等。让学生全方位体验现代媒介科技。

在媒介实践活动中，学生以小记者的身份和视角走进社会各行各业，通过学习媒介本领，将在采访实践活动中的所见所闻通过广播、报纸、视频、电子报、微博等媒介手段制作报道出来，同时表达自己独特的见解和观点。

（五）家校互动方面

家庭教育和学校教育、媒介教育等都是大教育系统的重要组成部分。今天，随着新媒介手段的不断丰富，学校教育和家庭教育的结合越来越紧密。有效运用新媒体，通过家校互动，可以大大提升教育效果。与此同时，新媒介的发展正在削弱家长在家庭中传统的信息权威的地位，年轻的家长迫切需要媒介素养教育，重新认识数字时代原住民的成长新特点，采用新的教育理念和方式。

广州的媒介素养教育实践中，高度重视家庭媒介素养教育，特别是结合学校的家委会、家长学校和家校互动，通过开展家庭媒介素养教育讲座、亲子沙龙、家长开放日体验课等多种形式，让新一代父母学习媒介素养教育的知识和技能。比如在海珠中路小学，开展让"我们约定吧"家庭亲子讲座，在老师的辅导下，家长和孩子们签订《媒介健康使用合约》；在明日之星小学利用全校家长开放日，教师在各班级开展家庭媒介素养教育亲子体验课；在开发区一小，利用假期安全教育，开展全校的家长网络安全教育公益讲座。课题组还利用微博、微信公众号、网站等多种形式，结合学校的校讯通、家校通等平台，积极向家长宣传推广媒介素养教育。

为进一步检验课题成果，2013—2016年，课题组推动"媒介课堂"进校园活动，在前期课题13间学校的基础，面向广州全市100多间小学开展了"媒介素养教育示范课"，使得媒介素养教育课程日趋丰富完善，为进一步提炼总结，编制地方课程教材打下了坚实的基础。

二、在课题实践基础上编制教材进入地方课程

在课题实践的同时，从2013年开始，团队陆续着手编写媒介素养教育系列教材和读本。2013年，团队基于前期课题研究和教学实践成果，推出了同时面向学生、家长和教师的《媒介素养》系列教材。以《媒介素养·小学生用书》为中心，配套出版《媒介素养·亲子读本》作为家庭用书、《媒介素养·教师用书》作为教师教案。

随后，团队又陆续出版了用作媒介安全教育和网络安全教育指引的《媒介安全教育读本》和《小学生网络安全教育》，为家庭媒介素养教育提供解决方案的《家庭媒介素养教育》，针对幼儿园亲子学习媒介素养知识的《图说媒介》系列丛书和《儿童网络安全教育盒子》，反映学校媒介素养教育实践汇编的《学校中的媒介素养教育》等。

这一系列媒介素养教育教材、图本、绘本，各有侧重，表现形式也各异，每本书都量身定做了具体的实际操作方案，融合了信息技术、科学、品德与生活、公民常识等课程要素，为现代媒介与信息科技进入课堂、进入家庭实现有效教学提供了操作路径，构建了针对学生、家长、教师"三合一"的媒介素养教育体系。

在丛书的编写过程中，联合国媒介素养专家、来自国内的教育、传播学者和媒体业界专家等组成顾问委员会，一直予以指导并提供宝贵建议。2013年10月，在广州市第二少年宫举行的《媒介素养》丛书发布和研讨会上，教材编写团队邀请一大批国内知名的传播、教育方面的专家对教材进行研讨。

与会专家们认为，《媒介素养·小学生用书》图文并茂，通俗易懂，适合小学生在校学习；《媒介素养·亲子读本》着眼点放在家长，让家长能比较快地掌握媒介的基本知识，有利于对子女进行辅导；《媒介素养·教师用书》有系统性，适合学校有计划、

有步骤地对学生进行比较全面的媒介素养教育。3本书目标读者明晰，定位准确，内容适宜。

团队编写的《媒介素养》系列教材得到了广州团市委和教育行政主管部门的认可和支持。2013年10月，共青团广州市委员会、少先队广州市工作委员会联合发出《关于开展广州市少先队媒介素养教育系列活动的通知》中，推荐在全市的红领巾示范校、小记者站中使用该教材。2014年4月，广州市教育局下发的《广州市教育局关于全面加强全市中小学生媒介素养教育工作的意见》中指出：要"在使用由市少工委前期在试点学校推广的《媒介素养》教材丛书的基础上，结合区、校实际情况推进校本课程开发及推广使用"。2014年11月，市教育局和团市委、市青少年媒介素养教育领导小组召开了"广州市中小学媒介素养教育工作现场会"，进一步推广团队的前期工作成果和经验，并在前期子课题学校的基础上，建立了一批广州市青少年媒介素养教育试点学校。

为了进一步扩大媒介素养课程和教材的推广普及力度。团队在教育实践的同时，一直不断地通过各种途径和方式，引发主流媒体和社会关注，积极对接党政各部门，着力将媒介素养教育纳入相关政府部门的工作议程。

团队从2012年开始，至今已经连续7年发布广州以及全国儿童网络安全及媒介素养状况的调研报告，目前已经累计收集调研数据和访谈资料30多万份。报告刊载收录于联合国教科文组织媒介素养官网、全国未成年人互联网使用情况报告等网站、专业研究报告中，团队也编写出版了《苹果世代："00后"儿童的媒介化生存及其媒介素养教育研究》和《互联网+时代的儿童在线风险及对策》等报告。这些报告被《人民日报》、新华社、中央电视台、《中国青年报》等新闻媒体广泛报道，引起了社会各界和有关党政部门领导的关注，为开展工作创造了良好的舆论氛围和科研支撑。团队还与多位广州人大代表、广东省政协委员和广东省政府参事，策划撰写了关于加强青少年媒介素养教育工作的提案议案和参事报告，有力推动了将媒介素养教育工作纳入当地党政工作的内容。

从2013年开始，在各级领导的支持下，团队推动参与成立了广州市青少年媒介素养教育领导小组、广东省少先队工作学会媒介素养专委会、中国青少年宫协会儿童媒介素养教育研究中心、中国青少年宫协会媒介与教育工委会等机构，由团队主要负责人担任这些组织机构的主要负责人。团队先后承接了广州市网信办等单位成立的广州市青少年网络安全及媒介素养教育研究基地的日常工作，积极参与组织实施广东省委网信办"争做中国好网民"工程中的青少年网络素养教育系列活动。

与此同时，团队不断坚持科研工作，连续完成了中国教育学会和中国少先队工作学会有关网络媒介素养教育的多项重点课题（包括：2013—2015年立项完成了中国少先队工学会"十二五"课题《少先队媒介素养教育活动与课程设计》，2014—2015年立项完成中国教育学会"十二五"重点课题《儿童和媒介——中国城市儿童媒介素养状况研究》，2017—2019年立项完成全国少先队研究重点课题《互联网+时代少年儿童网络素养状况及对策研究》）。

通过上述组织平台和科研活动，团队立足广州，面向广东省少先队组织和全国青少年宫系统普及推广儿童媒介素养教育课程和活动，将系列教材和读本从广州市推广到广东省及全国各地青少年宫（活动中心）、少先队组织、中小学和幼儿园中使用。在此过程中，团队又广泛收集了反馈意见，对教材进行了多次修订，并将《媒介素养》（小学生用书）报送广东省中小学教材审定委员会，进行省级地方课程教材的申报工作。

在我国，为保障和促进课程对不同地区、学校和学生的要求，对课程实行三级管理，分别是国家课程、地方课程和校本课程。其中，国家课程是国家教育行政部门规定的统一课程，它体现国家意志，是专门为未来公民接受基础教育之后要达到的共同素质而开发的课程，是由教育部主管的。地方课程是国家基础教育课程体系的重要组成部分，是根据当地经济和社会发展的具体实际，满足地方或社区对学生发展的具体要求和学生自身发展的需要而设置的课程。校本课程开发是指学校为了达到教育目的或解决学校的教育问题，依据学校自身的性质、特点、条件以及可以利用和开发的资源，由学校教育人员与校外团体或个人合作开展的课程开发活动。

在校外课程、校本课程、市级特色课程的基础上，向省级地方课程推进，是实现媒介素养教育全面进入国家基础教育课程体系的关键一步。

2013年12月，团队编写的《媒介素养》（小学生用书）首次送广东省中小学教材审定委员会初审，但这次未能通过初审。团队随后根据审查意见，多次听取相关使用学校教师、学生和家长的意见，边继续实践边不断修改。

2014年12月，《媒介素养》（小学生用书）经过一年的全面修订完善之后，第二次送初审，此次获得通过成为广东省地方课程实验教材，并于2015—2016年进入广州、茂名电白等地的学校课堂进一步进行试验使用。期间，教材编写团队多次组织基层学校调研和座谈，听取使用学校一线老师、家长和学生的意见和建议，进一步充实和完善了教材内容。

2016年12月，经过两年的教学实验，修订后的《媒介素养》（小学生用书）实验教材报送广东省中小学教材审定委员会审定，此次获得通过后被正式列入广东省地方课程教材目录，成为国内首套进入省级地方课程体系的媒介素养教材。

该教材以帮助儿童全面认识媒介、合理使用媒介，通过媒介理性表达，构建安全健康文明的网络世界为出发点和落脚点，设置成4个单元，分别是走进媒介世界、了解媒介历史、认识媒介功能、学做好网民。

广东省中小学教材审定委员会对该教材的整体意见是：教材全面系统的呈现了媒介知识，生动有趣地介绍了媒体功能，现实理性地倡导了媒介操守，是一套具有先导意义的好教材。主要特点：简练、实用、生动、及时；科学性、思想性、实践性有机统一；具有适度超前的国际视野教育理念。

作为我国经济最发达的省份，同时也我国第一人口大省（2019年广东省GDP突破10万亿元，常住人口11169万人）的广东省，率先将媒介素养教育列入地方课程，这对全国开展媒介素养教育具有重要的示范作用。

三、进校园进家庭，开展地方课程大范围的师资培训

有了教材之后，只有让学校一线教师及时学习和掌握的媒介素养教育的理念和方法，做到有课程、有培训、有示范、有教研，才能真正推动媒介素养教材入课程、进课堂。2017年以来，为了全面推动全国首本进入省级地方课程的《媒介素养》教材的使用，团队和广州市教师远程培训中心开始联合制作面向中小学教师的在线教育课程，面向广州市乃至广东省及全国部分地区的中小学教师进行媒介素养教师师资培训。

该在线课程以地方课程教材为依据，结合国内外最新的媒介素养教育理念、中央网信办和全国少工委"从小争做中国好网民"的指示精神，充分结合地方课程在广东省内中小学的长期教学实践，全面介绍了当代我国少年儿童媒介素养状况和数字化成长规律，以及中小学教师应该掌握的媒介素养教育的理念和方法，每门课包括总体概括、教师分享、课程实录、专家点评和学员反馈等多个环节，对一线教师在中小学深入开展课程，增强学生的媒介素养，提供了详细了示范和指引，可操作性强。上线的媒介素养教育教师网络教育课程包括：教师的互联网思维、走进媒介世界、网络安全、网络健康、网络文明与法治等共5门课30个学时。这批课程已相继在广东省、江西省、河南省、广西壮族自治区、山东省的部分地区的中小学教师信息技术应用能力提升工程、"国培计划"——示范性网络研修与校本研修整合项目以及当地中小学教师全员培训中使用，并纳入中小学教师的继续教育学分。目前该课程培训量近2万多人次，好评率达到了97.4%，受到了各地教师的欢迎。参与学习的教师们纷纷表示，系统的学习完课程后，对如何引导学生理性地看待互联网，防止网络沉迷，全面提升学生的网络素养有很好的指导作用，为下一步全面结合教材将网络媒介素养教育全面推进课堂打下了良好的基础。

配合地方课程推广，团队还与广东省有关教育主管部门和教研单位推动各种形式的公开课、示范课及教师研修工作。2019年3月25日第24个全国中小学生安全教育日，团队承接了广东省教育厅举办的全省中小学校园（幼儿园）网络安全教育示范观摩及网络安全教育"双进"（进校园、进家庭）主题教育活动。省委网信办、省教育厅、广州、深圳及省内各地市教育部门主管安全教育的相关负责人和老师、家长和学生代表出席了活动。在示范课上，团队负责人张海波就目前学生常见的网络安全问题及教育对策做了专题报告。来自子课题学校华阳小学的师生结合教材中"网络安全"的相关内容，进行了示范课展示。广州市教师远程培训中心对活动进行了全省现场直播，当天全省有21万多个班级的老师和学生同时在线收看，收到很好的效果。

为了推动地方课程重点基地学校的教师开展教研活动，2019年，团队和广州教师远程培训中心面向广州市重点学校和幼儿园的骨干教师专门开展了2期广州市中小学教师

继续教育网－知汇空间《小学生网络媒介素养主题教育工作坊》和《幼儿网络安全教育工作坊》，团队的张海波和杨晓红两位老师作为工作坊"坊主"，带领100多间小学和幼儿园的骨干教师，进行了两个学期的专题研修。研修采用线上学习和线下研讨相结合，突出了儿童参与式教学方式的创新运用，并且以研修的基地学校带动本区域学校，为在学校广大一线教师中普及媒介素养教育的理念和方法，起到了很好的科研引领和示范推动作用。目前工作坊还在持续开展中。

在教师培训的同时，团队还利用学校的家长学校、青少年宫等阵地开展面向广大家长的网络素养教育讲座和亲子活动。团队负责人张海波录制的家庭媒介素养讲座被纳入广州市妇联主办的广州市电视家长学校内容，他还负责编写了教育部委托中国教育学会编写的《家庭教育指导手册》（媒介素养篇），团队还与腾讯公司联合制作了《家庭网络素养教育》小课堂，在网上广泛传播。中国青少年宫协会也将《媒介素养》教材作为在全国青少年宫系统推广使用的教材。团队近年来在全国50多家城市的青少年宫（活动中心）进行了课程展示、讲座和亲子活动，受益家长学生10多万人次。

地方课程教材的推广使用得到广东省委网信办等党政部门的大力扶持。2019年3月19日，由中共广东省委网络安全和信息化委员会办公室、广东省教育厅、广东省总工会、共青团广东省委员会、广东省妇女联合会等单位联合印发的《2019年争做中国好网民工程工作方案》中，专门将："开展少年儿童网络素养教育进校园、进家庭活动，推进网络素养教材修订、数字化应用和教师全员轮训及家庭教育工作，把网络素养教育纳入中小学课程体系和教师信息能力提升工程培训体系，切实提升师生和家长的网络素养水平"纳入其中。明确了网络素养教育作为公共教育课程在广东省范围内大力推广普及的实施路径和方法。

根据"争做中国好网民工程"活动的要求以及网络媒介科技的最新发展形势，2019年，团队在媒介素养教育课程的基础上，结合信息技术和思政教育及少先队活动的相关内容，对原《媒介素养》教材进行了全面的修订，以网络素养的培育为核心，并将教材改名为《网络素养》。2019年12月，广东省教育厅经过审查，完成了对该教材的复查，审查意见（粤教材【2019】114号）认为：教材贯彻了国家和省级教育行政部门关于学生网络素养的要求，引入了不少的法律和法规条文，对学生进行了很好的法治教育。提供了许多日常生活中的网络安全、健康和法治的案例，让学生深受启发和教育。教材介绍了媒介发展的历史，重点介绍了网络媒介，详细介绍了网络时代的电脑、智能手机、网络、人工智能，帮助小学高年级学生认识网络新功能，了解网络社交表达、网络娱乐和消费，指导学生进行网络学习，引导学生做好网民，提高学生网络安全、网络健康、网络法治素养。教材以师生对话的形式，阅读起来轻松愉快、通俗易懂。教材图文并茂，极大地激发了学生学习的兴趣。

结合网络素养地方课程教材修订，团队近年来又在原媒介素养教育的基础上，创新地开展了"参与式网络素养教育"。通过开展亲子约定、多多剧场、e成长、儿童互联网大会等活动，培养小讲师、小调研员、小代表、小使者，根据儿童参与能力阶梯，面向幼儿园和中小学层层递进，开展课堂教学和主题教育活动。

四、展望：普及媒介素养教育任重而道远

当前，网络安全和媒介素养教育已经成为上至涉及国家网络安全，下至影响家庭和谐，受到国家和全社会瞩目的热点话题，将网络安全和媒介素养教育全面纳入我国的国家基础教育课程体系已经势在必行。对普及媒介素养教育，我们提出以下三点建议：

（一）从提升国民素质和国家民族竞争力高度看待儿童网络安全和媒介素养教育，从国家战略层面制定和完善相关的制度和政策

建议由网信部门和教育行政单位牵头，成立专职的儿童网络安全和媒介素养教育领导和工作机构，将网络素养教育作为互联网时代未成年人思想道德教育和网络思想引领的重要内容，作为"争做中国好网民"工程和国家信息化教育的基础性内容，教育、团委、妇联、工会等多部门协同配合，推进儿童网络安全和媒介素养教育全面进学校、进家庭。

（二）扶植成立专门的媒介素养教育机构和专业研究团体，建立符合中国国情和适应我国儿童网络使用习惯和未来社会发展需要的媒介素养的课程体系和师资队伍

我国已经成为举世瞩目的全球互联网大国，有着全世界最大的网民群体，这其中18岁以下的儿童网民又是最活跃的群体。因此，党和国家应扶植成立专门的儿童网络安全和媒介素养教育研究机构和专业学会、研究会等组织，在推动教育活动的同时，定期开展我国儿童网络安全和媒介素养状况的实证调研，研究我国儿童数字化成长规律，组织研发符合我国国情和适合我国儿童媒介使用习惯和成长所需的课程教材，建立科学完善的课程体系，将网络安全和媒介素养作为新时代中小学教师的核心素养和必备技能，进行师资培训。

（三）开展大范围的媒介素养教育专项普及教育活动，调动全社会的力量，普及国民的媒介素养教育知识，促进家庭、学校和全社会形成合力，共同构建健康文明的网络社会

配合国家信息化教育发展战略、"争做中国好网民"工程和网络思想引领等重点工作，党政各部门协同配合，引导监管互联网企业和新闻媒体形成合力，发动校内外教育单位，开展加强儿童网络安全和媒介素养教育的专项活动，将媒介素养教育列入国家和各地的中长期教育改革和发展规划。将媒介素养教育列入各级中小学教育和新时代家庭教育的重要内容。在主流新闻媒体加强引导宣传，在全社会形成良好的社会氛围，共同构建清朗网络空间。

我们期待在广东媒介素养地方课程实践探索的基础上，普及提升，及早建立符合我国国情的网络安全和媒介素教育课程体系，并将其全面纳入国家课程课程之中，为建设网络强国贡献更大力量。

参考文献

［1］苹果世代："00后"儿童的媒介化生存及其媒介素养教育研究[M].广州：南方日报出版社，2013.

［2］媒介素养（小学生读本）[M].广州：南方日报出版社，2013.

［3］媒介素养（亲子读本）[M].广州：南方日报出版社，2013.

［4］媒介素养（教师读本）[M].广州：南方日报出版社，2013.

［5］媒介安全教育（小学生读本）[M].广州：南方日报出版社，2013.

［6］媒介素养（小学生读本）[M].广州：南方日报出版社，2016.

［7］家庭媒介素养教育[M].广州：南方日报出版社，2016.

［8］小学生网络安全教育[M].广州：南方日报出版社，2016.

［9］学校中的媒介素养教育[M].广州：广东省教育出版社，2016.

［10］图说媒介故事系列丛书13本[M].广州：广东省教育出版社，2016.

［11］互联网+时代儿童的在线风险及对策[M].广州：南方日报出版社，2016.

［12］儿童网络安全教育盒子[M].广州：广东省音像教材出版社，2019.

作者简介：张海波，广州市少年宫广州青少年网络安全及媒介素养教育研究基地负责人，中国青少年宫协会媒介与教育工委会常务副主任。

音频式自媒体品牌课：微课开发新选择

——以北大武志红的心理学课为例

张雪黎 肖亿甫

摘要：随着智能终端、移动互联网的发展及"互联网+"政策带来的红利，微课作为在线教育的代表性产品获得快速的发展，但同时也面临形式单一、内容僵化等一系列问题，遭遇发展"瓶颈"。音频式自媒体品牌课因其独特的优势崭露头角。本文以北大武志红的心理学这门课为例，分析音频式自媒体品牌课与微课的契合，阐述其对用户的吸引力所在，探究音频式自媒体品牌课微课化开发模式，并在此基础上对音频式自媒体品牌课的内容、呈现形式、推广方式进行反思，以期为音频式自媒体品牌课的建设和开发提供一些参考和借鉴，为微课的开发寻求一条新出路。

关键词：音频式；自媒体品牌课；微课开发

在一定的意义上，自媒体掀起了传播领域的一场革命。近年来，自媒体圈吸金指数爆表，平均每篇10万+访问量的文章头条广告费3万起，百万级访问量的头条广告费在10万以上，千万级访问量的头条广告报价近70万。在金钱的鼓励下，不少体制内的人辞职出来，通过博客、微博、微信、百度官方贴吧、论坛/BBS等网络社区发布信息，每日辛苦写文，号称现在是"内容变现最好的时代"。同时，越来越多专业化自媒体人的加入给该行业带来了巨大的冲击，"草根为王"的时代渐渐远去，靠博眼球的文章已经不能满足日益挑剔的受众，访问量大幅减少的"平民化"自媒体被快速淘汰，对形式的求变以及对真知的渴望逼迫专业型自媒体人不断创新，在这种环境下，自媒体品牌课应运而生。自媒体品牌课的产生和发展给正在遭遇发展瓶颈的微课带来了新的选择。

一、微课的发展困境

微课被普遍定义为通过一段短小的视频呈现一个单一的知识点的课程。我国微课发展大致经历了三个阶段，即"微资源构成"认识与实践阶段、"微教学活动"认识与实践阶段和"微网络课程"认识阶段。[①]微课起源于人们期望对一线优秀教师的课堂教学活动进行视频拍摄记录,从而将其教学经验记录下来,跟其他更多的教师分享交流,同时也希望教学资源片段可以重复使用,所以最初微课的表现形式为"资源切片"。

目前大多数学者仅仅强调微课的"微"而忽略了微课的"课",简单地将微课归于学习资源。[②]事实上,微课在实质上应强调"课",以此为基础再强调"微"的形式。此外,由于微课以短小视频作为其最初表现形式,导致很多学者将微课简单地理解为微视频,误将微视频视为微课内容的唯一形式。事实上,微课应该据不同的教学需要,采用多种媒介形式加以呈现,而非仅局限于视频。因此,应该从"课"的角度来理解微课的内涵,在"课"的基础上强调"微"。"课"是一种学习资源或材料,是需要满足受众需求的教学服务。另一方面,作为课程,微课的内容表现形式不能局限于视频,应该根据不同需要采用其他多种媒体形式,比如"音频+文本"。在缺乏"课"的内容以及缺少多种媒体形式表现的局限下,微课的发展面临着前所未有的挑战。

二、音频式自媒体品牌课与微课的契合

(一)从内容上看自媒体品牌课与微课的契合

自媒体又称"公民媒体"或"个人媒体",是指私人化、平民化、普泛化、自主化的传播者,以现代化、电子化的手段,向不特定的用户传递规范型或非规范型信息的新媒体的总称。[③]自媒体品牌课指拥有相关专业知识的自媒体人为了传播知识或思想为学习者提供的有偿知识服务,学习者可以根据自身需要在最短的时间获得对工作和生活有价值的知识。在生活节奏加快的当代社会,音频式的自媒体品牌课尤其凸显出其优势,与微课相比,在"课"的内容上体现更多便利性、实用性和功利性特征。

近两年来,自媒体由于传播主体的多样化、平民化和普遍化的特点发展迅猛,自媒体事业意味着个性的自由与解放,也意味着收入的改善。[④]在自媒体上传播的内容大致有以下几个方面,详见表1。

---

① 姚满团:《微课发展现状及其推动教育公平的实践价值》,现代教育技术,2014,第8期,第28页。
② 余胜泉、陈敏:《基于学习元平台的微课设计》,开放教育研究,2014,第2期,第100页。
③ 闫楚冀:《自媒体时代下的知识付费》,基础教育论坛,2017,第11期,第3页。
④ 贺树龙:《自媒体"成长记"》,商业文化,2015,第3期,第38页。

表1 自媒体上传播的四大"体"

四大"体"	主要内容
知乎体	由大批资深精英学者输出的高质量内容
鸡汤体	各种泛滥成灾的养生鸡汤、心灵鸡汤、成功学鸡汤，等等
知音体	用煽情的标题来吸引读者的注意力，俗称"标题党"
八卦体	各种娱乐丑闻、相互掐架、暴露隐私的信息

庞大的自媒体生态圈能够得到快速扩张，主要在于其中蕴藏着巨大的利润，"其主要盈利结构有3种：产品（内容）、广告和增值服务。"[①]不同的"体"采用的盈利模式也不尽相同，鸡汤体、知音体、八卦体主要靠广告维持运营，但因为缺乏实质内涵而渐行渐远，知乎体靠产品（内容）的深度和实用性快速流行起来，"品牌化"成为自媒体竞争的唯一出路。"品牌化"旨在让自己的产品和服务区别于同类竞争自媒体。营销学家莱威则指出，"品牌不仅仅是用于区别不同制造商品的标签，它还是一个复杂的符号，代表了不同的意义和特征，最后的结果是变成商品的公众形象、名声或个性。[②]"毫无疑问，在信息爆炸的互联网上，"品牌化"是吸引受众眼球、维持受众依赖性的制胜法宝。

自媒体品牌课是近几年兴起的一种"品牌化"的课程教学模式，目前在知网检索"自媒体品牌课"，得到的结果仅为30篇，其中2015年和2016年各发表4篇，2017年和2018年各发表9篇，2019年4篇。可以看出，该研究课题正受到越来越多的关注，但总量较少，增幅较慢。自媒体品牌课很可能是从"知乎体"演变而来，至少是受到了"知乎体"的启发，其盈利模式主要是通过产品（内容）吸引用户兴趣并购买课程，有少量的增值服务，基本不靠广告。随着自媒体行业的持续洗牌，专业自媒体人把更多传媒的"规范化""品牌化"注入自媒体的内容生产中来。通过专业化运作方式逐渐成为自媒体内容的主流，并且不断塑造自媒体公信力，而鸡汤体、知音体、八卦体的形式逐渐没落。随着用户对知识服务产生强烈需求，消费理念升级，从而带来了自媒体品牌课的春天。在知识内容巨头的带动下，涌现出各式各样知识付费的自媒体账号，比如北大武志红的心理学课、清华宁向东的管理学课，等等。这些课程因为通过各种"平民化"的传播形式极大地满足了广大用户对专业知识的需要而迅速风靡。总之，自媒体品牌课在内容上给微课带来了历史性的变革。

（二）从形式上看"音频式"自媒体品牌课与微课的契合

自媒体品牌课突破了传统微课通过视频的呈现形式，它可以通过多种途径开设，如教学录像型、屏幕录制型、动画讲解型等。与这些形式相比，音频式的课程具有明显的优越性。对自媒体人而言，制作音频课程比制作视频课程所花的时间、精力和金钱投入上要小得多。视频式的课程需要有特定的讲课场地、专业的摄影设备、专门的摄影人员，

---

① 姜星星：《自媒体的现在及未来发展分析》，新媒体研究，2016，第12期，第134页。
② 崔颖生：《探析自媒体品牌化之路——以〈罗辑思维〉为例》，传媒实务，2016，第9期，第238页。

而且还需要后期视频剪辑人员的协助，这些对自媒体人来讲无疑增添了更多的负担。而音频式的课程由于只录声音，仅需一台录音设备和其他简易辅助设备即可，整个课程的制作过程由自媒体人单独就可以完成，制作过程简单，制作成本低廉。同时，通过音频间接与用户见面与而不是视频直接面对用户，会让自媒体人更加灵活地安排所传授的内容，也可以更加自如地表达自己的思想。对用户而言，更加体现出其吸引力。

1. 学习效率高，增加用户认可度

音频式自媒体品牌课主要的受众为上班族、大学生、老师，这些群体平常忙于工作和学习，只有在晚上睡觉前才会有时间去学习其他知识。音频式的课程让用户在睡觉前躺在床上闭上眼睛就可以接受学习，丝毫不影响用户的时间和精力，而且更加利于用户发散思维，打开广阔的想象空间。根据心理学家描绘出的关于记忆的"系列位置曲线"[1]（一个U形的曲线），在记忆曲线中，接近开头和末尾的记忆力更强，睡前的学习更加有效果，这种高效率的学习方式会让学习者更加认可自媒体品牌课音频式的模式。

2. 流量花费少，增强学习灵活度

对同样多的内容，10分钟的标清视频需要耗流量500M左右，而音频式的课程只需要10M左右，相对于视频式课程来说，音频式的课程所耗流量要小得多，仅为视频式课程的1/50。若一个品牌课程一周更新3课，视频式一周花费流量1500M，一个月6000M，在相同的条件下，音频式课程一个月只需120M流量。在没有wifi的环境下，对一个需要学习的人来说，支付费用来学习已经是一种负担，如果再额外花一笔费用去获得知识，无疑有点难以接受。音频式的课程耗流量少的特点可以为用户免去后顾之忧，大大增加学习的便利性和灵活度。

3. 情感投入多，提高心理依赖度

著名的心理学家马斯洛认为：人有7种基本需要，即生理需要、安全需要、归属和爱的需要、尊重的需要、求知和理解的需要、美的需要和自我实现的需要。[2]自媒体的受众中上班族占很大比例，这些人在大城市打拼，每天面对工作和生活的压力，比较缺乏爱和自尊的需要。在音频式课程的学习过程中，听到有人娓娓道来，好像在打开自己的心灵，诉说着自己的故事，这会让他们感到温暖，会让人产生心理学上的"依恋心理"。"依恋"（attachment）是个体与重要他人间通过亲密互动形成的持久、强烈的情感联系或联结。[3]按照该理论，当知道存在一个可在需要时返回其中的"安全基地"时，人们会对该"安全基地"产生强烈的依恋。音频的形式让用户在身心俱疲的情况下，闭上眼睛躺在床上，就能感觉有人陪伴在自己身边，这对自媒体人拥有长期稳定的忠实用户有极大的促进作用。

---

[1] 王蓓莉：《基于生物记忆原理的英语单词记忆模型研究及在移动设备上的应用》，复旦大学，2013，第12—14页。

[2] [美] 亚伯拉罕·马斯洛：《动机与人格》，许金声等译，中国人民大学出版社，2007，第28—29页。

[3] 陈姝娟：《影响青少年网络依恋的心理因素及对策》，河北师范大学学报（教育科学版），2006，第4期，第83页。

三、音频式自媒体品牌课建设可行性分析

音频式自媒体品牌课突破了传统微课局限于"微"和"视频式"的模式,在选题、内容、形式、互动性等方面能突破传统微课的限制,别具一格,有很强的可行性和传播性。以武志红的心理学课为例,武志红本科与研究生均毕业于北大心理系,曾主持《广州日报》的"健康心理"专栏。2017年上半年在微信开设了付费品牌课程《武志红的心理学课》,每节课5分钟—10分钟,采用音频(配文本)的方式传播给受众。该心理学课一周更新6次,主题是"拥有一个自己说了算的人生",主要内容包括以下13个大的模块:命运、自我、关系、动力、思维、身体、情感、觉知、空间、创造、现实、自由、无常。希望达到3大教学目标,详见图1。

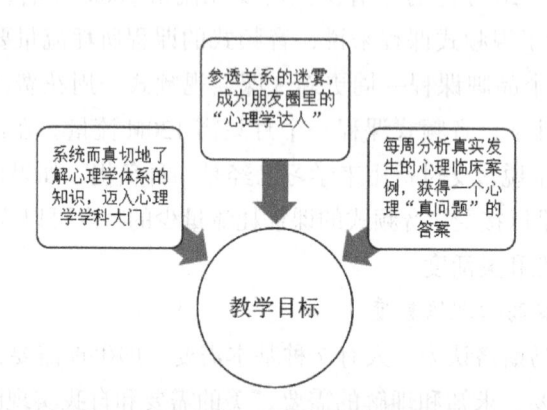

图1 武志红的心理学课3大教学目标

目前已经有超过15万人订阅该课程,订阅价格为199元/年,粗略估计其营业收入超过3000万元。知识意味着财富,关键在于如何将知识转化为财富。高校教授拥有各种专业知识,通过借鉴自媒体品牌课的运营模式,发挥和利用知识,为自己增加收入的同时也给大众带来新的学习途径,从而促进社会发展,为社会创造更多的财富。自媒体品牌课流行的原因除了自媒体人丰富的经验与知名度外,核心在于课程。武志红以心理学为内容,凭借学科知识大众化,服务性质"媒介化"的方式,为受众情感交流、疏通心理困惑开辟了有效的渠道。个性的观点、专业知识大众化、紧跟潮流的选题、生动的语言、多样化的课程形式,使得音频式自媒体品牌课可以更加深入地满足用户需求,因此具有极大的开发和推广价值。

(一)紧跟热点选题,满足用户需求

与传统微课偏理论性和知识性的选题相比,音频式自媒体品牌课的选题可以灵活选

择议题，紧跟热点，并结合专业知识进行解读。如武志红的心理学课中针对"双十一"购物节制作的《女性为什么爱购物》，"二胎"政策新闻热潮下推出的《独生子女的"家庭病"》，等等。针对用户的需求设定课程内容，选题时引入受众的思考，让受众的思想和课程内容产生碰撞。要在自媒体上吸人眼球，稳定而优质的选题及内容才是核心所在。

（二）亲情式语言教学，注重人文关怀

音频式自媒体品牌课突破了传统微课"教科书式"的语言，采用简洁大方的文字，使内容更具音乐节奏感，短句、长句、小段、大段的拆分搭配成文，音频听起来让人如沐春风。[①] 风格轻松，既像思考，又像在与受众进行心理对话。如武志红在《自我》这一课中提到："真自我，是一个人的自我围绕着自己的感觉而构建；假自我，是围绕着别人的感觉而构建。"每个人组织语言的能力不尽相同，呈现的风格迥异。武志红的文章充满岁月的沉淀，文学色彩、人文关怀意味更浓，这样的语言会让用户感受到一种温暖的关怀。

（三）多样化形式呈现，提高传播效果

随着新媒体时代的不断发展，单纯的课程显然不能满足不同用户的需求，以多样化的形式来呈现内容是大势所趋。音频式自媒体品牌课可以发挥其灵活性的优势，每周（月）推出访谈对话或其他形式的节目，与知名媒体人强强联合，采用对话的方式进行内容的传递。武志红每期的话题均以"音频＋文本"这种"轻阅读"的方式呈现。在创造内容的同时，借助各类传播形式，充分调动用户的感官，从而达到传播效果与用户忠实度的双向提高。

（四）针对性方式互动，增强用户黏性

音频式自媒体品牌课可以针对性的与用户进行互动，大致呈现三种方式：第一，直接解答，即直接对用户疑惑的问题答疑。例如武志红的《解梦》系列，每期以一个具有代表性的梦境切入，接着朗读用户来信，最后以回信的方式进行解答；第二，专家访谈。访谈内容主要来自热点话题及后台用户留言关心的问题。该形式更适用于宏大的主题；第三，集中回答。当有同样问题的用户发出类似的提问时，都可以轻松找到答案。此外，还能在知乎上以"知乎圆桌"等形式，直接回复跟帖，更具互动性和及时性。总之，在自媒体的大环境下，信息不应被强推给用户，相反，用户将需要的信息搜索出来，并直接参与到创造信息的过程之中。点赞、评论、回复等互动让用户更具主动性，传播空间得以扩展。

---

① 李卓攀：《心理学类自媒体的内容呈现方式——以武志红、李松蔚自媒体内容为例》，青年记者，2016，第4期，第86页。

四、音频式自媒体品牌课微课化开发模式分析

自媒体建立起来的公共空间,把现实社会中人与人之间的联系转移到虚拟世界中,试图搭建一个虚拟的世界。[①]心理学已经成功走进了为大众服务的内容制作中,心理学类自媒体打破了专业性和公众化之间的壁垒。管理学、文学、哲学、历史学、经济学、逻辑学等学科亦是如此。音频式自媒体品牌课的开发任重道远,需要从实际情况出发,既要考虑用户的需求,又必须要考虑学科内容的可开发性,达到二者的兼容。在开发的过程中,一方面要突破传统微课形式单一、内容僵化的局限,另一方面又要借鉴传统微课成熟的课程开发模式,将音频式自媒体品牌课微课化,取长补短,既能很好地继承微课课程开发的模式,又能结合音频式自媒体品牌课在形式和内容上的创新,实现完美融合。

ADDIE课程开发模型是微课课程开发的常用模式,以ADDIE课程开发模式[②]为蓝本,可以为音频式自媒体品牌课开发模式提供一定的参考。笔者对ADDIE模式进行分析,总结其对音频式自媒体品牌课开发的支撑作用,详见表2。

表2 ADDIE对自媒体品牌课开发的支撑作用

ADDIE	含义	对自媒体品牌课开发的支撑
Analysis-分析	对教学所要达到的行为目标、任务、受众、环境、绩效目标等进行一系列的分析。	从实际情况出发,分析所要讲授的学科内容是否能满足音频式品牌课的开发以及用户需求。
Design-设计	对将要进行的教学活动进行课程设计。	对将要讲授的内容分析整理,搭建知识网络图并结合技术性分析进行设计。
Development-开发	针对已经设计好的课程框架、评估手段等,进行相应的课程内容撰写、页面设计、测试等。	选择特定学习目标设定课程,确定课程的组织性方式,为设计好的构建技术环境。
Implement-实施	对已经开发的课程进行教学实施,同时进行实施支持。	针对潜在用户进行宣传,实施教学并维护。
Evaluation-评估	对已经完成的教学课程及受众学习效果进行评估,完成评估之后,根据学习效果不断地进行更新调整。	对已经完成的教学课程及受众学习效果进行评估,完成评估之后,根据学习效果不断地进行更新调整。

结合ADDIE课程开发模式,为音频式自媒体品牌课设计开发具体模式,详见图3:

---

① 邓若伊:《论自媒体传播与公共领域的变动》,现代传播,2011,第4期,第167页。
② 张明、郭小燕:《"互联网+"时代新型教育教学模式的研究与启示——微课、慕课、翻转课堂》,电脑知识与技术,2015,第12期,第169页。

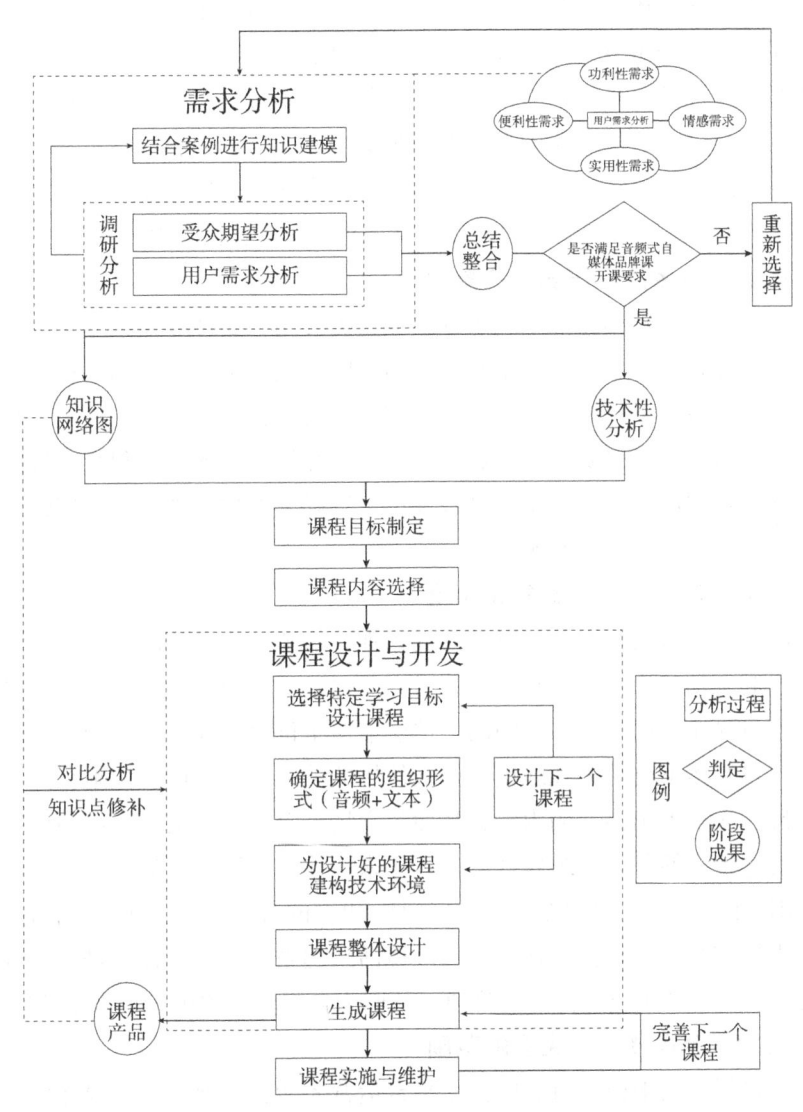

图3 音频式自媒体品牌课开发模型

五、音频式自媒体品牌课微课化开发反思

随着竞争越来越激烈,"终身学习"的观念深入人心,当代人对这些专业知识的需求将会越来越大,音频式自媒体品牌课为受众提供了很好的学习途径,如何将音频式自媒体品牌课更加发扬光大,为微课的发展拓宽更为广阔的道路,笔者有以下几点思考。

(一)深耕品牌内容,增加阅读流量

数据表明,2019年自媒体公众号推文的平均阅读量从12%跌至5%左右,粉丝量缓慢增长，有些公众号还出现负增长。随着自媒体内容愈发丰富，用户的注意力会出现越来越分散的局面。据相关调研发现，近 78.3% 的用户持续关注或置顶的自媒体不超过 5 个。用户对关注的公众号打开的次数越来越少，不过也有很多自媒体的阅读量还在稳定提升。今后，这种两极分化的现象会更加突出，优质的内容会将占领更大的市场，而一些停滞不前的自媒体将面临冷落和淘汰。作为音频式自媒体品牌课，最关键的还是要回归到深耕内容上，足够了解用户的需求和痛点，才能够在大浪淘沙中立于不败之地。

（二）打造个性名片，培养用户黏性

有了优质内容，自媒体品牌课的个性将成为提升用户黏性和活跃度的不二法宝。初始的自媒体红利导致了粉丝井喷式增长，对粉丝的后期维护要求不高。如今，随着对自媒体的整体关注度减弱，需要自媒体人将更多的精力放在培养用户黏性上。自媒体品牌课要开发和扩大市场，不仅要深耕内容，更要把自媒体打造成一个独具个性的名片，一个既有内涵又有趣的产品。在自媒体品牌课中，这样个性化很强，名片属性凸显，又具有趣味性的课程会越来越受到重视。

（三）凸显社群经济，挖掘隐藏价值

社群经济是指互联网时代，一群有共同兴趣、认知、价值观的用户抱成团，发生群蜂效应，在一起互动、交流、协作、感染，对产品品牌本身产生反哺的价值关系。[①] 这是一种建立在自媒体与用户群体之间的"情感信任+价值反哺"，共同作用的自循环的系统。用户与自媒体不再是单纯地使用与被使用的关系，而是产生依附在课程之上的诸如文化、口碑、人格等精神性的内涵，从而建立情感上的亲密信任。增强用户互动，培养用户忠诚度，最后的归属是组建社群。近年来，社群经济的优势渐渐凸显。之前的品牌课程中，用户很少有参与感，也没有形成团体，更多的自媒体单方向把内容输出给用户。自媒体应该更加重视社群运营，让社群的环境活跃起来。此外，社群是发展合伙人甚至是企业的温床，将会产生更加深远的价值，从而为自媒体人和用户带来变革性的转变。

（四）增加平台选择，扩大影响范围

对大多数自媒体人来说，只有坚持多平台运营才能更好地帮助自媒体成长。首先，积累用户。对自媒体人而言，引流是一个很大的问题，所以采用多平台运营，借助不同平台进行相互引流是受众最大化的一个可行办法。其次，分散风险。现在平台政策更新的速度很快，执着于单一的平台风险太大，抗风险能力也会不断降低。最后，不同平台客户群体不同，品位也不尽相同，不同的产品最好放在不同的平台才能实现效应最大化。目前各种网络平台越来越多，要想获得更多的用户，自媒体人只在微信、微博中是不够的。还有其他比较适合音频式课程推广的平台如网易云音乐、喜马拉雅 FM 等也应该考虑在内。随着网络平台进一步多元化，在经历一段时间的成功运营后，对自媒体人来说，多样式的平台运营推广是非常有必要的。

---

① 孙剑：《新媒体环境下跨媒体"粉丝经济"的发展及内在机制研究》，中国市场，2017，第 12 期，第 81 页。

（五）不忘初心，减少商业运营

自媒体品牌课最初的目的是传授知识与思想，在生产内容的同时，一些自媒体人会植入广告。虽然广告在短期内可以为自媒体人带来更高的经济收益，但其负面影响也较大。一方面，广告可能帮助散布虚假信息，欺骗用户，一旦用户感觉自己受了欺骗，会对课程产生厌恶，而且会引起大规模的"掉粉"效应，造成无法挽回的损失；另一方面，广告会给用户一种不纯洁的感觉，用户抱着学习的态度来学习，对内容已经付过费用，如果再植入广告，会让用户觉得花了相同的钱却没有获得和之前一样的知识量，浪费了用户的时间。自媒体人要不忘初心，更多地注重内容、注重互动，不能抱有太强的功利性和商业性去运营自媒体品牌课。

六、结语

随着受众的要求越来越高，传统微课的形式必定要进行改变，音频式自媒体品牌课是一种很好的选择，要将自媒体品牌课运营得好，需要下很大的工夫。自媒体界存在一个很有趣的现象，即所谓的"马太效应"，有影响的自媒体人变得更有影响力，没有影响的自媒体人则变得微不足道，直至消失。用户对内容质量的要求会愈加苛刻，对形式的需求也更加多样。自媒体人要审时度势，生产更高质量的内容，打造个性名片，在与用户的互动的过程中，注重社群经济，不忘初心，最终才能实现更多的内容变现。

作者简介：张雪黎，女，江西省团校校长，教授，硕士生导师；肖亿甫，男，江西农业大学硕士在读。

隔绝保护，还是引导赋能：
一位高中生游戏主播对中国当代媒介素养教育的启示

齐燕　张洁

摘要：自媒介技术的发展催生媒介素养概念及主要以青少年为对象的媒介素养教育实践以来，西方主要发达国家的媒介素养教育理念已经经历了从保护主义范式到赋权赋能范式的演进。中国作为20世纪末才引入媒介素养概念，21世纪初才开始进行媒介素养教育实践的国家，尽管媒介技术发展迅猛，媒介环境日新月异，但社会舆论导向及学校教育实践仍停留在保护主义阶段。这种并不符合当代媒介环境特点及发展趋势的价值取向会造成什么问题？中国当代的媒介素养教育应该进行哪些改进？本文通过对北京市东城区某重点中学一位自学成才的高中生游戏主播进行深入的个案研究，希望能为中国当代媒介素养教育发展提供启示。

关键词：高中生游戏主播；数字环境；媒介素养教育；引导赋能

一、研究缘起

根据中国互联网络信息中心的调查，截至2019年6月，我国网民规模达8.54亿，互联网普及率达61.2%。其中使用手机上网的网民比例达99.1%，网民的人均每周上网时长为27.9小时。[①] 然而，早在2018年7月31日，中国未成年人网民数量就已达1.69亿，未成年人的互联网普及率达到93.7%，明显高于同期全国人口的互联网普及率。此外，76.4%的未成年人日均上网时间在2小时以内，但同时，日均上网超过3小时的未成年网民占比达到13.2%。[②] 另根据Wavemaker2019年发布的《数字时代的中国孩童白皮书》，

[①] 引自中国互联网络信息中心.第44次中国互联网络发展状况统计报告[R].北京：中国互联网络信息中心，2019年8月.

[②] 引自共青团中央维护青少年权益部、中国互联网络信息中心.2018年全国未成年人互联网使用情况研究报告[R].中国青年网，2019年3月26日.http://news.youth.cn/gn/201903/t20190326_11908130.htm

中国孩子开始使用电脑的平均年龄为 7.8 岁,开始使用智能手机的平均年龄为 7.3 岁,大部分孩子在 9 岁以前都已接触各种智能设备、电子游戏和社交媒体。[①]

其实,即使不列举这些统计数据,相信大家也能明显感受到当今儿童、青少年成长环境、生活方式的快速改变。然而作为媒介素养教育研究者,我们发现与智能媒体的迅速崛起、快速渗透相反,中、小学校及家长对学生使用手机、电脑通常持反对或严格限制的态度。以我们接触到的北京中小学为例,几乎所有学校都明令禁止学生在学校使用手机,不少老师因为要对学生严防死守、苦不堪言。很多父母最常请教我们的问题也是如何能使孩子远离手机。每当看到学校、教师及家长为了防止学生上网、使用手机煞费苦心、殚精竭虑,我们就颇感无奈。为了缓解学校及家长的焦虑,同时也为了帮助广大青少年真正享有技术进步的福祉,自 2008 年以来,笔者所在的研究团队一直致力于与中小学合作开展媒介素养教育,希望能够通过积极的引导示范,帮助青少年健康理性地使用各种新媒体、新技术。正是在这个背景下,2018 年我们与北京市东城区某重点中学签订了合作协议,共同开展针对高中生的媒介素养实验教学。

与小学阶段学生的课业压力较轻,因此学校常常能给予我们独立课时开展专门的媒介素养教育不同,初高中学生的学习任务繁重,课业压力较大,因此,针对初高中学生,我们大都采用将媒介素养内容与语、数、外等国家课程相融合的做法,开展媒介素养融合式教学。结合近年来非常流行的跨学科项目式课程理念,2019 年上半年我们与该校教师合作设计了题为《用微课视频教 TA "化学电源"》的项目式课程,旨在以高中生喜爱的视频制作为切入口,让学生在拍摄、制作、交流展示微课视频的过程中,同时掌握物理、化学、语文等国家课程的学习目标。

果然不出所料,参与此项目学习的学生都对视频制作兴趣盎然,很快就到了成果展映环节。在展映过程中,我们发现有一组学生的视频作品,无论是镜头的拍摄手法,解说词的用语措辞,还是影片的剪辑技巧,都比其他小组的水平高出一截。这是怎么回事呢?课后,该小组负责视频制作的学生主动向笔者透露,原来他是一名成绩不俗的游戏视频主播,在各大视频平台的粉丝接近 20 万,每个月都有不菲的收入。但他在与我们交流时,反复叮嘱我们要替他保密,原来他的同学、老师、学校对他的主播经历都不甚了解。这种巨大的反差立刻引起了我们的兴趣,通过深入研究,我们发现这位主播的经历以及他的所思所想,特别是他对现有学校教育内容、方式与他个人发展需求之间巨大矛盾的诘问,不仅值得每位媒介素养教育研究者深思,更应引起所有教育工作者注意。

[①] Wavemaker 是继传立媒体和竞立媒体之后,群邑旗下第三家年营收达十亿美元的媒介代理公司。该公司由尚扬媒介(MEC)和迈势媒体(Maxus)合并而成,集媒介传播、内容营销和科技革新于一身。

二、研究过程及研究方法

具体说来，在发现这位学生李小名（化名）的主播身份后，自2019年9月至2020年2月，我们用了半年左右的时间，通过深度访谈、内容分析，对其成为主播的经历、其自媒体账号的经营状况、发展趋势等进行了详尽的个案研究。

其中，深度访谈分别以线上、线下两种形式进行。线下访问在2019年10月27日至11月12日期间进行，共进行了两次。以第一次为主，共进行了150分钟；第二次是就第一次线下访谈及后续线上访谈中发现的问题进行的补充访问，访谈时间大约30分钟。线上访谈大多是笔者在整理线下访谈录音时发现遗漏或遇到疑问，就随时在线上给李小名留言，而李小名在其方便时进行集中回复。通过访谈，我们主要了解了他成为主播的原因、过程，他学习视频制作、自媒体账号经营等专业知识的途径、方法，他对自己学校生活及主播经历的态度、认识，以及他对自己未来发展的规划、预期等。

为了使访谈能够深入、有效进行，并验证李小名的观点、说法，我们在开展访谈前、访谈中及访谈后，持续对李小名在今日头条、好看视频、爱奇艺、QQ看点、趣头条、哔哩哔哩等平台上运营的自媒体账号，进行了追踪及内容分析。截至2020年2月12日，李小名在各平台的粉丝数量总计近25万，其中今日头条、好看视频、QQ看点3个平台的粉丝数最多，分别为10万、7.2万、5万。与粉丝数相应，他在这3个平台发布的视频作品数量也最多，分别是今日头条875条、好看视频646条、QQ看点575条。他在这3个平台最早一条视频的发布时间分别是今日头条2017年11月5日、好看视频2018年12月1日、QQ看点2019年2月16日。就视频内容来说，从2018年12月1日开始，截至2020年2月12日，李小名发布的视频作品主题高度一致，都是与游戏相关的，具体内容包括游戏玩法讲解、游戏技能演示等。视频时长一般是2分钟—8分钟，通常是每天更新一条，周六、周日则会多更新几条。通过对他不同时期视频作品的比较分析，能够看出他的视频制作水平随时间推移有显著提升，每条视频的点击量、点赞率也随时间进展有不断增加的趋势。截至2020年2月12日，李小名在今日头条、好看视频、哔哩哔哩这3个平台上的单条视频最高点击量分别高达72万次、9.5万次、4万次，在今日头条、QQ看点、爱奇艺以及哔哩哔哩4个平台上的点赞总量分别为17万、27万、11万、4.7万。李小名在各平台拥有粉丝量、发表视频量、单条视频最高点击量及点赞总量详情如表1所示。

表1 李小名各平台粉丝数、发布视频条数等统计表

平台	粉丝（万）			发布视频数量（条）			单条视频最高点击量	点赞总量
	2019年6月	2019年11月	2020年2月	2019年6月	2019年11月	2020年2月		
今日头条	--	7.2万	10万	--	756	875	72万次	17万
好看视频	2.1万	5.6万	7.2万	241	538	646	9.5万次	--
QQ看点	--	4万	5万	--	440	575	--	27万
爱奇艺	--	--	2.2万	--	--	546	--	11万
哔哩哔哩	--	--	1万	--	--	307	4万次	4.7万
趣头条	--	--	0.55万	--	--	545	--	--

总的来说，本研究是对典型个案的质的研究。[①] 与我们经常看到的针对某地区或某年龄段青少年媒介使用现状或媒介素养水平的大规模问卷调查不同，本研究的研究结论并不具有普遍性，但我们希望通过对这个"隐身"于重点中学的学生主播的个案研究，给大家一个深入了解数字原住民心声的机会。相信李小名的所作所为、所思所想，能启发我们更好地认识当代青少年及新媒介环境的特点，使我们不再闭目塞听，自以为是地给予当代青少年我们以为有用的教育。

三、研究发现

（一）默默无闻高中生与生龙活虎网络主播的双重生活

通过交流，我们逐渐认识了这位在学校默默无闻，在网上却生龙活虎，过着截然不同双重生活的李小名。

2019年，这位17岁的男孩，家住北京市朝阳区，父亲是北京人，母亲是四川人，家中还有一个在上小学的弟弟。李小名的初中是在山东上的，自高中起，李小名来到北京，成为北京市东城区某重点中学的一名学生。周一到周五，他过着典型的高中校园生活。每天早上5点15分起床，从家到学校单程需要1小时左右，到学校吃早饭，7点半正式上课，下午5点左右放学，回到家差不多晚上6、7点。说起每天在学校度过的10多个小时，李小名觉得："完全是浪费时间，毕竟我已经打算好好搞事业了，但是每天还要去学校，起得太早回来得太晚，还有很多作业。"当我们问及他班上有多少同学，他摸了摸头说："不太清楚，40来个差不多吧。"等他打开班级微信群看了一眼，连忙不好意思地更正说："班上共28个同学。"问及他的学习成绩怎么样时，他说："不怎么样，差不多是倒数。"但他马上补充说："我小学成绩还行，初中是在山东上的，初中被压迫太

---

① 陈向明：《质的研究方法与社会科学研究》，教育科学出版社，2000，第107页。

厉害了,中考那一年,成天做题,手机不让碰,电脑不让碰,游戏也不让玩。"总之,说起学校生活,从小名的话语及神态可以看出,他完全不感兴趣,对班级同学、老师很陌生,没有归属感。

然而,当我们把话题转移到他的"主播事业"时,他立刻精神抖擞,神采飞扬。即便兼顾学业及主播工作意味着,"晚上11点之前睡觉是不可能的,除了节假日能多睡会,一天一般也就5、6个小时的睡眠"他也毫无怨言。当我们问及他做主播取得的成绩以及他目前的收入水平时,他脸上浮现出满满的自信说:"我的野心很大,光是这么点的粉丝不足以满足我。我目前的目标是单个平台突破10万粉丝,下一个目标是单个平台突破100万粉丝。我相信我可以的,只是需要时间的沉淀,我会坚持不懈地努力、勇往直前。……我现在一个月的收入差不多够一个家庭的支出了,包括额外支出(因涉及个人隐私,所以不透露具体数目了)。"

当我们问及班主任是否了解李小名的主播经历时,班主任只是淡淡地说:"知道他游戏玩得比较好,然后录一些玩游戏的视频传到网上。"具体细节,老师就不清楚了,但是老师补充道:"他入学时的中考成绩不太理想,比其他学生低了一百多分。"至于小名的同学,"在学校的同学都不知道我还有一个身份——'主播',也就只有几个老师知道,其他人我都没说过,因为没必要说出来,一方面是个人隐私问题,另一方面是我不想声张。"

从小名的回答我们可以看出,他将自己的校园生活与主播事业划分得泾渭分明。为什么当代媒介技术的发展已经为青少年提供了前所未有的机会,然而,学校教育对环境的改变及青少年的兴趣完全视而不见呢?

(二)父亲帮助开启主播之路,但后续支持乏力

当我们问及李小名是如何开启自己的主播之路时,他似乎并没有想过这个问题。几经追问,他只是想到父亲的支持是非常重要的起点。他说他父亲就是从事视频剪辑工作的,他目睹过父亲剪辑视频并上传网络。当他偶然问父亲意见,自己能否做游戏主播时,父亲不仅没有反对,而且给了他一些建议,"比如这块怎么怎么做,怎么怎么写,然后就是说话怎么说,等等。"因此,可以说没有父亲的支持和指导,他是不可能走上主播这条路的。

也许我们的询问激发了小名的思考,在第一次面对面访问之后,隔了几天,小名突然发了一条很长的微信给我们,全文如下:

有一天晚上我睡不着,我在想将来的打算,那个时候我想考警校当警察来着,我的家庭条件一般吧,不是那么的优越。我和我弟就够我爸妈忙活的了,父母真的很不容易。然后我就在想怎么才能赚到更多的钱,突然间想到做视频了,因为我的游戏技术很好。然后就一直在脑海中想怎么怎么做,就这么睡着了,第二天起来继续做打算。我稍微规划了一下之后,就找了个机会跟我爸妈说了,一起商量一下,当时我爸妈就是说"只要不耽误你学习就行"。我觉得其实他们也没太重视我做视频这方面,认为我可能也就几十个粉丝吧，谁能想到我可以的！！记得刚做视频的时候，真的太难了，什么都不会，也就会一点点编辑技巧了。这还是我爸教我的，但这点知识在我当时做视频刚起步的时候，真的很给力了。

看着这条短信，我们不禁感慨万千。也许很多看上去没心没肺的少年，私底下都认真思考过自己的人生。他们体谅父母，希望能尽早找到适合自己的路。只是父母、老师很少认真倾听他们的话语，也很少真的走进他们的世界。因此，父母、老师仍然自然地认为，每天只要把孩子送进好学校就是对他们最好的安排。

（三）强劲的自学能力，极大的学习热情说明什么

随着访谈的深入，我们越来越确认，李小名在主播事业上取得的成绩，都是他自学成才的结果。很难想象，他在视频制作、自媒体经营方面投入了多少时间、心血及热情。

"那个时候我上高一，一边忙于学业，一边做视频。当时是刚开始做，所以不懂的太多太多了，包括游戏操作、视频剪辑的技巧都不熟练，做一个视频需要很长很长的时间，而且做出来的质量还很低。"

"很多粉丝只看到我游戏技术好、身法也好，以及我很了解的游戏里面的武器和装备的性能。但他们不知道我也是练的，一个人一个游戏房间，设置好密码，然后自己一个人默默练习，短的要几十分钟，长的可能要练一两个小时。还要学很多其他东西，比如了解武器装备的各个方面，有时候还要写解说稿件等。没有人会告诉你应该怎么做，只能靠自己慢慢摸索。摸爬滚打到现在，也算是搞懂了不少，做视频比以前快了很多。但是现在粉丝多了，做视频的数量也就变多了，一般熬夜的次数是每周3—4次。"

"除了苦练游戏技术，关于经营策略，比如什么时间段流量多、粉丝喜欢什么、标题怎么起……都需要花时间琢磨。"

"怎么琢磨？就努力观察别人的视频喽。包括看每个视频的播放量，看哪个多，然后对比，有收获就赶紧改自己的做法。"

当小名滔滔不绝的讲述着自己的奋斗历程时，我们相信他的老师一定从未见过这样一位有着极强自学能力，也能自觉为实现自己的目标付出巨大努力的少年。相反，在老师眼中，小名是那个上课无精打采，经常不完成作业，考试成绩一塌糊涂的差生。为什么学校教育完全不能激发小名本身就具有的学习潜力呢？这究竟是小名的错？还是学校的问题？

（四）未来，能够更美好吗

作为中国传媒大学的师生，笔者自然比较了解无论视频制作，还是自媒体经营都涉及很多专业知识，如果小名能够系统地学习这些知识，那么，无疑他会发展得更好。因此我们很好奇小名为什么完全靠自己摸索，而不通过去专业机构学习，帮助自己更好的发展。当小名听到我们的疑问时，他也十分好奇地反问我们："可以去哪学呢？我有想过，应该去专门机构学习，比如专门学学摄像，但我没有尝试过，也不知道从哪开始……"

说到这时,小名显得很无助,无处可问也无人可帮的情况让他表现出迷茫和不知所措。

当我们问到父母能否给他帮忙时,他表示父母帮不上什么忙,还是要靠自己想办法。当我们又问那学校或老师能给他提供便利吗?他发自肺腑地说:"我真心觉得教育需要改革一下,可不可以为我们这些个例的学生设计一下呢?重新规划一下,多听听我们的心声,很多学生其实建议很多的,但都被驳回了,没有地方可以去提一些建设性的建议。"

当我们问他如何看待目前的学校学习与他未来发展的关系时,他坚定地说:"做游戏主播和在学校的学习没有关系,我不喜欢在学校的学习,原因也不知道怎么说。没有想过去学校或者找老师帮忙,他们帮不上忙,也没法帮。"

四、研究结论及讨论

随着我们对李小名的研究越来越深入,我们也越来越感佩他完全凭借自己的努力和智慧,在自己感兴趣的事业上不断取得进步和突破,但同时李小名也用他真实的困境,不断提醒着我们,学校教育及家庭教育真得到了应当尽快做出改变的时候。因为,密切联系学生生活,是任何教育取得实效的前提。如果学生的生活世界被忽视了,那么学生就会被转化成一种工具,一种无奈、机械地学习着不属于自己的那些东西的工具。[①] 其后果正如李小名每天忍受的那样。

作为媒介素养教育研究者,我们呼吁所有的父母及中小学教师,请尊重媒介技术飞速发展,当代儿童、青少年的成长环境、生活方式迅速改变的事实。让我们与孩子们一起,积极学习了解这些新事物,并以当代儿童、青少年们感兴趣的方式,及时改变教学内容及教学方式,使学校学习与当代儿童、青少年的日常生活更紧密地联系起来,而不是试图人为地割裂、阻断。让学校教育为当代儿童、青少年的发展提供及时的指导和支持,使媒介和学校都成为他们成长的助力,而不是阻碍。

参考文献

[1] 中国互联网络信息中心.第44次中国互联网络发展状况统计报告[R].北京:中国互联网络信息中心,2019年8月.

[2] 共青团中央维护青少年权益部、中国互联网络信息中心.2018年全国未成年人

---

① 王慧霞:《让课程回归学生生活》,当代教育论坛,2009,第3期,第15页。

互联网使用情况研究报告[R].中国青年网,2019年3月26日.http://news.youth.cn/gn/201903/t20190326_11908130.htm

[3]陈向明.质的研究方法与社会科学研究[M].北京:教育科学出版社,2000:107.

[4]王慧霞.让课程回归学生生活[J].当代教育论坛,2009(3):15.

作者简介:齐燕,中国传媒大学传播研究院传媒教育研究中心传播学专业媒介素养方向2018级硕士研究生;张洁,中国传媒大学传播研究院传媒教育研究中心教师。

视觉艺术通识课程中的媒介素养教育探索

王志强

摘要： 视觉艺术通识课程是视觉素养和媒介素养教育最有效的实现方式，课程内容的构建涉及人文素养、自然科学与技术素养、美学素养以及实践创作素养等多方面。面对网络、媒介给社会、生活带来的多方面冲击，相对传统艺术教育，视觉艺术通识教育面对共时性空间泛化、历时性时间僭越这一文化现象。明确网络、媒介在视觉艺术通识课程中的功能与地位；引入"泛在学习"模式，理论与实践并重，扩展大学生知识结构；现实与虚拟结合，为大学生知识的获取、能力的提升提供更广阔的平台，提升媒介素养与艺术表现能力。

关键词： 视觉艺术；通识课程；历时与共时；媒介素养

认知一种文化最有效的表达方式是观察它的交流工具，解读一种文化最重要的能力是媒介素养。分析读图时代和媒介文化环境下的"观看"行为特点，剖析艺术作品中视觉素养、媒介素养、信息素养的概念内涵及其三者的关系，视觉艺术通识教育起着重要作用。所以"艺术教育的目的不是仅仅教授艺术的技巧和形式，而是去拓展艺术背后的意义，以及显示艺术在人类生存中的重要作用。"在信息技术的推动和网络媒介的支撑下，共时性空间退化，历时性时间僭越迫使我们构建包容性、批判性的视觉艺术通识课程，以"泛在学习"教学模式提升媒介素养。

一、从共时与历时的角度反思媒介素养教育

从西方古希腊的青铜雕塑到古罗马的红绘、黑绘陶瓶器物再到中世纪的各类工艺装饰品制作，直至现代多元消费观主导下的文化生活用品，时间的历时性延伸为我们构建着视觉秩序的自在性阅读方式。然而，在网络环境下，远距离传播主导的现代文化语境使实在的空间不再是获取信息的首要因素，网络学习、天空教室、爱课程等带有泛空间概念的学习方式使教育观念、教育方法、学习方式以及师生角色发生变化，呈现出多样、丰富、共享、交互、超越时空的诸多特色。无论你人在何方，都可以享受网络学习，也

不管你身居何处都可以和亲友视频聊天，学习和生活中诸如邻居、同事等空间概念逐渐模糊、褪去，网友的点赞以及粉丝的关注成为人们生活中面对社会交流的重要途径，位置、距离、空间等共时性特征对人的束缚，障碍与影响越来越小。面对全球网络、媒介技术的强势介入，视觉艺术教育空间要求退化或不确定的同时，视觉艺术通识课程中教学内容的构建、语意解读的递进、评价标准的持续等相关历时性时间诉求跃上前台。"作为时间性存在的体验便与现实存在的或延存的东西之间获得了某种关联——而这正是视觉之与时间问题的基本点。"模糊的艺术界限、跨文化视野解读以及应对日常生活中的视觉文本与视觉语言等文化现象的诘问，成为视觉艺术通识课程亟待解决的问题：既在视觉艺术通识课程中如何有选择地应用传统与现代艺术资源，以何种态度、何种思辨、解读的方式提升媒介素养。

视觉艺术通识课程内容的构建涉及人文素养、自然科学与技术素养、美学素养以及实践创作素养等多方面，是视觉素养和媒介素养教育最有效的实现方式和执行途径。当下，面对网络技术的支持，共时性的空间退化，历时性的时间僭越，我们必须反复诘问视觉艺术通识课程中，提升媒介素养的时间考量和空间诉求。诸如：我们的学生该以哪些文化学习为主？我们的课程教学内容该怎样对待自己和别人的文化？通识艺术课程的宗旨、目标、内容和评量办法该如何决定？如何统整东西方对立的文化和观念，使得学生在兼顾自身文化的同时又能对多元文化有所认识、认同和接受？诸如在同一种时间视角，视觉文本与阅读语言有着怎样的内在共享与共通及被诠释的可能性，在机器复制控制的世界，在图像泛滥的时代，我们的视觉呈现为怎样的当下？我们的通识艺术课程真的能提升视觉和媒介素养吗？

毋庸置疑，受众视觉获取的信息并不等同于视觉所见的"本身"，甚至与其"本身"相反，信息获取的质量取决于视觉对象与受众内在的意识状态，它既不见解于视觉生理学也不诠释于视觉生理学，视觉的解读与受众的媒介素养紧密关联，甚至受众主体因素更为重要。"媒体素养（Media Literacy）是指在各类处境中取用（access）、理解（understand）及创造（create）媒体信息的能力。"面对共时性空间泛化，历时性时间僭越这一文化现象，我们必须在基于技术的支撑，突破我们认识知识、掌握技能局限的同时，采取合理的评判方式、评价标准，以包容与评判的审美态度及造物至善伦理观构架视觉艺术通识教育的核心内容，植入"泛在学习"教育模式，在课程实践中培养学生艺术表现、创作能力和艺术伦理自律意识，提升媒介素养的践行能力。

二、内化日常生活构建通识教育核心内容

视觉艺术到视觉文化的演绎可以说是视觉媒介和材料的不断推进、变化、生发进而在日常生活中延展出的一部文化转向史。从古希腊古罗马的青铜到文艺复兴的雕塑，从

印象主义的创作到现代视觉艺术的综合材料表现，呈现出多种艺术承载媒介，具有典型的历时性和动态性。当下，计算机数字拟像的虚拟时代的来临，开启了集三维动画、游戏、互联网络、空间数据、多媒体交互等日常生活中视觉媒介的视觉革命。视觉艺术通识课程离不开对日常生活中视觉事件的解读，对视觉文化事件的解读借力于视觉文本或视觉语言，以合理的视觉语言或视觉文本从视觉事件的材料和媒介分析开始。

进入20世纪之后，西方思潮中存在着回归日常生活的潮流；现当代以来，艺术逐渐走入大众的日常生活中，倡导"审美日常化"，都在有意识地消解着艺术与日常生活中的界限。"'日常生活'是自发性、自在（in-itself）的生活样式，包括日常消费、日常交往、日常意识等领域，与之相对的'非日常生活'则是自为（for-itself）的、自觉地生活样式，包括物质、精神领域以及理论、科学宗教、艺术等实践形式。"现代主义以来，艺术与生活的界限被打破，一方面在于日常生活中的"现成品"取代了艺术品或成为艺术品；另一方面，艺术可以呈现在日常生活中的任何地方。艺术家应用日常生活中的对象、空间、行为等元素，进行艺术创作形式的变革，展示空间、场所的转向，艺术创作和艺术参与、互动的尝试，甚至应用现代媒介的声光电效应，跨界、融合变换着艺术创作的过程和结果。

现当代艺术是视觉文化的重要组成部分，视觉艺术课程的教学与研究乃至艺术表现离不开日常生活中视觉事件等相关材料的构建，视觉艺术通识课程涉及视觉传播的内容、元素及手段，涵盖精神与物质两个方面，无论是实体的诸如建筑、雕塑、影视等还是虚拟的如视觉现象、事件，共同构建个体的视觉感知，诸如动漫艺术赏析、设计与生活、视觉文化与媒介素养等，不断丰富学生的视觉经验、视觉感受，共同构成学生的日常生活空间。视觉文化理论研究的发起人，美国学者尼古拉斯米尔佐夫认为："视觉文化是一种策略，每日的生活就是视觉文化。"我国台湾地区视觉文化研究学者郭祯祥先生指出："每天的日常生活中能建构并传达吾人态度、信念以及价值观念之视觉经验。"中国大陆美术教育学者张舒予教授提出："人类创造的文化形式丰富绚烂，在我们的生活里，新的视觉层出不穷……大众传媒渗透于日常生活中。""以日常生活为核心的视觉艺术教育"兴起于20世纪30年代，它将艺术看成一种生活方式，一种提高普通人生活的工具。"日常生活中的艺术"是这次思潮的口号，是"审美日常化"的具体表述形式，它的目的在于利用艺术解决那些影响现实生活的实际的、审美的问题。

"20世纪90年代初，澳大利亚格里菲斯大学的卢克和彼得推出4个资源模型的素养教育。该模型假设，成为一个有文化的公民需要：编码能力（解码文本的能力，即拼音）、语义能力（尽意的能力，即理解）、语用能力（日常读写功能，即写支票、看报纸、填写工作申请等）、关键能力（批判性地选择和分析文本的能力，如避免诈骗，确定可靠的信息来源等）。"在大数据时代背景下的视觉文化时代，优质的通识艺术教育将越来越多地结合媒体技术与艺术的知识和技能，运用视觉素养和媒体素养相交错的方式，进行对模型中图形图像的编码能力、语义能力、语用能力和关键能力的培育与拓展。大众的视觉经验在日常视觉文化艺术之中构建个体的价值观，在文化交流中表现出身份的认同，欲望的宣泄、实现记忆和想象。

三、突破视觉文本与视觉语言的局限

视觉文化的表征方式即视觉的存在方式，视觉媒介决定着视觉表征方式。彩陶有彩陶的技术工艺，有其相应的媒介表征，青铜有青铜的成器方式，也有其独特的媒介呈现，油画有其不同的创作手法，也有其相应的媒介语言。视觉文化时代的材料与媒介不断被突破、被颠覆，大众对媒介和材料的认知已然超越了传统的媒介表现范畴，视觉媒介的变化与材料的应用往往成为艺术创作风格的风向标。如果说表现方式是视觉课程的一种"语言"诉求，那么，在视觉文化与媒介素养课程教学中，对这类"语言"的解读是一个不可回避的问题。然而，在当今视觉艺术课程教学中，对基础技术、材料、空间、形态等视觉语言的解读成为视觉文化课程的惯用套路，对视觉文本的构建与探究却处在相对缺失和尴尬的地位。众所周知，对艺术技法与工艺技术的文化过度解读即工具与技术理论的批评是当下社会理论评判的核心，直接导致受众思维意识的物化。

任何艺术形式都有其独特的存在方式——艺术语言形态，无论是绘画，雕塑，设计，工艺还是书法、篆刻。其各自的艺术语言形态是其发展演变的重要特征与精髓，是其不同于其他艺术形式或不被其他艺术形式排斥、同化、取代而独立存在的绝对理由。不同的艺术门类同属于视觉艺术范畴之列，必须遵循艺术语言形态的基本规律，艺术语言形态是艺术得以存在的物质基础，艺术的种种价值都必须依附于这一基本形态才能体现。但"传统语言是一个封闭的整体，能指和所指是起源性式的，单一的和确定的"，这一特点决定了语言解读的局限性以及对语意理解的狭隘性。对此，我们必须思考可使用的视觉语言的确定性和恰当性，反复拷问视觉艺术课程中视觉艺术语言是否能有益于视觉文化内涵的有效表达。

视觉文本与视觉语言是视觉文化课程中两个不同的概念，前者是客体的，后者是主体的，前者是一种自然状态的所指，而后者是能动的主观意识形态的所指，后者可以指涉前者，两者的区别夹杂在文本与非文本，视觉与反视觉的争论中。索绪尔语言学强调文本的共时性存在状态，与结构主义紧密联系，即从结构系统的整体性、转换性和自我调节性应用于各类形式的解读和叙事，在社会制度和思维观念上具有广泛的逻辑性，具有多层次、多角度、跨学科解读、批评的优势，研究领域跨涉人类学、哲学、历史学、语言学、精神分析学。20世纪80年代以来，伴随视觉转向和文化研究的开启，文本越出文字的阈限，进入图形、图像世界，从形态到形状、从结构到比例、从材料到质感、从空间到透视、从光影到色彩，风俗、历史、政治、道德、宗教学文化信息和价值取向都借助"视觉文本"为载体，诠释视觉艺术本体。"语言论转向，结构主义迅速崛起，文化最终突破传统规范，使得以语言为基本内核的文本批评成为可能"。

视觉语言是动态的，历时性特征明显，视觉文本是静态的、共时性的，以视觉文本对视觉艺术的解读，否定了一元论、消解了终极指向，进入诠释的多种可能状态。视觉艺术通识课程有必要变视觉语言解读为视觉文本解读，以文本强调语言本身的自主性和文化语境的决定作用，善用全球语境中的文本为视觉艺术提供更加丰富的内涵。反之，如果在视觉艺术教学中过分讲究或只讲究视觉语言的解读，忽略视觉文本的掌握和表现必将会丧失客观性、真实性和艺术性，难以使学生理解到艺术、文化、生活诸关系的多样性和不确定性，难以陶冶审美情操，提高媒介素养。

四、引入"泛在学习"模式提升媒介素养

共时性空间退化，历时性时间僭越，观看场域的转变，视觉艺术资源从各种渠道奔涌而至，复制技术、网络传播，艺术随意移植、拼贴、再造，堂而皇之地移入设计、摄影及与生活息息相关的物质和精神相关关照范畴，庄重而神圣的经典艺术化为生活中的细小环节，褪去了历史赋予的神秘，标志着一个"泛艺术"时代的当然存在。在"泛艺术"主控的视觉文化时代，视觉的存在场无处不在、无处不有，在此环境影响下，通识艺术视觉课程的教育由传统固定的教学模式向多元、多样的方式转向成为历史的必然。

当下，某些艺术教育学者坚持艺术教育须与生态环境和人文因素结合作为教育的主导思想，注重将艺术各学科以及文、理、史、地、科学等内容融合一体；持后现代主义课程观的学者强调生活环境中的社区是艺术教育的存在场，如贝伦特·威尔逊（Brent Wilson）建议教师采取一种"把社区艺术文化带出来，把在外面的艺术文化带进去"（Inside Out and Outside In）的交互策略，形成一种全球和当地文化沟通的策略。艺术类通识课程基于网络科技的支撑，集文字、图像、音频，融声光电于一体，教学内容丰富，优势明显。课程教学实施中可以将互联网和多媒体等多种教育媒介紧密结合，根据实际需要调用各类优质教育资源，甚至将全球的艺术作品以全方位、多角度地展现在学生眼前。"教育媒介技术所代表的是学生的学习活动，是学生以不同于传统学习的精神状态和行为方式所开展的主体活动，新式教育技术较传统教育技术的创新之处，其本质特征不是使用某种新型传播技术，而是在应用了这种技术之后所带来的教育转变，这种转变包括师生关系的变革、教学活动结构的变化，等等。"数字化媒介对艺术教育的介入，不仅体现在课堂教学中，更拓展了课堂教学内容，丰富了课程实施的方式，甚至艺术教育充实到广阔的"泛教学"的大环境之中。

当今艺术教育已经普遍使用信息技术为支撑，多媒体教学替代了板书，机房也实现了网络覆盖，高亮度的投影直接取代了黑板。教学工具到媒介实现了质的飞跃，但就技术本身而言，教育媒介多被理解为一种简单的物化工具，迫切需要由"数字化教育（E-Learning）"向"泛在学习（Ubiquil-Learning）"转向；全球丰富的艺术资源在数

字化技术支撑线变更着艺术教育的理念，将数字化的"泛在学习"模式应用于视觉艺术教学成为艺术教学的发展趋势。众所周知，相对艺术资源的丰富、种类的繁多，鉴别、赏析的不确定性、多样性、多角度性，传统的课堂教学显然力不从心，不可能满足艺术素养的提升和艺术实践的开展。网络时代为"泛在学习"提供了可能性和可行性，也为艺术教育突破制约，提供了具体的可操作性。以当下大型开放式网络课程（MOOC）、爱课程等为代表，学习者可以借助新媒介，享有高效、高质、便捷和针对性的艺术教育资源整合的学习机会，无疑能唤起受教育者极大的兴趣，创造更充分的自由，有力地提高媒介素养和艺术创作能力。

"泛在学习（Ubiquil-Learning）"专指任何人在任何地点、时间，基于计算机设备和网络资源获取任何所需的学习知识，享受无处不在的学习服务、学习过程。"泛在学习（Ubiquil-Learning）"具有可获取性、永久性、即时性、交互性、适应性和学习行为场景性等特征，集课程内容设置历时性和媒介传播共时性于一体。"泛在学习"是一种普适计算技术支持下的新型学习模式，即让学习与生活融合，实现真正生活中的学习，狭义的学习彻底淡出或消失。这一全新的学习模式非常适合通识艺术课程教学中，它将艺术教育引入生活、导向社会，朝服务与人本的方向发展。此类"泛在学习"模式突破了原有课堂教学的时间、空间的限制，将课堂与课外学习过程相结合，学生即受到课堂的引领又能与课下学习环境融为一体。此类学习可以在师生之间、教师之间、学生之间，只要我们有效、合理地应用媒介来开展艺术教学，只要有无处不在的学习资源和无所不能的网络服务，这种新型的学习模式就可以为视觉艺术通识教育提供广阔的艺术视野和多种教学践行方式。

结 语

媒介专家直言："现代社会的未来及精神生活是否安定，在很大程度上取决于在传播技术和个人的回应能力之间，是否能维持平衡。"这种平衡综合表现为：社会责任、人文底蕴、科学精神、审美情趣、身心健康、学会学习和实践创新。当下，信息技术的发展，网络环境的营造与架构，必须打破教学资源的局限，借助视觉艺术通识课程提升媒介素养，成为学生应该具备的、能够适应终身发展和社会发展需要的品格和能力。

参考文献

[1] Freedman K.Social Perspectives on Art Education in U.S：Teaching Visual Culture in a Democracy[J].Studies in ArtEducation, Vol.41,No.4.(2000)314—329,318.

［2］许正人.视觉的幽灵；视觉文化的可能性[M].南京：南京出版社，2015（12）：9.

［3］Media Literacy［EB/OL］.［2014—02—10］. http://en.wikipedia.org/wiki/Media_Literacy.

［4］Duncum P.Clarifying Visual Culture Art Education[J].Art Education 55(3), 2002(6).

［5］周宪.视觉文化的转向[M].北京：北大出版社，2008：20—24.

［6］王志强.网络环境下"造物至善"设计伦理观的教育价值探索[J].现代远距离教育，2015（05）.

［7］汪民安.文化研究关键词[M].南京：江苏人民出版社，2007：268.

［8］郭祯祥.视觉文化与艺术教育—台湾地区"实施视觉与人文"课程的现状与思考[J].2004：5.

［9］张舒予.视觉文化概论[M].江苏人民出版社，2003（12）：7.

［10］王伟.从现代到后现代：20世纪美国视觉艺术教育的模式变迁[J].美育学刊2012（06）.

［11］钱初熹.视觉文化的转型与学校美术教育的发展[J].美育学刊，2014（03）.

［12］刘仲严.艺术教育学新论：后现代艺术教育［M］.香港：香港艺术发展局，2004：87.

［13］彭少健.2016中国媒介素养研究报告［M］.中国广播影视出版社，2016（04）：303.

［14］马歇尔.麦克卢汉,何道宽译.理解媒介——论人的延伸［M］.商务印书馆，2000（10）：49.

作者简介：南京工业大学艺术设计学院教授、硕士生导师。

交互式纪实媒体对媒介素养教育效能应用研究

——以2019荷赛奖得主《The Last Generation》为例

姚姿如

摘要： 交互式纪实媒体是以交互性、多媒体、非结构化为特征的最新信息媒介呈现方式。既能满足当下"四全"媒体时代对媒介素养教育的新变革、新需求，也能满足学习者的个性化学习新目标，有力提升和促进新媒介素养教育的效度和深度。本文以2019年荷赛奖交互式媒体作品大奖得主《最后一代》（The Last Generation）为例，分析交互式纪实媒体的媒介优势，探讨了其对媒介素养教育过程的积极价值作用以及如何更好地促进和发展媒介素养教育的社会效能应用。

关键词： 交互式媒体；媒介素养；社会效能

前言

交互式纪录片《最后一代》（The Last Generation）是2019年"荷赛奖"（世界新闻摄影大赛简称）最佳交互媒体作品大奖的得主。自2011年"多媒体竞赛单元"（2016年更名为"数字故事竞赛单元"）成立以来，交互式纪实作品已成为荷赛奖除了新闻摄影之外，另一个备受瞩目的年度纪实媒体作品类别。至此奖开始，交互式媒体正式进入大众媒介的视野，成为基于"图片+文字"的一种全新视觉叙事形式。交互式媒体技术以一种重塑的新闻传播样态，给予我们更加直接、真实，并具有强烈参与感与互动感的媒介信息接收新模式。

与此同时，新媒体技术在教育领域的作用日益凸显。耶鲁公开课、TED等网络公开课在全球范围内的风行，彻底引爆了新媒体与教育的融合潮流。"慕课（MOOC）""移动学习""逻辑思维""VR教学"等一时间成为街头巷尾热议的教育新闻热词，新媒体与教育的深度融合已然成为未来教育的必然范式。媒体技术的发展，在为人类社会带来传播格局与传播方式的新机遇、新挑战，但同时也对公民的媒介素养提出了新目标、新需求。因此探索和深入研究新兴的数字媒体融合技术的集中代表——交互式媒体在新媒介生态变革下在媒介素养教育过程的应用研究，对确立媒介素养教育目标，扩展媒介素养教育内容，提高媒介素养教育效果。这既是满足新媒体模式下对媒介素养教育的新需求，也是满足媒介素养在社会效能应用的价值需求。

一、交互式纪实媒体契合媒介素养教育的媒体化社会新需求

1992年美国媒介素养研究中心首次给"媒介素养"作出了定义：是指人们面对媒介各种信息时的选择能力、理解能力、质疑能力、评估能力、创造能和生产能力以及思辨的反应能力。[1]2007年联合国教科文组织发表了《巴黎宣言》（也称为《关于媒介教育的12项建议》）标志着媒介素养教育已成为全世界社会发展的必备公民素养，并亟待广泛推广和必要实施。至此，媒介素养教育成为各国软实力竞争的重要组成部分。

新的媒介技术的不断发展和应用，促进了社会的媒体化程度越来越高。媒介活动已由过去的虚拟网络活动进而成为现实社会的人际链接，并成为个体参与社会发展进程的主要途径。媒介素养的内涵在不断扩展和演变，以适应媒体化社会变革带来的新需求、新挑战。对公民的媒介素养要求也由过去满足传统媒体和网络1.0时代的媒介使用素养，扩展为信息生产素养、信息消费素养、社会交往素养、社会协作素养和社会参与素养。[2]媒体素养的核心需求已由过去的"使用"技能核心转移到"参与"能力核心。

交互式纪实媒体（interactive documentary / i-docs），又称为互动纪实媒体、网络纪实媒体，是基于新媒体交互技术，设计形成的一种全新的媒体纪实内容呈现类型。[3]它具有数字交互艺术的形式特征，同时也具备纪实功能。从呈现形态来说，"交互式纪实媒体"更多的是一种包含文字、图片、动画、视频等多种媒体在内的"综合素材库"，主要通过网站的交互设计、导航设计等来帮助用户体验一个关于主题的弱结构化或者非结构化事件。因此，从这个角度来说，称其为"交互式纪实项目"或许更为贴切，荷赛奖官方网站所给出的定义也是"一种交互性的视觉化文本或者项目，它不仅以视频形式，还通过其他形式的设计来为用户打造一种沉浸式或者创新的体验"[4]。（但为了与目前国内学界对这种存在形态所已达成的共识保持一致，避免阅读上的困难，文章继续沿用

---

[1] David Considine: An Introduction to Media Literacy: The What, Why, and How To's, The Journal of Media Literacy, Volume 41.

[2] 彭兰：《社会化媒体时代的三种媒介素养及其关系》，上海师范大学学报，2013，第5期，第52—57页。

[3] 黎小锋：《从"危机"结构到"根茎"结构——"互动纪录片"的后结构主义叙事考察》，电影艺术，2019，第3期，第128—132页。

[4] 荷赛奖 [EB/OL]. (2019-4-16). [2019-09-07] .https://www.worldpressphoto.org

"交互式纪实媒体"这一称谓。)

在媒介素养教育的过程中,交互式纪实媒体通过自身多媒体、高互动的技术特点可以使受教育者在媒介素养教育的实施过程中增加了沉浸感、参与感和互动感,这恰好契合当下媒介素养教育的"参与分享"的内核需求,有助于推动媒介素养教育的新范式,从而实现"以媒介育人、以媒介化人、以媒介培元,以媒养德"的新型媒体化社会下媒介素养教育新目标。

二、交互式纪实媒体扩展媒介素养教育的元认知

随着媒介活动与社会活动的高度融合,媒介素养的认知也应由过去以"使用"为核心的工具技能认知层面,发展到以"参与分享"为核心的意识文化认知层面。笔者认为对媒介素养的认知应还原追溯其本源观,对媒介素养教育的元认知应从从媒介审美意向、媒介参与分享、媒介认知建构这三个维度进行探讨。

(一)多媒体整合——促进媒介"审美意象"生产

交互式纪实媒体基于多媒体整合的内容结构设计方式,能够为媒介信息接受者提供一种更具审美意象的媒介素养的整合平台,有助于受教者对媒介审美意象的建构和感知。阿兰·帕维奥(Allan Paivio)的双重编码理论指出,人类的认知加工通道分别包含言语编码和图示编码两种迥异的信息加工方式,并得出结论:"人们运用两种编码构建新信息的心理表征,比只用一种编码的效果要好。"[①]在帕维奥的理论基础上,梅耶进一步丰富和整合,提出了更为直观的"多媒体学习的认知理论模型"。如图1,我们可以看到,从信息的输入到最后的整合,分别调用了不同感觉器官以及加工模型。在这个过程当中,信息原始文本的语词和图像的结构形式决定了后续认知加工过程效率,过多或过少的语词及图像都有可能带来认知结构的失衡,从而加重学习者的认知负荷。

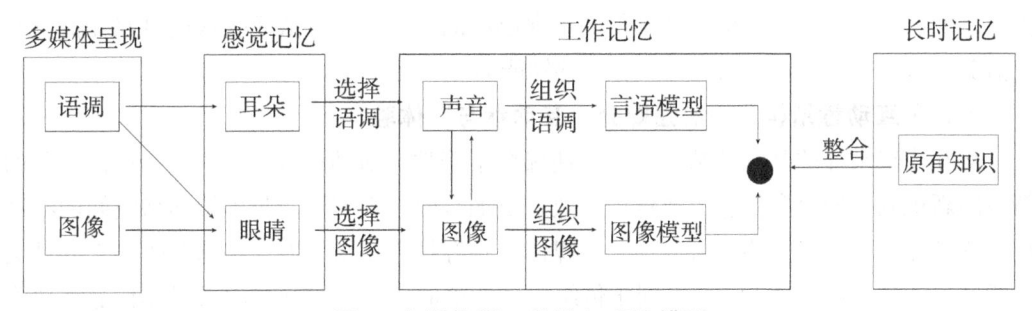

图1 多媒体学习的认知理论模型

在媒介素养的审美意象的整合过程中,同样涉及各种形式素材的调配平衡问题。作

[①] 〔美〕理查德·E.梅耶:《应用学习科学——心理学大师给教师的建议》,盛群力、丁旭、钟丽佳译,中国轻工业出版社,2016,第38页。

为一种视觉艺术类型,高度视觉化、审美化的网页设计是凸显交互式媒体纪实作品艺术价值的本质所在。可以明确的是,一部成功的交互式媒体纪实作品并非事实素材的简单罗列。面对大量的素材资源,创作者需要借助有效的视觉引导以及人性化、情感化的认知场景的构造来帮助用户进入到事件当中,并沿着可能的逻辑线索,响应主题的召唤,形成特定的媒介审美意象。

图2 《空城》(Hollow)截图

以交互式纪录媒体作品《空城》(Hollow)为例,它是一部关于美国西弗吉尼亚州南部锈带小城 McDowell 人口流失的作品。作品首先呈现了这座小城的历史,以时间为轴线,将不同历史时期的场景照片与关键文字交相编排在一起,并特地凸显出人口的数字变化。随着用户不断滑动鼠标滚轮,影像与场景一步步地后退与变幻,凸显人口数量的数字从增长到顶峰再到衰退(如图2),整个历史沿革过程,都与受众的控制紧密相连,音乐、影像、可视化的数据等多种媒介资源的融合直接深化了用户对 McDowell 城镇人口流失现状严重性的理解,从而对"锈带城市"的现实状况形成审美关照。

因此,就媒介素养中的媒介审美而言,交互式纪录媒体等网络新媒体的高兼容特性为各种艺术形式的有机组合与嵌套提供了技术上的便利,使得图形、文字、视频、音响等能够以一种更加多元的形式美结构进行呈现。这种图文的有机融合更加贴合人类的审美意象的认知加工进程,更有利于得到更深层次的审美感受,从而受众通过媒介提升对生活美、情感美、形式美的媒介审美的感知能力。

(二)互动性结构——增强媒介"互动参与"体验

交互式纪录片的互动性结构设计,使媒介素养教育活动进入了"人——机传播"的新空间新机制,使媒介信息的教育传播效应更加有效。现实社会与虚拟网络空间的物联网、移动互联、人工智能、云计算、流媒体视频等技术的新发展,将深刻改写人的社会性联结、认知与决策行为。[①] 不同于传统媒体的单向传递,交互式纪录媒体作品需要靠用户的"双手"来主动参与完成信息的传播过程,属于一种双向互动信息交流过程。在

---

① 喻国明、杨雅:《5G 时代:未来传播中"人—机"关系的模式重构》,社会科学文摘,2020,第 5 期,第 112—114 页。

此之中，受众不仅可以自主地控制事件的进程并选择性地接受信息内容，甚至还能够参与媒介内容的生成。这种高参与度的交互结构可以为媒介素养教育信息的传播带来更多的选择。

首先在"人机互动"方面，交互式纪实媒体平台拥有丰富的互动形式，允许受众随意展开、跳转、倒退、停留以及进入次序等，部分作品还能够调整页面的字体大小、声音等，例如作品《A HIP HOP GUIDE TO THE FAST LIFE》。不仅如此，交互式纪实媒体中的影像或者音响素材都具备自动循环放映的功能，允许用户在某一个节点作长时间的停留，同时又不中断信息体验的进程。这种自由灵活的传播控制方式，一方面保留了作品的完整度，另一方面也有利于受众媒介的深入参与互动。

其次在"人人互动"方面，受众可以与其他用户、作品作者、作品中出现的主要人物进行对话。如作品《监狱谷》（Prison Valley）中，主创就特地预留了对话入口，允许用户通过电子邮件的方式与主要人物进行对话，而在作品《最后一代》当中，则提供了留言评论的接口，鼓励用户以留言的方式对片中的人物给予鼓励和对事件的看法。因此从媒介信息传播的角度来说，交互式纪录媒体这种社交功用不仅提高了用户的主动媒介参与度，同时更满足了媒体化社会的用户社交需求，建立了人际关系新链、新族群。梅耶在其总结的多媒体学习定律中就明确指出，"若学生在学习过程中感觉到自己正在参与某种社会交往时，他们可能会更努力学习计算机呈现的教学信息"[1]，即人性化定律（personal principle）。

（三）探索性叙事——创造媒介"认知范式"重组

媒介信息选择和理解的过程实质上就是个体对信息的自主探索过程。交互式纪录媒体的探索性叙事特点，更有助于推动媒介信息的受众将被动的媒介信息接收转变为主动的探究，成为重构媒介素养教育选择和理解信息，接受信息方式的有效途径。布鲁纳的发现式学习理论指出，"学生的学习过程从其本质上来说类似于科学家探索未知问题的过程，区别只是两者所要探索的问题的难度和复杂性不同。"[2] "发现学习"关注学习者在学习过程的主动探索以及基于内驱力的学习动机，其方法是通过施加有效的引导，来帮助学习者习得知识，从而培养学生的问题解决能力以及自主归纳能力。

从某种意义上讲，交互式纪实媒体的结构形式完全可以成为媒介素养教育这种"发现式"教学类型的理想场域。首先，交互式纪实媒体的未知事件结构、多元化的"互动—响应"机制以及提示性图标符号等能够充分激发受众的媒介信息关注兴趣，将"被动式观看"变成一种对未知世界的"主动探索"，促进媒介信息参与的生成。在《Water Life》当中，网站以一种"主谓+宾"的句型结构模式作为导航界面，即在页面上方给出"water is"，而下方则给出"HISTORY""EVERYTHING"等关键词（如图3），从

---

[1] 闫志明：《多媒体学习生成理论及其定律——对理查德.E.迈耶多媒体学习研究的综述》，电化教育研究，2008，第6期，第11—15页。

[2] 钱佳宇：《布鲁纳的发现式学习与研究性学习的比较——对布鲁纳的发现式学习的反思》，外国中小学教育，2011，第8期，第55—58页。

而引导受众往自己感兴趣的主题方向探索。此外，不同交互式纪录片网站中对受众交互动作的响应动画也很大程度上增添了探索过程中的乐趣，如例子中的柱形波形图就能够根据鼠标的左右移动形成波浪式的响应动画，从而丰富了"水"主题的情境。

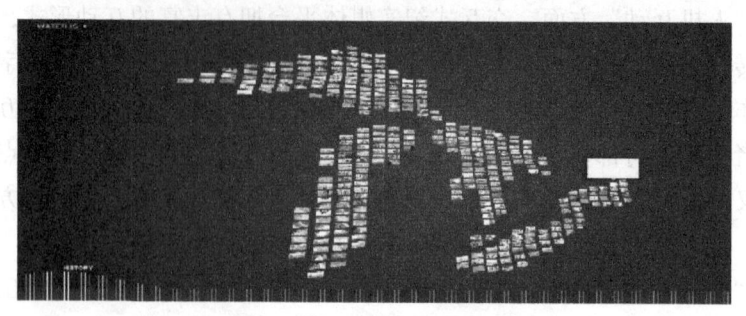

图3 《Water Life》截图

其次，交互式纪实媒体的自由文本结构还可以生成多重的意义组合链条以及观察视角，有助于学习者对同一事件形成更深层的理解和认知，更有利于把握事的本质和态度。以交互式纪录作品《加沙—斯德洛》（GAZA SDEROT）为例，作品中主要跟踪报道了6个不同的男人、女人以及孩童在两座不同城市的生活境况，分别记录了不同的视频片段，并以地点、主题、时间、人物4个主要类别进行排列。受众可以选择进入不同的栏目，跟随不同的人物视角，从而对两座城市的现实对比形成更加丰富的审美感受。

从"被动灌输"到"发现探究"，交互式纪实媒体这种信息接收方式与现代教育传播体系正在进行的从"教师主导"到"教师—学生"双主体的结构性变革不谋而合，也更贴合媒介素养的教育本质。虽然，由于应试教育的现实压力，传统课堂仍然离不开教师对教育传播过程的控制，但是在非学校教育领域，以用户受众为控制中心的教育传播机制已不再鲜见。基于手机或者PC的在线学习、远程教育等都实现了学习者对传播进程的自主控制。而交互式媒体的突出优势在于，受众在其中并不简单停留于播放/暂停这种简单的互动参与，而是可以通过不同的动作，获取不同的信息，这种探索性的传播机制为我们将来媒介素养教育与各学科的融合创新提供了更高的目标和方向。

三、交互式纪实媒体促进媒介素养教育的社会效能价值应用

社会化媒体带来了"人人可发声，事事皆表态，时时可传播"的信息传播格局。网络信息内容生产者多源，观念立场价值多元化，信息传播渠道多样，后真相时代下的媒介使用，人们更多的是对情绪宣泄而缺乏理性思辨，我们正处在最复杂的媒介社会中，这就使得人们的媒介素养不是装饰品而是必备品，媒介素养教育的实施是教育活动中的

必修课而不是选修课。因此，对媒介素养的教学过程的实施和教学效果的保障成为媒介素养教育是否顺利实施的关键。交互式纪实媒体兼具数字技术和交互艺术的双重特性，为媒介素养教育的社会效能价值提供保障。

（一）为媒介素养教育的普及推广提供路径

媒介素养的普及教育是整体提高媒介素养能力的前提基础。近年来，随着国家对媒介素养的重视，针对不同阶层人群的媒介教育活动也陆续开展。尤其是2019年1月3日教育部和中宣部印发的《关于加强中小学影视教育的指导意见》明确要求把影视教育作为中小学德育、美育等工作的重要内容，这些都对媒介素养教育的普及起到了良好促进作用。但鉴于我国发展极不平衡的国情，仍有绝大部分地区的人群由于各种条件的约束，尤其是公共媒体空间资源的缺乏，使得媒介素养的无法得到良好的教育支持。在这种情况下，以互联网为依托，通过交互式纪实媒体技术打造媒介教育公共平台，就可以实现突破媒介素养教育活动的时空壁垒，尤其是可以提升偏远地区的媒介审美教育的视野和深度。

（二）为媒介素养教育的实施互动提供平台

媒介素养能力的提升既包括"媒介认知"的能力，又包括"媒介创造"的能力。在传统媒体的媒介素养教育中，这两个部分的能力通常是相对独立环节展开。而在交互式纪实媒体作品中，则为我们提供"认识"和"创造"同步进行的环境。在一些开放式的交互媒体项目中，允许受众通过上传自己的图文影音，与他人共享自己的故事。从"读者"到"作者"的这种身份转变，可以有效培养受众的媒介认知，并在媒介参与的过程中获得媒介创作的能力。例如在作品《Out My å》的图片、文字、视频等，为我们展现了一幅宏伟的高层居民生活群像。

（三）为媒介素养教育的社会效能增进价值

新时代的媒介素养不再只是公民如何使用媒介、如何选择和理解媒介信息的虚拟网络活动，而是帮助个体如何运用媒介融入现实的媒体化社会，并实现个体自我发展的现实活动。而"人格的健全"是个体融入社会的根本，因此，我国教一直提倡以"全人教育"为我国的大教育观，并把"人格健全"作为一切教育目标的基础。媒介素养教育可以促进学生的全面发展，提高媒介素养能力，可以帮助学生与各学科的专业教学、社会实践和创新创业教育相结合。交互式纪实媒体形式的出现则为媒介素养为多种教育目标融合提供了技术条件。尤其在德育、智育、美育三者融合的层面，交互式纪实媒体通过多元化的意义结构，有助于学生养成批判性思维，以不同的视角对观察事件的发生。不同于传统纪录片的意识形态捆绑，交互式纪实媒体需要受众通过自己的行动来还原事件的真相或者完整面貌，由于没有可供参考的观点和解说，受众必须依靠自己来形成对事件的观点和看法。在这个探索的过程中，可以有效培养年轻受众的独立人格，提升明辨是非的能力，从而达到"立德树人"的大教育目标。

新兴的交互式纪实媒体一方面可以给我们带来视觉形式美学的熏陶，可以提升学生对形式美学的理解，提升美学创造力和鉴赏力；另一方面，在内容的呈现上也能体现出人文价值，许多交互式纪实媒体的主题都带有极深的人文关怀，可以帮助学生体会社会现实，拓宽知识背景，并潜移默化地培养学生的人格魅力和道德情操。

四、小结

综上所述，在媒介素养教育过程当中，基于数字交互技术的交互式纪实媒体可以通过多媒体整合、互动性结构以及探索性叙事三种方式来提升媒介素养教育的媒介审美意向、媒介参与互动和媒介信息反思。交互式纪实媒体作为一种新型的媒介素养教育平台，它的许多技术优势在未来教育创新改革领域都具有广阔的应用前景，值得我们去进一步探究和实践。

作者简介：东北师范大学传媒科学学院副教授、硕士生导师。